Kindergärten auf dem Prüfstand
Dem Situationsansatz auf der Spur

pragma gmbh
schwerinstr. 44
44805 bochum
tel. 0234 / 8 90 90 83
fax 0234 / 8 90 90 85

Jürgen Zimmer, Christa Preissing, Thomas Thiel, Anne Heck,
Lothar Krappmann,

Kindergärten auf dem Prüfstand
Dem Situationsansatz auf der Spur

Abschlußbericht zum Projekt
„Zur Evaluation des Erprobungsprogramms"

Kallmeyer'sche Verlagsbuchhandlung

Abschlußbericht zum Projekt „Zur Evaluation des Erprobungsprogramms"
Eine Studie im Auftrag des Bundesministerium für Bildung und Wissenschaft
(jetzt: Bundesministerium für Bildung, Wissenschaft, Forschung und
Technologie)

Impressum
Jürgen Zimmer, Christa Preissing, Thomas Thiel, Anne Heck, Lothar Krappmann
Kindergärten auf dem Prüfstand. Dem Situationsansatz auf der Spur.
Abschlußbericht zum Projekt „Zur Evaluation des Erprobungsprogramms".

© 1997, Kallmeyer´sche Verlagsbuchhandlung GmbH, 30926 Seelze - Velber
Alle Rechte vorbehalten.
ISBN 3-7800-5244-X

Druck: tipografia umbra, Città di Castello, Italy

Inhalt

Zu diesem Bericht ... 7

1. ERGEBNISSE IM ÜBERBLICK ... 9
1.1 Heterogenität der Praxis ... 11
1.2 Implementation und Dissemination ... 14
1.3 Die Situation in den Ausbildungsstätten ... 15

2. Geschichte und Desiderata des Erprobungsprogramms ... 17
2.1 Ideengeschichtliche Wurzeln ... 19
2.2 Das Erprobungsprogramm ... 25
2.3 Das Ende der Innovation ... 30
2.4 Nachklänge ... 37

3. Zielsetzung und Fragestellungen ... 41
3.1 Hintergrund und Ziel der Untersuchung ... 43
3.2 Merkmale situationsorientierten Arbeitens ... 44
3.2.1 Soziales Lernen ... 45
3.2.2 Elementare Sozialerziehung ... 46
3.2.3 Arbeitshilfen ... 47
3.3 Leitende Fragestellungen ... 48

4. Zum methodischen Vorgehen ... 51
4.1 Zur Entscheidung für eine "pragmatistische" Evaluationsstrategie ... 53
4.2 Zu den methodischen Entscheidungen im einzelnen ... 56

5. Qualitätssichernde Voraussetzungen und Bedingungen ... 65
5.1 Kommunale und freie Träger ... 67
5.1.1 Auf- und Ausbau der Fachlichkeit bei den Trägerverbänden ... 68
5.1.2 Die Rolle der Träger im Erprobungsprogramm ... 69
5.1.3 Aussagen aus den regionalen Hearings ... 71
5.1.4 Aussagen von Leiterinnen und Erzieherinnen ... 74
5.2 Arbeitskreise, Fachberatung und Fortbildung ... 76
5.2.1 Die Arbeit der Moderatoren während des Erprobungsprogramms ... 76
5.2.2 Die Funktion der Arbeitskreise ... 78
5.2.3 Fortbildung und Beratung ... 81
5.2.4 Fachberatung und Fachaufsicht ... 87
5.2.5 Erzieherinnen und Leiterinnen als Multiplikatoren ... 92

5.2.6	Konzeptionelle Schwierigkeiten in der Vermittlung des Situationsansatzes	96
5.3	Ausbildung	98
5.4	Der Kindergarten im gesellschaftlichen Umfeld	106
6.	Dimensionen des Situationsansatzes in der Kindergartenpraxis	113
6.1	Der Bezug zu Lebenssituationen von Kindern	115
6.2	Verbindung von sozialem und sachbezogenem Lernen	126
6.3	Altersmischung	132
6.4	Mitwirkung von Eltern und anderen Erwachsenen	136
6.5	Balancierte Kommunikation zwischen Erzieherinnen und Kindern	150
6.6	Gemeinwesenorientierung	167
6.7	Gestaltung von Räumen, ihre Ausstattung und Nutzung	172
6.8	Integration behinderter Kinder	179
6.9	Interkulturelle Erziehung	186
6.10	Übergang zur Schule	190
6.11	Teamarbeit	196
6.12	Fachberatung und Fortbildung	203
6.13	Ausbildung des pädagogischen Fachpersonals	216
6.14	Zusammenfassung der Ergebnisse	222
7.	Desiderata des Situationsansatzes	227
7.1	Zum Bildungsbegriff	229
7.2	Verdeutlichung normativer Aspekte	236
7.3	Über Kindheit	238
7.4	Vom Lernen und von der Entwicklung	240
7.5	Berufsbiographische Verankerung	242
7.6	Forschungspolitik	244
	Literatur	247

Zu diesem Bericht

Fast 15 Jahre nach Ausklingen der westdeutschen Kindergartenreform, die – was die bundesweiten Bemühungen betrifft – mit dem Ende des Erprobungsprogramms 1978 ihr zumindest vorläufiges Ende fand, machte sich unsere Forschungsgruppe auf Spurensuche. Zwei Jahre lang reisten die Mitglieder unserer Forschungsgruppe durch die westdeutschen Bundesländer, besuchten 39 Kindergärten – die meisten davon ehemalige Erprobungskindergärten –, beobachteten das Alltagsgeschehen in den Kindergruppen, sprachen mit Erzieherinnen und Leiter/inne/n – viele von ihnen waren schon zu Zeiten des Erprobungsprogramms in der Kindergartenpraxis tätig. Unsere Absicht war es, herauszufinden, welche der mit den Reformzielen der siebziger Jahre intendierten Veränderungen der pädagogischen Arbeit im Kindergarten heute noch Bestand haben, wie sie in der Praxis umgesetzt werden, welche Veränderungen oder Erweiterungen sie erfahren haben und welche an Bedeutung verloren haben oder in Vergessenheit geraten sind.

In allen damals am Erprobungsprogramm beteiligten Bundesländern organisierten wir Diskussionsrunden mit Vertretern aus der Praxis, der Aus- und Fortbildung, der Fachberatung, den Trägern und Trägerverbänden und den zuständigen Ministerien. Ziel dieser Regionalen Hearings war es, in einer Rückschau auf die vergangenen 15 Jahre eine Standortbestimmung des Kindergartens heute zu gewinnen und dabei herauszufiltern, welche Faktoren im einzelnen als reformfördernde bzw. reformhemmende identifiziert werden können.

Der vorliegende Bericht gibt eingangs einen kurzen Überblick über wichtige Ergebnisse (Kap. 1), beleuchtet die Geschichte des Erprobungsprogramms einschließlich seiner schon damals oder erst später sichtbar gewordenen Versäumnisse (Kap. 2), gibt Auskunft über Ziele, Fragestellungen und Untersuchungsmethoden (Kap. 3 und 4). Im Anschluß daran werden die wesentlichen, den Reformprozeß beeinflussenden, Faktoren im die Praxis stützenden System von Fortbildung und Fachberatung, Trägerpolitik und Ausbildung diskutiert (Kap. 5). Grundlage dieses Abschnittes sind die Aussagen aus den Regionalen Hearings sowie Ergebnisse von Dokumentenanalysen.

Auf dem Hintergrund dieser Analysen werden dann die Ergebnisse unserer Praxisbesuche entlang ausgewiesener inhaltlicher Kennzeichen einer reformierten Kindergartenpraxis dargestellt und kommentiert (Kap. 6). In die Darstellungen dieses Kapitels haben wir viele Zitate aus unseren Einrichtungsportraits eingefügt, um unsere Wertungen für andere nachvollziehbar zu machen. Für den eiligen Leser gibt es zu jeder Merkmalsdimension ein kurzes Fazit sowie eine Gesamtzusammenfassung dieses Kapitels.

Der Bericht schließt ab mit der Diskussion auch heute noch offener Fragen zum Konzept des Situationsansatzes und greift damit die – nicht zuletzt durch dieses Projekt – neu angefachte Debatte um „den Situationsansatz", „die Situationsansätze" oder andere begriffliche Varianten auf (Kap. 7).

Die Kapitel 2. und 7. sind in Autorenschaft von Jürgen Zimmer entstanden. Sie bezeichnen seine Bewertung der Geschichte und zukünftig anzugehender Entwicklungen.

Die aus unseren Forschungsergebnissen abzuleitenden Empfehlungen für zukünftige Strategien zur Weiterentwicklung der pädagogischen Qualität des Kindergartens auf dem Hintergrund der gegenwärtigen und zu erwartenden Problemlagen sind noch nicht Bestandteil dieses Berichtes. Sie sollen verabredungsgemäß mit dem parallel gelaufenen Projekt „Neue Konzepte für Kindertageseinrichtungen" (Kooperationsprojekt des Staatsinstitutes für Frühpädagogik und Familienforschung, München, des Sozialpädagogischen Institutes, Köln und des Institutes für Familien- und Kindheitsforschung, Potsdam) abgestimmt und zu einem späteren Zeitpunkt veröffentlicht werden.

Das Forschungsprojekt und dieser Bericht wäre ohne die hohe Kooperationsbereitschaft der Mitarbeiter/innen in den beteiligten Kindergärten und deren Trägern nicht zustandegekommen. Sie alle haben uns viel Zeit zur Verfügung gestellt und durch ihre Diskussionsbeiträge im Forschungsproześ nicht nur viele Erkenntnisse geliefert, sondern auch immer wieder neue Fragen aufgeworfen.

Da ein wichtiger Bestandteil unserer Forschungstätigkeit teilnehmende Beobachtungen in den Kindergruppen waren, haben die Äußerungen der Kinder, ihre neugierigen Fragen und Kommentierungen die Forschungsarbeit sehr lebendig und lustvoll, manchmal auch traurig und deprimierend gestaltet.

Bei der Auswahl der zu beteiligenden Kindergärten und bei der Recherche nach Dokumenten haben uns alle angesprochenen Trägerverbände und Länderministerien aktiv unterstützt. Das Interesse an unseren Forschungsfragen hat sich durchgängig auch in der hohen Beteiligung der eingeladenen Personen an den länderspezifischen Regionalen Hearings gezeigt.

An den Untersuchungstätigkeiten waren außer den als Autoren benannten Personen Susanne Fritz und Melanie Schmitt als studentische Hilfskräfte mit erheblichen Anteilen beteiligt.

Monika Ferguson hat als Projektsekretärin die komplexe Organisation der Forschungsarbeiten und die Dokumentation von Teilergebnissen verantwortet.

Das Schreiben und die redaktionelle Bearbeitung des Berichtes hat Karin Jaene, unterstützt durch Stefanie Holyst und Helga Hampel, in unermüdlicher Arbeit bewältigt.

Wir danken allen unmittelbar und mittelbar beteiligten Personen für ihre Mitarbeit.

Die in diesem Bericht gekennzeichneten Desiderata weisen aus, wo weitere Forschungen notwendig sind. Das Institut für den Situationsansatz in der Internationalen Akademie, INA gGmbH, wird sich zukünftig mit solchen Fragen befassen. Interessenten können sich wenden an: INA gGmbH, c/o Freie Universität Berlin, Institut für Interkulturelle Erziehungswissenschaft, Habelscherdter Alle 45, 14195 Berlin.

1. Ergebnisse im Überblick

1.1 Heterogenität der Praxis

Zwei Dekaden nach dem Höhepunkt der Kindergartenreform in den westlichen Ländern präsentiert sich die Kindergartenlandschaft als eine ausgesprochen heterogene.

a) Es finden sich Kindergärten, die die damals intendierten Reformziele kontinuierlich und systematisch weiterentwickelt haben. Sie präsentieren sich als vielfältige Erlebnis- und Erfahrungsräume für Kinder, pflegen einen engen und von lebhaften Diskursen getragenen Kontakt mit den Eltern. Sie bilden wichtige Standorte in der Gemeinde, an denen lokale Traditionen lebendig bleiben und aktuelle, auch strittige Fragen erörtert werden. Leiterinnen und Erzieherinnen dieser Kindergärten engagieren sich in der Kommune und in der Lokalpresse für die Belange der Kinder; sie knüpfen enge Verbindungen zur Grundschule und zu anderen sozialen Institutionen am Ort, die Anlaufstellen für die Familien sind oder sein können. Kinder und Eltern aus anderen Nationen, seien es Menschen, die auf Dauer oder auf Zeit hier leben werden, seien es Kriegsflüchtlinge oder andere Asylsuchende, können hier sicher sein, daß die Mitarbeiterinnen an ihrer Geschichte und ihrer aktuellen, oft durch extreme Probleme belasteten Situation interessiert sind. Den Kindern wird in ihrem Kindergartenleben ein wichtiger Teil der Grundsicherheit gegeben, die sie für ihre Entwicklung unter schwierigen Bedingungen brauchen.

Behinderten Kindern aus dem Einzugsgebiet stehen diese Kindergärten offen, sofern die Bedingungen den besonderen Bedürfnislagen dieser Kinder entsprechen bzw. angepaßt werden konnten.

Die Erzieherinnen holen sich Impulse und Hilfestellungen für die Weiterentwicklung ihrer konzeptionellen Arbeit bei Fachberatung und Fortbildung. Sie geben selbst Impulse in Arbeitskreisen an Kolleginnen aus anderen Einrichtungen weiter, wirken bei Fortbildungsveranstaltungen mit und suchen – mit wechselndem Erfolg – auch den Kontakt zu Ausbildungsstätten. Die Anleitung von Praktikantinnen ist wichtiger Bestandteil ihrer Arbeit. Grundlage dieser Aktivitäten ist eine entwickelte Kooperation der Mitarbeiterinnen untereinander, die es erlaubt, unterschiedliche Sichtweisen offenzulegen und Konflikte als produktives Entwicklungsmoment zu begreifen. Die Leiterinnen sehen es als ihre Verantwortung, diese Kooperationsfähigkeit immer wieder herzustellen und sorgen durch entsprechende Dienstplangestaltung für ausreichende Kooperationszeiten.

Die Träger dieser Einrichtungen stehen in engem Kontakt mit den Leiterinnen. Sie gewähren den Mitarbeiterinnen weitgehende Mitwirkungsrechte in Personal- und Haushaltsangelegenheiten im Rahmen der bestehenden Rechtsvorschriften. Sie zeigen aktives Interesse am Innenleben der Kindergärten, gewähren Unterstützung bei der Suche nach Fortbildungs- und Beratungsangeboten und machen ihre eigenen Möglichkeiten und Grenzen transparent.

Es handelt sich bei diesen Kindergärten eher um kleine Einrichtungen mit maximal vier Gruppen und einer hohen personalen Kontinuität, zumindest des Stammpersonals.

16 der von uns untersuchten 39 Kindergärten zeigen deutliche Profile in diese Richtung. Zwei entsprechen dem hier gezeichneten Bild vollständig. Zwölf *die-*

ser insgesamt 18 Kindergärten befinden sich in freier Trägerschaft und sechs sind in der Trägerschaft kleinstädtischer Kommunen.

b) Eine weitere Gruppe von Kindergärten weist einzelne Elemente des reformierten Kindergartens auf, ohne jedoch über ein schlüssiges, auf Entwicklung angelegtes Konzept zu verfügen. Elemente, die hier häufig vorzufinden sind, sind eine dem einzelnen Kind zugewandte Kommunikation, eine differenzierte, die Eigentätigkeit von Kindern stützende Raumkonzeption und -ausstattung sowie das Bemühen um einen engen Kontakt zu den Eltern. Viele dieser Einrichtungen sind in sich durch eine starke Heterogenität geprägt. Es bleibt der einzelnen Gruppenerzieherin überlassen, wie sie ihre Arbeit gestaltet; ein Austausch findet nur punktuell statt. Einem großen Teil der Mitarbeiterinnen ist bewußt, daß ihnen ein konzeptioneller Rahmen für die Planung ihrer Arbeit fehlt. Oftmals hat es auch schon mehrere Anläufe zur Erarbeitung einer Konzeption gegeben, die dann aber steckengeblieben sind. Als Ursachen hierfür werden durchgehend Mangel an Zeit und fehlende fachliche Unterstützung von außen genannt. Die Fachberaterinnen sind nicht oder zu selten greifbar. In der Konsequenz führen solche wiederholten Mißerfolgserlebnisse zu resignativen Tendenzen bezüglich des Anspruchs, dem Kindergarten ein klares Profil zu geben. Vorhandene, wenn auch zu knappe, Kooperationszeiten werden dann nicht mehr für inhaltliche Besprechungen genutzt, sondern bleiben organisatorischen Absprachen vorbehalten.

Kontakte zur Grundschule und zu anderen sozialen Institutionen am Ort bleiben auf ein Minimum begrenzt.

Zwar bemühen sich auch Erzieherinnen dieser Einrichtungen um Fortbildungsangebote; Fortbildung hat aber hier bestenfalls Effekte auf die Arbeit der einzelnen Erzieherin, nicht auf die der gesamten Einrichtung. Häufig verpuffen solche Effekte auch nach kurzer Zeit, da die Trägheit eingespielter Routinen stärker wiegt als der Impuls, Neues zu erproben.

Die Leiterinnen schildern ihre Kontakte zu den Trägern als rein bürokratischer Natur. Gerade bei den derzeitigen finanziellen Engpässen und den Schwierigkeiten mit der Umsetzung des Rechtsanspruchs würde der Kindergarten eher als kostenträchtiger Klotz am Bein der Träger betrachtet, und die Mitarbeiterinnen müßten mit weiteren Verschlechterungen ihrer Arbeitsbedingungen rechnen.

Die durch unsere Untersuchung wachgerufene Erinnerung an die Zeiten des Erprobungsprogramms führte hier geradezu zu Wehmutsgefühlen. Während des Erprobungsprogramms seien beständig konzeptionelle Fragen diskutiert und diese Diskussionen durch die Moderatoren gestützt und begleitet gewesen. Der kontinuierliche Erfahrungsaustausch mit Kolleginnen auch aus anderen Einrichtungen habe viele Impulse gegeben. Man sei interessiert und neugierig aufeinander zu gegangen; der Kindergarten und damit das in ihm tätige Personal sei wichtig gewesen, man habe Anerkennung von außen erhalten. Auch die Eltern seien sehr viel interessierter als heute an den Diskussionen beteiligt gewesen. Mit Ende des Erprobungsprogramms seien alle unterstützenden Faktoren schlagartig weggebrochen, und man sei auf sich alleine gestellt gewesen. Das habe die Motivation an weiteren Entwicklungen untergraben. Seitdem wäre es kontinuierlich bergab gegangen.

Die Mitarbeiterinnen dieser Kindergärten betonen zwar, daß sie im Interesse der Kinder versuchen, ihre Arbeit so gut wie möglich zu machen. Neue Anforderungen lehnen sie jedoch ab. Bei stetig sich verschlechternden Arbeitsbedingungen und der geringen Anerkennung, die ihnen von außen zukommt, seien sie nicht mehr bereit, Mehrbelastungen auf sich zu nehmen.

14 der von uns untersuchten Kindergärten können *dieser* Kategorie zugeordnet werden. Auch hier überwiegt die Anzahl der Einrichtungen in freier Trägerschaft; nur drei dieser Einrichtungen sind Kindergärten kommunaler Träger.

c) Das Schlußlicht bilden Kindergärten, an denen nicht nur die Reform spurlos vorübergegangen zu sein scheint. Sie weisen auch erhebliche Mängel auf, würde man sie an Qualitätsmaßstäben der Vorreformzeit oder an anderen als den der Kindergartenreform zugrundeliegenden pädagogischen Konzepten messen. Es muß krass ausgedrückt werden: Wir haben auch Kindergärten gefunden, in denen die Rechte und die Würde der Kinder mißachtet werden, in denen Kinder, die nicht über eine hohe Durchsetzungsfähigkeit verfügen, vernachlässigt und in ihrer Entwicklung behindert werden.

Hier werden Kinder einzeln und als Gruppe in rüdem Ton beständig reglementiert oder sie bleiben – allerdings stets im Gruppenraum und der Erzieherin ausgeliefert – sich selbst überlassen, so lange, bis das dann eintretende Chaos und der damit verbundene Lärmpegel der Erzieherin an die Nerven geht und sie zu geharnischten und den Kindern überhaupt nicht einsehbaren, weil willkürlichen Interventionen, bringt. Beständige Ermahnungen und Drohungen, Verbote und gebrüllte Befehle bestimmen das Tagesgeschehen und ironisch-abwertende Äußerungen einzelnen Kindern gegenüber sind keine Seltenheit. „Du glaubst doch wohl selbst nicht, daß ich dieses Bild aufhänge", so die abschließende Äußerung einer Erzieherin zu einem vierjährigen Jungen, der sich beharrlich weigerte, ein Bild so zu malen, wie es sich die Erzieherin in den Kopf gesetzt hatte und dem, nach eigenen Aussagen, nach dieser Prozedur „ganz schlecht" war. Zur Strafe durfte er nicht raus – andere Kinder waren mit der zweiten Erzieherin im Garten – er blieb der ihn so mißachtenden Person ausgeliefert. Dies nur als ein Beispiel.

Eltern sind in diesen Einrichtungen vor allem Störfaktoren und die Schuldigen für die mißratenen Kinder. Man könne gar nichts machen, weil die Kinder im Vergleich zu früher immer schwieriger seien, Eltern sich um nichts mehr kümmern aber immer frecher würden und alle Erziehungsleistung auf den Kindergarten abwälzen wollten. Was immer man in einer Woche im Kindergarten aufgebaut habe, sei nach einem Wochenende mit den Eltern bzw. dem Fernseher wieder zunichte gemacht.

Sündenböcke gibt es zuhauf: die Eltern; Fernsehen, Video und Computerspiele; die Träger, die einem das Leben durch bürokratische Auflagen schwer machen; die Länder, die für die schlechten Arbeitsbedingungen verantwortlich gemacht werden und die Gesellschaft überhaupt. Die Erzieherinnen in diesen Einrichtungen erleben sich selbst als ohnmächtig – wie können sie Kindern da eine Grundeinstellung vermitteln, daß jedes Subjekt ein wichtiges Teil einer Gemeinschaft ist?

Bemerkenswert ist, daß die Mitarbeiterinnen in diesen Kindergärten im Unterschied zu den oben geschilderten Erzieherinnen der ‚mittleren' Kategorie, das Verhältnis im Kolleginnenkreis als verhältnismäßig gut beschreiben. Sie haben den Anspruch aneinander, daß man sich versteht und sich nicht durch zusätzliche Konflikte gegenseitig belastet. Pausen und auch Dienstbesprechungen sind durch gegenseitige Bestätigungen über den jeweiligen äußeren ‚Feind' gekennzeichnet.

Sieben der von uns untersuchten Einrichtungen, zwei davon in freier Trägerschaft, entsprachen diesem Bild. Alle diese Einrichtungen liegen in großstädtischen Ballungszentren und es handelt sich in allen Fällen um große Einrichtungen mit mehr als hundert Plätzen und einem durchgängigen Tagesbetrieb. Den Trägern muß der Vorwurf gemacht werden, daß sie nicht auf eine Änderung der bestehenden Verhältnisse dringen. Durch fachaufsichtliche Maßnahmen müßten pädagogische Grundstandards durchgesetzt werden.

Die Träger, denen in diesen Fällen eine Vielzahl von Kindergärten angehören, scheinen von den bestehenden Verhältnissen jedoch keine Kenntnis zu haben. Sie sind weit weg von den Kindergärten und der Kontakt läuft fast ausschließlich auf schriftlichem Weg. Zwar gibt es Leiterinnen-Treffen für alle Leiterinnen des jeweiligen Trägers. Bei diesen Treffen geht es jedoch nur um die Klärung bürokratischer Fragen. Die ‚Begehungen' durch Mitarbeiter des Landesjugendamtes und unter Beteiligung der für die Fachaufsicht zuständigen Personen des Trägers finden nur alle paar Jahre statt, und prüfen lediglich die Einhaltung äußerer Richtlinien, so daß die pädagogischen Mißstände verdeckt bleiben können.

Zwar gibt es Beschwerden von Eltern. Die Mitarbeiterinnen berichteten uns darüber, wiesen die Klagen der Eltern aber als unberechtigt ab. Daß Eltern sich nicht beim Träger beklagen, ist zum einen sicher durch die Anonymität dieser großen Trägerorganisationen zu erklären. Zum anderen müssen die Eltern in diesen großstädtischen Gebieten froh sein, überhaupt einen Platz zu haben. Der Gedanke an einen Wechsel der Einrichtung ist in dieser Situation aussichtslos.

1.2   Implementation und Dissemination

Mit Ausnahme zweier Bundesländer hat es nach Beendigung des Erprobungsprogramms auf Länderseite keinerlei gezielte Bemühungen gegeben, die Ergebnisse der Reformphase abzusichern, für eine Weiterentwicklung oder zumindest Aufrechterhaltung erreichter Qualitätsstandards zu sorgen und die Erfahrungen aus den an der Reform direkt beteiligten Kindergärten in andere zu übertragen. Im Gegenteil – zeitgleich mit Ende des Erprobungsprogramms setzte die erste Welle drastischer finanzieller Kürzungen im Jugendhilfebereich ein, die in den meisten Bundesländern zu einer wesentlichen Verschlechterung der Arbeitsbedingungen in den Kindertageseinrichtungen führte. Die fachpolitisch tätigen Gremien auf Länderebene führten einen Abwehrkampf, pädagogische Innovation stand nicht mehr auf der Tagesordnung.

Obwohl dies in den Länderberichten wie in den überregionalen Berichten und Stellungnahmen zum Erprobungsprogramm deutlich gefordert wurde, unterblieb eine Abstimmung darüber, wie Fachaufsicht, Beratung und Fortbildung weiterentwickelt werden könnten, um die Reformbemühungen weiterführen zu können. Im kommunalen Bereich blieb der Aufbau von Fachberatung in den Anfängen stecken, so daß bis heute für viele kommunale Einrichtungen Fachberatung nicht zur Verfügung steht. Die Fortbildungsangebote sind schon in ihrer Quantität so gering, daß sie die Qualität in der erforderlichen Vielfalt nicht abdecken können. Erzieherinnen beklagen, daß sie nur selten ein für sie passendes Angebot finden, daß attraktive Fortbildungsveranstaltungen häufig bereits ausgebucht sind. Träger verwehren Freistellungen für Fortbildung und oftmals wagen Erzieherinnen nicht, eine Freistellung zu beantragen, um den verbleibenden Kolleginnen bei insgesamt zu knappem Personalstand keine Mehrarbeit aufzulasten.

In den beiden oben als Ausnahmen erwähnten Bundesländern haben dagegen Implementationsmaßnahmen stattgefunden, in einem Fall explizit als trägerübergreifendes und vom Land finanziertes Implementationsprojekt zum Erprobungsprogramm, allerdings auch hier mit einer Verzögerung von mehreren Jahren. In beiden Ländern sind die landeseigenen Forschungs- und Fortbildungsinstitute mit der Implementation der Ergebnisse beauftragt worden. In beiden Ländern hat es auch nach Ende des Erprobungsprogramms kontinuierlich weitere Projekte zu Spezialfragen gegeben, die auf den Grundlagen des Erprobungsprogramms aufbauten.

Die Spitzenverbände der freien Wohlfahrtspflege haben auf Bundesebene und z.T. auch auf Landesebene durch die Herausgabe von Materialien für die Praxis, durch Empfehlungen und Positionspapiere versucht, zur Implementation und Dissemination der Ergebnisse beizutragen. Solche Papiere werden jedoch erst wirksam, wenn sie auf einem direkten Kommunikationsweg in die Kindergärten vermittelt werden. Da auch im Bereich der freien Trägerverbände die Fachberatung und Fortbildung nicht in der erforderlichen Dichte zur Verfügung stehen, konnte dies nur begrenzt gelingen. Eine Vielzahl von Einrichtungen blieben ausgeschlossen.

Auf Bundesebene sind sowohl vom Bundesministerium für Bildung und Wissenschaft wie vom Bundesministerium für Jugend und Familie (die wechselnden Bezeichnungen während der verschiedenen Legislaturperioden bleiben hier unberücksichtigt) auch nach dem Erprobungsprogramm Projekte gefördert worden, mit denen weiterhin das Deutsche Jugendinstitut beauftragt wurde, so daß hier eine gewisse Kontinuität gewährleistet war. Das Deutsche Jugendinstitut hat diese Projekte z.T. mit einem der Spitzenverbände der freien Wohlfahrtspflege gemeinsam durchgeführt – so das Projekt zu Ganztagseinrichtungen mit der Arbeiterwohlfahrt und das Landkindergartenprojekt mit dem Deutschen Caritasverband. Dies scheint ein geeigneter Weg, um Ergebnisse solcher Projekte zumindest in den beteiligten Trägergruppen zu verbreitern. In der Regel sind einzelne Bundesländer, die kommunalen Spitzenverbände und die übrigen freien Spitzenverbände über einen Beirat in die Entwicklung solcher Projekte beratend einbezogen. Inwieweit dann umgekehrt die Ergebnisse solcher Projekte an die nicht beteiligten Trägergruppen und Kindergärten weitergegeben werden, ist von den jeweiligen innerverbandlichen Kommunikationsstrukturen abhängig. Die Erfahrungen zeigen, daß dies insbesondere im kommunalen Bereich kaum geschieht.

1.3 Die Situation in den Ausbildungsstätten

Die Ausbildungsstätten waren von der Reform weitgehend abgekoppelt. Zwar hat es Versuche der Moderatoren gegeben, Kontakte zu Fachschulen zu knüpfen und ihre Entwicklungsarbeit in die Ausbildungsstätten hineinzutragen und in einem der beteiligten Länder waren Moderatoren direkt an eine Fachschule angeschlossen. Es gab jedoch keinen Auftrag an die Fachschulen, sich an den Reformen zu beteiligen. Ursache dafür war das durch den ‚Kampf um die Fünfjährigen' angespannte Verhältnis zwischen den für die Fachschulen zuständigen Kultusministerien einerseits und den für die Praxiseinrichtungen zuständigen Sozial- bzw. Jugendministerien andererseits. Für den Reformerfolg war die Abkopplung der Fachschulen ein schwerwiegender strategischer Fehler. Die Bemühungen der Moderatoren waren nur in Einzelfällen erfolgreich und abhängig vom guten Willen interessierter Lehrer und Lehrerinnen. Mit der Entlassung der Moderatoren nach Ende des Erprobungsprogramms brachen auch diese einzelnen Kontakte ab. Die Chance, mit der Reform ein verbessertes Verhältnis zwischen Ausbildungsinhalten und -methoden einerseits und Praxisanforderungen an die Qualifizierung von Erzieherinnen andererseits zu erreichen, ist verschenkt worden. Dies rächt sich bis heute. Die Gräben zwischen beiden Bereichen sind tief und scheinen mancherorts unüberwindbar. Hier herrscht dringender Handlungsbedarf.

2. Geschichte und Desiderata des Erprobungsprogramms

Am überregionalen Erprobungsprogramm, das zwischen 1975 und 1978 stattfand, nahmen nach Angaben der beteiligten neun Bundesländer 210 Kindergärten mit 655 Gruppen, 12.785 Kindern sowie 1.692 Erziehungs- und Betreuungskräften teil (BLK 1983, S. 47). Das Erprobungsprogramm wurde, so die Bund-Länder-Kommission für Bildungsplanung und Forschungsförderung (BLK),

> „mit der Zielsetzung eingerichtet, die Entwicklungsergebnisse aus den einzelnen Länderversuchen in einen überregionalen Modellversuch einzubringen und sie auf ihre Verwendbarkeit auch unter unterschiedlichen Rahmenbedingungen in der pädagogischen Arbeit des Kindergartens zu überprüfen und damit das Angebot geeigneter Materialien für die Erzieher zu vergrößern. Zugleich wurde erwartet, daß das Erprobungsprogramm geeignete Impulse für die Weiterentwicklung des Kindergartenbereichs auslösen würde" (BLK 1983, S. 3).

Das Erprobungsprogramm wurde in der Zuständigkeit der Länder durchgeführt und von regionalen Projektgruppen – den Moderatoren – begleitet. Mit der überregionalen wissenschaftlichen Begleitung wurde das Deutsche Jugendinstitut beauftragt. Es legte der BLK Mitte 1979 seinen Abschlußbericht vor. Zwei unabhängige Gutachter (Lothar Krappmann, Johanna Wagner) werteten die Berichte der Länder und den Bericht des Deutschen Jugendinstituts aus, schrieben einen Gesamtbericht, akzentuierten und prüften die Ergebnisse und formulierten offene Probleme.

Da Anlage, Verlauf und Ergebnisse des Erprobungsprogramms ausführlich dokumentiert worden sind (Deutsches Jugendinstitut 1979, BLK 1983, Krappmann 1984) – den Gutachtern lagen über 3.000 Seiten an offiziellen Berichtstexten vor, ihr Gutachten umfaßte weitere 500 Seiten –, soll in diesem Kapitel der Blick mehr auf einige reformstrategische Hintergründe und Probleme gerichtet werden.

2.1 Ideengeschichtliche Wurzeln

Eine der – von den Beteiligten in den achtziger Jahren kaum mehr wahrgenommene – ideengeschichtlichen Wurzeln des Erprobungsprogramms liegt in der 1973 vorgelegten Empfehlung der Bildungskommission des Deutschen Bildungsrates „Zur Einrichtung eines Modellprogramms für Curriculum-Entwicklung im Elementarbereich". Dieser Vorschlag war durch zwei besondere Kennzeichen geprägt. Zum einen bezog er sich auf den Situationsansatz, der sich aus dem Strukturkonzept der Curriculumrevision (Robinsohn 1969, 1971a und 1971b, Knab 1969, Zimmer 1969) heraus entwickelte, ihn modifizierte und sowohl durch die Untersuchungen einer Projektgruppe des Max-Planck-Instituts für Bildungsforschung in Berlin (Damerow u.a. 1974) als auch durch die Arbeitsgruppe Vorschulerziehung des Deutschen Jugendinstituts in München (Zimmer 1973) Konturen gewann. Die Arbeitsgruppe Vorschulerziehung begleitete damals zwei parallel angelegte Modellversuche mit Kindergärten in Rheinland-Pfalz und Hessen, die der konzeptionellen und pädagogisch-praktischen Differenzierung des Situationsansatzes dienten und zur Entwicklung des Curriculum Soziales Lernen führten. Im Berliner Projekt, das sich unter mathematischen und ökonomischen Aspekten mit der Situationsanalyse zweier Industriebetriebe befaßte, wurden Erkenntnisse zum Zusammenhang von sozialem und sachbezogenem Lernen erarbeitet; soziales Lernen wurde als die Wiederherstellung sozialer Kontexte gefaßt, innerhalb derer ein technisch-instrumentelles Handeln dann aufgeklärt erfolgen kann.

Im Empfehlungsteil der Vorlage heißt es:

„Die Bildungskommission schlägt vor, bei der Entwicklungsarbeit von den realen Lebenssituationen der Kinder auszugehen und durch gezielte Förderung die Kinder instand zu setzen, ihre Lebenssituationen zu beeinflussen und zunehmend selbständiger zu bewältigen; zugleich sollen die Kinder befähigt werden, sachliche Probleme soweit als möglich gemeinsam zu lösen und soziale Konflikte zu verstehen, zu meistern oder zu ertragen.
Die Entwicklungsarbeit soll sich an dem Ziel orientieren, die individuellen, sozialen und sachlichen Schwierigkeiten auszumachen, die sich in charakteristischen Situationen für Kinder ergeben. Das Training isolierter Funktionen (Einübung von Sprachmustern, Mengenoperationen und Kulturtechniken) drei- bis fünfjähriger Kinder wird dagegen nicht als sinnvoll angesehen. Es soll jedoch nicht ausgeschlossen werden, daß im Zusammenhang situationsbezogener curricularer Konzepte auch Kurse stattfinden, die spezielle Kenntnisse und Fertigkeiten vermitteln" (Deutscher Bildungsrat 1973, S. 25).

Zum zweiten enthielt der Vorschlag im Hinblick auf den Aufbau und die Struktur des Modellprogramms deutliche Charakteristika einer *rolling reform*. Es sollten die Voraussetzungen für permanente Entwicklungs- und Weiterentwicklungsarbeiten geschaffen werden in der Erwartung, damit nach und nach den gesamten Elementarbereich (mit den drei- bis fünfjährigen Kindern) zu erreichen:

„Im Modellprogramm werden Spiel- und Lernangebote für drei- bis fünfjährige Kinder gemeinsam durch Erzieher und Wissenschaftler am Ort der Praxis, im Kindergarten entwickelt.
Die praxisnahe Entwicklungsarbeit geht von den Situationen der Kinder aus, von ihren Lernvoraussetzungen, -bedürfnissen, -möglichkeiten und von ihren Lebensbedingungen.
Die Kompetenz der Erzieher und Wissenschaftler für die Entwicklungsarbeit und den Umgang mit Kindern wird in der gemeinsamen Arbeit und durch stützende Bedingungen gefördert.
Die Effektivität der Entwicklungsarbeit wird durch freie und verpflichtende Formen der Zusammenarbeit institutionell gesichert.
Die Erprobung und Kontrolle der Entwicklungsarbeit wird durch eigenständige Fachgruppen im Modellprogramm wahrgenommen.
Die Ergebnisse der Entwicklungsarbeit sind allgemein zugänglich; ihre Verbreitung in einer von anderen Kindergärten aufzunehmenden Form wird durch das Modellprogramm vorbereitet und unterstützt" (a.a.O., S. 23).

Die Bildungskommission empfahl, über einen auf fünf Jahre angelegten Stufenplan eine dauerhafte Infrastruktur für Innovationen im Elementarbereich aufzubauen. Es sollten unter Berücksichtigung unterschiedlicher Soziotope 100 bis 120 Modellkindergärten eingerichtet werden, in denen – personell und von den Kompetenzen her erweiterte – Teams an der Entwicklung von Spiel- und Lernangeboten arbeiten sollten. Kinder und Eltern sollten in die Entwicklungsarbeiten einbezogen werden. Denn:

„Curriculare Konzepte für den Elementarbereich werden immer nur in dem Maß entwickelt und realisiert werden können, in dem sie nicht nur theoretisch zureichend begründet, sondern von den beteiligten Gruppen auch zu vertreten und praktisch einzulösen sind" (a.a.O., S. 24).

Zusätzlich sollten zehn bis zwölf Modellzentren eingerichtet werden, um mit jeweils sechs bis zwölf Modellkindergärten regionale Schwerpunkte zu bilden. Von diesen Netzwerken aus sollten konzentrische Bewegungen ausgehen.

„Die Modellkindergärten und Modellzentren sollen mit einer möglichst großen und schrittweise wachsenden Zahl von Kindergärten außerhalb des Modellprogramms zusammenarbeiten, um zugleich mit der begleitenden Durchführung entwickelter Spiel- und Lernangebote eine Übertragung veränderter Erziehertätigkeit durch projektorientierte Weiterbildung der Erzieher in diesen Kindergärten einzuleiten und zu unterstützen" (a.a.O., S. 29).

Intensive Kontakte zu Eltern wurden vorgeschlagen, denn sie dienten dazu,

„mögliche Spannungen zwischen dem häuslichen Erziehungsmilieu und den neuen Einrichtungen im Elementarbereich zu vermeiden und die soziale Umwelt, die das Kind im Kindergarten findet, mit der familiaren Umwelt abzustimmen;
den Eltern durch entsprechende Verfahren und Formen der Zusammenarbeit eine Beteiligung an der Entwicklungsarbeit zu ermöglichen;
den Eltern eine informelle Weiterbildung anzubieten" (a.a.O., S. 29).

Die Intentionen laufender Modellversuche – die Arbeitsgruppe Vorschulerziehung hatte in einer gesonderten Studie über neunzig Initiativen, Projekte und Modellversuche erfaßt und vorgestellt (Arbeitsgruppe Vorschulerziehung 1974) – sollten aufgenommen, fortgeführt und ergänzt werden.

„Die Bildungskommission ist jedoch der Auffassung, daß ein gemeinsamer Rahmen für die Förderungs- und Reformmaßnahmen der Länder und des Bundes notwendig ist, um die Effizienz und Kontrollierbarkeit der Entwicklungsarbeit im Elementarbereich zu gewährleisten. Durch das vorgeschlagene Programm, in dessen Modellkindergärten vergleichbare Verfahrensregeln gelten und dessen Arbeit in der Kooperation mit anderen Kindergärten überprüft wird, können die Entwicklungsergebnisse auch besonders wirksam verbreitet werden" (Deutscher Bildungsrat 1973, S. 32).

Mit der Entwicklung von Curriculum-Elementen, der „Entwicklung didaktischer Einheiten" (a.a.O., S. 33), sollte eine Professionalisierung der Erzieherinnen und wissenschaftlichen Mitarbeiter gefördert werden. Es war beabsichtigt, die Entwicklungsarbeiten intern wie extern zu evaluieren:

„Die interne, das heißt von den Modellkindergärten und den Evaluationsgruppen der Modellzentren zu leistende Evaluation muß eine begleitende Wirkungskontrolle der Ansätze, Ziele und Methoden der Entwicklungsarbeit sein, und zwar in einer Form, die auch eine aktive Beratung und Aufklärung der künftigen Abnehmer der Produkte ermöglicht. Die externe, das heißt von außerhalb des Modellprogramms, zum Beispiel an Hochschulen, angesiedelten Arbeitsgruppen zu leistende Evaluation hingegen hat die Verfahren und wissenschaftlichen Standards der internen Evaluation zum Gegenstand und richtet sich somit auf eine Normenkontrolle" (a.a.O., S. 45).

Ein überregionales Clearing House, eine Informationsstelle, sollte für den Informationsaustausch innerhalb des Modellprogramms sorgen. Mit Trägern, Kommunen, Ausbildungseinrichtungen, Hochschulen und Ländern sollte zusammengearbeitet werden. Regionalkonferenzen, eine überregionale Verwaltungs- und Programmkonferenz sollten zu Orten für Willensbildungs- und Entscheidungsprozessen werden. Die Entscheidungsverfahren sollten – bei klaren Zuständigkeiten – kommunikativ angelegt werden.

Die Organisation des Modellprogramms sollte insgesamt sicherstellen, daß

„die eingebrachte Sachkompetenz der Beteiligten in den Modelleinrichtungen zur Geltung kommen kann und durch Qualifizierungsprozesse erhöht wird, die Legitimität der curriculumbezogenen Entscheidungen auch durch Beteiligung der unmittelbar Betroffenen unterstützt wird, die Entscheidungsverfahren und Ergebnisse des Modellprogramms durch Informations- und Begründungspflicht seiner Organe transparent gemacht werden, funktionsbestimmte Entscheidungsstellen entstehen, die miteinander in ein enges Wechselverhältnis treten, durch Wirkungs- und Verfahrensanalysen die Effizienz der Arbeit begleitend kontrolliert wird, die Interaktionen zwischen allen Beteiligten durch einen unreglementierten Gestaltungs- und Handlungsraum ermöglicht werden, die Ergebnisse von den Kindergärten allgemein übernommen werden können" (a.a.O., S. 63).

Die Mehrkosten für den Aufbau dieser innovativen Infrastruktur veranschlagte die Bildungskommission mit 1,5 Prozent der vorgesehenen Gesamtausgaben für den Elementarbereich.

Der Vorschlag ging implizit davon aus – und dies war, bei aller konzeptionellen Qualität, ein Zeichen seiner politischen Unbekümmertheit –, daß es sich beim Elementarbereich um einen eher informellen, infrastrukturell schwach verfaßten Sektor handele. Die Grenzen von Bundesländern, Ansprüche auf Kulturhoheit, territoriale Verhältnisse freier und öffentlicher Träger, Ressortzuständigkeiten und -friktionen auf Landes- wie Bundesebene wurden eher ausgeblendet zugunsten eines nationalen Projektes in der Größenordnung des amerikanischen Head-Start-Programms.

Die strittige Frage der Zuordnung Fünfjähriger, die zu den wesentlichen extrinsischen Motiven der gesamten Kindergartenreform gehörte, war zwar von der Projektgruppe „Elementarbereich" der Bildungskommission, die die Empfehlung erarbeitete, ausdrücklich nicht berührt worden (weil sie auch innerhalb der Gruppe kontrovers war), sie wurde aber vom Vorsitzenden der Bildungskommission, Hermann Krings, in seinem Vorwort zur Empfehlung erneut angesprochen:

„Die Bildungskommission hält daran fest, die Bildungspflicht mit der Vollendung des fünften Lebensjahres anzusetzen, sobald die Einrichtungen im Primarbereich personell und curricular gewährleisten können, daß die Lernangebote den Ansprüchen an eine Eingangsstufe genügen und eine kontinuierliche Fortführung des veränderten Unterrichts in die Grundstufe gesichert erscheint. Sie unterstützt ausdrücklich die im Zwischenbericht der Bund-Länder-Kommission für Bildungsplanung ausgesprochene Empfehlung, die curriculare Zuständigkeit auch für den Elementarbereich den Kultusverwaltungen zu übertragen" (a.a.O., S. 10).

Im Hinblick auf das Modell äußerte er die Auffassung,

„daß für eine Übergangszeit, die nach dem Zwischenbericht der Bund-Länder-Kommission mindestens fünfzehn Jahre dauern wird, noch ein erheblicher Anteil der Fünfjährigen keine schulischen Einrichtungen besucht. Die Entwicklungsarbeit im Modellprogramm darf sich deshalb nicht nur auf die drei- und vierjährigen Kinder, sondern muß sich auch auf die fünfjährigen beziehen, soweit sie noch im Kindergarten sind" (a.a.O.).

Jenen Mitgliedern der Projektgruppe „Elementarbereich", die sich gegen eine Zuordnung der Fünfjährigen zur Schule aussprachen, war klar, daß ein Junktim – wie es Krings nahelegte – zwischen der Zuordnungsfrage und dem Modellprogramm die Realisierungschancen des Programms erheblich mindern würde. Man kann deshalb das spätere Erprobungsprogramm wie ein Vexierbild verstehen, dessen Ursprung, die Empfehlung der Bildungskommission, möglichst im Hintergrund bleiben sollte.

Curriculumtheoretisch wies das Modellprogramm bereits deutliche Unterschiede zum „Strukturplan für das Bildungswesen" (Deutscher Bildungsrat 1970) auf. Das „Strukturkonzept der Curriculumrevision" war durch die Berliner und Münchener Projektgruppen mit der Entwicklung des Situationsansatzes gleichsam vom Kopf auf die Füße gestellt worden, während im „Strukturplan für das Bildungswesen" und seinen auf den Elementarbereich zielenden Abschnitten noch der Funktionsansatz – mit den im Strukturplan genannten Kategorien „Orientierungs- und Konzentrationsfähigkeiten, Wahrnehmungs- und motorische Fähigkeiten, begriffliche und sprachliche Fähigkeiten" (Deutscher Bildungsrat 1970,

S. 112) – dominierte. Auch die Ansätze von Jerome Bruner (*structures of disciplines*) und Benjamin Bloom (*taxonomy of educational goals*) standen Pate für die Vorstellung vom *teacher proof curriculum* auch im Elementarbereich:

> *„Das Neue, das aus diesen Ansätzen entwickelt werden kann, besteht in der Systematisierung und konsequenten Nutzbarmachung solcher Lernmöglichkeiten für im voraus überlegte und geordnete Lernschritte. Generell kommt es bei allen genannten Lernzielen darauf an, in einem analytischen Verfahren (Komponentenanalyse) die Lernschritte aufzufinden und sie in Sequenzen zu ordnen, die zu dem erwünschten Lernziel hinführen. Die Grundfrage lautet immer: Welches sind die Verhaltensvoraussetzungen oder -komponenten, die ein Kind beherrschen muß, um eine bestimmte Fähigkeit zeigen und eine neue auf ihr aufbauen zu können? Es geht darum, diejenigen Lernziele als Teilziele zu isolieren und zu beschreiben, die im Curriculum jeweils vorausgehen müssen. Das gilt sowohl allgemein als auch individuell für den Lernfortschritt jedes einzelnen Kindes"* (a.a.O., S. 114).

Der konzeptionellen Wende waren in der Projektgruppe „Elementarbereich" der Bildungskommission zum Teil heftige Kontroversen vorausgegangen; sie hatten zum Auszug zweier Mitglieder geführt, die das Modellprogramm als ein entwicklungspsychologisch orientiertes Evaluations-, nicht aber als pädagogisch und curricular definiertes Entwicklungsprogramm angelegt wissen wollten.[1]

Die Konsensbildung in Richtung Situationsansatz verstärkte sich, als ein niedersächsischer Modellversuch, der unter anderen Prämissen gestartet war, unter dem Begriff Situationsorientierung eine Wende erfuhr – die dann den Weg zur Entwicklung des Curriculum Elementare Sozialerziehung freimachte (Arbeitsgruppe Vorschulerziehung 1974, S. 109 ff.; Küchenhoff/Oertel 1976) –, und als auch in Nordrhein-Westfalen mit der Entwicklung von Arbeitshilfen für Kindergärten der Situationsbezug zu einem wesentlichen Merkmal pädagogischer Praxis erklärt wurde (Minister für Arbeit, Gesundheit und Soziales des Landes Nordrhein-Westfalen 1974). Beide Varianten wurden in der Folge dann ausdifferenziert und in Teilen auch abweichend begründet (Höltershinken 1981). Die Empfehlung der Bildungskommission mit ihrem Rekurs auf den Situationsansatz wirkte verstärkend und legitimierend, sie trug bereits im Vorfeld des Erprobungsprogramms zur Anerkennung eines neuen, zunehmend als eigenständig empfundenen Konzepts des Kindergartens bei (Zimmer 1984).

Die reformstrategische Qualität der Elementarbereichs-Empfehlung der Bildungskommission bestand vor allem darin, daß keine temporäre Innovations-

---

1) Ähnliche Kontroversen prägten damals auch die Diskussionen der wissenschaftlichen Berater der ARD und des ZDF in der Frage einer Übernahme oder Nicht-Übernahme der Sesame Street – mit dem Ergebnis, daß sich das ZDF mit der Rappelkiste und auch mit späteren Serien für Kinder (zuletzt: Karfunkel) am Situationsansatz orientierte, während bei der ARD die Adaption der Sesamstraße zunächst stark von Funktionstrainingsprogramm bestimmt war.

struktur geschaffen werden sollte, sondern eine dauerhafte. Während Modellversuche (nicht nur im Elementar-, sondern auch in anderen Bildungsbereichen) in der Regel ausliefen, ohne in systematisch angelegten Implementations- oder Disseminationsprozessen zu münden, wurde hier – in Vorwegnahme der späteren Erkenntnis, daß Reformen des langen Atems bedürfen – auf einen langfristigen Prozeß gesetzt. Wichtig in diesem Zusammenhang war auch, von ausschließlich expertenorientierten Modellen der Curriculumentwicklung abzusehen und Erzieherinnen wie Eltern einzubeziehen. In den Vorüberlegungen spielten Erfahrungen eine Rolle, wie sie in der lateinamerikanischen *educación popular* und der anglo-amerikanischen *community education* gewonnen worden waren (Bendit/Heimbucher 1977, Midwinter 1973); und auch auf Anteile der Kinderladenbewegung, die in jener Zeit – ihre studentischen Ursprünge hinter sich lassend – eine Metamorphose in Richtung Eltern-Kind-Initiativgruppen erlebte, wurde in den Vorüberlegungen Bezug genommen.

2.2 Das Erprobungsprogramm

Das Erprobungsprogramm wurde von einer kleinen Gruppe (aus dem Deutschen Jugendinstitut, dem Bundesministerium für Bildung und Wissenschaft und dem Sozialministerium Hessen) auf eine erste vorbereitende Wegstrecke gebracht. Das Vorhaben sollte weniger als Erprobungs-, sondern eher als Weiterentwicklungs- und Fundierungsprogramm (im Sinne einer formativen Evaluation) angelegt werden, als eine Zwischenphase, die – nach dem Auslaufen der Modellversuche – einen überregionalen, deutlich erweiterten Kreis von Einrichtungen einbeziehen sollte, um später dann in einer möglichst alle Einrichtungen erfassenden Implementationsphase zu münden. Zu den Anfangserfahrungen dieser Gruppe gehörte, daß bei den Sondierungsgesprächen jeder ausdrückliche Rekurs auf die Elementarbereich-Empfehlung der Bildungskommission eher Widerstände mobilisierte als Verbündete schaffte – unter anderem deshalb, weil der Bildungsrat zentralistischer Tendenzen geziehen und wegen der Auseinandersetzungen um die Fünfjährigen zu sehr im anderen Lager angesiedelt wurde. Die ursprünglichen Ideen mußten deshalb bald – sowohl begrifflich als auch zum Teil von der Sache her – eine Metamorphose erfahren. Je mehr mögliche Partner angesprochen wurden, desto deutlicher mußten sie modifiziert und relativiert werden. Zu den Schwachpunkten der Empfehlung der Bildungskommission hatte gehört, die Zuständigkeiten nur wenig beachtet zu haben. Zuständig blieben nunmehr die Länder, auf überregionaler Ebene wurde es die Arbeitsgruppe Elementarbereich der Bund-Länder-Kommission für Bildungsplanung und Forschungsförderung. Da der Elementarbereich noch zu den Förderschwerpunkten der BLK gehörte und der Bund erhebliche Mittel in Aussicht stellte, waren auch die finanziellen Anreize erheblich, sich am Erprobungsprogramm zu beteiligen. Der Bundesminister für Bildung und Wissenschaft hatte im August 1973, fünf Monate nach Vorlage der Elementarbereichs-Empfehlung der Bildungskommission, das Erprobungsprogramm offiziell angeregt, im Juni 1974 wurde dann das Konzept nach einem komplizierten und fragilen Akt der Willensbildung in der BLK festgelegt. Neun Bundesländer hatten sich zusammengefunden; Bayern hatte sich unter Berufung auf seine Kulturhoheit frühzeitig zurückgezogen; Baden-Württemberg nahm einen assoziierten Status ein, was de facto hieß, die Bundeszuwendungen zu erlangen und sie anderweitig zu verwenden.

Das Erprobungsprogramm wurde von vielen Spannungen begleitet, die durch die Pole ‚Verwaltung', ‚Wissenschaft' und ‚Praxis' bestimmt waren. Immer wieder wurden Empfindlichkeiten einzelner Länder virulent, die sich gegenüber dem Erprobungsprogramm zum Teil sehr ambivalent verhielten und das Deutsche Jugendinstitut als ein 'Bundesunternehmen' ansahen. Befürchtet wurde die Schmälerung von Länderkompetenzen. Von den Ländern wurde mithin stets darauf geachtet, das Programm in seiner konföderativen Struktur zu belassen:

„Das Erprobungsprogramm wurde in der Zuständigkeit der beteiligten Länder durchgeführt und wissenschaftlich begleitet. Dabei haben regional die zuständigen Ministerien mit den freien und öffentlichen Trägern sowie der wissenschaftlichen Begleitgruppe zusammengearbeitet. Auf überregionaler Ebene wurden bestimmte Rahmenbedingungen in der BLK abgesprochen. Eine solche sachbezogene Kooperation hatte es bisher in dieser Form nicht gegeben.
In den Ländern lag die Verantwortung für die wissenschaftliche Begleitung bei den zuständigen Ministerien. In allen Ländern wurden Projektgruppen eingerichtet, die sich in der Regel aus Mitarbeitern von je 10 Erprobungskindergärten sowie zwei Moderatoren zusammensetzten. Die Moderatoren führten die Mitarbeiter in die Materialien des Erprobungsprogramms ein, berieten sie bei der Planung und Durchführung, erläuterten die wissenschaftlichen Begleitinstrumente und organisierten deren Einsatz. Anstellungsträger der Moderatoren waren Behörden, freie Träger oder auch eine wissenschaftliche Einrichtung.
Innerhalb des überregional festgelegten Rahmens haben die Länder eigene Schwerpunkte gesetzt und die zu erprobenden Materialien nach länderspezifischen Gegebenheiten ausgewählt. So wurde z.B. nicht nur das Ziel verfolgt, mit der Erprobung von Materialien deren Umsetzbarkeit zu prüfen, sondern auch die Erzieher für den Umgang mit diesen Materialien zu qualifizieren. Aufgrund unterschiedlicher Zielsetzungen in den Ländern ergaben sich auch unterschiedliche Aufgaben für die Moderatoren. Die Länder haben ihre Ergebnisse jeweils in eigenen Berichten zusammengefaßt" (BLK 1983, S. 4f.).

Die Konsensbildung in der Arbeitsgruppe Elementarbereich vollzog sich nur mühsam, sie war von Zielkonflikten bestimmt und beanspruchte längere zeitliche Abschnitte, als sie von der Projekt- und Forschungslogik her geboten gewesen wären.

„Die mit der unklaren Zielsetzung des Erprobungsprogramms geschaffenen Komplikationen wurden durch die 'verwischten' Verantwortlichkeiten erheblich verstärkt. So hatte insbesondere zwischen den Ländern bzw. ihren Projektgruppen und der überregionalen wissenschaftlichen Begleitung beim Deutschen Jugendinstitut lange Unklarheit über Ausmaß und Inhalt der Zuständigkeiten bestanden" (Stellungnahme der BAG in BLK, a.a.O., S. 523).

Die Träger wurden an den relevanten Entscheidungsprozessen nur am Rande beteiligt. In der Stellungnahme der BAG zum Ablauf des Erprobungsprogramms heißt es hierzu und zur Frage der nicht abgeklärten Zielkonflikte:

„Die BAG ist der Auffassung, daß eine systematische Beteiligung der Träger schon bei der Konzeptualisierung und Ausgestaltung des Erprobungsprogramms möglicherweise die Durchführung des Erprobungsprogramms verbessert hätte. Dieser Aspekt wird im Auswertungsbericht der Sachverständigen leider nicht ausreichend diskutiert. Noch folgenreicher für die Durchführung und den Ablauf des Erprobungsprogramms war der Umstand, daß die verschiedenen Entscheidungen im Erprobungsprogramm (Zielsetzung des EP, innere und äußere Ausgestaltung, wissenschaftliche Begleitung, Evaluationsinstrumente und Berichtschema) je für sich und getrennt voneinander getroffen wurden. Ursache hierfür ist das Fehlen eines in sich schlüssigen Gesamtkonzeptes des Erprobungsprogramms. Daher konnten notwendige Entscheidungen nicht systematisch und stringent, sondern mußten sukzessive und prozeßhaft getroffen werden.
Eine Anlage, Durchführung und Evaluation mit umfassendem, in sich schlüssigem Gesamtkonzept des Erprobungsprogramms hätte vorausgesetzt, daß die Zielsetzungen, die die beteiligten Ministerien des Bundes und der Länder (und auch die der überregionalen wissenschaftlichen Begleitung) mit dem Erprobungsprogramm verbunden hatten, in ihrer Verschiedenheit präzise abgeklärt und in ihrer Stoßrichtung harmonisiert worden wären" (BLK 1983, S. 522f.).

Das Deutsche Jugendinstitut, das sich historisch eher als Teil der innovativen Infrastruktur, also in einer die Entwicklungs- und Implementationsprozesse befördernden Rolle gesehen hatte, fand sich nun als Service-Einrichtung der Arbeitsgruppe Elementarbereich, nicht aber als wissenschaftlich unabhängiger Counterpart wieder. Die BLK resümierte in ihrer abschließenden Stellungnahme:

„Seinen Auftrag hat es in Abstimmung mit der Arbeitsgruppe Elementarbereich durchgeführt" (a.a.O., S. 5).

Damit war das Deutsche Jugendinstitut in eine Rolle gedrängt worden, die seinen eigenen Intentionen widersprach. Das Institut war im Rahmen einer – dem Gedanken einer rolling reform verpflichteten – Implementationsstrategie an der formativen Evaluation, weiteren Entwicklung und Dissemination kompatibler curricularer Materialien interessiert – auf der Grundlage konzeptioneller Vorstellungen, wie sie die Elementarbereich-Empfehlung des Bildungsrates enthielt. Dies sollte nicht alles sein. Man wollte schon damals die Kindergartenreform nicht ‚verdinglichen' lassen und einer Materialproduktion gleichsetzen, sondern im Prozeß einer fortlaufenden Reform die kindergartenpädagogische Konzeption (einschließlich ihrer institutionellen Rahmenbedingungen) insgesamt fortentwickeln und in der Breite verankern. Das Erprobungsprogramm, das eigentlich ein Weiterentwicklungs- und Verbesserungsprogramm hätte sein sollen, wäre dann der

Zwischenschritt gewesen, dem ein Diskurs mit allen, bisher nicht einbezogenen Kindergärten in der Bundesrepublik hätte folgen können.

Die durch die Arbeitsgruppe Elementarbereich veranlaßte ‚begleitende' Rolle erlaubte dem Deutschen Jugendinstitut weder ein entwicklungsorientiertes Handeln, noch jenes unabhängige Handeln, das der Bildungsrat für die interne Evaluation als notwendig erachtete. Hätte man sich am Ziel einer externen Evaluation orientiert, wäre eine externe, ebenfalls unabhängig handelnde, in das vorherige Entwicklungsgeschehen nicht einbezogene Arbeitsgruppe zu beauftragen gewesen.

Zu Recht weist die BAG in ihrer Stellungnahme darauf hin,

> *„wie problematisch im Erprobungsprogramm und insbesondere im Rahmen der gemeinsamen Bildungsplanung und Modellversuchspolitik von Bund und Ländern, die Installation und Handhabung der wissenschaftlichen Begleitung war, eine wissenschaftliche Begleitforschung, die in die Nähe weisungsgebundener Auftrags- und Ressortforschung gerückt wurde"* (BAG in BLK, a.a.O., S. 527).

Von den Ländern wurden für das Erprobungsprogramm zunächst curriculare Materialien angeboten, die konzeptionell zum Teil inkompatibel waren, so daß erst nach Abwahl auf mehreren Ebenen fünf Materialien übrig blieben, von denen drei – das Curriculum Soziales Lernen, das Curriculum Elementare Sozialerziehung und die Arbeitshilfen des Landes Nordrhein-Westfalen – miteinander korrespondierten. Die Materialien durften nicht weiterentwickelt, ergänzt, aufeinander bezogen oder integriert, sondern je für sich nur mehr erprobt werden. Jede Form der weiteren Entwicklung oder der Gesamtintegration hätte – so die implizite Befürchtung – zu Verletzungen der Territorien ‚Kulturhoheit' geführt. Im Hinblick auf die Bedürfnisse der Erzieherinnen und ihre Motiviertheit, im Blick auch auf die Entwicklungsprinzipien des Situationsansatzes erwies sich dies als eine der wesentlichen Domestizierungsmaßnahmen.

Der Konflikt ‚Weiterentwicklung' versus ‚Erprobung' verlagerte sich dann auf Friktionen der Evaluationsstrategie. Aus der Sicht des Situationsansatzes lag es nahe,

> *„qualitative Beobachtungsverfahren für pädagogische Veränderungen zu verwenden, die nachzuzeichnen erlauben, welche Prozesse die eingeführten didaktischen Materialien ausgelöst haben, wo Schwierigkeiten aufgetreten sind und welche Faktoren die Realisierung der weitreichenden Ansprüche der Curricula begünstigen oder verhindern. Die Beschreibung und Ausdeutung dieser Vorgänge können auch wieder in die Einrichtung zurückvermittelt werden, um wünschenswerte Veränderungsprozesse durch Interpretationshilfen zu unterstützen. Diese Vorstellung, die dem Konzept der formativen Evaluation nahekommt und auch Elemente der Handlungsforschung einschließt, wurde von vielen Moderatoren vertreten, fand in zahlreichen Einrichtungen Anklang und entsprach auch Auffassungen in der DJI-Projektgruppe. Auch mehrere Länder bekannten sich zu ihr.*

Dieser Vorstellung von Evaluation stand eine andere gegenüber, die mehr auf das einzelne Material blickte und sich für die Bedingungen interessierte, unter denen es erfolgreich eingesetzt werden kann. Diese Perspektive steckt in den Fragen von überregionaler Bedeutung, die in der Arbeitsgruppe Elementarbereich verabschiedet wurden, um ein Mindestmaß an Vergleichbarkeit zwischen den Ergebnissen aus den verschiedenen Regionen zu gewährleisten.

Von der wissenschaftlichen Begleitung sind unter Wahrung einer größtmöglichen Vergleichbarkeit vorrangig folgende Fragen von überregionaler Bedeutung zu klären:

1. Unter welchen konzeptionellen, personellen, räumlichen, sachlichen, organisatorischen und soziokulturellen Bedingungen arbeiten die Erprobungskindergärten?

2. In welchem Umfang kann die curriculare Konzeption der Einzelprogramme verwirklicht werden?

3. Unter welchen methodischen und organisatorischen Bedingungen können die Einzelprogramme durchgeführt werden?

4. Wie werden die Einzelprogramme durch die Beteiligten (Kinder, Erzieher, Eltern, Träger) akzeptiert?

5. Welche Vorschläge werden für die Veränderung oder Ergänzung der Einzelprogramme gemacht?

6. In welchem Verhältnis stehen die Einzelprogramme zu anderen Curriculumelementen für die vorschulische Erziehung?

7. Auf welche Weise wird die Arbeit des Erprobungskindergartens durch die Einzelprogramme beeinflußt?

8. Welche Faktoren sind für die Übertragung der Einzelprogramme auf andere Kindergärten von Bedeutung?

Diese Formulierungen stellen Frage für Frage das ‚Einzelprogramm' in den Mittelpunkt. Sie sprechen wichtige Voraussetzungen und begleitende Bedingungen der Arbeit mit diesen Curricula an und stellen darauf ab, Bedingungen und Wirkungen den einzelnen Materialien zuzurechnen. Anders als die aus der Sicht des offenen Curriculum entwickelte Evaluationsvorstellung versuchen diese Fragen nicht, das Gesamtgeflecht von Faktoren im Kindergarten und sogar noch sein Verhältnis zur Umwelt mit den jeweiligen wechselseitigen Abhängigkeiten zu untersuchen, sondern Antworten zu erhalten, die angeben, ob ein Material verwendbar ist oder ob es noch verändert werden muß und welche Bedingungen zu schaffen sind, um es vorteilhaft benutzen zu können" (BLK, a.a.O., S. 101ff.).

Das gesamte Erprobungsinstrumentarium mußte in mühevoller Prozedur ausgehandelt und auf den kleinsten gemeinsamen Nenner gebracht werden; aufgrund ihrer späten Ratifizierung kamen die Instrumente zum Teil auch erst spät zum Einsatz.

„Das letztlich praktizierte ‚gemischte Evaluationskonzept' war Ergebnis pragmatischer Entscheidungen, bzw. eines Kompromisses zwischen Ländern und überregionaler wissenschaftlicher Begleitung und weder systematisch

und stringent geplant noch aufeinander abgestimmt" (BAG in BLK, a.a.O., S. 525).

Insbesondere aus den Ergebnissen der qualitativen Untersuchungsteile wurde indessen deutlich, daß die Erprobungsauflage an der Basis vielfach dennoch in Prozesse der Weitererfindung und -entwicklung umdefiniert wurde, so daß sowohl das Curriculum Soziales Lernen als auch das Curriculum Elementare Sozialerziehung in Teilen einer formativen Evaluation unterlagen und in ihren später revidierten Fassungen auch davon profitieren konnten.

2.3 Das Ende der Innovation

Die Auseinandersetzung um Sinn und Zweck des Erprobungsprogramms setzte sich bis in die Diskussion der Gliederung und Schwerpunkte des überregionalen Abschlußberichtes fort: Dem Deutschen Jugendinstitut wurden Aussagen zum pädagogisch-institutionellen Gesamtansatz des reformierten Kindergartens ebenso verwehrt wie ein Ländervergleich unter Einbezug der Rahmenbedingungen. In der Arbeitsgruppe Elementarbereich bestand die Befürchtung, daß ein Vergleich der Rahmenbedingungen zu politischen Komplikationen führen könne.

Der Abschlußbericht des Deutschen Jugendinstituts wurde Mitte 1979 vorgelegt und erst 1981 freigegeben. Die von der Arbeitsgruppe Elementarbereich bestellten Gutachter hatten die Aufgabe,

*„– die Berichte der Länder, der Projektgruppe des DJI und der Trägerverbände zu sichten,
– das Vorgehen im Erprobungsprogramm darzustellen und auf seine Aussagekraft zu prüfen,
– die wesentlichen und gesicherten Ergebnisse des Programms zusammenzutragen und
– diese Ergebnisse im Hinblick auf die in ihnen enthaltenen Konsequenzen für die künftige Entwicklung im Elementarbereich zu kommentieren"* (BLK, a.a.O., S. 41).

Ihre Gutachten wurden im März 1983, fast vier Jahre nach Ende des Erprobungsprogramms der Öffentlichkeit zugänglich gemacht, was im wesentlichen auf die stark verzögerte und dann nur torsohafte Fertigstellung des zweiten Gutachtens zurückzuführen war.

Das erste Gutachten enthält ein Resümee, dessen Kernsätze komplementär zu dem – von veranlaßten Rücksichtnahmen geprägten – Auswertungsbericht des Deutschen Jugendinstituts gelesen werden können. Darin heißt es:

„Die Erzieherinnen haben sich im Erprobungsprogramm ganz überwiegend als sehr lernmotiviert und als sehr lernfähig erwiesen (eine Bedingung zur Veränderung einer Bildungsinstitution, die leider nicht überall vorauszusetzen ist).

Jedoch ist auch deutlich, daß Hilfen nötig sind, um diese günstigen Lernpotentiale wirksam werden zu lassen.

Als entscheidende Bedingung für die Veränderung der pädagogischen Arbeit in Inhalt und Vorgehensweise hat sich die Regionale Projektgruppe, die Einheit der Zusammenarbeit von Moderatoren und Erzieherinnen der beteiligten Kindergärten, herausgestellt. Von großer Bedeutung waren die Angebote zur Fortbildung und zur Beratung, welche die Moderatoren entwickelten und durchführten. Nachdem die Qualifizierungsprozesse ausgelöst worden waren, bestand ihre wesentliche Hilfe darin, den Erfahrungsaustausch zwischen den Erzieherinnen zu erleichtern. Wichtig war, daß sie nicht Lernstoff und Kunstgriffe vermittelten, sondern Anstöße für eigene Überlegungen und selbständige Erprobung von Vorschlägen gaben und ein Kommunikationsnetz aufbauten, in dem auch über die persönlichen Schwierigkeiten in den beruflichen Aufgaben weithin ohne Ängste gesprochen werden konnte" (BLK, a.a.O., S. 16f.).

„*Das Erprobungsprogramm hat somit erkennen lassen, daß die Prinzipien situationsorientierten Arbeitens auch auf das Weiterlernen der Erzieherinnen anzuwenden sind. Nur wenn praxisnahe, von Kontrollaufgaben freie Moderatoren in der Lage sind, ein der Situation der Erzieherinnen angemessenes Verhältnis von Außenimpulsen und selbständigen Verarbeitungsmöglichkeiten herzustellen, sind Veränderungen in der Arbeit zu erwarten, die auf hinzugewonnenen erzieherischen Kompetenzen (Fähigkeiten und Selbstverständnis) beruhen. Die Professionalisierungsprozesse konnte das Erprobungsprogramm zum Teil weit fördern, aber keineswegs zum Abschluß bringen. Es wurde nicht das Stadium erreicht, von dem man hoffen kann, daß die Qualifizierung und die Reform der Praxis sich aus sich heraus weitervermitteln und ausbreiten. Wenn das Erreichte gesichert werden soll oder sogar die in der Erprobung bewährten Prinzipien situationsorientierten pädagogischen Arbeitens im Kindergartenbereich durchgesetzt werden sollen, ist an erster Stelle notwendig, weiterhin kleinen Gruppen von Kindergärten Moderatoren zuzuordnen. Diese Moderatoren brauchen untereinander Kontakt und Verbindung zur Lehre und Forschung in den Ausbildungsstätten für Erzieher und Pädagogen. Die Kooperation mit der Wissenschaft in den Hochschulen hätte an die Stelle der Eingliederung in die überregionale Infrastruktur des Erprobungsprogramms zu treten. Von dort sollten die Moderatoren Anschluß an wissenschaftliche Entwicklungen und auch Forschungsaufträge erhalten, dorthin sollten sie die Praxisprobleme weitertragen, die sie entdecken und bearbeiten. Auf diese Weise könnten sie zur Reform der Ausbildung beitragen"* (BLK, a.a.O., S. 17f.).

„*Das Erprobungsprogramm hat auch Hinweise auf Bedingungen im Kindergarten gegeben, die das Arbeiten nach kind- und situationsbezogenen Prinzipien erleichtern oder erschweren können: Günstige Auswirkungen auf nach Lebenssituation und Bedürfnissen der Kinder differenzierendes Vorgehen hat die Doppelbesetzung der Kindergruppe. Wenngleich diese Variable nicht kontrolliert untersucht wurde, scheint die Tätigkeit von zwei Erziehern in der Gruppe ein für die Umgestaltung des pädagogischen Arbeitens wirkungsvollerer Faktor zu sein als die – sicherlich auch aus pädagogischen Gründen wünschenswerte – Verkleinerung der Gruppe.*

Weiterhin ist einflußreich, wieviel an Verfügungszeit den Erzieherinnen zugestanden wird und welche Möglichkeiten der sinnvollen Nutzung sich das Erzieherteam erschließt. Die Verfügungszeit unterstreicht die Bedeutung der situationsbezogenen Planung und Auswertung; sie wird unter den Anregungen und Erwartungen des Erprobungsprogramms offensichtlich auch vorteilhaft genutzt. Es ist zu vermuten, daß die eingeräumte Verfügungszeit dann eine besonders wirksame Variable ist, wenn die Erzieherinnen infolge ihres gewachsenen Problembewußtseins ohne Planungs- und Auswertungsaufwand nicht mehr arbeiten können.
Organisatorische, räumliche und sachliche Bedingungen haben offenbar ebenfalls Einfluß auf die Arbeit. Deutlich wurde dies vor allem im Hinblick auf die Kindertagesstätten, in denen sich der Kindergartenbereich in die Gesamteinrichtung einfügen muß und dadurch Freiräume verliert. In den großstädtischen Kindergärten zeigten sich auch Auswirkungen von ungünstigen Lebensverhältnissen auf pädagogische Initiativen und die Elternarbeit (z.B. ökonomisch bedingte Erwerbstätigkeit beider Eltern, Schichtarbeit). Kindergärten in Problemzonen benötigen offensichtlich zusätzliche Mittel an Personal und Ausstattung" (BLK, a.a.O., S. 18f.).

„*Von Seiten der Verantwortlichen wird darauf hingewiesen, daß Kompromisse und Abstriche nötig waren, um die größte pädagogische Erprobung, die im Rahmen der BLK jemals durchgeführt wurde, zu realisieren. In der Tat ist es in keinem anderen Bereich des Bildungswesens gelungen, ein Vorhaben mit einer vergleichbaren Bedeutung für die Veränderung der Praxis zu verwirklichen. Dieses Argument hat allerdings nur Gewicht, wenn die angestrebten praktischen Konsequenzen, um derentwillen die Kompromisse eingegangen wurden, auch gezogen werden. Angesichts der guten Erfahrungen mit den Moderatoren in den regionalen Projektgruppen ist zu bedauern, daß diese für eine Verbesserung der pädagogischen Arbeit in der Kindergruppe so wichtigen Kräfte allesamt nach Abschluß des Programms entlassen wurden. Das bestehende System der Fachberatung kann die im Erprobungsprogramm entwickelten Aufgaben nicht übernehmen. Die Materialien allein können nach den vorliegenden Erfahrungen die pädagogische Arbeit nicht so intensiv befruchten, wie es nötig ist. Sie sind wesentliche Hilfen, aber keine ‚Selbstläufer'"* (BLK, a.a.O., S. 21).

Spätestens seit 1977 gab es vermehrt Hinweise darauf, daß mit dem Ende des Erprobungsprogramms auch das Ende der Reformphase gekommen sein könnte:

„*Die erste und zweite Generation der Modellversuche im Elementarbereich (1969–1975 / 1975–1978), die auf dem Wege über die Praxis der Reform- und Modellkindergärten unbestritten innovatorische Impulse und Einsichten erbracht haben, ist abgeschlossen. Nach der politischen Entscheidung, die die Institution Kindergarten als wichtigste pädagogische Einrichtung für Kinder vom 4. bis 6. Lebensjahr im vorschulischen, außerfamiliären Bereich bestätigt hat, ist der sogenannte 'Streit um die Vorschulerziehung' beendet. Aber eine wichtige Aufgabe ist noch ungelöst: die Übertragung der innovatorischen Ansätze auf inhaltlicher und organisatorischer Ebene auf die Regelkindergärten in ihrer Gesamtheit. Ohne eine breite Realisierung und Fortschreibung der erreichten ‚Erfolge' könnte die Erziehung im Kindergarten sehr bald wieder auf den Stand vor 1970 zurückfallen"* (Karsten 1979, S. 2f.).

Versucht man mit Blick auf das Ende des Erprobungsprogramms ein reformstrategisches Resümee, dann erscheinen folgende Punkte von Bedeutung:

* Die Modellversuche mit Kindergärten, Vorklassen und Eingangsstufen waren ausgelaufen, der Auseinandersetzung um die Fünfjährigen war durch den Auswertungsbericht einer Projektgruppe der BLK bereits die Schärfe genommen worden (BLK 1976). Die meisten Länder entschieden sich für den altersgemischt arbeitenden Kindergarten. Damit entfiel ein Agens, das die Beteiligten über eine längere Spanne in Bewegung gehalten hatte.

* Die wirtschaftliche Rezession der frühen achtziger Jahre schlug auf die finanzielle Situation des Elementarbereichs durch. Die Rahmenbedingungen, unter denen die Erprobungskindergärten gearbeitet hatten, wurden auf die Regeleinrichtungen nicht übertragen. Im Gegenteil: Die Tendenz wurde bald deutlich, auch an den Rahmenbedingungen der Regeleinrichtungen Abstriche zu machen.

* Die Bemühungen der für das Erprobungsprogramm Verantwortlichen waren auf Erprobung von Materialien, indessen nicht auf ihre anschließende Dissemination und die Implementation des entwickelten pädagogischen Konzepts und seiner Rahmenbedingungen gerichtet. Eine überregionale, systemisch angelegte Implementationsstrategie wurde weder wissenschaftlich konzipiert, noch politisch gewollt. Insofern fehlte eine überregionale Anstrengung, zwischen den am Erprobungsprogramm beteiligten und den übrigen über 20.000 Einrichtungen zu vermitteln, den Curriculumprozeß fortzuführen und dabei auch zu berücksichtigen, daß sich der Situationsansatz inzwischen erweitert hatte und institutionelle Kennzeichen reformierter Kindergärten einbezog. Immerhin setzten – in einigen Ländern mit erheblicher, wenngleich mit den Jahren abflauender Intensität – Bemühungen ein, die Ergebnisse über Fortbildungsmaßnahmen auf regionaler Ebene zu disseminieren.

* Der reformstrategische Stellenwert der Gutachten blieb unklar: Dadurch, daß sie sich im wesentlichen mit der Evaluation einer Evaluation zu befassen hatten (und damit auch zahlreiche Redundanzen produzierten), trugen sie zu einer vierjährigen Verzögerung einer fachlichen wie politischen Diskussion bei, die sich mit den Konsequenzen aus dem Erprobungsprogramm hätte beschäftigen müssen, die aber weder davor, noch danach stattfand. Die eher repetetiven Schlußfolgerungen, die die BLK aus den Gutachten ableitete – wie: „Der ‚Situationsansatz' hat sich als pädagogisches Prinzip des Arbeitens im Kindergarten bewährt" (BLK 1983, S. 9) –, hätten auch ohne die Gutachten, aufgrund der landeseigenen und überregionalen Abschlußberichte gezogen werden können. Die Gutachten gerieten mithin zu einem stark retardierenden Faktor; die BLK konnte nach dem Ende des Erprobungsprogramms vier Jahre lang abwarten, ohne tätig zu werden – ein Hinweis darauf, daß die Arbeitsgruppe Elementarbereich selbst ihre Schubkraft und Motivation eingebüßt hatte.

* Dem Verwaltungshandeln der Arbeitsgruppe Elementarbereich stand kein politisches Handeln zur Seite. Weder während des Erprobungsprogramms noch danach nahmen sich zuständige Bundesminister oder parlamentarische Ausschüsse des Bundestages der Kindergartenreform an, und auch auf Länderebene blieb aktives politisches Handeln im Nachklang zum Erprobungsprogramm die Ausnahme. Somit fehlte auf Bundesebene wie in der Mehrzahl der Länder auch der politische Wille zur Sicherung der Reform. Mittel für Disseminations- oder Implementationsprozesse wurden auf Bundesseite nicht mehr bereitgestellt.

* Die mangelnde Einbindung der Träger und Fachverbände in die verantwortliche Konstruktion und unmittelbare Auswertung des Erprobungsprogramms fand seinen Ausdruck unter anderem darin, daß die konzeptionelle und personelle Anlage der Fachtagung Elementarbereich '80 ebenfalls retardierende und dissoziierende Anteile enthielt. Einer der Hauptredner befaßte sich mit vermeintlichen Schäden seiner Kinder als Opfern des Situationsansatzes und verwies auf die Qualitäten der fünfziger und frühen sechziger Jahre, andere Vertreter der pädagogischen Zunft, die sich weder an den Entwicklungsarbeiten noch am Erprobungsprogramm beteiligt hatten, beklagten die curriculare Entmündigung der Erzieherinnen – in Unkenntnis oder Mißachtung des Umstandes, daß diese sehr offenen Curricula von tausenden von Erzieherinnen wesentlich mitentwickelt und erprobt worden waren. Auf dieser Tagung blieb das Erprobungsprogramm ausgeblendet, es wurde lediglich in einzelnen Diskussionsbeiträgen angesprochen.

* Die Ambivalenz und auch Abneigung einzelner Länder gegenüber dem Erprobungsprogramm, der durch das Erprobungsprogramm überdeckte, aber nicht ausgeräumte konzeptionelle Streit um die vorschulische Erziehung, die mangelnde 'Hausmacht' des Deutschen Jugendinstituts, die Zweifel an der Reform und die Wiederbelebung vor-reformatorischer pädagogischer Tendenzen schufen kein gemeinsames und vor allem kein produktives Klima, das Erreichte zu sichern und wirkliche Konsequenzen aus dem Erprobungsprogramm abzuleiten. So versickerten die Ergebnisse des Erprobungsprogramms, ohne daß sie der Fachöffentlichkeit, den Erzieherinnen und Eltern in einer gezielten bundesweiten Öffentlichkeitsarbeit übermittelt worden wären. Weder wurde der Vorschulkongreß '70 wiederholt, noch fanden überregionale Konferenzen mit Multiplikatoren statt. Materialien oder größere Veranstaltungen für Eltern zum erarbeiteten pädagogischen Konzept gab es nicht, so daß auch die Chance verstrich, Eltern als Bündnispartner für den Erhalt der qualitativen Standards zu gewinnen.

* Nur drei der erprobten Materialien (Curriculum Soziales Lernen, Curriculum Elementare Sozialerziehung, Arbeitshilfen des Landes Nordrhein-Westfalen) wurden revidiert. Bei anderen erprobten Materialien stand zum Teil von vornherein fest, daß sie nicht revidiert werden würden.

* Die erfolgreich erprobten Materialien wurden nach ihrer Revision nicht bundesweit disseminiert. Sie wurden auf dem Markt ohne Marketing angeboten. Zwar blieben jüngst angestellte Recherchen bei den Verlagen über verkaufte Auflagen ergebnislos, als Indikator kann jedoch gelten, daß das revidierte Curriculum Soziales Lernen weniger als 5000mal verkauft wurde. Zu schließen ist daraus, daß Länder und Träger (Ausnahme: Nordrhein-Westfalen mit den Arbeitshilfen, Hessen mit dem Curriculum Soziales Lernen) nicht hinreichend dafür Sorge getragen haben, daß jede Einrichtung mit den Materialien versorgt wurde oder sie sich –

auch unter finanziellen Gesichtspunkten – beschaffen konnte. Flankierende Materialien wie Elternhandbücher, Kinderbücher, Kinderspiele, Demonstrations- und Lehrfilme wurden nicht entwickelt. Eine Zusammenarbeit mit Hörfunk- oder Fernsehanstalten – etwa zur Konzipierung begleitender Kinderserien und Elternsendungen – fand nicht statt.

* Als zentral für den Bruch der Reformgeschichte erwies sich auch der Sachverhalt, daß die Moderatoren, die einen fundierten Professionalisierungsprozeß durchlaufen hatten und besonders geeignet gewesen wären, jene von der Bildungskommission geforderte dauerhafte innovative Infrastruktur darzustellen, entlassen wurden und – soweit es sich in Erfahrung bringen ließ – nur in Ausnahmen später Positionen finden konnten, die in mittelbarem thematischen Bezug zu Aufgaben der Implementation standen. Dazu die BAG:

„Die BAG bedauert außerordentlich, daß das im Erprobungsprogramm entwickelte System zur Beratung und Fortbildung von Fachkräften in Aufbau und Leistungsfähigkeit nicht aufrechterhalten wurde, wozu offensichtlich die große Zeitspanne zwischen Beendigung des Erprobungsprogramms und der Vorlage des Auswertungsberichtes wesentlich beigetragen hat" (BAG in BLK 1983, S. 536).

* Die Fachberater hatten mit dem Erprobungsprogramm in der Regel nur am Rande zu tun, so daß ihnen die professionalisierenden Vorerfahrungen der Moderatoren fehlten und sie sich in ihrer Beratungstätigkeit – so beispielsweise in Berlin – eher an ihren Bezugsdisziplinen orientierten; ihre mögliche Rolle in der Implementation war auf überregionaler Ebene kein Thema.

* Auch eine Vernetzung der Systeme Innovation und Ausbildung unterblieb. Die Ausbildungseinrichtungen standen weder mit den Modellversuchen, noch mit dem Erprobungsprogramm systemisch in Verbindung. Eine überregional gestützte, nachholende Reform der Ausbildung wurde mit dem Ende des Erprobungsprogramms nicht eingeleitet. Es entstand eine Diskrepanz zwischen dem Konzept situationsbezogenen Arbeitens in den Kindergärten und den Inhalten, den Methoden und der Struktur des Unterrichts in den Ausbildungseinrichtungen. Ein nach Schlüsselsituationen organisiertes Curriculum geriet in Kontrast zum Fächerkanon und Stundenrhythmus. Es bestanden keine Vorstellungen darüber, das Theorie/Praxis-Verhältnis der Ausbildungseinrichtungen zu dynamisieren und als Teil des Implementationsprozesses zu definieren. Auch das Verhältnis von Tiefe und Breite der Erzieherinnenausbildung wurde – angesichts des durch die Reform entstandenen neuen Qualifikationsprofils mit dem Ende des Erprobungsprogramms nicht neu bestimmt.

* Der hohen Fluktuation von Erzieherinnen – bis zu einem Drittel pro Jahr während des Erprobungsprogramms – wurde nicht durch berufliche Anreize entgegengesteuert (Deutsches Jugendinstitut, Projektgruppe Erprobungsprogramm 1979, S. 555). Es gab keinen Plan, die in den Modellversuchen und im Erprobungsprogramm professionalisierten Erzieherinnen auf breiter Ebene in die Implementation der Ergebnisse, d.h. in die Fortbildung oder das *in service training* von weniger reformerfahrenen Erzieherinnen einzubeziehen.

* Die durch Drittmittel geförderte Begleitforschung des Erprobungsprogramms (insbesondere des Deutschen Jugendinstituts) mußte sich neue Themen suchen, um neue Finanzierungen zu erschließen. Diese Themen waren nicht aus Erfordernissen der Implementation abgeleitet, sondern folgten anderen Schwerpunktsetzungen (wie z.B. Integration behinderter Kinder, interkulturelle Erziehung, Medienpädagogik, Landkinder). Eine grundlagenorientierte Forschung zu Desiderata des Situationsansatzes gab es weder während des Erprobungsprogramms noch im Anschluß daran.

* Zu einer unmittelbaren Anwendung des Situationsansatzes in anschließenden Modellversuchen kam es bei der Entwicklung interkultureller Erziehung in Berliner Kindertagesstätten und Grundschulen. Aber auch hier fand nach dem Auslaufen der auf fünf Jahre angelegten Projekte keine Implementation statt. Immerhin: Der Situationsansatz wirkte in die schulpolitische Debatte der achtziger und neunziger Jahre hinein – unter den Stichworten „Öffnung der Schule Richtung Gemeinwesen" und „Nachbarschaftsschule". Bildungspolitische Akzente dieser Art wurden in mehreren Ländern gesetzt (Bremen, Hamburg, Hessen, Niedersachsen, Nordrhein-Westfalen, Saarland, Schleswig-Holstein), die praktischen Entwicklungen sind – nimmt man englische Community Schools als Maßstab – über erste Ansätze nicht hinausgekommen (Zimmer/Niggemeyer 1986, Klement 1990, Buhren 1994).

* Nach dem Ende des Erprobungsprogramms setzte in einer Reihe von Ländern Asiens, Lateinamerikas und später auch Afrikas eine Nachfrage nach einer Adaptation des Situationsansatzes ein. Dieser Nachfrage wurde nicht durch Bund, Länder oder Träger, sondern durch die Goethe-Institute, die Deutsche Gesellschaft für Technische Zusammenarbeit, durch OECD und UNESCO, das World Council for Curriculum and Instruction, die International Community Education Association sowie durch Counterparts jener Länder Rechnung getragen. In einer Stellungnahme resümierte das United Nations Department of Public Information: *„For Third World countries, life-situation approach makes more sense"* und verwies dabei auch auf die Verbindung des Situationsansatzes mit *entrepeneurship* bei der Entwicklung von Productive Community Schools:

> *„Probably the greatest difference between academic schools and community schools (kindergarten or productive) is that the first is an institution and the second a dynamic process. The gathering together of concerned groups, learning about experience gained in the FRG and other countries, finding resources and sometimes a little seed money, the participation of parents, students and community at all stages, identifying life-situations and turning them into didactic units, dealing with the situations, recording and evaluating the work undertaken, planning further projects for production and development, the growing solidarity of the community as people find they can act effectively together – all these are part of the community learning process.*
> *One cannot overestimate the importance of this pilot work. These kindergartens and productive schools have shown that education can encourage creativity, self-reliance and constructive community action – that through an imaginative and practical combination of life-situations and fact-based learning*

the three R's can be taught without drilling, stress or overtaxing the students. This is only the beginning. What disadvantaged groups have done should inspire changes in static, irrelevant and beleaguered systems of formal academic schooling, wherever they are" (UN 1988).

2.4 Nachklänge

Die Geschichte des Erprobungsprogramms ist in den Erinnerungen vieler Beteiligter wachgeblieben. Die Erinnerungen von damals unmittelbar beteiligten Erzieherinnen beziehen sich auf die Erprobungszeit selbst, ihr abruptes Ende und die Folgezeit, die unterschiedlich erlebt wurde.

Hier die Einschätzungen der Leiterin einer großstädtischen Kindertagesstätte zum Erprobungsprogramm:

„Für sie sei diese Zeit ein Höhepunkt ihres beruflichen Lebens gewesen. Sie sei von der Aufbruchstimmung getragen worden. Sie hätte sich durch die Teilhabe an Entwicklungsvorgängen professionalisieren können. Sehr wichtig sei der arbeitsbezogene Kontakt mit Moderatoren und Kolleginnen gewesen. Den Situationsansatz habe sie nicht durch Dozieren vorgesetzt bekommen, sondern durch erfinderisches Handeln erarbeitet. Der Prozeß sei wichtig gewesen, durch die Beteiligung an diesem Prozeß sei die Professionalisierung erfolgt. Die Reflexion sei Teil des Prozesses gewesen. Nach ihrer Meinung sei diese prozeßhafte, entwicklungsorientierte Professionalisierung der Ausbildung um ein Vielfaches überlegen" (KT 11).

Diese Einschätzung trifft sich mit Aussagen beteiligter Erzieherinnen. Ein weiteres Beispiel:

„Die Erzieherin erinnert sich an die Zeit des Erprobungsprogramms als eine sehr wichtige und interessante Phase, die ihre pädagogische Arbeit auf jeden Fall beeinflußt hat. Als sehr positiv bewertet sie auch, daß demokratische Umgangsformen zwischen den Mitarbeiterinnen während der Erprobungszeit von der damaligen Leiterin und den Moderatoren sehr gefördert wurden" (KT 5).

In einer Einrichtung kommt die Rede darauf, wie das Grundwissen über den Situationsansatz während des Erprobungsprogramms erworben wurde:

„Durch die damals mögliche Verfügungszeit konnten sie sich regelmäßig zusammensetzen und diskutieren. Die ehemalige Moderatorin (sie ist jetzt in einer anderen Kita Leiterin) habe ihnen immer wieder wichtige Impulse gegeben durch ihre Fragen und ihre Arbeitspapiere. Durch die Protokolle (sie sind immer noch in zwei Aktenordnern verfügbar) wären sie veranlaßt worden, ihre Arbeit zu überdenken, zu formulieren, verständlich und lesbar niederzuschreiben. Die Leiterin habe dafür gesorgt, daß sie ihre neue Arbeitsweise

immer wieder den Eltern erläutern und einsehbar darstellen, da es zu Beginn des Erprobungsprogramms viele Nachfragen und auch Ablehnungen gegeben habe. Im Rückblick schätzen die Erzieherinnen die überbezirklichen Treffen und Arbeitsgespräche als außerordentlich gewinnbringend ein. Durch Arbeitspapiere und neue Erkenntnisse aus der Psychologie hätten sie begriffen, daß die Arbeit im Kindergarten mehr ist als nur Spiele- und Bastelangebote. Damals hätten sie so langsam die Entscheidungen für den Tag den Kindern überlassen. Es wäre ihnen zwar schwergefallen, weil manche Kinder jetzt plötzlich frecher geworden wären. Heute noch kämen manchmal die Großgewordenen (jetzt 18jährigen) und würden auf der Straße stehenbleiben, um ein kleines Gespräch zu führen. Auch würden die Jugendlichen wünschen, daß ihre Kinder in diesem Kindergarten aufgenommen werden – sobald sie welche hätten. Das erfüllt die Erzieherinnen mit großer Zufriedenheit, daß sich die jungen Erwachsenen gerne an ihre Kindergartenzeit erinnern, auch „wenn es manchmal drunter und drüber" gegangen sei. Sie hätten gelernt, daß man als Erzieherin nicht immer alles besser wissen müßte, sondern mit den Kindern auf die Suche nach Antworten gehen könne" (KT 19).

Das Ende des Erprobungsprogramms wurde von Erzieherinnen als scharfer Schnitt empfunden:

„Die kommunikative Struktur sei unvermittelt zusammengebrochen, das „fachliche Netz" sei wie weggeblasen gewesen, es hätte keine Fortbildungsveranstaltungen, keine Rückmeldungen mehr gegeben. Die Beteiligten seien in die Vereinzelung entlassen worden" (KT 11).
„Die Zusammenarbeit mit den Moderatoren sowie mit den kooperierenden Einrichtungen des Erprobungsprogramms hörte schlagartig auf (die Erzieherinnen wußten nichts über den Verbleib der Moderatoren). Die Rahmenbedingungen verschlechterten sich – die Kita stieg wieder zur ‚Regeleinrichtung' ab.
Die Erzieherinnen fielen in ein tiefes Loch, sie fühlten sich von der Öffentlichkeit in Stich gelassen. Die Vorbereitungszeit wurde plötzlich von 20 auf 6,5 Stunden pro Woche reduziert. Vom Träger habe man allerdings nichts erwartet – der habe ja selbst nur begrenzte Möglichkeiten gehabt" (KT 10).
Eine Erzieherin: „Ich kann mich daran erinnern, daß wir danach einen unheimlichen Durchhänger hatten, und daß es dann mal wieder eine Zeit ging – und dann kam wieder so ein wahnsinniger Frust auf. Und es war sehr schwierig herauszufinden, woran liegt es nun eigentlich. Und wie können wir mit dem, was wir haben, arbeiten. Und wie können wir unsere Arbeit verändern. Das war auch sehr schwierig, weil wir die Zeit, unsere Arbeit zu verändern, nicht mehr hatten. Die Zeit reichte einfach nicht aus, was Neues zu entwickeln, und dadurch wurde es ein sehr mühsamer, langsamer und zäher Prozeß, bis dann mal wieder was Neues ins Rollen kam" (KT 14).

Eine Erzieherin (sinngemäß): *Das Erprobungsprogramm war meine schönste Zeit, danach ging's immer nur bergab* (KT 14).

Die Folgen dieses Bruchs wurden den Aussagen nach unterschiedlich verarbeitet. Die Entwicklungen liefen auseinander. Die Spannbreite der Reaktionen reichte von Resignation über temporäre Versuche einer Gegensteuerung bis hin zu offensiver und produktiver Weiterarbeit.

Eine Leiterin: „Das Gute, der Aufbruch, der im Erprobungsprogramm entstanden sei, wäre schnell zusammengebrochen, da keine Unterstützung mehr zustande kam. Es hätte niemanden mehr gegeben, der den Reflexionsprozeß gestützt hätte. Die Pädagogik wäre wieder zur Jahreszeitenpädagogik zusammengesackt. Ganze Teams wären auseinandergebrochen, da motivierte Erzieherinnen – so auch sie selbst – nach einem Ausweg gesucht hätten und bald zum Studium an die Fachhochschulen gewechselt wären" (KT 11).
„Mit dem Wegbleiben der Moderatorin sei langsam die hohe Motivation gesunken, immer wieder Neues auszuprobieren. Auch sei der 20-Stunden-Ausgleich weggefallen, so daß kaum noch Zeit blieb, sich auf die Gruppenarbeit vorzubereiten. Es wäre dann eine große Ermüdung zu spüren gewesen, so als ob sie drei Jahre ohne Pause und Urlaub geackert hätten. Die Anspannung sei weggefallen, und damit auch die gute Stimmung zwischen den Kolleginnen. Drei Jahre hätten sie dann versucht, auf kleinerer Flamme weiterzukochen. In der Zeit begann ein Personalwechsel (aufgrund von Schwangerschaften, Wegzug, Studium), auch die Leiterin habe das Haus verlassen" (KT 19).
„Der Austausch, den es während der Erprobungszeit zwischen den Einrichtungen in Bremen und Bremerhaven gab, hörte mit Ende des Erprobungsprogramms schlagartig auf. Es blieb dafür keine Zeit mehr – so die Erzieherinnen" (KT 9).

Bei anderen wuchs mit der Professionalisierung durch das Erprobungsprogramm auch die Lust, weiter zu lernen und die Erfahrungen anderen weiterzugeben:

*„Die Erzieherinnen und Leiterin berichteten davon, daß sie nach dem Erprobungsprogramm, vor allem über die Fortbildungen des Landesverbandes ihre Erfahrungen weitergeben konnten: „Wir haben ja auch Forderungen an den Landesverband gestellt. Die konnten sich nicht dem verschließen, daß wir nun eine andere Arbeit machten, und sie mußten sich ja nun auch damit auseinandersetzen ... Ja, das Fortbildungsangebot hat sich verändert. Wir haben beim Landesverband Fortbildungen zum Thema Elternarbeit, Planung, Gesprächsführung eingefordert. Erst haben wir es eingefordert, und dann haben sie den Spieß umgedreht und uns engagiert. Weil sie selber das ja nicht wußten. Sie konnten die Arbeit nicht vermitteln, weil sie ihnen noch fremd war." Die Leiterin, aber auch die Erzieherinnen, wurden in die Fortbildungen des Landesverbandes eingeklinkt und leiteten zusammen mit der Fachberatung Seminare zu solchen Themen. Die Leiterin begleitete außerdem in den achtziger Jahren über mehrere Jahre hinweg eine Arbeitsgruppe zum Thema Elternarbeit.
Ich weiß, daß wir einen unheimlichen Mut bekommen haben, in andere Erziehergruppen reinzugehen und etwas zu veranstalten und zu initiieren"* (KT 10).

„Die neu hinzukommenden Kolleginnen mußten sich in den Diskussionsstand des Teams hineinfinden. Der „alte" Stamm beharrte immer erfolgreich darauf, daß alle Gruppen nach den gleichen, gemeinsam erarbeiteten Prinzipien arbeiteten, was nicht immer unumstritten war. Dennoch wurde diese Linie durchgehalten und immer solange diskutiert, bis ein Konsens gefunden war. Die Erzieherinnen erinnern sich z.B. an stundenlange Diskussionen über die Gestaltung des Mittagessens" (KT 9).

„Auf Grund seiner Teilnahme am Erprobungsprogramm und einer langen personellen Kontinuität (auch wenn jetzt nur noch zwei Kolleginnen aus dieser Zeit tätig sind) beruft sich der Kindergarten auf den Situationsansatz. Die Mitarbeiterinnen tun dies explizit und stehen dazu, da es zu Beginn der achtziger Jahre mit dem Eintritt der jetzigen Leiterin harte Kämpfe um das Konzept des Situationsansatzes gab. Das Team – erprobungs-gefestigt – verfocht dieses Konzept, die neue Leiterin war strikt dagegen. In konstruktiven, lange währenden Diskussionen hat sich jedoch das Team durchgesetzt, und die Leiterin trägt den Ansatz, ja sie vertritt ihn auch offensiv nach außen" (KT 29).

3. Zielsetzung und Fragestellungen

3.1 Hintergrund und Ziel der Untersuchung

Der Versuch einer grundlegenden inhaltlichen und organisatorischen Neuordnung des bundesrepublikanischen Bildungssystems in der zweiten Hälfte der sechziger und ersten Hälfte der siebziger Jahre stellte den Kindergarten vor ein breites Spektrum neuer Herausforderungen.

In Kenntnis der besonderen Bedeutung des frühen Lernens (vgl. insbes. Roth 1970) führten die Länder eine Reihe von Modellversuchen im Kindergarten, in Vorklassen und Eingangsstufen durch (Übersicht in: Arbeitsgruppe Vorschulerziehung 1974). Sie sollten die Frage beantworten, welche Konzepte frühkindlichen Lernens geeignet seien, die besonderen Entwicklungspotentiale drei- bis sechsjähriger Kinder zu nutzen und die für ein lebenslanges Lernen notwendigen Grundqualifikationen zu sichern.

Bildungspolitisch zugespitzt wurden diese Überlegungen zu der Frage nach der institutionellen Zuordnung der Fünfjährigen.

Die Ergebnisse der in den Ländern durchgeführten und ausgewerteten Modellversuche waren Grundlagen für ein bundesweit angelegtes „Erprobungsprogramm im Elementarbereich", das von 1975 bis 1978 in neun Bundesländern eingerichtet wurde.[1] Im Erprobungsprogramm sollte überprüft werden, ob und unter welchen Voraussetzungen die in den Modellversuchen entwickelten curricularen Materialien geeignet seien, die Reformziele in die Kindergartenpraxis zu transportieren.

Mit Abschluß des Erprobungsprogramms 1978 verlor der Kindergarten rapide an bildungspolitischer Bedeutung, zum einen weil die auf die institutionelle Zuordnung der Fünfjährigen zugespitzte und eingeengte Frage politisch zugunsten des Kindergartens entschieden war, zum anderen weil andere durch die in den siebziger Jahren eintretende Rezession hervorgerufenen Probleme, insbesondere das der Jugendarbeitslosigkeit, den Kindergarten in seiner Bedeutung verdrängten.

Die Veröffentlichung des Auswertungsberichts zum Erprobungsprogramm, zu dessen Erarbeitung die Bund-Länder-Kommission für Bildungsplanung und Forschungsförderung zwei unabhängige Wissenschaftler bestellt hatte, ließ lange auf sich warten (Vgl. BLK 1983). Eine öffentliche Diskussion des Abschlußberichtes des Deutschen Jugendinstitutes (DJI 1979), wie sie mehrfach, u.a. bei der bundesweiten Fachtagung „Elementarbereich „'80", gefordert wurde, fand nicht statt (vgl. Pestalozzi-Fröbel-Verband 1981). Ob und welche Konsequenzen aus den Ergebnissen des Erprobungsprogramms zu ziehen seien, blieb den zuständigen Länderministerien überlassen. Eine politische Aufforderung hierzu, wie sie nach einem so aufwendigen, bundesweiten Programm angemessen gewesen wäre, blieb aus.

Mit der inzwischen positiv entschiedenen Debatte um den Rechtsanspruch auf einen Kindergartenplatz Ende der 80er, Anfang der 90er Jahre und der durch die Vereinigung notwendig gewordenen Überprüfung der konzeptionellen Arbeit in den Kindertageseinrichtungen der neuen Bundesländer, stellte sich die Frage nach den qualitativen Standards der Kindergartenarbeit neu.

---

1) Bayern hatte sich nicht am Erprobungsprogramm beteiligt; Baden-Württemberg nur in assoziierter Form; Ergebnisse aus Baden-Württemberg liegen nicht vor.

Da das Bundesministerium für Bildung und Wissenschaft das Erprobungsprogramm mitinitiert hatte, war es daran interessiert, 15 Jahre nach Auslauf des Erprobungsprogramms untersuchen zu lassen, was der damalige Reformansatz in der Praxis bewirkt hat, um Kenntnisse darüber zu erlangen, unter welchen Bedingungen sich Reformansätze fortsetzen.

Ziel der Studie ist die Ermittlung von reformstrategisch bedeutsamen Erfahrungs- und Wissensbeständen für die Verbesserung der Situation vorschulischer Erziehung in den neunziger Jahren. Der Reformansatz „Erprobungsprogramm" aus den siebziger Jahren sollte daraufhin befragt werden, was aus ihm in Hinblick auf künftige Reformstrategien zu lernen sei.

Die Durchführung der Untersuchung und die Darstellung der Ergebnisse sollte so angelegt werden, daß alle Verantwortlichen im Elementarbereich – Bund, Länder, Trägerverbände, Einrichtungen der Aus- und Fortbildung sowie die Beratungssysteme – daraus Nutzen ziehen können.

3.2 Merkmale situationsorientierten Arbeitens

Die drei im Erprobungsprogramm am häufigsten zur Anwendung gekommenen Curricula – das „Curriculum Soziales Lernen"[2], die „Elementare Sozialerziehung"[3] und die „Arbeitshilfen zur Planung der Arbeit im Kindergarten"[4] – verstehen sich alle als Materialien zum situationsorientierten Arbeiten. Die unterschiedlichen Akzentsetzungen der Materialien, ihre jeweils spezifischen methodischen Zugänge bilden Varianten des Situationsansatzes. Gemeinsam bleibt ihnen in bewußter Abgrenzung zu funktionsorientierten oder lernbereichsorientierten Ansätzen die unmittelbare Orientierung an der sozialen Lebenssituation der Kinder bzw. ihrer Familien.

„Im Zentrum der Erprobung standen folglich Angebote, die die Erzieherinnen darin unterstützen wollen, den Ansatz des situationsbezogenen pädagogischen Arbeitens im Kindergarten zu verwirklichen. Diese pädagogische Orientierung bemüht sich, Kinder unter Berücksichtigung ihrer familialen und sozialen Lebensverhältnisse in allen Fähigkeitsbereichen zu fördern, und zwar angelehnt an Tätigkeiten und Aufgaben, die in ihrem Sinn den Kindern selber verständlich sind oder begreifbar gemacht werden können. Der Ansatz richtet sich sowohl gegen ein isoliertes Funktionstraining als auch gegen eine Vorwegnahme schulischer Lernmethoden im Kindergarten. Daher enthält er im Kern den Gedanken einer eigenständigen Kindergartenpädagogik und ist somit auch von großer Bedeutung für die Ausbildung von Erziehern und für ihre Fortbildung" (BLK 1982, S. 11 f.).

---

[2] Arbeitsgruppe Vorschulerziehung und die Erzieherinnen aus Modellkindergärten der Länder Rheinland-Pfalz und Hessen: Curriculum Soziales Lernen, 28 Didaktische Einheiten. München 1975/76 (Erprobungsfassung)
[3] Oertel, Frithjof u.a.: Konzept und Methoden elementarer Sozialerziehung. München 1983.
[4] Ministerium für Arbeit, Gesundheit und Soziales des Landes Nordrhein-Westfalen (Hrsg.): Arbeitshilfen zur Planung der Arbeit im Kindergarten. Köln 1983.

Als Merkmale situationsorientierten Arbeitens werden in den drei genannten Materialien angegeben:

3.2.1 Soziales Lernen:

„* *Die Lern- und Erfahrungsprozesse von Kindern sollen sich auf deren Lebenssituationen beziehen. Kinder verschiedener sozialer Herkunft sollen darin gefördert werden, Lebenssituationen der Gegenwart und näheren Zukunft möglichst selbstbestimmt und sachgerecht zu bewältigen (...).*
* *Es besteht ein Primat sozialen Lernens. Sachbezogenes Lernen, der Erwerb von Kenntnissen und Fertigkeiten wird sozialem Lernen untergeordnet und nach Möglichkeit auf soziale Zusammenhänge bezogen (...).*
* *Der Tendenz nach wird die Arbeit in der altersgemischten Gruppe einer Organisation des Lernens in altershomogenen Gruppen vorgezogen, da durch die Altersmischung Kinder unterschiedliche Erfahrungen austauschen und hierarchische Lehr-/Lernverhältnisse abgebaut werden können (...).*
* *Eltern und andere Erwachsene können sich an der Arbeit des Kindergartens beteiligen. Eltern sind von den Situationen ihrer Kinder mitbetroffen, sie können ihre lebenspraktische Kompetenz bei der Planung und Durchführung pädagogischer Aktivitäten einbringen und zugleich mitlernen – vor allem dann, wenn der Kindergarten ihnen inhaltlich, in zeitlicher und organisatorischer Hinsicht entgegenkommt (...).*
* *Kinder können sich an der Planung des pädagogischen Geschehens beteiligen. Das Verhältnis zwischen Erwachsenen und Kindern gleicht dann weniger einem klassischen Lehr-/Lernverhältnis als vielmehr einem von Erwachsenen und Kindern gemeinsam getragenen Erfahrungs- und Kommunikationsprozeß, in dem die Beteiligten Lehrende und Lernende sein können und Erzieher nicht mehr die allein sachverständige Rolle innehaben (...).*
* *Lernen für Lebenssituationen meint auch Lernen in Handlungsfeldern außerhalb des Kindergartens. So werden Lernorte im Gemeinwesen über Projekte erschlossen, Erwachsene aus dem sozialen Umfeld beteiligen sich an Vorhaben inner- oder außerhalb des Kindergartens. Reformierte Kindergärten sind im Ansatz Gemeinde- oder Stadtteilzentren (...).*
* *Die Planung des Alltags im Kindergarten ist offener und entritualisierter als vor Beginn der Reform. Die Tageseinteilung vollzieht sich weniger nach festem Muster (Freispiel/ gemeinsames Frühstück/ Beschäftigungsphase/ Mittagessen und -schlaf/Freispiel), sondern situationsbezogener und in Orientierung an kleinen Gruppen. Es wird stärker im Team und gruppenübergreifend gearbeitet (...).*
* *In ihrer Ausstattung erscheinen reformierte Kindergärten anregungsreicher, stärker in Eigeninitiative gestaltet, weniger unwirtlich. Funktionstrennungen werden teilweise aufgehoben, indem Verkehrs- und Nutzflächen verwandelt werden; die Umgestaltung von Gruppenräumen hin zu differenzierten Lern- und Erfahrungszonen ähnelt Gestaltungsprinzipien von Klassen mit offenem Unterricht (...).*" (Zimmer 1985, S. 22 f.).

3.2.2 Elementare Sozialerziehung:

* *"Eine Möglichkeit des Erfahrungslernens*
1. *Lernen geschieht ... nur auf der Basis von Erfahrungen. Es knüpft an frühere Erfahrungen an, klärt und verarbeitet sie und eröffnet neue Erfahrungsmöglichkeiten. Der Kindergarten sollte sich deshalb in erster Linie als ein wichtiger, pädagogisch gestalteter ‚Erfahrungsraum' verstehen und darstellen....*
* *Bezüge zu Situationen des Alltags: Lebensnähe*
2. *Erfahrungen werden in der Regel in konkreten Situationen des Alltags gewonnen. ... Das isolierte Trainieren bestimmter Fähigkeiten und Fertigkeiten hat dagegen lediglich Hilfsfunktion für die Bewältigung einer Alltagssituation. ...*
* *Ganzheitliche Förderung des Kindes*
3. *... Die Kinder sollen ganzheitlich, d.h. in ihrer Ich-, Sozial- und Sachkompetenz zugleich gefördert werden. Erfolgreiches Lernen bedeutet hier, in den Situationen des Alltags zunehmend selbständiger und handlungsfähiger zu werden. ...*
* *Beobachtungen haben Auslösefunktion*
4. *Intensive Beobachtungen des Sozial-, Sprach- und Spielverhaltens einzelner Kinder bzw. kleiner Kindergruppen (sind) wichtige Hilfsmittel, um situationsorientiertes Arbeiten in Kindergruppen einzuleiten und weiterzuentwickeln. Dabei geht es nicht nur um eine systematische Verhaltensbeobachtung einzelner Kinder, um deren Entwicklungsstand wissenschaftlich exakt zu ermitteln, sondern darum, Wünsche, Interessen und Bedürfnisse der Kinder aufspüren und einbeziehen zu können. Durch Berücksichtigung der konkreten Lebensbezüge sollen Lernbarrieren abgebaut und aktive Mitwirkungsmöglichkeiten sichergestellt werden. ...*
* *Zusammenarbeit der Mitarbeiter als Innovationsfaktor*
5. *Eine gründliche Beobachtung kindlichen Verhaltens und darüber hinaus nach und nach auch des Erzieherverhaltens ... setzt voraus, daß zunächst unter den Erwachsenen einer Kindergruppe, dann auch unter allen Mitarbeitern des Kindergartens Zusammenarbeit angestrebt wird. Das vielfach noch vorfindbare Konkurrenzdenken sollte abgebaut werden; man sollte sich wechselseitig Einblick in die Arbeit gewähren, um Vertrauen zu entwickeln und Partnerschaft zu fördern. ...*
* *Tagesabläufe müssen flexibler werden*
6. *... Die bisher vorherrschende, relativ geschlossene Folge von Anlaufphase mit Freispiel, Aufräumphase mit Frühstück, Beschäftigung drinnen oder draußen mit Schlußkreis sollte durch eine flexiblere Gestaltung des Vormittags abgelöst werden. ...*
* *Spielen und Lernen sind miteinander verschränkt*
7. *Lernen erfolgt als Erfahrungslernen in allen Situationen des Kindergartenalltags, nicht nur in besonderen Übungen zur Förderung intellektueller oder sprachlicher Leistungsfähigkeit. ... Spielen und Lernen sind mindestens im Kindergarten keine Gegensätze, sondern wechselseitig miteinander verschränkt. ...*
* *Freispiel und Angebot als gleichrangige Möglichkeiten*
8. *Unter dem Gesichtspunkt einer wechselseitigen Zuordnung von Spielen und Lernen stellen ‚Freispiel' und ‚Angebot' gleichrangige Möglichkeiten dar,*

Erfahrungen mit sich selbst, mit anderen Kindern und Erwachsenen, sowie der natürlichen und kulturellen Umwelt zu machen, um handlungsfähiger zu werden. ...
* *Angebote erfolgen für wechselnde Kleingruppen*
9. *... An einem Vormittag werden zu verschiedenen Zeitpunkten an unterschiedlich sich bildende Kleingruppen wechselnde Angebote herangebracht, die nahe an den Bedürfnisse der Kinder liegen und ihre Erfahrungsmöglichkeiten erheblich erweitern.*
* *Sozialerziehung als übergeordnetes Lernfeld*
10. *Die Art der Angebote läßt keine einseitige Betonung intellektueller Frühförderung mehr zu ... Sozialerziehung steht im Zentrum situationsorientierten Arbeitens im Kindergarten. ...*
* *Die Bedeutung altersgemischter Gruppen*
11. *Die Möglichkeiten zu sozialen Erfahrungen werden wesentlich erweitert, wenn sich der Kindergarten zu altersgemischten Gruppen entschließen kann. ...*
* *Gestaltung der Räume und Außenflächen*
12. *Durch die Art der Raumgestaltung (einschließlich ungenutzter Bereiche und Außenflächen) können die Möglichkeiten der Kinder, auch ohne Anleitung Erfahrungen zu sammeln, wesentlich gesteigert werden. Es sollte zum Prinzip werden, daß alle Interessen der Kinder durch besondere Bereiche anschaulich vertreten sind. ...*
* *Wechselnde Materialauslagen*
13. *Ebenso wie die Raum- und Außenflächengestaltung ständiger pädagogischer Reflexion unterliegen sollte, müßte die Materialauslage – je nach dem pädagogischen Leitthema für Angebote – gezielt verändert und umgestaltet werden. ...*
* *Offene Planung*
14. *An die Stelle einer vorab bestimmten, nach Lernzielen gegliederten, gegebenenfalls an jahreszeitlichen Erwägungen bzw. kirchlichen Festen und Feiern orientierten Wochen- und Rahmenplanung wird eine offene thematische Planung treten, in die zusätzliche Angebote funktionsorientierter Art eventuell eingefügt werden können. ...*
* *Beteiligung von Kindern und Eltern, Öffnung zum Gemeinwesen*
15. *... Der Erzieher ist nicht der allwissend Lehrende, sondern Partner von Kindern und Eltern, der Erfahrungsmöglichkeiten eröffnet und erschließt"* (Oertel 1983, S. 28f.).

3.2.3   Arbeitshilfen:

„*Der situationsbezogene Ansatz bietet die Möglichkeit:*
* *an die Interessen des Kindes bzw. der Gruppe anzuknüpfen und auf aktuelle Ereignisse flexibel einzugehen,*
* *der dem Kind entsprechenden erlebnis-, gedanken- und handlungsbezogenen Lernweise Rechnung zu tragen,*
* *auf den vorhandenen Erfahrungsbereich aufzubauen,*
* *Defizite durch entsprechende kompensatorische Maßnahmen anzugehen,*

* *die unterschiedlichen Erfahrungen, Erlebnisse des einzelnen Kindes für die Kommunikation untereinander zu nutzen,*
* *den Kindern angemessene Hilfen zur Verarbeitung von Konflikten zu geben,*
* *dem einzelnen Kind einerseits Anregungen anzubieten, ihm andererseits den Freiraum zu belassen, jeweils seine Absichten und Möglichkeiten im Rahmen seiner Fähigkeiten zu verwirklichen."* (Minister für Arbeit, Gesundheit und Soziales des Landes Nordrhein-Westfalen 1983, S 7/8).

In der Evaluation sollte geprüft werden, inwieweit und unter welchen Bedingungen welche dieser Merkmale in die Praxis der Kindergärten Eingang gefunden haben. Dabei ging es nicht darum festzustellen, welche der o.g. Varianten sich durchgesetzt haben, sondern ob und welche der aus allen Varianten zusammengenommenen Implikationen in der heutigen Kindergartenpraxis aufzuspüren sind.

3.3 Leitende Fragestellungen

* Wie sah die Implementationsstrategie des Erprobungsprogramms aus?
* Sind die erprobten Curricula in der Praxis und in Aus- und Fortbildung weiterverbreitet worden?
* Sind die Curricula weiterentwickelt worden?
* Welches waren erleichternde/erschwerende Bedingungen für die Weiterarbeit mit den Curricula in den Einrichtungen des Erprobungsprogramms?
* Welchen Gewinn hatten die Kinder, die Eltern, die Erzieherinnen?
* Welche Unterstützung hat die Weiterarbeit mit den Curricula, insbesondere in Hinblick auf das Förderungspotential durch Forschung erhalten?
* Welche Umsetzungsprobleme administrativer Art haben sich ergeben, z.B. durch Veränderung der Rahmenbedingungen?
* Wie hat sich das politische Interesse an der Förderung der Vorschulkinder entwickelt?
* Welche Verschiedenheiten lassen sich bei Trägern, in den Regionen und Ländern feststellen?
* Wieweit hat das kommunikative, qualifizierungsfördernde und praxisstützende System im Erprobungsprogramm die Innovation gefördert?
* Welche Rolle spielte der Aufbau des Fachberatungs- und Fortbildungssystems im Reform- und Implementationsprozeß?
* Welche Rolle hatten die im Erprobungsprogramm initiierten einrichtungsübergreifenden Arbeitskreise für die Implementation?
* Wie hat sich die Zusammenarbeit zwischen Praxis und Ausbildungseinrichtungen entwickelt?
* Wieweit gelang es, Veränderungen der gesamtgesellschaftlichen Situation, gewandelte Lebensverhältnisse in Familie und sozialer Umwelt, veränderte Anforderungen und Interessen von Eltern und Erzieherinnen in die pädagogische Arbeit zu integrieren?
* Wie paßten Reformanspruch und Interessen von Kindern, Eltern, Erzieherinnen zueinander?

* Welche Veränderungen hat der Reformprozeß im Berufsbild der Erzieherinnen bewirkt?
* Wie haben sich Anforderungen von Eltern an den Kindergarten verändert?
* Wie haben sich die institutionellen Rahmenbedingungen der pädagogischen Arbeit im Kindergarten verändert?
* Welche neuen Schlüsselsituationen für die pädagogische Arbeit haben sich herauskristallisiert? (Vgl. Krappmann/Zimmer 1991)

Insgesamt zielen die drei Fragekomplexe auf die Analyse von Stärken und Problemzonen des damaligen Erprobungsprogramms und seiner Implementationsstrategie und – daraus folgend – auf die Gewinnung reformstrategischer Vorstellungen und Vorschläge für künftige, langfristig wirksame Innovationen.

4. Zum methodischen Vorgehen

4.1 Zur Entscheidung für eine „pragmatistische" Evaluationsstrategie

Das Projekt „Evaluation des Erprobungsprogramms im Elementarbereich" versteht sich in der Tradition von Studien, die Änderungsprozesse in Institutionen und Programmen untersuchen. Derartige Evaluationsstudien widmeten sich vor allem Innovationen und Reformen in den Bereichen von Gesundheitsdiensten, sozialer Hilfsmaßnahmen, aber auch von Bildungseinrichtungen und ihren Angeboten. In der Bundesrepublik gibt es bislang mit derartigen Forschungen relativ wenig abgesicherte Erfahrungen (Kraus 1991), während in den Vereinigten Staaten diese Art der Forschung eine breite Basis hat. So unterhält etwa der amerikanische Rechnungshof, das United States General Accounting Office (GAO), eine eigene Forschungsabteilung mit mehreren hundert Mitarbeitern, die die Folgen gesetzlicher Maßnahmen des Kongresses prüfen (Rist 1990; Rist 1993). Die methodischen Auseinandersetzungen um die verschiedenen Wege dieser Evaluationsforschung finden daher vor allem im englischsprachigen Wissenschaftsbereich statt. Trotz dieser intensiven Diskussion stellt jedoch Ray Rist, langjähriger Leiter der Forschungsabteilung des GAO fest, daß die Aussage James Colemans vor mehr als 20 Jahren, es gäbe keine feststehenden Methoden für die Erforschung der Auswirkungen politischer Maßnahmen, nach wie vor gelte (Rist 1994, S. 545). Dieses Fazit zieht auch die Forschung zur Curriculumevaluation in der deutschsprachigen empirischen Bildungsforschung (Kordes 1983) ebenso wie Wottawa und Thierau (1990). Wottawa und Thierau weisen darauf hin, daß Evaluation praktischen Zielsetzungen dient, Entscheidungshilfen anbieten will und auf dem aktuellen Stand der Forschungsmethoden durchgeführt werden soll.

In dieser Evaluationsforschung werden statistisch-quantitative Methoden immer noch breit angewandt, obwohl der Nutzen, die Bedeutung und die theoretische Begründung quantifizierender Vorgehensweisen breit diskutiert werden. Diese Art der Evaluationsforschung betrachtet zu prüfende Maßnahme wie ein (Quasi-) Experiment und versucht, kausale Faktoren, die bestimmte Veränderungen hervorbringen, zu bestimmen. Bei einer Reihe von Fragen, etwa bei Kosten-Nutzen-Analysen, die sich auf eindeutig meßbare Größen beziehen, haben sich diese Verfahren durchaus bewährt. Auch im Bildungsbereich wurden derartige Studien durchgeführt, z.B. im Rahmen der Evaluation des Head-Start-Programms (Pettinger & Süßmuth 1983). Allerdings wurde gerade im Bildungsbereich immer wieder nachgefragt, ob diese Studien wirklich den komplexen Prozessen gerecht werden, in denen Eigenaktivitäten der Kinder, soziale Bedingungen für den Erwerb von Fähigkeiten und Interventionen durch gezielte pädagogische Maßnahmen zusammenwirken. In manchen Fällen mag der Nachweis ausreichen, daß ein Programm überhaupt eine Wirkung hervorgebracht hat. Wenn aber die Interaktion verschiedener Einflußgrößen unter natürlichen Bedingungen aufgeklärt werden soll, sind andere Vorgehensweisen, insbesondere Kombinationen von Methoden ratsam.

Greene (1994) greift diesen Punkt auf. Sie weist darauf hin, daß die quasi-experimentelle, kausal argumentierende Vorgehensweise vor allem dann nicht ausreiche, wenn das Ziel der Evaluation darin bestehe, nützliche Informationen für den praxisnahen Umgang mit Problemen im Rahmen intendierter Veränderungen zur Verfügung zu stellen. Guba und Lincoln betonen besonders, daß Forscher ins Feld gehen, sehen, fragen und mit den dort Tätigen sprechen müssen, damit ein angemessenes Bild auf der Grundlage intensiv ausgehandelter Interpretationen entstehen kann (Guba & Lincoln 1987; Lincoln & Guba 1985). Patton (1988; 1990) ebenso wie Greene (1994) nennen diese Vorgehensweise, die quantitative Methoden nicht scheut, aber sich vor allem auf qualitative Verfahren stützt, die pragmatistische Evaluationstrategie. Diese Vorgehensweise empfehle sich insbesondere dann, wenn keine zentrale Instanz für Innovation und Reform zuständig ist, sondern wenn das Programm von einem verflochtenen Netzwerk von Einrichtungen verschiedener Art und von Zuständigen auf verschiedenen Ebenen betrieben wird. Dann sei vor allem wichtig, die grundlegende Problematik verständlich zu machen, damit die in verschiedenen Rollen Betroffenen und Verantwortlichen die für ihre jeweilige Aufgabe richtige Folgerung ziehen.

In der Methodenliteratur werden noch eine Reihe von weiteren Gründen genannt, die schwer oder gar unmöglich machen, die Anforderungen an Forschungen im Rahmen des quasi-experimentellen Designs in der Evaluationsforschung einzuhalten. Die Evaluationsforschung ist im allgemeinen nicht daran interessiert, einen situationsunabhängigen Zusammenhang zu untersuchen, sondern verfolgt sich ändernde Zusammenhänge, und zwar zumeist mit der ausdrücklichen Intentionen, derartige Veränderungen sogar aktiv zu betreiben. Auch das Erscheinen der Forschungsgruppe im Untersuchungsfeld, die Fragen, die die Forscher stellen, und die Diskussionen, die sie bei Lehrern oder Erzieherinnen auslösen, verändern das Feld und machen unmöglich, die Untersuchung noch einmal von derselben Ausgangslage aus zu beginnen.[5] Aber auch ohne die Intervention und die Evaluation bleibt das Forschungsfeld nicht konstant erhalten, da es sich auch ohne die Intervention, der die Aufmerksamkeit der Evaluationsstudie gilt, durch andere Einflüsse ständig ändert. Die übliche Forschungslogik von Reliabilität und Replikation sei wissenschaftstheoretisch nicht einlösbar, führen Guba und Lincoln (1987) aus. Longitudinale Mehrfachmessungen, die Voraussetzung wären, um kausale Annahmen zu prüfen, sind im strengen Sinne nicht möglich. Auch die Forderung nach Kontrollgruppen ist nicht zu erfüllen, weil pädagogische Vorstellungen zwischen Einrichtungen hin- und herwandern.

Somit gilt es als wichtiger, Einrichtungen unterschiedlicher Art aus dem Forschungsfeld in die Untersuchung einzubeziehen, um sich den Blick für Variationen offenzuhalten, als die Forschung am Unterschied zwischen Einrichtungen mit und ohne Treatment festzumachen. In die Auswahl dieser Einrichtungen fließen Annahmen darüber ein, welche Zusammenstellung der Untersuchungsgruppe die aussagekräftigste Vielfalt zu erzeugen verspricht („*theoretical sampling*"; vgl. Flick 1992). Es wird weiterhin empfohlen, das zu untersuchende Geschehen mit verschiedenen Vorgehensweisen zu untersuchen, um sich durch die Daten aus verschiedenen Quellen eine breite Basis zur Interpretation der Zusammenhänge zu verschaffen („*Triangulation*"; vgl. Flick 1992; Howe 1988).

---

5) Das spiegelt sich auch in Äußerungen von Erzieherinnen wider, mit denen Interviews geführt worden waren. Eine Erzieherin erklärte, ein Interview wie heute „täte richtig gut", denn es helfe, sich daran zu erinnern, „wie es denn wirklich war".

Wir entscheiden uns für das evaluative Vorgehen der qualitativ-pragmatistischen Art, denn es entspricht den Interventions- und Evaluationsbedingungen in dem Bereich des Bildungswesens, dem diese Evaluationsstudie gilt. Wir wollen mit dieser Vorgehensweise erreichen, durch umfassende Datensammlungen in wohlausgewählten Einrichtungen des Elementarbereichs, die unter unterschiedlichen Voraussetzungen und Bedingungen arbeiten, pädagogische Vorgänge im untersuchten Forschungsfeld zu „verstehen". Der Bereich der Elementar- und außerschulischen Erziehung repräsentiert die in der pragmatistischen Evaluationsforschung beschriebenen Bedingungen situationsvariierender Intervention in einem sich ständig verändernden Bereich, weil die Träger der Kinderbetreuung unter verschiedenen Bedingungen und mit unterschiedlicher Akzentsetzung hinsichtlich der Ziele und Vorgehensweisen pädagogische Einrichtungen unterhalten. Eine Evaluationsstudie kann in diesem Fall nicht Gesetzmäßigkeiten erschließen, die ein für alle Mal gelten, sondern nur ein Wechselspiel von Kräften beschreiben und in seiner Wirkungsweise verständlich machen, das die derzeitige Situation in diesem Bildungsbereich hervorgebracht hat und das gegenwärtig pädagogische Bemühungen in diesem Bereich bestimmt. Die Problematik verschärft sich in dieser Studie noch dadurch, daß die eigentliche Intervention, nämlich die Einführung situativ orientierter Lernformen, mehr als 15 Jahre zurückliegt, daß schon die damalige Intervention sich keineswegs unter Bedingungen eines quasi-experimentellen Designs vollzog, sondern unter vielfältigen unkontrollierten Bedingungen, und daß daher die heutige Rekonstruktion der Wirksamkeit dieser Intervention sich nicht auf ein im damaligen Erprobungsprogramm spezifiziertes Modell kausaler Verknüpfungen stützen kann.

Somit orientieren wir uns an der Vorgehensweise der Forschung, die gegenstandsbezogene Theorien („*grounded theories*") auszuarbeiten trachtet (Glaser & Strauss 1984; auch Wiedemann 1991). Sie geht bewußt nicht hypothesenprüfend vor, sondern verfolgt leitende Ideen („sensitizing concepts"), um sich mit dem forschenden Blick nicht ausschließlich an solche Daten zu binden, die im Zusammenhang mit vorformulierten Hypothesen erhoben wurden. Nicht der Test unterschiedlicher Situationsansätze konnte die Aufgabe diese Studie sein, zumal keiner der Ansätze selbst jemals in einer Weise präsentiert wurde, die Meßsysteme formulierte, an denen die Qualität der Implementation beurteilt werden konnte. Wir haben auch keine plausible These zur unterschiedlichen Wirksamkeit der an und für sich durchaus unterscheidbaren Ansätze. Stattdessen sollte es in dem entworfenen Projekt um die Entdeckung und Aufklärung der Kräfte gehen, die einen pädagogischen Innovationsprozeß in seinem Erfolg beeinflußt haben, um nach Einsichten zu suchen, die für neue Reformbemühungen relevant sein könnten (Erschließung reformrelevanten Wissens). Unter dieser Rücksicht stehen in unserer Studie die verschiedenen Situationsansätze auf einer Stufe.

Dieses Vorgehen schließt nicht aus, im Rahmen der Auswertung induktiv aus dem Material heraus, „Dimensionen" zu bilden, auf denen verschiedene Weisen, die pädagogische Arbeit im Kindergarten zu gestalten, sich nach ihrer Nähe zu Intentionen der Situationsansätze unterscheiden lassen. Bei dieser Auswertung versuchen wir das Beobachtete oder Mitgeteilte aus seinem Sinnzusammenhang heraus zu verstehen („interpretative Analyse"), gehen vergleichend vor („*comparati-*

ve method"), wobei im Vordergrund steht, Fälle zu finden, die die bisherigen Annahmen infragestellen (*„analysis of negative cases"*), und gehen das Material solange durch, bis es ausgeschöpft ist („Prinzip der Exhaurierung"; zu all dem z. B. Glaser & Strauss 1984; Lamnek 1993; Strauss & Corbin 1990).

4.2 Zu den methodischen Entscheidungen im einzelnen

Im Projektantrag wurde die vorliegende Untersuchung als eine formative Evaluationstudie beschrieben, die Erhebungen in etwa 40 Einrichtungen, die eine möglichst breite Vielfalt der Bedingungen und Orientierungen pädagogischer Arbeit im Elementarbereich darbieten sollten, durchführen und dabei unterschiedliche methodische Vorgehensweisen einsetzen wollte, wie es in der oben beschrieben Tradition von Evaluationsstudien geschieht.

Die Zusammenstellung der zu untersuchenden Einrichtungen, der Verbund eingesetzter methodischer Vorgehensweisen und die Aufbereitung und Auswertung der Daten werden in den folgenden Abschnitten erläutert.

Die Stichprobe:

Die Anzahl der Einrichtungen, in denen die Arbeitsweise der Erzieherinnen und Erzieher untersucht werden sollte, haben wir pragmatisch bestimmt. Sie sollte nicht zu groß sein, um intensive Beobachtungen, Befragungen und Gespräche in allen einbezogenen Einrichtungen möglich zu machen, jedoch groß genug um die am Erprobungsprogramm beteiligten Länder, die überregionalen Träger, nach ihrem Betreuungsangebot unterschiedene Einrichtungen, Einrichtungen mit Kindern aus verschiedenen sozialen Verhältnissen („Soziotope") sowie Einrichtungen, die am Erprobungsprogramm beteiligt waren, und solche, die dem Erprobungsprogramm nicht angehörten. Wir zielten an, 40 Einrichtungen einzubeziehen, und erreichten die Mitarbeit von 39 Einrichtungen.

Suche nach den Einrichtungen und Auswahlkriterien:

Sowohl die zuständigen Landesministerien als auch die überregionalen Träger halfen bei der Suche nach Einrichtungen, die am Erprobungsprogramm beteiligt waren, und gaben Informationen über möglicherweise geeignete Einrichtungen weiter. In einem ersten Schritt wurden in jedem Land 10 Prozent der am damaligen Programm beteiligten Einrichtungen ausgewählt, um daraufhin im einzelnen zu prüfen, ob diese Einrichtungen den weiteren Kriterien entsprachen und in ihrer Gesamtheit beitragen würden, die Vielfalt der Arbeitsbedingungen zu erschließen. Um diese Vielfalt zu erreichen, wurden einige der zunächst einbezogenen Einrichtungen aus dem weiteren Auswahlprozeß wieder herausgenommen und dafür andere berücksichtigt. Unter den Einrichtungen, die am Erprobungsprogramm beteiligt waren, wählten wir vorzüglich solche aus, in denen noch mindestens eine Erzieherin aus den Zeiten des Erprobungsprogramms beschäftigt war. Gelegentlich wurde uns auch mitgeteilt, daß bestimmte Einrichtungen sich gern beteiligen würden. Derartige Einrichtungen wurden nur aufgenommen, wenn sie in das ausgewogen aufzufüllende Suchraster paßten.

Der Untersuchungsplan sah vor, auch Einrichtungen zu besuchen, die damals am Erprobungsprogramm nicht teilgenommen hatten, um zu prüfen, ob Gedanken und Arbeitsweisen aus dem Erprobungsprogramm sich auch in diesen Einrichtungen finden lassen. Die Suche nach diesen Einrichtungen erfolgte vor allem in der Region, in der auch die ausgewählten Einrichtungen des ehemaligen Erprobungsprogramms liegen. Diese Gruppe von Einrichtungen stellt in gewisser Weise eine Kontrollgruppe dar, obwohl dieser Begriff nicht im strengen Sinn der experimentellen Forschung anwendbar ist, denn auch unsere Untersuchung bestätigt, daß es keine Einrichtung gibt, die von situationsorientierten pädagogischen Gedankengängen gänzlich unberührt geblieben ist. Wir suchten daher nach Einrichtungen, die damals zwar nicht im Erprobungsprogramm mitarbeiteten, aber durchaus mit dieser pädagogischen Reform in Kontakt kamen, um zu sehen, welche Gedanken und Arbeitsweisen aufgegriffen wurden und wie sie unter den weniger unterstützenden Bedingungen wirksam werden konnte. Wir bevorzugten folglich Einrichtungen, in die Erzieherinnen oder Leiterinnen aus Einrichtungen des Erprobungsprogramms übergewechselt waren, um zu erkunden, ob sie weiterhin die im Erprobungsprogramm vermittelten Arbeitsweisen anwenden. Die Einrichtungen in Bayern, einem Land, das sich am Erprobungsprogramm nicht beteiligt hatte, wurden angesprochen, weil es Hinweise gab, daß sie eine situationsorientierte Pädagogik auch ohne formellen Kontakt mit dem damaligen Programm entwickelt hätten.

Unter Anwendung der oben genannten Kriterien richteten wir schließlich an ca. 50 Einrichtungen die Frage, ob sie bereit wären, an unserem Forschungsvorhaben teilzunehmen. Den Einrichtungen wurde erläutert, welche Untersuchungsschritte vorgesehen wären. Gleichzeitig wurde noch einmal erkundet, ob die uns vorliegenden Informationen über die Einrichtung zutreffen, zum Beispiel ob tatsächlich noch eine Erzieherin aus den Zeiten des Erprobungsprogramms in der Einrichtung tätig ist. Es stellte sich heraus, daß 42 Einrichtungen den Kriterien für eine Einbeziehung entsprachen und zugleich die Verschiedenheit der Arbeitsbedingungen und Arbeitsweisen von Einrichtungen der Kinderbetreuung breit repräsentierten. Von diesen 42 Einrichtungen verloren wir bis zu den in der Einrichtung durchzuführenden Untersuchungsschritten aus verschiedenen Gründen noch drei Einrichtungen (längerfristige Erkrankung der Leiterin und der Erzieherin aus Erprobungsprogramm-Zeiten, zwischenzeitliche Entscheidung für eine zeitaufwendige Mitarbeit der Einrichtung in einem Modellprogramm des Landes, Erkrankung einer Projektmitarbeiterin, die nicht ersetzt werden konnte). Unter diesen 39 Einrichtungen sind 32 Einrichtungen Teilnehmer des damaligen Programms. Da das Erprobungsprogramm 210 Einrichtungen eingeschlossen hatte, umfaßt unsere gegenwärtige Studie folglich 15 Prozent der Teilnehmer der Erprobungsprogrammteilnehmer. Die Untergruppe von Einrichtungen, die nicht am Erprobungsprogramm teilgenommen hatten, umfaßt sieben Einrichtungen (je zwei aus Bayern, Berlin und Hessen sowie eine aus Niedersachsen).

Der gesamte, nicht einfache Auswahlprozeß war von dem Ziel geprägt, Einrichtungen zu finden, die den verschiedenen Kriterien entsprachen. Dafür mußten wir immer wieder nach Kombinationen von Merkmalen Ausschau halten, um überhaupt eine Einrichtung zu finden, die eine sinnvolle Ergänzung darstellte. Aus diesem Grund glauben wir behaupten zu dürfen, daß wir weder eine „geschönte" Auswahl, noch eine besonders problematische Zusammenstellung von Einrichtungen erreicht haben. Niemand hat versucht, uns irgendwelche Einrichtungen aufzudrängen; und auch die Wünsche von Seiten einiger Einrichtungen, an der neuen Studie teilzunehmen, kamen nur zum Zug, wenn damit die Auswahl bereichert wurde.

Überblick über die ausgewählten Einrichtungen:
Von den damaligen elf Bundesländern (einschließlich Berlin West) waren am Erprobungsprogramm neun Länder beteiligt. Auch an dieser Studie waren Einrichtungen aus neun Ländern beteiligt, allerdings keine Einrichtung aus Hamburg, das am Erprobungsprogramm nur mit einzelnen Kindergruppen teilgenommen hatte, deren Verbleib nicht verfolgt werden konnte. Dagegen waren die bereits erwähnten zwei Einrichtungen aus Bayern an dieser Studie beteiligt, obschon Bayern sich damals dem Erprobungsprogramm nicht angeschlossen hatte. Wir bezogen sie ein, um auch Einrichtungen zu untersuchen, die dem Erprobungsprogramm regional ferner, aber an Entwicklungen der Kleinkindpädagogik interessiert waren. Gut die Hälfte der Einrichtungen liegt in Großstädten bzw. in städtischen Ballungsräumen, ein Drittel in Mittel- und Kleinstädten und fünf in Dörfern. Auch im Erprobungsprogramm waren bereits großstädtische Einrichtungen überrepräsentiert.

Die 39 Einrichtungen verteilen sich auf die folgenden Träger: 14 Einrichtungen sind in kommunaler Trägerschaft; 6 gehören dem katholischen, 13 dem evangelischen Trägerverband an; 3 werden von der AWO, jeweils eine vom DRK, vom Pestalozzi-Fröbel-Haus und von der ADS (einem regionalen freien Träger in Schleswig-Holstein unterhalten). 31 der Einrichtungen bieten Ganztagsbetreuung an, 8 Einrichtungen schließen in der Mittagszeit, die Kinder kommen aber vor- und nachmittags in die Einrichtung (mit Ausnahme einer Einrichtung, in der ein Teil der Kinder nur vor- oder nachmittags die Einrichtung besucht). Etwas mehr als die Hälfte der Einrichtungen, nämlich 21, nimmt nur Kindergartenkinder auf, eine Einrichtung stellt zusätzlich Krippenplätze zur Verfügung, 11 zusätzlich Hortplätze. Kinder von der Krippenzeit an über die Kindergartenjahre bis in die Grundschulzeit hinein nehmen 6 Einrichtungen auf.

Die Einrichtungen hatten im Durchschnitt vier bis fünf Gruppen (von einer Einrichtung mit nur einer bis zu sieben Einrichtungen mit acht Gruppen). Für eine Gruppe gibt es im Durchschnitt 1,38 Erzieherstellen (im ungünstigsten Falle 0,76, im günstigsten 2,48 Stellen). Bis auf zwei Einrichtungen arbeiten alle Einrichtungen mit altersgemischten Gruppen. In einer Berliner Tagesstätte aus unserer Untersuchungsgruppe gibt es nur altershomogene Gruppen, in einer anderen Berliner Einrichtung werden einige Gruppen altersgemischt, andere altershomogen geführt. Gewöhnlich bezieht sich die Altersmischung auf die Kindergartenjahrgänge. In einer Einrichtung werden Krippenkinder mit einbezogen, in zwei Einrichtungen Hortkinder. Eine große Altersmischung von Krippen, Kindergarten- und Hortkindern findet sich nur in einer Einrichtung.

Ganz offensichtlich ist uns gelungen, einerseits Einrichtungen zur Mitarbeit zu gewinnen, die im Bereich üblicher Merkmale der Einrichtungen in den am Erprobungsprogramm beteiligten Bundesländern liegen, andererseits dennoch eine breite Vielfalt von Einrichtungen auszuwählen, die nach Ländern, Trägern und äußeren Arbeitsbedingungen erheblich variiert. Es ist selbstverständlich, daß es sich nicht um eine Auswahl handelt, die in repräsentativer Weise die Verschiedenheit der kinderbetreuenden Einrichtungen abbildet. Dieses wurde jedoch auch nicht versucht. Vielmehr waren wir bei der Auswahl immer darauf bedacht, möglichst weitere, unter anderen Bedingungen und Voraussetzungen arbeitende Einrichtungen den bereits einbezogenen hinzuzufügen, um durch die Erhebung in Einrichtungen, die unter verschiedenartigen Bedingungen arbeiten, zusätzliche Hinweise auf differenzierende Einflüsse, möglicherweise aber auch auf relativ situationsunabhängige Faktoren der pädagogischen Arbeit mit Kindern zu erlangen. Die Kombination verschiedener Methoden der Datenerhebung:

Mitarbeiterinnen und Mitarbeiter des Projekts besuchten die ausgewählten Einrichtungen nach vorheriger Terminabsprache für zwei Tage (vom frühen Morgen bis zum Nachmittag). Mehrere Stunden verbrachten die Forscher in den Kindergartengruppen, um die pädagogische Arbeit kennenzulernen und um, von den Beobachtungen ausgehend, mit den Erzieherinnen teils ohne, teils mit Leitfaden Unterhaltungen und Interviews zu führen. Möglichst bald wurde auch ein Interview mit der Leitung angesetzt, um gegebenenfalls gegen Ende des Aufenthalts auf die Aussagen angesichts der zwischenzeitlichen Beobachtungen und Gespräche in der Einrichtung noch einmal zurückkommen zu können.

Während die Hospitationen in den Gruppen keine Schwierigkeiten bereiteten, war es in einigen Einrichtungen nicht einfach, die Interviews in ausreichender Länge störungsfrei zu führen, obwohl man überall – wie wir betonen müssen – versucht hat, uns die Arbeit durch interne Umdispositionen zu erleichtern. In drei Berliner bezirklichen Einrichtungen konnten allerdings keine Interviews geführt werden, da die Mitarbeiterinnen die Zeit dazu nicht aufzubringen bereit waren. Angesichts ihnen vom Träger nicht gewährter Verfügungszeiten seien sie nicht gewillt, zusätzliche Arbeitsbelastungen zu übernehmen, auch nicht für Forschungen, die sich um die Aufklärung der pädagogischen Arbeitssituation bemühten.

Die Äußerungen aller Befragten und Gesprächspartner wurden begleitend zum Gespräch notiert und zum Teil zusätzlich durch Tonbandaufzeichnungen dokumentiert.

a) Grunddaten der Einrichtungen (standardisierter Erhebungsbogen)

Ein standardisierter Erhebungsbogen wurde den Leitern und Leiterinnen aller besuchten Einrichtungen übergeben und im Regelfall während der Besuchstage in der Einrichtung ausgefüllt. Daher gab es durchweg Gelegenheit, sich die Angaben weiter erläutern zu lassen. Oft flossen diese Angaben mit in die semi-strukturierten Interview mit der Leitung der Einrichtung ein. Diese Erhebungsbögen liegen für alle 39 Einrichtungen ausgefüllt vor.

b) Interviews mit der Leitung der Einrichtung

An diesen Interview nahmen mehrmals nicht nur die Leiterin oder der Leiter der Einrichtung teil, sondern auch Personen, die stellvertretend oder mit anderen Aufgaben an der Arbeit der Einrichtung beteiligt waren. In diesen Interviews ging es vor allem um die generellen Arbeitsbedingungen, um die pädagogische Orientierung der Arbeit und darum, wie es gelingen kann, gute pädagogische Arbeit sicherzustellen. Das frei geführte Interview folgte einem Fragenkatalog. Dieses Interview nahm viel Zeit in Anspruch (manchmal zwei bis drei Stunden) und wurde daher des öfteren zu zwei Terminen geführt, vor allem zum Abschluß des Besuchs in der Einrichtung noch einmal fortgesetzt, um Gelegenheit zu resümierenden Hinweisen und Erklärungen zu geben. Dieses Leitungsinterview liegt für alle besuchten Einrichtungen vor. Das Interview wurde im allgemeinen von zwei Forschern geführt. Die Äußerungen der Befragten wurden begleitend zum Gespräch notiert.

c) *Beobachtungsprotokolle der Gruppenhospitationen*

Die Forscher bemühten sich, vor allem die Erzieherinnen bei ihrer Arbeit zu beobachten, die am damaligen Erprobungsprogramm beteiligt waren, besuchten aber durchweg in den Einrichtungen auch viele weitere Gruppen. Sie hielten sich mehrere Stunden in den Kindergruppen auf und notierten alle pädagogisch relevanten Vorkommnisse. Sie orientierten sich dabei an einem Themenraster, das in der Anfangsphase des Projekts ausgearbeitet worden war.

Die Darstellungsweise dieser Notizen ist berichtend; sie liefern „dichte Beschreibungen" (Geertz 1973) und vertrauen auf die Kompetenz der Beobachtenden, die Handlungsabläufe richtig zu verstehen, im Zweifelsfalle mit Hilfe von Nachfragen (Eisner 1991a, 1991b). Die Forscher verhielten sich nämlich nicht nur passiv-zurückgezogen, sondern ließen sich auch, soweit es die Gruppenarbeit zuließ, von der Erzieherin Vorgänge erläutern. Sie sprachen auch mit den Kindern und nahmen gelegentlich an Spielen, Basteleien oder Essensvorbereitungen teil, um als „normale" Personen das Vertrauen von Kindern und Erwachsenen zu gewinnen.

Insgesamt wurden 66 Kindergruppen mehrere Stunden lang besucht. Hinzukommen Hospitationen unterschiedlicher Dauer bei besonderen Aktivitäten in der Einrichtung (vor allem Turnen, Psychomotorik, Sprachförderung und Schulvorbereitung). Die viele Seiten umfassenden Notizen konnten nicht aus ihrer handschriftlichen Form in eine PC-Datei umgewandelt werden. Sie fließen vor allem in die sogenannten Einrichtungsportraits ein.

Vor allem in der Anfangsphase besuchten Projektmitarbeiterinnen und Mitarbeiter auch gemeinsam Gruppen, um sich gegenseitig auf ihre Wahrnehmungen hin zu korrigieren und ergänzen.

d) *Interviews mit Erzieherinnen*

Wir strebten an, mit allen Erzieherinnen, gegebenenfalls auch mit den Praktikantinnen, die wir bei der Gruppenarbeit beobachtet haben, ein ausführliches Interview zu führen. Bei den Praktikantinnen wurde besonders auf Fragen der Ausbildung und die Art der Einführung in die Praxis eingegangen. Mit Ausnahme der drei Einrichtungen, die sich aus prinzipiellen Gründen diesen Gesprächen verweigerten, waren wir überwiegend in der Lage, diese Absicht zu verwirklichen. Diese frei geführten Interviews gingen üblicherweise von den Beobachtungen aus und nutzten irgendwelche Vorkommnisse oder Auffälligkeiten, um mit der Erzieherin bzw. Praktikantin über die ihre Arbeit leitenden pädagogischen Überlegungen zu sprechen und sich Ziele und Probleme erklären zu lassen. Diese Gespräche orientierten sich ebenfalls an einem vor den Erhebungen entwickelten Themenraster.

Derartige Interviews wurden mit etwa 130 Erzieherinnen und Praktikantinnen geführt. Sie dauerten im allgemeinen zwischen einer halben und mehr als einer Stunde. Die Äußerungen wurden handschriftlich notiert

e) Regionale Hearings

Um die Reformgeschichte des Elementarbereichs sowie Bedingungen, die die pädagogische Arbeit von Einrichtungen beeinflussen, auch aus einer von der einzelnen Einrichtung unabhängigen Perspektive zu betrachten, wurden insgesamt sieben regionale Hearings einberufen, im allgemeinen jeweils für das beteiligte Bundesland; in zwei Fällen wurden zugleich Personen aus zwei Ländern eingeladen (Rheinland-Pfalz und Saar sowie Hamburg und Schleswig-Holstein). Sie fanden in Berlin, Bremen, Frankfurt/M., Hamburg, Hannover, Köln und Mainz statt. An diesen Hearings nahmen insgesamt 137 Repräsentanten der Träger, der Jugendbehörden, der zuständigen ministeriellen Abteilungen, der Ausbildungsstätten und von Fortbildungseinrichtungen teil. Auch die Leiterinnen und Leiter der besuchten Einrichtungen kamen überwiegend zu diesen Hearings. Einen Tag lang wurde die Situation der Elementarerziehung sowie ihre Entwicklung seit Abschluß des Erprobungsprogramms in immer sehr freimütig argumentierenden Gesprächsrunden diskutiert. Die Aussprache folgte einem Katalog von Leitfragen, in die die Projektmitarbeiter einführten.

Die Diskussionen wurden auf Band aufgenommen und weitgehend transskribiert.

f) Expertengespräche

Eine Reihe von Personen, die maßgeblich am Erprobungsprogramm beteiligt waren und auch in den folgenden Jahren an der Entwicklung im Elementarbereich in besonderer Weise beteiligt waren, wurden gleichsam als Zeitzeugen interviewt. Diese Gespräche wurden frei geführt, auf Band aufgenommen und in ihren wesentlichen Teilen transskribiert. Weitere Personen, mit denen ein Interview aus Termingründen nicht zustande kommen konnte, werden schriftlich befragt. Eine Liste dieser Personen befindet sich im Anhang.

g) Dokumentenanalysen

Während der gesamten Laufzeit des Projekts haben wir alle Unterlagen gesammelt, die die Arbeit der Einrichtungen des Elementarbereichs beleuchten.

Insbesondere haben wir
* die Jahrgänge von 1980 bis 1993 der Fachzeitschriften „Theorie und Praxis der Sozialpädagogik" (Hsg.: Evangelische Bundesarbeitsgemeinschaft für Sozialpädagogik im Kindesalter) und „Welt des Kindes" (Hsg.: Zentralverband katholischer Kindergärten und Horte Deutschlands, ab 1991 Verband Kath. Tageseinrichtungen für Kinder (KTK – Bundesverband e.V.) im Hinblick darauf ausgewertet, ob in ihren Aufsätzen Ansätze des situationsorientierten Arbeitens im Elementarbereich zu finden sind. Beide Zeitschriften werden mit hoher Auflagenzahl im Bereich der Einrichtungen evangelischer und katholischer Träger verbreitet.

Ferner haben wir
* die Ausbildungsrahmenpläne und Fortbildungsprogramme der Länder daraufhin untersucht, ob sie den Situationsansatz den Aus- oder Fortzubildenden nahebringen und in die Arbeit nach diesen Ansätzen einführen, um zu prüfen, ob die im Erprobungsprogramm verbreiteten Ansätze in die Arbeit der Träger eingeflossen sind.

Zusätzlich haben wir
* Veröffentlichungen aller Trägerverbände gesammelt, um aus ihnen die von den Trägern unterstützten Schwerpunktsetzungen für die Arbeit der Einrichtungen des Elementarbereichs zu erkennen.

Aufbereitung und -auswertung der Daten:
Die Notizen, die begleitend zu Beobachtungen und Gesprächen niedergeschrieben wurden, konnten angesichts der Zeit- und Mittelknappheit nicht vollständig in elektronisch bearbeitbare Protokolle umgewandelt werden. Bevorzugt wurden die Mitschriften und Bänder übertragen, die alle Projektmitarbeiter für ihre Ausarbeitungen benötigen. Es handelt sich insbesondere um die Experteninterviews und um die Diskussionen in den Regionalhearings. Die weiteren handschriftlichen Unterlagen fließen in die Einrichtungsportraits ein, die von 36 Einrichtungen angefertigt wurden.

Einrichtungsportraits
Diese Portraits stützen sich neben den Beobachtungen auf die Interviews mit Leitung und Erzieherinnen sowie auf alle weiteren Unterlagen, die helfen, die Arbeitsweise der Einrichtung zu charakterisieren. Somit reichen die Datenquellen von den „subjektiven" Einschätzungen der mit dieser pädagogischen Arbeit vertrauten Mitarbeiterinnen des Projekts bis zu quantitativen Daten, die die Einrichtung charakterisieren, und Richtlinien oder Regeln, die die Arbeit bestimmen. Dieser Vergleich der verschiedenen Informationsquellen hilft, die Ausdeutung der Arbeitsweisen in den besuchten Einrichtungen zu kontrollieren (Flick 1992). Die Einzelbeobachtungen werden auf dieser Basis in einen Kontext gerückt, um pädagogische Zielsetzungen und Vorgehensweisen aus dem Zusammenhang begreiflich zu machen. Die Portraits wurden von den Mitarbeiterinnen und Mitarbeitern ausgearbeitet, die die Einrichtung besucht haben. Die Portraits, die nach den zuerst besuchten Einrichtungen geschrieben wurden, wurden in der gesamten Gruppe diskutiert, um die Art der Darstellung zu klären. Bei den folgenden Portraits tauschten sich die Besucher der Einrichtungen über ihre Wahrnehmungen und Einschätzungen aus. In den Portraits wird nur mitgeteilt, was als gemeinsame Feststellung gesichert werden kann. Die Portraits stellten zugleich eine Serie von „Memos" dar, die im Verlauf des Forschungsprozesses abzufassen in der qualitativen Forschungstradition empfohlen wird, weil sich in ihnen die zunehmende Aufklärung der zu untersuchenden Sachverhalte niederschlägt (Strauss & Corbin 1990).

Dimensionen zur Einschätzung der pädagogischen Arbeit
Um das Ausmaß der an situationsorientierte pädagogische Ansätze angelehnten Arbeit einschätzen zu können, wurden Aspekte dieser Arbeit, die sich den ver-

schiedenen Ansätzen entnehmen lassen, zusammengestellt. Diese Aspekte wurden als kriteriale Dimensionen der Einschätzung der pädagogischen Arbeitsweise betrachtet. Dazu wurden auf jeder Dimension drei Bereiche zur Einstufung der Arbeit definiert. Der mittlere Bereich umfaßt pädagogische Vorgehens- bzw. Arbeitsweisen, die als förderliche Haltung gegenüber dem Kind umschrieben werden, jedoch nicht notwendigerweise auf die Tradition situationsorientierter Erziehung und Förderung rekurriert. Es handelt sich um solide, positiv zu bewertende Tätigkeiten von Erzieherinnen mit und für die Kinder in ihrer Einrichtung, wie sie in der Pädagogik des Elementarbereichs für gut befunden werden. Wir wissen, daß es über derartige Einschätzungen im einzelnen schwer lösbare Diskussionen gibt, aber vertrauen auf das vernünftige Urteil in der Kindergartenarbeit erfahrener Mitarbeiterinnen und Mitarbeiter des Projekts, die ihre Meinung immer wieder, vor allem in den Regionalhearings vor Experten zur Diskussion gestellt haben (ein Verfahren der Qualitätssicherung, das „peer debriefing" oder „auditing" genannt wird; vgl. Rizzo, Corsaro, & Bates 1992, und Schwandt & Halpern 1988).

Eine darüber hinausreichende Einstufung wurde vergeben, wenn in der Arbeit erkennbar war, daß die Erzieherinnen Aspekte ihrer pädagogische Arbeit auf explizite Prinzipien des situationsorientierten Arbeitens gründeten, wobei unberücksichtigt blieb, ob ihnen bewußt war, daß sie sich dabei in einer bestimmten pädagogischen Tradition bewegen oder nicht. Wir wollten nämlich Fälle nicht ausschließen, in denen Ideen aus den situationsorientierten Ansätzen in die Arbeit von Einrichtungen eindringen, ohne daß sie mit dem damaligen Reformprogramm in Verbindung gesehen werden. Gleichsam auf der anderen Seite der mittleren Kategorie wurde die pädagogische Arbeit eingestuft, wenn nicht zu erkennen war, daß in dem zu beurteilenden Aspekt der Arbeit die Standards eingehalten wurden, die von Pädagogen und Experten des Elementarbereichs als minimale Anforderungen betrachtet werden. Wir waren mit unserem Urteil in diesem Punkt sehr vorsichtig, um nicht eine negative Einschätzung auf eine zufällig beobachtete unglückliche Situation zu gründen.

Wir möchten außerdem betonen, daß diese Einstufungen sich auf Aspekte von pädagogischen Tätigkeiten beziehen und weder auf Erzieherinnen, noch auf Einrichtungen. Zu jeder der Dimensionen mit ihren drei Einstufungen haben wir nach Belegmaterial über Personen und Einrichtungen hinweg gesucht, um das Anliegen dieser Studie zu verfolgen, nämlich die Fortwirkung pädagogischer Ansätze zu untersuchen. Vermutlich ließen sich die Belege auch nach Personen und Einrichtungen ordnen, und wir können nicht leugnen, daß sich auch immer wieder globalisierende Urteile aufdrängen. Wir haben jedoch nicht diese Richtung, Arbeit nach Person oder Einrichtung zu beurteilen, beschritten, sondern haben unsere Auswertung darauf ausgerichtet, das Schicksal einzelner Elemente situationsorientierten Arbeiten in verschiedenen Arbeitskontexten zu analysieren.

Es gehört zur Eigenart der qualitativen Vorgehensweisen, daß sie besseres Verstehen von Prozessen und Strukturen erzeugen will, um gut gestützte Hypothesen darüber zu entwickeln, wie in aussichtsreicher Weise Veränderungen eingeleitet werden können. Die Empfehlungen, die wir in einem gesonderten Memorandum aussprechen werden, sind solche Hypothesen, die nach pädagogischen Initiativen verlangen, die ihre Relevanz weiter erhärten.

5. Qualitätssichernde Voraussetzungen und Bedingungen

5.1 Kommunale und freie Träger

Träger von Kindertageseinrichtungen können kreisfreie Städte, kreisangehörige Gemeinden (kommunale Träger), kirchliche Träger, Träger der übrigen Wohlfahrtsverbände – Arbeiterwohlfahrt, Deutsches Rotes Kreuz, Zentralwohlfahrtsstelle der Juden in Deutschland – sowie Vereine (freie Träger) sein. Des weiteren gibt es Kindergärten in privater oder betrieblicher Trägerschaft – diese bleiben in unserer Studie unberücksichtigt.

Zu Zeiten des Erprobungsprogramms befanden sich 71% aller Kindergärten der Bundesrepublik in freier und 17% in kommunaler Trägerschaft. 2% waren Einrichtungen privater Träger (BMBW 1979, S. 13).

Von den 210 am Erprobungsprogramm beteiligten Kindergärten waren damals 53% in freier und 47% in kommunaler Trägerschaft. Die kommunalen Träger waren also überrepräsentiert. Ursächlich hierfür war die starke Beteiligung der Stadtstaaten, insbesondere Berlins. Hier liegt der Anteil kommunaler Träger traditionell deutlich höher als in den Flächenstaaten.

An unserer Evaluationsstudie waren 25 Kindergärten freier und 14 Kindergärten kommunaler Träger beteiligt. Dies entspricht in etwa den gegenwärtigen Anteilen in den alten Bundesländern.

Aufgaben und Rechte der Träger von Kindertageseinrichtungen sind die Bestimmung der konzeptionellen Grundrichtung der Arbeit und die Organisation der Einrichtung im Rahmen der Bundes- und Landesgesetzgebung. Als Arbeitgeber des in den Kindertageseinrichtungen beschäftigten Personals haben sie die Möglichkeit, per Dienstanweisung die pädagogische Arbeit bis in Einzelheiten hinein zu regeln. Sie tragen so die Hauptverantwortung für die Qualität der Kindertageseinrichtungen im Rahmen der vom Land und den Kommunen gewährten Mittel.

Das im Jugendwohlfahrtsgesetz (JWG) begründete und im Kinder- und Jugendhilfegesetz (KJHG) bestätigte Subsidiaritätsprinzip führt dabei zu unterschiedlichen Voraussetzungen bei freien und kommunalen Trägern. Das Subsidiaritätsprinzip sichert den freien Trägern einen Vorrang in der Wahrnehmung der Aufgaben der Jugendhilfe und garantiert ihnen Selbständigkeit in Zielsetzung und Durchführung der Aufgaben sowie der Gestaltung ihrer Organisationsstruktur (vgl. § 4 Abs. 1 und 2 KJHG). Bis weit in die achtziger Jahre hat das dazu geführt, daß – mit Ausnahme der Arbeiterwohlfahrt – freie Träger an der Organisationsstruktur traditioneller Kindergärten festhielten. Kindergärten mit Schließung über Mittag, in denen ausschließlich Kinder im Alter von drei bis sechs Jahren betreut wurden, prägten die Kindergartenlandschaft freier Träger. Darüber hinausgehende Betreuungsansprüche, solche für Kinder unter drei Jahren oder für Schulkinder oder solche, die längere Öffnungszeiten erforderten, wurden den kommunalen Trägern überlassen. Erst in den letzten Jahren hat es hier durch die ‚Flexibilisierungsdebatte' eine Bewegung gegeben, die bei freien Trägern zu einer größeren Offenheit hinsichtlich anderer Angebotsstrukturen geführt hat.

In Gemeinden, in denen es sowohl Kindergärten freier wie Kindergärten des kommunalen Trägers gibt, sind in den kommunalen Einrichtungen jedoch bis heute oft überdurchschnittlich viele Kinder, die wegen eines über die traditionelle

Organisationsstruktur herausgehenden Betreuungsbedarf in diese Einrichtungen kommen: Kinder alleinerziehender Eltern, Kinder, deren Eltern beide berufstätig sind und die über kein familiales oder nachbarschaftliches Netz verfügen, welches den Betreuungsbedarf abdecken könnte.

Dies wiederum hat zur Konsequenz, daß die Arbeitsbedingungen für das Personal im Vergleich zu den freien Trägern häufig schlechter sind. Schichtdienste, Schwierigkeiten ausreichende Verfügungszeiten zu organisieren, mangelnde Möglichkeiten für die Zusammenarbeit mit Eltern stellen erhöhte Anforderungen an die Mitarbeiterinnen. Dadurch wächst die Gefahr, daß insbesondere dann, wenn Fachkräfte nicht in ausreichender Zahl zur Verfügung stehen, engagierte und qualifizierte Erzieherinnen eher eine Anstellung bei einem freien Träger suchen.

Gegenwärtig werden diese Unterschiede zwischen kommunalen und freien Trägern verstärkt durch den Rechtsanspruch und den Fachkräftemangel in den alten Bundesländern. Da mit dem Rechtsanspruch auf einen Kindergartenplatz keine Aussagen über die Gestaltung dieses Platzes gemacht wurden, befürchten die kommunalen Träger, daß sie bei der Einlösung des Rechtsanspruchs von den freien Trägern allein gelassen werden.

Exemplarisch für diesen Konflikt sei hier der Disput zwischen einer Jugendamtsvertreterin (JA) und einer evangelischen Fachberaterin (ev. FB) während unseres Regionalen Hearings in Nordrhein-Westfalen wiedergegeben:

JA: „Angesichts des Rechtsanspruchs und der damit verbundenen Notwendigkeit, schnell immens viel Plätze zu schaffen, droht ein Qualitätseinbruch."

ev. FB: „Die Träger müssen überprüft werden, ob sie in der Lage sind, die Kindertageseinrichtungen, die sie übernehmen, konzeptionell gut zu füllen. Es ist zu befürchten, daß in Zukunft auf die Qualität der Träger nicht ausreichend geachtet wird. Im evangelischen Bereich heißt die Devise ‚weniger ist mehr', also lieber weniger Kindertageseinrichtungen übernehmen und dafür weiter auf die Qualität zu achten."

JA: „Diese elitäre Haltung der konfessionellen Träger verhindert die Zusammenarbeit in dieser Situation. Die Kommunen müssen dann sehen, wie sie alleine die fehlenden Plätze beibringen. Dann wird es die übervollen, kommunalen Kindertageseinrichtungen geben und die guten konfessionellen" (RH Nordrhein-Westfalen).

5.1.1 Auf- und Ausbau der Fachlichkeit bei den Trägerverbänden

Im Zuge der Reformbewegung der siebziger Jahre haben die Verbände der freien Träger vermehrt Fachreferentenstellen eingerichtet und sukzessive ihr Fortbildungs- und Fachberatungssystem ausgebaut. Sie haben so ein Qualifizierungssystem geschaffen, das den Mitarbeiterinnen in den Kindertageseinrichtungen unmittelbar zugute kommt. In den vergangenen zwanzig Jahren sind eine Vielzahl konzeptioneller Empfehlungen herausgegeben, Anregungen zu je aktuellen Fragen der Kindergartenpraxis erarbeitet und Positionspapiere zu anstehenden berufspolitischen Fragen erstellt worden, die allesamt geeignet sind, das Berufs- und

Arbeitsfeld der Erzieherinnen zu stützen und Impulse für die konzeptionelle Weiterentwicklung zu geben.

Begleitet wurden diese Qualifizierungsbemühungen durch Fachzeitschriften für die Kindertageseinrichtungen, die sich zunehmend fachlich profilierten und kontinuierlich pädagogische wie berufspolitische Fragen diskutierten. In ihnen werden innovative Versuche aus der Praxis ebenso dokumentiert wie Ergebnisse aus der für die pädagogische Arbeit relevanten Forschung vorgestellt.

Bei den konfessionellen Trägern waren diese selbst, also in der Regel die einzelnen Kirchengemeinden, zunächst nicht unmittelbar in diese Entwicklung eingebunden. Die Bewegung ging von den Verbänden auf Landes- oder Bundesebene aus direkt zu den Einrichtungen, da das fachliche Potential auf Verbands- und nicht auf Trägerebene angesiedelt war. Führten die Qualifizierungsmaßnahmen zu Veränderungsnotwendigkeiten oder -wünschen in der Praxis, so war es zumeist Aufgabe der Erzieherinnen bzw. der Leiterinnen, sich hierüber mit ihrem Träger zu einigen. Dieser Prozeß gestaltete sich dann schwierig, wenn auf Trägerseite keine fachliche Kompetenz vorhanden war. In den vergangenen Jahren sind die Trägerverbände deshalb verstärkt dazu übergegangen, die Träger direkt in die Qualifizierungsbemühungen ein zubinden und der Trägerberatung mehr Beachtung zukommen zu lassen.

Die kommunalen Spitzenverbände haben sich dagegen in der fachlichen Entwicklung weitgehend zurückgehalten. Sie waren und sind zwar auf Bundes- und Landesebene in die Verabschiedung trägerübergreifender Positionspapiere miteinbezogen, die Impulse gingen jedoch von den freien Trägern aus. Obwohl – wie sich in der aktuellen Debatte um den Rechtsanspruch zeigt – die Kindergärten quantitativ gesehen einen der größten Aufgabenbereiche der Kommunen darstellen, gingen von der Ebene der kommunalen Spitzenverbände keine erkennbaren qualitativen Einflüsse auf die Kommunen als Träger oder auf die kommunalen Kindertageseinrichtungen direkt aus. So bleibt es im Ermessen der einzelnen Kommunen, wie sie ihre Verantwortung für die Qualifizierung der Kindergartenarbeit wahrnehmen. § 79, Abs. 3 KJHG schreibt inzwischen vor, daß die örtlichen Träger der Jugendhilfe, also die Kreise und kreisfreien Städte, die Jugendämter mit ausreichendem Fachpersonal auszustatten haben. Eine entsprechende Verpflichtung war im JWG, das in den alten Bundesländern bis zum 31.12.1990 galt, nicht enthalten. So war von den jeweiligen kommunalpolitischen Verhältnissen und Prioritätensetzungen abhängig, ob überhaupt eine für Fragen der Kindertageseinrichtungen fachlich qualifizierte Person im Jugendamt angestellt war.

5.1.2 Die Rolle der Träger im Erprobungsprogramm

„Aus den verschiedensten Äußerungen geht eindeutig hervor, daß die Träger nur wenig bis keinen direkten Einfluß auf die pädagogische Arbeit im Erprobungsprogramm genommen haben. 89 Prozent der Erzieher geben an, daß sich hierbei mit dem Erprobungsprogramm nichts geändert hat. Dennoch gibt es nach Trägergruppen unterschiedliche Einschätzungen darüber, wie ihr Träger das Erprobungsprogramm insgesamt wahrnimmt (...). 46 Prozent aller Erzieher sehen ihren Träger als dem Erprobungsprogramm aufgeschlossen, 17 Prozent

eher kritisch und nur drei Prozent als ablehnend. Die höchste Aufgeschlossenheit wird der Arbeiterwohlfahrt von ihren Erziehern bescheinigt (79 %). Am wenigsten aufgeschlossen aber auch am wenigsten einschätzbar sehen die Erzieher in öffentlichen Einrichtungen und in Einrichtungen der Caritas ihre Träger (jeweils etwa 40 %). Die Erzieher in Einrichtungen des Diakonischen Werkes stellen am häufigsten eine ablehnende und kritische Einstellung (6 % und 18 %) ihres Trägers fest, demgegenüber aber auch immerhin zu 54 % eine aufgeschlossene Haltung" (DJI 1979, Teil 1, S. 113f.).

Der geringe Einfluß der Träger verwundert nicht, denn in der Organisationsstruktur des Erprobungsprogramms spielten sie von Beginn an eine untergeordnete Rolle. Die Auswahl der am Erprobungsprogramm zu beteiligenden Einrichtungen sollte laut Beschluß der BLK durch die Länder ‚im Einvernehmen mit den Trägern' erfolgen (Drucksache der BLK Nr. AE 24/74). Die Träger mußten also gemäß ihrer Zuständigkeit als ‚Hausherren' zustimmen, die Entscheidung oblag jedoch den Ländern.

Von den überregionalen Gremien des Erprobungsprogramms wurden die Träger dann nicht mehr als direkte Adressaten angesprochen, mit Ausnahme einer Befragung am Ende des Erprobungsprogramms, die im Auftrag der überregionalen Gremien von den Moderatoren durchgeführt wurde.

„Vertreter der Kindergartenträger oder ihre Verbände wurden nach einem vom Deutschen Jugendinstitut entwickelten Interviewleitfaden von den Moderatoren befragt. Dabei sollte nach Möglichkeit erreicht werden, daß jeder Spitzenverband, der in der Region durch einen Erprobungskindergarten repräsentiert ist, durch mindestens ein Trägerinterview erfaßt wird. Darüberhinaus waren die Kindergartenträger nur innerhalb der Länder von Bedeutung. Die Frage der Information der Träger auf überregionaler Ebene durch eine Informationsschrift am Anfang des Erprobungsprogramms wurde in der Arbeitsgruppe ‚Elementarbereich' kontrovers diskutiert; eine solche Veranstaltung wurde schließlich nicht durchgeführt, u.a. wohl auch deshalb nicht, weil für eine von der Arbeitsgruppe ‚Elementarbereich' entworfene Informationsschrift über das Erprobungsprogramm die Zustimmung der übergeordneten Gremien der Bund-Länder-Kommission nicht schnell genug eingeholt werden konnte" (a.a.O., S. 37).

Obwohl die Träger mit ihrer Verantwortung für die konzeptionelle und organisatorische Ausgestaltung der pädagogischen Arbeit den Kindergärten am nächsten stehen und sie mit ihrer Kindergartenpolitik eine entscheidende Rolle für das Gelingen oder Scheitern reformerischer Bemühungen innehaben, wurden sie also von überregionaler Seite in den Reformprozeß überhaupt nicht einbezogen. Es ist zu vermuten und zwischen den Zeilen zu lesen, daß die Länder hier eine Einmischung von überregionaler Seite verhindern wollten.

Hier wird noch genauer zu betrachten sein, inwieweit diese Ausblendung der Träger mit ursächlich ist für die nicht zustandegekommene Implementation der Erprobungsergebnisse.

Die geringe Gewichtung der Träger spiegelt sich auch in der Einschätzung der am Erprobungsprogramm beteiligten Erzieherinnen wider. Auf die Frage:

"Haben Sie den Eindruck, daß der Träger Ihres Kindergartens dem Erprobungsprogramm eher aufgeschlossen, eher kritisch oder eher ablehnend gegenübersteht? antworteten von den Befragten 45 Prozent mit ‚eher aufgeschlossen', 17 Prozent mit ‚eher kritisch', nur 2 Prozent mit ‚eher ablehnend' und 33 Prozent haben hierzu kein Urteil. ... Der hohe Prozentsatz von 33 Prozent ohne Urteil bestätigt, daß die Träger im Bewußtsein der Erzieher während des Erprobungsprogramms keine große Rolle gespielt haben" (a.a.O., Teil 2, S. 551).

Auch die Moderatoren bestätigten diese Einschätzung:

"Die Moderatoren beschrieben ihre Zusammenarbeit mit den Trägern und Verwaltungen im Erprobungsprogramm als lose und insgesamt konfliktfrei – nur vereinzelt kam es zu Schwierigkeiten. Eine gute Zusammenarbeit gab es in der Regel mit Spitzenverbänden und Fachberatern; mit örtlichen Trägern hatten die Moderatoren wenig Kontakt. Das Interesse von Trägern und Verwaltungen an der Arbeit in den Regionen empfanden die Moderatoren als enttäuschend gering. Sie fühlten sich meist wenig wahr- und ernstgenommen. Dabei wurde nach Ansicht der Moderatoren oft auch eine erschreckende Unkenntnis der pädagogischen Arbeit, besonders bei den örtlichen Trägern, deutlich. Diese Unkenntnis stehe in keinem Verhältnis zu dem großen Einfluß, den die Träger auf ihre Kindergärten haben" (a.a.O., Teil 3, S. 613).

"Als besonders innovationshemmend schätzten Moderatoren manche Träger von Kindergärten ein. Sie befürchteten, daß sie bereitwillig der Fehleinschätzung unterliegen könnten, alle im Erprobungsprogramm eingetretenen Verbesserungen der pädagogischen Arbeit seien auf die Curricula zurückzuführen und damit rechtfertigen zu können, sich auf die Beschaffung und Verbreitung der Curricula beschränken zu dürfen. Mit einer solchen Erklärung der Wirkungen des Erprobungsprogramms wären alle anderen, kostspieligeren Maßnahmen, wie ein weiterer Ausbau von Fortbildung und Praxisberatung oder die Verbesserung der Arbeitsbedingungen im Kindergarten verzichtbar. Eines der wichtigsten Ergebnisse war nach Meinung der meisten Moderatoren jedoch, daß mit den neuen Materialien nur dann sinnvoll und erfolgversprechend gearbeitet werden könnte, wenn die bestehenden Rahmenbedingungen verbessert würden" (a.a.O., Teil 3, S. 615).

5.1.3 Aussagen aus den Regionalen Hearings

Die Bedeutung der Träger für die qualitative Entwicklung in den Kindergärten wurde in allen regionalen Hearings angesprochen. Die Einschätzung darüber, wie die Träger ihre Aufgaben erfüllen, gehen dabei weit auseinander. Einhellig kritisch wird die weitgehende Untätigkeit der Träger nach Abschluß des Erprobungsprogramms gesehen:

"Nach dem Erprobungsprogramm fiel alle Unterstützung weg und es hat niemand mehr gefragt, was wir uns da erarbeitet haben. Ein riesiges Loch tat sich auf – richtig tragisch" (Leiterin, RH Hessen).

„Nach dem Erprobungsprogramm sind in den meisten Bundesländern Ländermittel weggefallen, die während des Erprobungsprogramms zu deutlich verbesserten Rahmenbedingungen für die beteiligten Kindergärten geführt hatten. Die Träger haben da nichts ausgeglichen. Andererseits haben die Länder die Träger auch nicht in die Pflicht genommen. Sie hätten dies mit Anreizen verknüpfen müssen" (Vertreter des Ministeriums, RH Rheinland-Pfalz und Saarland).

Spätere Beispiele zeigen, daß es möglich gewesen wäre, den Trägern bessere Personalausstattung zu gewähren. In Hessen wurde dies den Trägern dann zugestanden, wenn sie in ihren Kindergärten Ganztagsplätze einrichteten. In Berlin wurde die Integration behinderter Kinder durch zusätzliche Personalstellen differenziert gefördert.

Ebenso wird deutlich, daß nicht allein die Rahmenbedingungen den Ausschlag für Stagnation oder qualitative Weiterentwicklung in der Praxis geben.

„Der Träger muß ein Klima von Anerkennung, Akzeptanz und Wertschätzung schaffen, Experimente, innovative Schritte stützen statt abblocken; Erzieherinnen an allen die Kindergärten betreffenden Entscheidungen beteiligen und die spezifischen Kompetenzen seiner Mitarbeiter abfragen und fördern. Dies scheint für die Arbeitszufriedenheit der Mitarbeiter entscheidender zu sein als die Rahmenbedingungen" (kommunaler Fachberater, RH Hessen).

Mehrere Aussagen in den regionalen Hearings deuten darauf hin, daß eine solche Art der Wahrnehmung der Trägeraufgaben im Bereich der freien Träger eher zu finden ist, als bei den kommunalen Trägern:

„Mit einzelnen Pfarrern läßt sich noch inhaltlich diskutieren und damit eine gewisse Qualität der Arbeit von Trägerseite her gewährleisten, mit Abteilungsleitern von Verwaltungen gar nicht" (katholische Fachberaterin, RH Rheinland-Pfalz und Saarland).

„Die inhaltliche Ausgestaltung wird im wesentlichen von den freien Trägern geleistet, bei den kommunalen finden wir da sehr große Defizite. Dies bezieht sich nicht so sehr auf die untere Ebene, da gibt es fachlich kompetente und engagierte Mitarbeiter. Die bekommen allerdings einen Maulkorb umgehängt, wenn es in die höheren Etagen geht" (Vertreter des Landesjugendamtes, RH Niedersachsen).

„Kommunale Träger stehen Reformen prinzipiell ablehnend gegenüber, wenn sie nicht kostenneutral sind. Da auf Trägerebene keine sozialpädagogischen Qualifikationen vorhanden sind, fehlen die diesbezüglichen Entscheidungsgrundlagen, und die Erzieherinnen sind nicht darauf vorbereitet, solche Entscheidungen selbst herbeizuführen und durchzusetzen" (Fachschullehrer, RH Niedersachsen).

Die gegenwärtige Auseinandersetzung um die Umsetzung des Rechtsanspruchs beherrschte weite Teile unserer regionalen Hearings. Hier wurden grundsätzliche

Probleme sichtbar, die in der Struktur der bundesrepublikanischen Jugendhilfe begründet sind. Die im KJHG wie früher im JWG geforderte Pluralität der Träger soll ein möglichst bedarfsgerechtes und vielfältiges Angebot von Jugendhilfemaßnahmen sicherstellen. Ein Axiom, das gerade auch in der Abgrenzung zu den zentralistischen staatlich verordneten und geregelten Jugendhilfemaßnahmen der ehemaligen DDR hochgehalten wird. Gleichzeitig droht derzeit der in der Pluralität angelegte Wettbewerb verschiedenartiger konzeptioneller und organisatorischer Angebotsstrukturen auf einen Sieg der billigsten Lösungen hinauszulaufen:

„Da es keine bildungspolitische Priorität mehr auf den Kindertageseinrichtungen gibt und die Bildungspolitik insgesamt innerhalb der Ökonomie nicht hoch gewichtet wird, haben die Fachressorts der Länder kein Druckmittel in der Hand. In der Debatte um den Rechtsanspruch werden sie von den Kommunen erpreßt. Die Länder sollen auf die eh schon unzureichenden Standardsetzungen in Verordnungen und Richtlinien verzichten, damit die erforderlichen Plätze zum billigsten Preis geschaffen werden können. Baden-Württemberg hat seine Richtlinien bereits außer Kraft gesetzt, in Schleswig-Holstein, Rheinland-Pfalz und Nordrhein-Westfalen ist starker Druck da" (Vertreterin des Ministeriums, RH Nordrhein-Westfalen).

Die Konsequenz ist eine harte Trägerkonkurrenz statt der im KJHG geforderten partnerschaftlichen Zusammenarbeit zwischen öffentlichen und freien Trägern.

„Freie Träger kündigen Plätze auf, wenn Standards fallen bzw. Eigenanteile der Träger erhöht werden müßten, um Standards zu halten. Die kommunalen Kindertageseinrichtungen müssen den zusätzlichen Bedarf im Rahmen der ihnen zugestandenen kommunalen Mitteln decken" (kommunaler Träger, RH Nordrhein-Westfalen).

„Das Kindertagesstättengesetz überläßt zwar vor Ort den Trägern, den Kommunen und den Kreisen einen sehr großen Gestaltungsspielraum – so wird es vom Land deklariert. Dieser Gestaltungsspielraum geht am politischen Denken und Handeln in den Verwaltungen und politischen Gremien vorbei. Er wird nicht positiv genutzt, sondern als Verschiebebahnhof. Die Möglichkeiten werden immer zum Negativen ausgelegt werden. Wenn im Kindertagesstättengesetz steht, daß die Einrichtungen in Ergänzung und Erweiterung zur Familie, den Kindern zu einer eigenständigen und gemeinschaftsfähigen Persönlichkeit verhelfen sollen, dann muß man zugeben, unter diesen Bedingungen geht das gar nicht" (Vertreter des Ministeriums, RH Hamburg und Schleswig-Holstein). Hier zeigen sich deutlich Versäumnisse der Reformphase der siebziger Jahre.

Die kommunalen Träger sind in ihrer Bedeutung unterschätzt worden. Hätten sie in Zeiten des bildungspolitischen Aufwinds stärkere Beachtung und Unterstützung durch die Länder gefunden, die es ihnen ermöglicht hätte, innerhalb des kommunalpolitischen Geflechts mehr Gewicht zu erhalten, stünden sie derzeit nicht so mit dem Rücken an der Wand.

Aus Sicht der Erzieherinnen werden gegenwärtig

„die Verantwortungen zwischen Trägern, Kommunen und Land hin- und hergeschoben. Die Praxis bleibt in ihrem Abwehrkampf gegen eine Verschlechterung der Rahmenbedingungen alleingelassen" (Leiterin, Rheinland-Pfalz und Saarland).

5.1.4 Aussagen von Leiterinnen und Erzieherinnen

Von den Leiterinnen/Erzieherinnen wird das Verhältnis zum Träger in erster Linie danach beurteilt, welche Partizipationsmöglichkeiten der Träger den pädagogischen Mitarbeiterinnen bei seinen Entscheidungen einräumt. Für unerläßlich gehalten wird eine solche Partizipation bei Personalentscheidungen, bei Bau- und Ausstattungsfragen sowie bei der Entscheidung über die Verwendung der zur Verfügung stehenden Mittel. Die Bandbreite der den Mitarbeiterinnen gewährten Partizipation ist in den von uns untersuchten Kindergärten sehr groß.

Von den 14 untersuchten kommunalen Kindergärten beurteilen fünf ihr Verhältnis zum Träger sehr negativ:

„Unsere Arbeit wird durch eine Überbürokratisierung gelähmt. ... Die Kontakte zum Träger beziehen sich nur noch auf die Bekanntgabe neuer Regelungen und Vorschriften. ... Wir Leiterinnen haben überwiegend Verwaltungsaufgaben, deren Sinnhaftigkeit oft nicht erkennbar ist. ... Ich bin meine eigene überbezahlte Hilfssekretärin. ... Ca. 80 Prozent meiner Arbeit geht für Verwaltungstätigkeiten drauf, für pädagogische Aufgaben bleiben höchstens zwanzig Prozent meiner Zeit übrig. Das ist demotivierend – ich überlege, ob ich wieder in die Gruppenarbeit wechsele. ... Vom Träger aus gibt es keinerlei fachlichen Diskussionszusammenhänge und keine Herausforderungen. ... Bau- und Ausstattungsfragen werden allein auf Verwaltungsebene entschieden, ohne daß es eine Mitsprachemöglichkeit gibt. ... Das zentrale Bestellwesen verbaut uns jeglichen Handlungsspielraum in den Einrichtungen . ... Bei Personalentscheidungen entfällt eine Mitwirkung schon deshalb, weil wegen des Personalmangels schon seit Jahren keine Auswahlmöglichkeiten gegeben sind. Freie Stellen werden nur noch aus dem Überhang aus den neuen Bundesländern besetzt, die Mittel für Fortbildung aber gestrichen. Eine Einarbeitung dieser Kolleginnen ist so sehr erschwert. ...
Die Leiterinnen hier vereinsamen. Insgesamt herrscht ein Klima von Mißtrauen und Abwehr gegenüber dem Träger" (Zusammenstellung von Aussagen aus Protokollen KT 11 und 12, gleicher Träger).

Bezeichnenderweise kommen alle sehr negativen Beurteilungen aus Kindertagesstätten großstädtischer Kommunen. Hier erscheint der Verwaltungsapparat so groß und unübersichtlich, daß die Leiterinnen keine kontinuierlichen Ansprechpartner für ihre Anliegen finden.

Drei der kommunalen Kindergärten beurteilen ihr Verhältnis zum Träger als sehr gut:

„Er unterstützt die Arbeit in den Einrichtungen aktiv durch ein umfangreiches Fortbildungsprogramm, das mit den Erzieherinnen abgesprochen wird. Jede Kindertagesstätte kann Supervision in Anspruch nehmen. Darüberhinaus gibt es einrichtungsübergreifende Arbeitskreise zu aktuellen Themen" (KT 13).

Diese, die konzeptionelle Entwicklung unterstützenden Aktivitäten gehen von dem zuständigen Fachreferenten aus. Seit zwei Jahren bekam er eine fachkompetente Kollegin, die insbesondere für die Fortbildung zuständig ist. Diese Stelle konnte neu geschaffen werden. Daß dies trotz auch hier angespannter Haushaltslage möglich war, geht auf die Initiative der für die Kindertageseinrichtungen sehr engagierten Sozialdezernentin zurück, die zugleich Kämmerin ist und in dieser Funktion die Kindertageseinrichtungen vergleichsweise großzügig im Haushalt berücksichtigt.

„Seitdem ein Sozialpädagoge als Referent in der Stadtverwaltung zuständig ist, ist das Verhältnis zum Träger deutlich besser geworden. Die Belange der Kindertageseinrichtungen werden jetzt innerhalb der Verwaltung fachlich begründet und vertreten. So konnten drohende Verschlechterungen – zuletzt die Doppelbelegung von Plätzen – abgewehrt werden. Der Fachreferent fördert die fachliche Debatte auch mit den freien Trägern. Bei allen übergreifenden Fragen kommt es zu einem gemeinsamen Entscheidungsfindungsprozeß bei Leitungskonferenzen. Wegen der kleinstädtischen Verhältnisse, wo jeder jeden kennt, kann Politik für die Kindergärten auch gut über die Eltern gemacht werden. Probleme gibt es allerdings bei der Freistellung der Erzieherinnen für die Fortbildung. Wegen der unzureichenden Pesonalausstattung wird diese häufig nicht gewährt" (KT 28).
„Im Jugendamt bin ich als Expertin in Sachen Kindergärten, Kinder und Familien anerkannt und werde vor allen diesbezüglichen Entscheidungen vorher um Rat gefragt. Gute Einflußmöglichkeiten habe ich auch, weil ich einen Sitz mit beratender Stimme im Jugendhilfeausschuß habe. Bei Personalentscheidungen haben wir Mitbestimmung" (KT 18).

Hier bestätigt sich die in einem der regionalen Hearings geäußerte Einschätzung, daß die Anerkennung und Förderung der Kompetenzen der Mitarbeiterinnen durch den Träger für Arbeitszufriedenheit und Engagement in der Praxis entscheidend ist.
Die übrigen sechs kommunalen Einrichtungen berichten sowohl von positiven wie negativen Erfahrungen mit ihrem Träger:

„Das Verhältnis zum Träger ist ganz o.k. Für Konfliktfälle gibt es feste Regelungen, die Entscheidungen werden im Kindergartenrat (dem Vertreter des Trägers, der Mitarbeiterinnen und der Eltern angehören) gefällt. Die fachliche Unterstützung wird durch Fachberatung und von dieser begleiteten Arbeitsgruppen gewährleistet. Aktuell tritt jedoch eine schwerwiegende Konfliktlage auf. Die Fachberaterinnen werden wegen der Schwierigkeiten mit der Umsetzung der Rechtsanspruchs mit Verwaltungsaufgaben überhäuft. Sie geraten mit ihrem fach-

lichen Anspruch selbst in Konflikt, weil sie von ihren Vorgesetzten gehalten werden, die maximalen Quantitäten in den Kindertageseinrichtungen auszuloten. Probleme gibt es beständig mit den für die Mittelverwaltung zuständigen Stellen. Diese wird durch einen überbürokratisierten Apparat erledigt, der von Kindertageseinrichtungen keine Ahnung hat" (KT 25).
„Zum Träger haben wir ein recht gutes, unkompliziertes Verhältnis. Alle Entscheidungen werden in den Leitungskonferenzen gemeinsam getroffen. Bei Personalentscheidung gibt es ein Mitspracherecht. Aktuell gibt es jedoch Konflikte. Der Träger wünscht verlängerte Öffnungszeiten auch über die Mittagszeit hinaus. Ohne bessere Personalausstattung sind wir jedoch nicht bereit, diese Mehrbelastung zu tragen" (KT 24).

Auch bei den freien Trägern gibt es große Unterschiede in der Beurteilung des Trägers durch die Praxis.

Als durchgängig gut bis sehr gut wird das Verhältnis von den Einrichtungen der Arbeiterwohlfahrt gekennzeichnet.

„Die Trägerschaft durch die AWO bringt viele Vorteile. Viele Eltern haben sich unsere Kita bewußt ausgesucht, wegen der Trägerschaft. Wir können also mit Unterstützung der Eltern rechnen. Die Kooperation mit anderen Kitas der AWO wird gezielt gefördert. Unsere Fachberaterin ist eine ehemalige Erprobungsprogamm-Erzieherin, die die gesamte Entwicklung seit damals gut kennt. Bei Personalentscheidungen haben wir Mitbestimmung" (KT 19).
*„Die Trägerkontakte sind sehr gut. Es gibt einen beständigen fachlichen Diskussionszusammenhang auch mit den anderen Einrichtungen. Die auf der Basis des Situationsansatzes und des Großraumkonzeptes ausformulierte Trägerkonzeption bildet hierfür die Grundlage.
Personalentscheidungen werden gemeinsam gefällt"* (KT 34).

Ebenso positiv urteilt die Einrichtung, die zu dem kleinen freien Träger ADS (Aktionsgemeinschaft Deutsches Schleswig) gehört.
„Durch die Beteiligung der Leiterin an den Sitzungen des Gemeindekirchenrates und der Beteiligung des Gemeindekirchenrates im Kindergarten-Ausschuß ist eine gegenseitige Information und gemeinsame Entscheidungsfindung kontinuierlich gewährleistet. Die Vernetzung mit anderen Gemeindeaktivitäten ist in letzter Zeit leider zurückgegangen. Verantwortlich hierfür ist die allseitige Überlastung als Folge der dauernden Sparmaßnahmen" (KT 3).

5.2 Arbeitskreise, Fachberatung und Fortbildung

5.2.1 Die Arbeit der Moderatoren während des Erprobungsprogramms

Im Erprobungsprogramm wurden insgesamt 19 regionale Projektgruppen eingerichtet. In der Regel gehörten jeder Projektgruppe zehn Erprobungskindergärten und zwei Moderatoren an.

"Wichtige Funktionen, die (...) (die Moderatoren) für die Einrichtungen wahrgenommen haben waren neben den Aufgaben der regionalen und überregionalen wissenschaftlichen Begleitung
* *intensive Information und Praxisberatung*
* *auf die Erprobungszeit abgestimmte Fortbildungsangebote.*

Die Moderatoren unterstützten die Erzieher in der Weiterentwicklung der pädagogischen Arbeit wie auch in der kritischen und kreativen Auseinandersetzung mit Rahmenbedingungen" (DJI 1979, Teil 1, S. 123).

"Hier ist darauf hinzuweisen, daß die Zusammenarbeit zwischen Erziehern und Moderatoren die für den Ablauf der Erprobung und die Veränderung der pädagogischen Arbeit in den Einrichtungen bedeutsamste Rahmenbedingung war. Die Mitwirkung der Moderatoren ist zugleich auch der gravierendste Unterschied zwischen Erprobungs- und Regelkindergärten" (a.a.O., S. 122).

Die Moderatoren bauten einen sehr intensiven Kontakt zu den Erprobungskindergärten auf. Zu Beginn waren die häufigen Hospitationen in der Einrichtungen von besonderer Bedeutung, aus denen dann kollegiale Formen der Beratung entwickelt wurden. Die Tatsache, daß die Mehrheit der Moderatoren keine einschlägige Berufserfahrung im Bereich Kindergarten hatte, wird im Auswertungsbericht als Chance dafür gewertet, daß sich solche kollegialen Beratungsformen in einem gemeinsamen Prozeß zwischen Moderatoren und Erzieherinnen herausbilden konnten (vgl. BLK 1983, S. 76). Zum damaligen Zeitpunkt hatte es noch keine entsprechend ausgearbeiteten Beratungskonzepte gegeben.

Für die Moderatoren war hierzu Voraussetzung,

"ihr Selbstverständnis als Berater im Erprobungsprogramm zu klären. Dies ging zumeist einher mit der durch andere Aufgaben der regionalen Projektgruppen im Erprobungsprogramm erzwungene Reduzierung der Praxisbesuche. Kennzeichnend für diese Phase waren engagierte, konfliktreiche Diskussionen über die Rolle der Moderatoren auf den ersten überregionalen Tagungen. Hier wurden die verschiedenen Aufgaben der Moderatoren im Beziehungsgeflecht zwischen Praxis, Evaluation und Administration mit den darin angelegten Interessenkonflikten benannt und einander gegenüber gestellt:
* *Beratung für allgemeine Kindergarten-Fragen,*
* *Beratung nur bezogen auf das Erprobungsmaterial und dessen Evaluation,*
* *Beratung in Bezug auf einzelne Kinder und gruppendynamische Prozesse im Team,*
* *Beratung im Sinn von Interessenvertretung der Erzieher gegenüber den Trägern, der Elternschaft und anderen Gruppen und Institutionen.*

Ausgehend von unterschiedlichen anfänglichen Schwerpunktsätzen entwickelten sich schließlich Formen von Beratung, die den offenen, situationsbezogenen Konzepten der Erprobungsmaterialien entsprachen. Die Moderatoren galten dabei nicht mehr als ‚Spezialisten' oder als ‚Feuerwehr' für besonders

schwierige Praxisprobleme, sondern versuchten als Kollegen mit anders gelagerten Kenntnissen und Erfahrungshintergründen in einen gleichberechtigten Austausch einzutreten. Beratung verlagerte sich mehr und mehr vom unmittelbaren Gruppengeschehen und vom einzelnen Erzieher auf das Erzieherteam. Neben dem inhaltlich pädagogischen Gewicht hatten die Teamgespräche mit Moderatoren einen wichtigen Stellenwert in Bezug auf die Handhabung der Rahmenbedingungen. Deshalb wurden auch in einigen Fällen die örtlichen Trägervertreter und die den Einrichtungen von ihrem Trägerverband zugeordneten Berater in die Besprechungen mit den Moderatoren einbezogen. Als wesentlicher Faktor für solche Entwicklungen erwies sich die weitgehende Unabhängigkeit der Moderatoren sowohl von Trägerverbänden wie auch von der Heimaufsicht. Dies begünstigte die Thematisierung auch konflikthafter Bereiche und solcher Fragestellungen, welche die berufspolitische oder rechtliche Unsicherheit der Erzieher betrafen.
Eine besondere Bedeutung kam informellen und improvisierten Kontakten zwischen Erziehern und Moderatoren im Erprobungsprogramm zu. Telefongespräche, spontane Besuche, informelle Kontakte am Rande von Tagungen, Arbeitsessen o.ä. nahmen in dem Maße zu, wie partnerschaftliche Zusammenarbeit die zunächst vorhandene abwartend distanzierte oder rezipientenorientierte Haltung der Erzieher einerseits und die Wissenschaftlerrolle der Moderatoren andererseits ablöste. Solche Kontakte halfen allen Beteiligten, ihre individuelle Betroffenheit in der Auseinandersetzung mit den Prinzipien situationsbezogener Pädagogik in einen kommunikativen Prozeß einzubringen"
(DJI 1979, Teil 1, S. 214–216).

In der Rückschau fast fünfzehn Jahre nach Beendigung des Erprobungsprogramms erinnern sich Erzieherinnen und andere Beteiligte an die anfänglichen Schwierigkeiten bei dieser neuen Form der Zusammenarbeit zwischen Praktikerinnen und Moderatoren.

5.2.2 Die Funktion der Arbeitskreise

Bei den Regionalen Hearings ebenso wie in den Gesprächen mit den Erzieherinnen, die am Erprobungsprogramm beteiligt waren, wurde die Zusammenarbeit mit den Moderatoren und in den von den Moderatoren initiierten einrichtungsübergreifenden Arbeitskreisen gleichwohl als der Faktor bezeichnet, der ihre Arbeit am meisten beflügelte, ihnen die meisten Impulse gab. Das Wegbrechen dieser Infrastruktur nach Auslaufen des Erprobungsprogramms wird in erster Linie dafür verantwortlich gemacht, daß das ursprünglich intendierte schneeballartige Weitertragen von Ergebnissen und Impulsen aus dem Erprobungsprogramm so nicht funktionierte.

„Während des Erprobungsprogramms waren wir Erzieherinnen plötzlich so etwas wie ‚gläserne Erzieherinnen'. Das bis dahin gewohnte Arbeiten hinter geschlossener Tür entfiel plötzlich. Statt dessen fanden Hospitationen von Moderatorinnen und Kolleginnen statt, und die Arbeit wurde beispielsweise

mit Video aufgenommen. Zu Beginn fühlten sich viele Erzieherinnen von der Anforderung, die eigene Arbeit transparent zu machen und ihre Erfahrungen an andere weiterzugeben, noch überfordert. Die begleitende Fortbildung vom evangelischen Landesverband setzte unter anderem an dieser Schwierigkeit an. So gab es beispielsweise die Möglichkeit, eine Zusatzausbildung über Kommunikation zu machen.

In der Folgezeit entwickelten sich aus den Fortbildungen Formen kollegialer Beratung, in denen Erzieherinnen sogar über Landesgrenzen hinweg – beispielsweise Bremerinnen mit ihren Kolleginnen aus Schleswig-Holstein – zusammenarbeiteten. Ziel dieser Gruppen war, denjenigen Kindertagheimen, die nicht am Erprobungsprogramm beteiligt waren, den Situationsansatz und die Erfahrungen aus der praktischen Umsetzung zu vermitteln. Allerdings bildeten sich solche Gruppen erst nach Beendigung des Erprobungsprogramms, da während der Zeit des Erprobungsprogramms die Zeit dafür nicht ausreichte. Gleichwohl wurden schon im Laufe der Erprobungsjahre bezirklich organisierte ‚Vermittlungsgruppen' eingerichtet, in denen Erprobungs-Erzieherinnen ihre Erfahrungen an andere weitergeben sollten. Auch da kämpften viele Erprobungs-Erzieherinnen zunächst noch mit der Anforderung, ‚gläserne Erzieherin' zu sein. Gegenstand der Auseinandersetzung in den Vermittlungsgruppen waren auch die Didaktischen Einheiten des Curriculum Soziales Lernen. Sie wurden, insbesondere in den ersten Jahren nach Beendigung des Erprobungsprogramms, an andere Kindertagheime ausgeliehen. Nach zwei bis drei Jahren schliefen die Gruppen und der Austausch von Didaktischen Einheiten jedoch ein. Das ursprünglich hohe Interesse, von der Arbeit anderer Einrichtungen zu lernen, wich der Enttäuschung darüber, daß aus dem Erprobungsprogramm keine Konsequenzen gezogen wurden. Die Erzieherinnen stellten sich zunehmend die Frage, wozu sie die gesamte Arbeit auf sich genommen hatten, wenn ihre Erfahrungen nicht dazu genützt wurden, daraus klare Aussagen zu einer verbesserten Arbeit in Kindertagheimen abzuleiten. ... In Bremerhaven wurden in den kommunalen Einrichtungen ebenfalls schon während des Erprobungsprogramms Gruppenleiter-Treffen eingeführt, die noch eine gewisse Zeit nach Ende des Erprobungsprogramms weiterliefen. Auch diese Gruppen waren dafür gedacht, daß die Erprobungs-Erzieherinnen ihre dreijährigen Erprobungserfahrungen an andere Erzieherinnen weitergeben sollten. Da es aber an Professionalität in der Vermittlungsarbeit fehlte und keine Fachberatung vorhanden war, die das hätte unterstützen können, konnte die Aufgabe, Ergebnisse auch für andere übertragbar zu machen, nicht erfüllt werden.

... Die hohen Anforderungen, die während des Erprobungsprogramms an die Erzieherinnen gestellt worden waren, bedeuteten nicht zuletzt auch eine große intellektuelle Herausforderung, zu der es der kollegialen Beratung bedurft hatte. Als diese nicht mehr möglich war, sahen sich die Erzieherinnen einzig auf die Arbeit mit ihren Kindergruppen zurückgeworfen. Die Resignation, die sich anschließend unter den Erzieherinnen ausbreitete, ist ganz wesentlich auf den Wegfall der intellektuell anspruchsvollen Auseinandersetzung in der kollegialen Beratung zurückzuführen" (Leiterinnen, RH Bremen).

„Als Erzieherinnen waren wir zu Erprobungsprogrammzeiten sehr stark, voller Motivation, die Erkenntnisse weiterzugeben, mit anderen Teams einen Austausch zu suchen. Es fiel dann aber die Fachberatung als stützendes Moment fast völlig weg (in unserer Region ... gibt es z.Zt. eine halbe Fachberaterstelle für 60 Kindergärten). Bei den Arbeitskreisen, die wir weiterführen wollten, bekamen wir Probleme mit der Stadtverwaltung wegen der Freistellung von Kolleginnen. Aber wir haben dafür gekämpft und kämpfen noch immer, weil sie uns viel bringen und auch für die jüngeren Mitarbeiterinnen sehr wichtig sind. Wir müssen da sehr viel einer schiefgelaufenen Ausbildung auffangen" (Leiterin, RH Rheinland-Pfalz und Saarland).

„Die Funktion der Moderatoren während des Erprobungsprogramms war zum einen, den Erzieherinnen Anregungen zu geben; zum anderen – und dies kann nicht unterschätzt werden – haben die Moderatoren Kontakte der Kitas untereinander entwickelt. Es muß darauf hingewiesen werden, daß ohne diese kitaübergreifenden Kontakte Innovationen nicht erfolgt wären. Die curricularen Materialien waren keine Selbstläufer, sondern haben den Erfahrungsaustausch benötigt" (Trägervertreter, RH Berlin).

„Durch die Moderatoren sind damals auch nicht am Erprobungsprogramm beteiligte Kitas in den Kommunikationszusammenhang eingebunden worden. Es wurden Arbeitsgruppen eingerichtet, die jedoch später versandeten. Die Arbeitsgruppen hatten zu wenig Unterstützung, nachdem die Moderatorenstellen ausgelaufen waren" (Beraterin, Rh Berlin).

„Ebenso wichtig wie die Beratung innerhalb der Einrichtung ist, daß der einrichtungsübergreifende kollegiale Austausch zwischen den Erzieherinnen abgesichert wird. Es wird von Praxisseite als eine der wesentlichen Erfahrungen aus dem Erprobungsprogramm berichtet, daß dies für die Weiterentwicklung der Arbeit von besonderer Bedeutung war und es als starker Verlust empfunden wurde, daß die Arbeitskreise nicht weitergeführt wurden" (Leiterinnen, RH Hamburg und Schleswig-Holstein).

Deutlich wird, daß die Arbeitskreise, dort wo sie während und/oder nach dem Erprobungsprogramm eingerichtet wurden, keineswegs nur die Funktion hatten, daß die am Erprobungsprogramm beteiligten Erzieherinnen ihre Erfahrungen an andere weitergeben sollten. Ebenso wichtig waren sie dafür, daß die in den Erprobungskindergärten eingeleiteten Entwicklungen über den Erfahrungsaustausch mit anderen vertieft und abgesichert wurden, daß eigene Erfahrungen durch die Fragen der anderen überprüft werden konnten, und daß neue Anforderungen und Impulse, die nicht aus dem Erprobungsprogramm selbst kamen, in die eigene Entwicklungsarbeit integriert werden konnten.

Deutlich wird auch, daß solche Arbeitskreise, die der kollegialen Beratung dienen, nicht ohne Unterstützung von außen arbeitsfähig bleiben. Sie benötigen die Absicherung durch die Träger, die den organisatorischen Rahmen bereitstellen müssen, also die Freistellung der Kolleginnen gewährleisten müssen. Sie bedürfen aber auch einer fachlichen Unterstützung, die sich nicht in erster Linie auf pädagogisch-fachliche Fragen bezieht, sondern die vielmehr erwachsenbildnerische Kompetenzen in den Prozeß der kollegialen Beratung einbringt.

5.2.3 Fortbildung und Beratung

Das von den Moderatoren getragene Fortbildungs- und Beratungskonzept zielte darauf, alle am Erprobungsprogramm beteiligten Erzieherinnen kontinuierlich einzubeziehen. Die Moderatoren führten in ihren Regionen mehrmals pro Jahr mehrtägige Fortbildungsveranstaltungen durch. Um allen beteiligten Erzieherinnen die Teilnahme zu ermöglichen, war es notwendig, jede Veranstaltung doppelt oder dreifach anzubieten, um über Vertretungsregelungen die Arbeit in den Kindergärten auch während der Fortbildungszeiten aufrecht erhalten zu können.

In der Anfangsphase des Erprobungsprogramms dienten die Fortbildungen vor allem der Einführung in die zu erprobenden Materialien und die dahinter stehenden pädagogischen Prinzipien. Im weiteren Verlauf lieferten die von den Erzieherinnen in der praktischen Umsetzung gewonnenen Erfahrungen und dabei auftauchende Schwierigkeiten und Fragen zunehmend die Inhalte der Fortbildungsarbeit. Da durch das Moderatorenkonzept Fortbildung und Beratung in einer Hand lagen, konnten die Ergebnisse und weiterführenden Planungen aus den Fortbildungsveranstaltungen bruchlos in die Beratung vor Ort übergehen.

Auf ausdrücklichen Wunsch der Erzieherinnen hospitierten die Moderatoren zu Beginn mehrere Tage in jeder der von ihnen betreuten Einrichtungen. Sie konnten sich so ein Bild von den jeweiligen Kindergruppen, den Arbeitsweisen der Erzieherinnen und den konkreten Rahmenbedingungen der Kindergärten machen. Je nach den zeitlichen Möglichkeiten der Moderatoren wurden die Hospitationen von Zeit zu Zeit wiederholt. Für Beratungsgespräche wurden in der Regel die in den meisten Einrichtungen wöchentlich stattfindenden Dienstbesprechungen genutzt, d.h. die Teamberatung war die vorherrschende Beratungsform. Auf Wunsch und je nach Möglichkeiten der Moderatoren wurden darüber hinaus Einzelberatungen durchgeführt. In den Stadtstaaten fanden auch die Einzelberatungen im direkten Gespräch statt, in den Flächenstaaten mußten Einzelberatungen aufgrund des hohen Aufwandes für Wegezeiten häufig durch telefonische Beratungen erfolgen.

Bereits im DJI-Abschlußbericht (1979) und ebenso im Auswertungsbericht zum Erprobungsprogramm (1983) wird darauf hingewiesen, daß ein dem Situationsansatz angemessenes Beratungskonzept vor allem Wert darauf legen muß, die Selbstreflexion, Kritik- und Kommunikationsfähigkeit der Erzieherinnen zu stützen. Gleichzeitig werden hier – auch von den Erzieherinnen selbst – die größten Defizite in der Erzieherausbildung gesehen. Diese Fähigkeiten sind es jedoch, die es den Erzieherinnen in der Praxis erst ermöglichen, pädagogische Fachkompetenz im Sinne des Situationsansatzes zu entwickeln, denn hierbei handelt es sich um ein Konzept, das der ständigen Weiterentwicklung bedarf, das nicht einmal gelernt und dann angewendet werden kann.

Im Auswertungsbericht heißt es dazu:

„Das Lernen der Erzieherinnen ist nach zwei Modellen vorstellbar. Im ersten Modell übernimmt ein Lernender von einer Person, die einen Kenntnis- oder Fähigkeitsvorsprung hat, das fehlende Wissen oder Können (vielleicht sogar ver-

mittelt über ein Lehrbuch oder ein Lehrprogramm). Beim zweiten Modell löst jemand, der durch seine Stellung oder auch aus seiner Interessenlage heraus Gelegenheit dazu hat, Lernprozesse bei anderen aus, die er nicht als Überlegener steuert, sondern sensibel fördert. Besonders wirksam wird dieses Vorgehen vor allem dann, wenn der Initiator und Lernhelfer sich auf den Lernbereich selber mit einläßt, denn dann kann er nicht nur organisatorisch-technische Unterstützung geben, sondern auch Rat und Beitrag für den zu lernenden Inhalt oder das neue Verhalten. Im besten Fall erkennt er sich selber als voll Beteiligten, der für den gemeinsamen Lernfortschritt seine bisherigen Kenntnisse zur Verfügung stellt und seinerseits vom dem profitiert, was die anderen ihrerseits an Wissen, Können und Erfahrungen gesammelt haben. Trotz unterschiedlicher Amtsstellung oder Zuständigkeit kann dann mehr und mehr die Trennung zwischen Veranstalter und Teilnehmer einer Fortbildungsveranstaltung, zwischen ursprünglich Lehrendem und Lernenden beim Erwerb einer Qualifikation verschwinden" (BLK 1983, S. 192).

Da im Erprobungsprogramm die Erzieherinnen die Hauptakteure waren und angesichts der bewußten Entscheidung, nur offene Materialien in die Erprobung zu geben, rezeptartige Beratung sich von selbst verbot, war klar, daß sich Moderatoren und Erzieherinnen gemeinsam bemühen mußten, ein dem zweiten Modell entsprechenden wechselseitigen Lernprozeß in Gang zu setzen.

„Einer Reihe von Umständen, …scheint es zu verdanken zu sein, daß … (das erste) für die Veränderung des Verhaltens von Menschen, die bereits wichtige Qualifikationen und Vorerfahrungen besitzen, auf die Dauer wenig geeignete Modell neben den sich ausbreitenden Formen kollegialen Lernens zurücktrat" (a.a.O., S. 193).

Solche Umstände waren:

* die mangelnde Kindergartenpraxis der meisten Moderatoren und die damit verbundene Notwendigkeit zunächst als Fragende in der Praxis zu hospitieren (vgl. DJI 1979, Teil 1, S. 214);
* die Tatsache, daß die zu erprobenden Materialien nicht nur für die Erzieherinnen, sondern auch für die Moderatoren neu waren und somit die Moderatoren hinsichtlich der Materialien keinen Wissens- und Erfahrungsvorsprung haben konnten;
  der Umstand, daß die durch die Moderatoren vertretenen Wissenschaftsdisziplinen zwar notwendig aber nicht ausreichend waren, eine den zu erprobenden Materialien ange messene praktische ‚Anleitung' zu geben (vgl. DJI 1979, Teil 2, S. 242 f.);
* die notwendige Heterogenität in der Umsetzung der Materialien, die es in ihrer Offenheit nötig machen, Umsetzungsmöglichkeiten auf die jeweiligen Bedingungen ‚vor Ort', im jeweiligen Kindergarten und in der jeweiligen Kindergruppe zu beziehen. Dadurch werden die Erzieherinnen in der Praxis zu unverzichtbaren Expertinnen, die allein über die notwendigen Informationen und Kenntnisse verfügen können, die die gewünschte Ergebnissicherung erst ermöglichen;

* das damit notwendige kooperative Verhältnis zwischen Moderatoren und Erzieherinnen, denn ohne Kooperationsbereitschaft der Erzieherinnen wären die Aufgaben der Moderatoren nicht einlösbar gewesen.

„Trotz dieser Antriebe aus der Sache selbst, die ein Lernmodell mit Kooperation aller Beteiligten begünstigten, hätte die Entwicklung sicher nicht auf jeden Fall zur Realisierung des beobachteten Fortbildungs- (und Beratungs)konzepts führen müssen. Eine hohe Schwelle, die auch im Erprobungsprogramm überwunden werden mußte, besteht stets in den Ängsten, einem anderen Einblick in seine persönliche Arbeitsweisen und Schwierigkeiten zu geben. Tatsächlich scheinen solche Ängste sehr weitgehend schon in der ersten Programmphase abgebaut worden zu sein. Dies scheint zum Teil gelungen zu sein, weil es in der ersten Programmphase ein vorrangiges Ziel war, Schwierigkeiten und Ängste zu formulieren und Gesprächsbereitschaft zu entwickeln (...). Außerdem sind die Moderatoren wohl in ihrer Mehrzahl davon ausgegangen, daß nur selbstbestimmtes Lernen erfolgreich ist; ihre Einstellung konnte sich also mit den oben ausgeführten Erfordernissen eines ertragreichen Erprobungsverlaufs verbinden, so daß Verhalten und Sache sich stützten und stimulierten. Diese fruchtbare ‚Unterstellung‘ autonomer Partner in einem gegenseitigen Vermittlungsprozeß hat in der Orientierungsphase des Programms offenbar sogar zu Frustrationen und Konflikten geführt, weil die Erzieherinnen die ihnen zugeschriebene aktive Rolle erst allmählich auszufüllen wagten.
Von ganz besonderer Bedeutung war jedoch der pädagogische Ansatz selber. Wenn die Ausrichtung auf die Interessen des Kindes in seiner Lebenssituation nicht nur ein Trick sein sollte, sondern ein glaubwürdiges Prinzip, dann mußte es auch für das Lernen der Mitarbeiter im Erprobungsprogramm gelten. Ohne die Berücksichtigung der Erzieherinnen in ihrer Situation wäre für sie veranstaltetes Lernen weithin wirkungslos geblieben. Auch für die Erzieherinnen gilt, daß die Unstimmigkeit zwischen Lernzielen und Lernprozessen den Lernerfolg gefährdet (...). Im übrigen ist zu befürchten, daß eine die Person nicht achtende Belehrung auf der Ebene von Moderatoren und Erziehern sich auch auf den Umgang mit Kindern (und deren Eltern) negativ auswirken würde" (BLK 1983, S. 195).

Insofern war folgerichtig, daß sich das im Erprobungsprogramm von den Moderatoren entwickelte Fortbildungs- und Beratungssystem im Verlauf des Erprobungsprogramms immer stärker dezentralisierte und die Arbeitskreise mit ihren Formen des Erfahrungsaustausches und der kollegialen Beratung an Bedeutung gewannen. Hatten die Arbeitskreise ihren Rahmen erst einmal gefunden, d.h. standen Teilnehmerkreis und mögliche Treffpunkte fest, ergriffen auch Erzieherinnen immer häufiger die Initiative und organisierten die Treffen selbst.

„Eine gewisse Hemmung blieb erhalten, denn die Erzieherinnen übernahmen weithin nicht gern die Tagungs- oder Diskussionsleitung. Dies wurde immer noch oft den Moderatoren zugeschoben" (Almstedt/Kammhöfer 1980, S. 22).

Es gab jedoch auch Treffen ohne Moderatoren.

Diese Entwicklung lief in allen beteiligten Bundesländern und erreichte nach Aussagen der Abschlußberichte der Länder alle beteiligten Mitarbeiterinnen. Dennoch kann nicht der Schluß gezogen werden, daß die für die Professionalisierung so wichtigen Arbeitskreise allein in die Verantwortung der Erzieherinnen verlagert werden könnten.

> *„Die Moderatoren sind keinesfalls überflüssig geworden. Ihre Aufgaben haben sich lediglich gewandelt. Weder hat das Erprobungsprogramm – ... – bei allen Erzieherinnen bis zum Ende des Versuchs tatsächlich ein neues Verhalten bewirken und sichern können, noch ist vorstellbar, daß situationsorientierte pädagogische Arbeit jemals derart in eingefahrene Gleise mündet, die durch Berater vermittelte Anstöße von außen und über die Einzeleinrichtung hinaus sich bietende Gelegenheiten des Erfahrungsaustausches nicht mehr nötig hätte. Die hohe Personalfluktuation in den Kindergärten ist nur ein zusätzliches Argument, denn es gehört zu den Freuden und Leiden der erzieherischen Berufe, daß sie sich in Routinen niemals erschöpfen können, wenn sie jedem Kind in seiner Lebenssituation eine Hilfe bieten wollen, autonomer und kompetenter zu werden.*
>
> *Die zu ziehende Konsequenz lautet nach den vorliegenden Äußerungen, daß pädagogische Innovationen, die auf einen Qualifikationszuwachs von Erzieherinnen zielen, dann durch Moderatoren erfolgreich unterstützt werden können, wenn diese sich sensibel gegenüber dem jeweiligen Stand der Kompetenzentwicklung bei den Erzieherinnen verhalten. Das ist gewiß nur dann möglich, wenn ein Moderator die Einrichtungen seiner Region detailliert kennen kann und in der Lage ist, sowohl den vielfältigen Beratungsbedürfnissen nachzukommen als auch den ebenfalls verschieden gerichteten Wünschen nach Gesprächskreisen zum Erfahrungsaustausch organisatorische und manchmal auch inhaltliche Unterstützung zu geben. Teilweise wird ein Moderator an diesen Treffen gar nicht teilnehmen müssen, aber er sollte sich sofort wieder beteiligen können, wenn ein neuer Impuls von außen notwendig ist"* (BLK 1983, S. 200).

Die im Erprobungsprogramm gemachten und ausgewerteten Erfahrungen mit dem System von Beratung, Fortbildung und Arbeitskreisen sind hier deshalb noch einmal so ausführlich dargestellt, weil es eine der zentralen Fragestellungen der Evaluation war, ob und wie diese Erfahrungen Eingang in die nachfolgenden Entwicklungen genommen haben.

Von besonderer Bedeutung für die Evaluation war, gelungene Weiterentwicklungen dieses qualifizierungsfördernden und praxisstützenden Systems aufzuspüren, weil es im Erprobungsprogramm selbst versäumt wurde, die Arbeitsweise der Moderatoren und die Art und Häufigkeit ihrer Arbeitskontakte zu den unmittelbar und mittelbar beteiligten Kindergärten des Erprobungsprogramms detaillierter zu erheben und auszuwerten.

Dabei steht nicht nur das Verhältnis von Beratern/Fortbildnern zur Praxis, wie es eben erörtert wurde, zur Debatte, sondern das gesamte Geflecht, in das Praxis und die Multiplikatoren mit je unterschiedlichen Aufträgen und Erwartungen eingebunden sind. Es geht also auch um strukturelle Fragen, die bis heute kontrovers diskutiert werden. Hierzu soll noch einmal Rekurs genommen werden auf den Auswertungsbericht, weil die hier aufgeworfenen Fragen für die Entwicklung von zukünftigen Reformstrategien einer Beantwortung noch bedürfen:

„Die Stellung der Moderatoren zwischen der zuständigen Verwaltung, den Trägern und den das Programm beeinflussenden und steuernden Instanzen (gemeint sind die Bund-Länder-Kommission, das beauftragende Bundesministerium für Bildung und Wissenschaft sowie das mit der überregionalen Begleitung beauftragte DJI, d.V.) auf der einen Seite sowie den Erzieherinnen mit ihren Erwartungen, Ängsten und Hoffnungen, eingespannt in den Alltag des Kindergartens mit seinen Belastungen und Engpässen auf der anderen Seite, mußte sehr schwer auszubalancieren sein. Die Tätigkeit, die ihren Inhaber mit widersprüchlichen, aber unabweisbaren Forderungen von Auftraggeber und Klientel konfrontierte, könnte dem Soziologen gewiß ein gutes Beispiel für Konflikte und Stress in Rollen bieten. Desto erstaunlicher und bemerkenswerter ist, daß es in den Berichten kaum ein einhelligeres Urteil gibt als das über die Bedeutung und Wirksamkeit des Geflechts von Beratung, Fortbildung und Erfahrungsaustausch, das die Moderatoren zunächst aufgebaut und später, nachdem die Erzieherinnen in vielen Regionen einen Teil dieser Aufgaben in eigene Hände übernommen hatten, weiterhin fördernd unterstützten. Der DJI-Bericht stellt aufgrund der Auswertungen immer wieder fest, daß die Zusammenarbeit zwischen Erziehern und Moderatoren ‚die bedeutsamste Rahmenbedingung' für die Veränderung der pädagogischen Arbeit im Erprobungsprogramm war (...).
In den Länderberichten wird die positive Einschätzung des Systems von Fortbildung, Beratung und Erfahrungsaustausch fast immer mit dem Hinweis verbunden, ... daß nach den vorliegenden Erfahrungen die Curricula ‚keine Selbstläufer' sind und begründen von daher die Notwendigkeit von Beratung, Fortbildung und Erfahrungsaustausch.
Die Trägerverbände schließen sich der hohen Bewertung dieses Bereichs an" (BLK 1983, S. 187–188).

Im Kapitel ‚Gesamteinschätzung des Erprobungsprogramms und Perspektiven' heißt es folgerichtig:

„Zur beruflichen Qualifizierung ist es ferner für Erzieher unabdingbar, fachliche Beratung und Fortbildung zu erhalten. Im Erprobungsprogramm hat die Beratung durch die Moderatoren einen wichtigen Stellenwert gehabt. Dies darf aber nicht nur auf die besondere Versuchssituation bezogen werden, sondern stellt auch für Regelkindergärten eine fortzuschreibende Notwendigkeit dar. Auch können Fortbildung und Beratung nicht nur als Korrektiv für Ausbildungsmängel gesehen werden; sie gehören zur Erziehungsarbeit als einem kommunikativen Gesamtprozeß, der alle Beteiligten vor immer neue aktuelle Aufgaben stellt, unabdingbar dazu.

Der Prozeß der Beratung wird sich zu einem Teil in Form der kollegialen Beratung der Erzieher untereinander vollziehen – sowohl einrichtungsintern wie auch einrichtungsübergreifend. Die Erfahrung aus dem Erprobungsprogramm, daß man sich auf diese Weise gegenseitig helfen kann – oder auch, daß Berater ohne spezifisch sozialpädagogische Erfahrung und Ausbildung dennoch hilfreich sein können, kann jedoch nicht insgesamt bedeuten, daß erfahrene und professionalisierte Berater mit institutionalisiertem Aufgabenfeld zu entbehren wären" (BLK 1983, S. 464).

Nicht zu vergessen ist auch die in den Auswertungen des Erprobungsprogramms nur am Rande erwähnte eigene Qualifizierung der Berater:

„Auf längere Sicht hin gesehen können die Moderatoren nicht allein von ihrer – zumeist ohnehin unspezifischen – Ausbildung zehren und Reflexionsansprüche aus der Praxis weiterverfolgen. Ein denkbarer Weg wäre, sie in Kontakt mit Ausbildungsstätten und Forschungsstellen zu bringen, die ihrerseits auch an ihnen interessiert sein müßten. Erfahrungsvermittlung, Weiterstudium, Lehre und Mitwirkung an Forschungsprojekten könnten sich zum Vorteil aller Beteiligten verbinden lassen. Daneben brauchen die Moderatoren sicher auch den Erfahrungsaustausch untereinander, den ihnen die überregionalen Tagungen im Erprobungsprogramm geboten haben" (BLK 1983, S. 201).

Die Stellungnahme der Arbeitsgemeinschaft der Jugendhilfe (AGJ) zur Auswertung des Erprobungsprogramms fordert nach den allgemeinen Rahmenbedingungen – max. 25 Kinder pro Gruppe bei mindestens zwei Erziehern; mehr als einem Raum pro Gruppe; Verfügungszeiten für Erzieherinnen:

„Der Fortbildung ist stärkere Beachtung zu schenken. Zum einen kann der Berufsanfänger nicht als ausreichend vorbereitet gelten, und zum anderen sind die an den Erzieher gestellten Anforderungen in ständigem Wechsel begriffen. Nur eine begleitende Fortbildung kann ihn befähigen, den hohen Erwartungen zu entsprechen.
(…) Erforderlich ist ein organisierter Erfahrungsaustausch über die Grenzen des einzelnen Kindergartens und Anstellungsträgers hinweg. Eine wirksame Fachberatung findet hier ein wesentliches Aufgabenfeld. …
Als einer der Hauptträger des Reformprozesses im Kindergarten sind die dort in der Erziehungs- und Bildungsarbeit stehenden Praktiker zu betrachten; sie haben durch ihr fachliches und politisches Engagement trotz manchmal erheblichen Widerstands von außen die für eine qualifizierte Arbeit erforderlichen Bedingungsstrukturen durchgesetzt und etwa bestehende Mängel oft durch zusätzliche Privatinitiative ausgeglichen. Die Übertragung der gemachten Erfahrungen und damit die kontinuierliche Weiterqualifizierung der gesamten Kindergartenarbeit ist dringend erforderlich. Sie kann nur dann gelingen, wenn möglichst alle sozialpädagogischen Fachkräfte im Kindergarten weiter gefördert, die Angebote an Fortbildung und Fachberatung ausgebaut und eine enge Zusammenarbeit mit Ausbildungsstätten realisiert werden." (BLK 1983, S. 516f.).

Die Stellungnahme der Spitzenverbände der Freien Wohlfahrtspflege zum System von Fortbildung und Fachberatung läßt erkennen, welches Spannungsverhältnis hiermit thematisiert wird. Sie knüpft an die Aussage von Krappmann an, daß es den Moderatoren auch deshalb gelungen ist, mit Methoden der kollegialen Beratung ein erfolgreiches Qualifizierungsinstrument für Erzieherinnen aufzubauen, weil sie nicht in Abhängigkeit von den Trägern der Einrichtungen standen und keine aufsichtlichen Funktionen gehabt haben (vgl. BLK 1983, S. 193).

Die Bundesarbeitsgemeinschaft der Freien Wohlfahrtspflege (BAG) nimmt hierzu Stellung:

„Die BAG bedauert es außerordentlich, daß das im Erprobungsprogramm entwickelte System zur Beratung und Fortbildung von Fachkräften in Aufbau und Leistungsfähigkeit nicht aufrechterhalten wurde, wozu offensichtlich die große Zeitspanne zwischen Beendigung des Erprobungsprogramms und der Vorlage des Auswertungsberichtes wesentlich beigetragen hat. Wegen der unbestrittenen Bedeutung und Notwendigkeit kontinuierlicher Fortbildung haben die Trägerverbände unabhängig davon ihre Fortbildung und Beratung nach situationsorientierten Prinzipien , wie sie im Erprobungsprogramm entwickelt wurden, weiterentwickelt und ausgeweitet.
Die Aussagen im Gutachten Krappmann (S. 198), ‚… daß die von Kindergartenträgern angestellten Fachberater, die neben ihren Beratungsaufgaben durchweg auch Verwaltungsaufgaben und insbesondere Aufsichtsfunktionen wahrnehmen, kaum eine von Ängsten freie Kommunikation zwischen Fachberater und Erzieher aufbauen konnten…' muß hingegen problematisiert werden und erscheint nicht ausreichend begründet.
Die begrenzten Möglichkeiten der Fachberater liegen in erster Linie in der Größe ihres Aufgabengebietes und in dessen Umfang und nicht in der Art ihrer Aufgaben. Die Forderung nach einem differenzierten Fachberaterssystem mit günstigen Relationen kann von unserer Seite jedoch nur unterstrichen werden" (BAG 1982, zit. BLK 1983, S. 536).

5.2.4   Fachberatung und Fachaufsicht

Hier scheint ein Konflikt auf, der seit Beginn des Aufbaus eines Fachberatungssystems diskutiert wird und heute – nach der Wende – eine besondere Brisanz erhält. Die Konfrontation mit dem gut ausgebauten System der Fachberatung in der DDR, das eine eindeutige Kopplung von Beratung und Kontrolle – oft in umgekehrter Reihenfolge beinhaltete – gibt der im Westen zwar im inner-circle leidenschaftlich geführten, aber ergebnislosen Debatte eine neue Schärfe. Soll oder muß sogar Beratung gekoppelt sein mit Fachaufsicht – sprich Kontrolle – oder kann vertrauensvolle und damit auch in Konfliktfällen wirksame Beratung nur aufgebaut werden, wenn sie von der direkten fachaufsichtlichen Funktion unabhängig ist?

In der Evaluation haben wir diese Frage verknüpft mit der Frage, wie garantiert werden kann, daß zumindest die qualitativen Standards, die in fachlich begründeten Debatten und plural besetzten Gremien unumstritten sind, in der Praxis abgesichert werden können.

Aus der Sicht von Fortbildung und Beratung, die in diesem Kapitel behandelt wird, beinhaltet das die Dimensionen
* der Vertraulichkeit, aber auch Verbindlichkeit im Verhältnis zu den Erzieherinnen
* der Unabhängigkeit, aber auch Loyalität gegenüber dem Träger der Kindertageseinrichtung
* der Notwendigkeit, aber auch den Möglichkeiten kommunalpolitischer Einflußnahme aus fachlicher Sicht.

Kurz gesagt geht es darum, ob Fachberatung – zunächst einmal jenseits der Frage der adäquaten Methoden – sich in jedem Fall auf die vorgefundene Praxis verständnisvoll einlassen muß, ‚die Erzieherinnen da abholen muß, wo sie stehen' oder ob sie mit der Macht ausgestattet sein soll, im Zweifelsfall auch Anweisungen geben zu können. Daran geknüpft ist auch die Frage der Freiwilligkeit der Inanspruchnahme von Fachberatung.

In der Praxis ist das Berufsbild der Fachberaterin heute keineswegs geklärt. Im Anschluß an eine Studientagung des Deutschen Vereins für öffentliche und private Fürsorge zur Fachberatung schreibt Beate Irskens im Vorwort der Dokumentation:

„Es gibt eine Vielzahl, man könnte auch sagen, eine Verwirrzahl, von Aufgaben- und Arbeitsplatzbeschreibungen, von Funktionszuschreibungen und Unterschiedlichkeiten in der Einbindung in die Hierarchie. Deutlich wird das besonders dann, wenn es um die Ausübung von Dienst- und Fachaufsicht geht oder um die Zuschreibung einer reinen Beratungstätigkeit. ...
Was sie (die vorliegenden Materialien, (d.V.) nicht anbieten können: Ein klares, deutliches Modell dafür, wie Fachberatung in idealtypischer Weise in die Trägerhierarchie einzugliedern ist, wie genau die Aufgaben beschrieben, die Funktionen bestimmt werden können, wie tatsächlich ein Berufsbild der Fachberatung geschaffen werden kann. Wir fanden eine Vielzahl von Modellen, die auf ihre Vor- und Nachteile untersucht werden müßten. Hier besteht offensichtlich ein Forschungsdefizit, vor allem ein Frauenforschungsbedarf, denn es sind überwiegend Frauen, die Fachberatung machen und die sich in einer männerdominierten Verbands- und Politikszene beruflich behaupten.
Aufklärungsbedarf herrscht auch darüber, welche Interessen die Träger verfolgen, wenn sie Fachberatungs-Stellen einrichten. Solange diese Interessen nicht geklärt sind, bewegt sich die Fachberatung auf unklarem Konfliktterrain. FachberaterInnen müssen entscheiden, welchen Interessen sie in ihrer Fachberatung folgen: Denen der Kinder, der Eltern, der MitarbeiterInnen, der ‚Fachlichkeit' oder denen des Trägers" (Irskens 1992, S. 5/6)

In der Regel ist Fachberatung beim kommunalen Träger mit fachaufsichtlichen, manchmal auch mit dienstaufsichtlichen Funktionen gekoppelt (Ausnahmen: Berlin und einige wenige andere Kommunen, bei denen Fachberatung Stabsfunktion hat); bei freien Trägern ist dagegen Fachberatung in der Regel auf Verbandsebene, also nicht beim Träger selbst angesiedelt (Ausnahme: einige Verbände der Arbeiterwohlfahrt) – damit entfällt die aufsichtliche Funktion. Dennoch ist das Aufgabenspektrum auch bei den freien Trägern ein breites und umfaßt keineswegs nur die fachliche Beratung der Mitarbeiterinnen in den Kindertageseinrichtungen. Trägerberatung, Verhandlungen mit den öffentlichen Trägern der Jugendhilfe, Interessenvertretung für die Kindertageseinrichtungen innerhalb des Wohlfahrtsverbandes, Kontakte zu den Ausbildungsstätten, kommunalpolitische Beratung gehören ebenso zu den Aufgaben wie die Organisation von Fortbildung, die Begleitung von Arbeitskreisen und die unmittelbare Beratung in den Einrichtungen.

Bei der Arbeiterwohlfahrt kommen in einigen Verbänden Dienst- und Fachaufsicht hinzu.

Kommunale Fachberatung hat neben der Beratung in der Regel fachaufsichtliche Funktionen und ist mit einer Fülle verwaltungstechnischer Arbeiten betraut. Aber bei weitem nicht alle Kommunen haben überhaupt Fachberaterstellen eingerichtet.

Wenn wir die im Erprobungsprogramm erreichte Beratungsdichte – in der Regel zwei Moderatoren auf zehn Kindergärten – im Vergleich mit der heute erreichten Beratungsdichte sehen, so wird deutlich, daß trotz eines kräftigen Ausbaus der Beraterstellen in den siebziger Jahren ein immenser Unterschied besteht. Die Moderatoren des Erprobungsprogramms hatten zwar durch die Aufgaben der wissenschaftlichen Begleitung und ihre Beteiligung an der Evaluation über die Beratung und Fortbildung hinausreichende Aufgaben, keineswegs aber ein so breites Aufgabenspektrum wie es die Fachberater – gleich ob bei freien oder kommunalen Trägern – heute noch haben. Es ist keine Seltenheit, daß eine Fachberaterin mehr als 100 Kindertageseinrichtungen und damit mehrere Hundert oder gar tausend Erzieherinnen zu betreuen und für alle die o.g. Aufgaben wahrzunehmen hat. Insofern kann nicht verwundern, daß Fachberaterinnen unisono darüber klagen, daß zwischen ihren fachlichen Ansprüchen an die eigene Arbeit und dem, was sie realisieren können, Welten liegen.

Zwar haben die Erfahrungen aus dem Erprobungsprogramm wesentlich dazu beigetragen, daß die Notwendigkeit von Fachberatung allgemein anerkannt wurde, die erforderlichen Mittel wurden jedoch nicht überall und nirgends in der erforderlichen Höhe zur Verfügung gestellt:

„Als eine Konsequenz des Erprobungsprogramms ist die Fachberatung in Nordrhein-Westfalen deutlich ausgebaut worden. Die Notwendigkeit von Fachberatung ist seitdem allgemein anerkannt. Im Bereich der konfessionellen Träger gibt es nahezu für jeden Kirchenkreis – bei kleineren Kirchenkreisen für zwei benachbarte Kreise – mindestens eine Fachberaterstelle. Das bedeutet, daß für ca. 50 Kindertageseinrichtungen ein bis zwei Stellen zur Verfügung stehen. Den Ausbau befördert hat die Tatsache, daß das Land Zuschüsse zu den Personalkosten der Fachberater gewährt. Die Landeszuschüsse stellen einen hohen Anreiz für die freien Träger dar, Fachberaterstellen auch weiterhin zu schaffen. Trotz der bereits eingetretenen Sparmaßnahmen ist im Bereich der Fachberatung nichts gestrichen worden, es wird sogar noch ausgebaut" (Ev. Fachberaterin, RH Nordrhein-Westfalen).

„Daß die Ideen des Erprobungsprogramms und die Inhalte nicht weitergegangen sind, liegt daran daß die Bedingungen aus dem Erprobungsprogramm

nicht gehalten werden konnten, z.B. den Personalschlüssel und das System der Beratung und Begleitung. Eins zu fünf war damals das Verhältnis, wir träumen heute noch von eins zu hundert bei der Fachberatung. Das ist ein wesentlicher Punkt, warum Inhalte nicht weitergeführt werden konnten und die Erzieherinnen in eine rezeptive Verhaltensweise gegangen sind. Sie haben nicht die entsprechenden Rahmenbedingungen und die Unterstützung, um sich selbständig um Ziele, Methoden und Inhalte der Arbeit zu bemühen. Das hat den Mitarbeiterinnen damals im Erprobungsprogramm Spaß gemacht und nicht die Übertragung von ‚Wort zu Wort' aus den gelben Ordnern. Die Moderatoren haben damals Anregungen gegeben, so daß die Erzieherinnen selbständig für sich etwas entwickeln konnten" (Ev. Fachberaterin, RH Hamburg und Schleswig-Holstein).

„Die Landesregierung Schleswig-Holstein hatte nach Ablauf des Erprobungsprogramms einen Haushaltstitel eingerichtet, mit dem Zweck die Fachberatung bei den freien Trägern finanziell zu fördern. Dies geschah aufgrund der fachlich begründeten Forderung aus den Verbänden der freien Träger. Das Erprobungsprogramm hat da nur eine mittelbare Rolle gespielt. Es war nicht so, daß auf Landesebene eine Auswertung des Erprobungsprogramms geschehen wäre, in der Fachberatung als Konsequenz eingerichtet worden wäre. Mit dem Inkrafttreten des Kindertagesstättengesetzes Anfang 1992 ist dies von einer freiwilligen Tätigkeit in eine Pflichtaufgabe umgemünzt worden. Allerdings hat sich der zur Verfügung stehende Betrag nicht geändert. Der Fonds für Fachberatung und Fortbildung aus Landesmitteln steht nur den freien Trägern zur Verfügung – da sie subventionsabhängig sind. Die Kommunen sind darauf angewiesen, daß sie Mittel aus ihren eigenen Kommunalhaushalten dafür erhalten. Dies ist häufig nicht der Fall. Insofern hat es im kommunalen Bereich keine planvolle Implementation der Erprobungsprogramms gegeben. Die freien Träger dagegen haben sich bemüht – auch weil es das Geld gab, die Erfahrungen aus dem Erprobungsprogramm gezielt weiterzuvermitteln" (Vertreter des Ministeriums, RH Hamburg und Schleswig-Holstein).

„Im Trägerbereich der ADS (Aktionsgemeinschaft Deutsches Schleswig) ist – und das mit ausdrücklichem Bezug auf die Erfahrungen im Erprobungsprogramm – Fachberatung installiert worden. Begründung war, daß die Erzieherinnen ein Gremium für einen regelmäßigen Austausch brauchen, daß sie Beratung vor Ort benötigen, daß eine Art Supervision nötig ist. Im Erprobungsprogramm war deutlich geworden, wie komplex die Aufgaben der Erzieherinnen geworden sind, wie wichtig auch die Zusammenarbeit mit Eltern ist. Damit wurde gleichzeitig deutlich, daß Erzieherinnen zur Erfüllung ihrer Aufgaben einer kontinuierlichen Begleitung bedürfen. Zwar gab es zu Beginn des Erprobungsprogramms von seiten der nicht am Erprobungsprogramm beteiligten Einrichtungen auch Widerstände gegen die Arbeit der Moderatoren, weil es Befürchtungen gab, sie sollten zu etwas gedrängt werden, was sie gar nicht wollten. Eine Schwierigkeit lag auch darin, daß die Moderatoren wenig oder keine Praxiserfahrung hatten und deshalb zunächst Akzeptanzprobleme vorhanden waren. Die Erfahrungen während des Erprobungsprogramms waren aber überzeugend und so wurde im Bereich der ADS die Arbeit der Moderatoren als Vorbild für die danach aufgebaute Fachberatungstätigkeit genommen. Im Ergebnis wurde in den Kindergärten die Art der Begleitung durch die Moderatoren als sehr produktiv empfunden. Das war wichtiger als die Materialien. Als Konsequenz wurde zunächst die Leiterin eines Erprobungskindergartens für sechs Stunden pro Woche für Beratungstätigkeit in allen ADS-Kindergärten freigestellt; inzwischen ist das Kontingent auf eine halbe Stelle aufgestockt worden (für 18 Kindergärten, d.V.)" (Beraterin der ADS, RH Hamburg und Schleswig-Holstein).

„Auch im Bereich der Diakonie ist nach dem Erprobungsprogramm Fachberatung aufgebaut worden. Der Bezug waren die Erfahrungen aus dem Erprobungsprogramm. Das Engagement ging damals stark von den Fachberaterinnen selbst aus. In der Praxis gab es Widerstände. Die Inanspruchnahme von Fachberatung wurde gleichgesetzt mit dem Eingeständnis, daß die eigenen Qualifikationen nicht ausreichten. Heute sieht das ganz anders aus: Fachberatung wird stark von der Praxis her gefordert. Dabei wird nicht mehr Bezug genommen auf das Erprobungsprogramm – das ist nicht mehr bekannt, weil die Erzieherinnen inzwischen größtenteils gewechselt haben. Der Bedarf an Fachberatung ist gewachsen, weil Erzieherinnen sowohl in Fortbildung als auch in Ausbildung besser über dieses Angebot informiert werden.

Im evangelischen Landesverband hat man sich entschieden, den Mehrbedarf an Fachberatung nicht durch einen Ausbau auf Landesebene zu beantworten, sondern stattdessen dezentrale Fachberatungsstellen in den Regionen aufzubauen. Fachberatung und Fortbildung liegen beide in der Hand der Fachberaterinnen, so daß beides konzeptionell aufeinander abgestimmt werden kann. In den vergangenen zehn Jahren konnten sechs neue Fachberaterstellen in den Regionen eingerichtet werden.

Hierzu waren entsprechende Strategiepapiere von seiten der bereits vorhandenen Fachberaterinnen nötig, um in den kirchlichen Gremien die Notwendigkeit der zusätzlichen Fachberaterstellen zu belegen; für die Durchsetzung wesentlicher war, daß eine Bewußtseinsänderung in der Praxis deutlich geworden war und Erzieherinnen Fachberatung deutlich abgefordert haben.

Fachberaterinnen auf Landesebene und Fachberaterinnen aus den Regionen haben regelmäßige gemeinsame Arbeitsbesprechungen, in denen Ziele und Konzepte abgestimmt werden" (Ev. Fachberaterin, RH Hamburg und Schleswig-Holstein).

„Bei der AWO ist Fachberatung nach dem Erprobungsprogramm nur auf Honorarbasis angeboten worden. Derzeit gibt es dafür eine halbe Stelle. Durch die Festanstellung sind jedoch Gremienarbeit, Verwaltungstätigkeiten und das Schreiben von Vorlagen als Aufgaben dazu gekommen, so daß sich die Fachberatung letztendlich verdünnt hat. Da auch die Organisation der Fortbildung dazukommt, ist das eine völlige Überforderung für eine halbe Stelle. Und dies obwohl die Zahl der Einrichtungen steigen wird und Fachberatung auch immer stärker angefragt wird.

Um gerade den Situationsansatz in der Praxis zu verwurzeln, braucht es kontinuierliche Fortbildung und Fachberatung und das ist unter den gegebenen Bedingungen überhaupt nicht leistbar. Früher konnte z.B. ein kontinuierliches Angebot zum Situationsansatz gemacht werden. Gute Erfahrungen wurden mit *einer Kursstruktur von fünf mal einem Tag mit dazwischenliegenden Praxisphasen von etwa einem Monat gemacht. Hier konnten immer wieder Sachen in der Praxis ausprobiert werden, die am vorhergehenden Kurstag erarbeitet worden waren. Dies erschien effektiver als eine fünftägige Blockveranstaltung, von der die Teilnehmerinnen entweder verwirrt ob der Komplexität oder euphorisch vom Gesamten wieder in die Praxis zurückkommen und dann alles im Alltag untergeht. Da der Situationsansatz sehr viel mit persönlichen Einstellungen zu tun hat, kann man mit einer Hauruck-Methode nicht viel erreichen, sondern es braucht einen begleitenden Prozeß"* (Fachberaterin der AWO, RH Hamburg und Schleswig-Holstein).

Alle Aussagen von Fachberaterinnen in den regionalen Hearings stimmen darin überein, daß sie die konzeptionellen Grundlagen ihrer Arbeit nach wie vor im Situationsansatz sehen. Sie beziehen sich in der Begründung der Notwendigkeit von Fachberatung auch heute noch auf die Erfahrungen im Erprobungsprogramm und begreifen es durchaus als ihre Aufgabe, die Entwicklungen von damals weiterzuführen. Allerdings sehen sie sich in dieser Aufgabe hoffnungslos überfordert. Dies ist nur zu einem Teil auf die genannten Gründe der zu geringen Beratungsdichte und des zu umfangreichen Aufgabenspektrums von Fachberatung zurückzuführen.

Als weitere Ursachen sind zu betrachten:
* die Vernachlässigung der möglichen Multiplikatorenfunktion von Leiterinnen und Erzieherinnen, die während des Erprobungsprogramms und danach Erfahrungen mit der Arbeit nach dem Situationsansatz gesammelt haben;
* konzeptionelle Schwierigkeiten im Situationsansatz selbst bzw. in seiner Vermittlung.

5.2.5 *Erzieherinnen und Leiterinnen als Multiplikatoren*

Warum ist es nicht gelungen, die immerhin fast 1.700 am Erprobungsprogramm beteiligten Erzieherinnen/Kinderpflegerinnen und Praktikantinnen als Multiplikatorinnen einzusetzen?

Ein Grund ist in den zeitlichen Abläufen des Erprobungsprogramms zu suchen. Erzieherinnen und Moderatoren standen unter erheblichem Erprobungsdruck. Die insgesamt drei Jahre des Erprobungsprogramms verkürzten sich durch erschwerte Anstellungsmodalitäten der Moderatoren – es war die Zeit der Berufsverbote, in der jede Anstellung im öffentlichen Dienst einer Überprüfung durch den Verfassungsschutz bedurfte, was die Einstellungszeiten in die Länge zog; die Auslieferung der zu erprobenden Materialien verzögerte sich ebenso, so daß ein Teil der Materialien, insbesondere einzelne Didaktische Einheiten des „Curriculum Soziales Lernen", erst zu Beginn des zweiten Erprobungsjahres zur Verfügung standen. Zudem mußten sich Formen der Zusammenarbeit zwischen Moderatoren und Erzieherinnen erst entwickeln (s.o.). Die umfangreichen Erhebungsarbeiten zu den erprobten Materialien nahmen viel Zeit bei Erzieherinnen und Moderatoren in Anspruch. Sie hatten in der Anlage des Erprobungsprogramms jedoch Vorrang vor der Weiterentwicklung von Innovations– und Implementationsstrategien.

In keinem der beteiligten Länder hat es nach Beendigung des Erprobungsprogramms eine klare Strategie gegeben, wie und unter welchen Bedingungen die Erfahrungen der Erprobungserzieherinnen für andere Kindergärten nutzbar gemacht werden könnten. Hierzu hätte es einer genauen Abstimmung zwischen den Ländern, den Trägern und den Spitzenverbänden bedurft. Die Träger hätten ihre Erzieherinnen mit einer solchen Funktion beauftragen und sie hierfür in angemessenem Umfang freistellen müssen; die Spitzenverbände hätten ihre Fortbildungs- und Beratungsstrukturen hierfür zur Verfügung stellen müssen, und die Länder hätten den Trägern, die solche Multiplikationsaufgaben übernehmen wollten, entsprechende Ausgleichsmittel zur Verfügung stellen müssen, um ihren Mehraufwand auszugleichen. Zudem hätten die Erzieherinnen, die Multiplikationsaufgaben übernehmen würden, hierfür eine begleitende Qualifizierung insbesondere in Hinblick auf erwachsenenbildnerische Kompetenzen gebraucht. Daß dies alles nicht geschehen ist, hat mehrere Ursachen. Länder und Verbände argumentierten, daß für die Erarbeitung einer Implementationsstrategie zunächst die Veröffentlichung der Ergebnisse der überregionalen Projektgruppe und dem unabhängigen Gutachten abgewartet werden müsse. Diese Veröffentlichungen dauerten aus den bereits genannten Gründen mehr als drei Jahre. In diesen drei Jahren hatten sich die meisten der während des Erprobungsprogramms aufgebauten Arbeitskreise aufgelöst, eben weil sie keine Unterstützung von außen erfahren hatten.

„Wir haben über lange Zeit versucht, Moderatorenfunktion im Umkreis wahrzunehmen, auch über Arbeitsgemeinschaften in andere Einrichtungen Impulse zu geben, sind aber inzwischen auch müde geworden, weil es eine frustrierende Kleinarbeit ist. Außerdem müssen wir über die Jahre – neben der sich stark wandelnden Arbeit – im eigenen Haus, im eigenen Team immer wieder Entwicklungsarbeit leisten. Das geht an die Kraft. Die Erzieherinnen müssen unbedingt befähigt werden, ihre situationsorientierte Arbeit offensiv den Eltern gegenüber vertreten zu können. Dazu sind sie nach der bisherigen Ausbildung nicht in der Lage" (Leiterin, RH Rheinland-Pfalz und Saar).

Die hohe Fluktuation in den Erzieherteams und die mangelnde Vorbereitung der nachrückenden Erzieherinnen, die in ihrer Ausbildung das Arbeiten nach den im Erprobungsprogramm intendierten Prinzipien nicht oder unzureichend kennengelernt hatten, forderte von den potentiellen Multiplikatorinnen eine Konzentration der Kräfte auf das eigene Haus. Für eine Weitergabe von Erfahrungen ohne Unterstützung von außen fehlten die Energien auch deshalb, weil es hierfür wenig Anerkennung gab.

„In der länderspezifischen Auswertung des Erprobungsprogrammes hieß es (und das gilt für die Berichte nachfolgender Projekte ebenso): Jetzt fängt die eigentliche Arbeit erst an! Jetzt brauchen wir die Multiplikatoren! Bei uns wurden die Leiterinnen der Erprobungseinrichtungen zum Teil schon während des Erprobungsprogrammes als Multiplikatorinnen angelernt. Das ist aber nur da geglückt, wo Fachberatung das auch gesehen und die einzelne Fachberaterin in ihrem Gebiet diese Kindergärten im Auge behalten und auch die

Fachberaterin sich in ihrem Selbstverständnis weiterentwickelt hat" (Fachberaterin, RH Hessen).

Das junge Berufsfeld Fachberatung war zum damaligen Zeitpunkt nicht so souverän, daß es Teile seiner Aufgaben an erfahrene Praktikerinnen hätte abgeben können. Kaum in nennenswertem Umfang aufgebaut, waren die Fachberaterstellen allerorts schon wieder von Streichung bedroht. Um die Existenzberechtigung des eigenen Berufsstandes zu beweisen, schien es notwendig, sich von anderen sozialpädagogischen Berufsfeldern abzugrenzen, sich von ihnen deutlich zu unterscheiden.

„In der Zeit während des Erprobungsprogramms bis in den Anfang der achtziger Jahre hinein, war auf der Bundesebene eine deutliche Abgrenzung zwischen Fortbildung und Beratung festzustellen, desgleichen eine Abgrenzung zwischen den einzelnen Trägerbereichen. Gründe hierfür waren: Ideologien, Terraindenken, Konkurrenz der jeweiligen Berufsfelder, sich Abschotten und nichts von den eigenen Berufsgeheimnissen abgeben wollen.
Seit Beginn bzw. Mitte der achtziger Jahre hat es hier eine deutliche qualitative Veränderung gegeben. Dies war ein Prozeß der seine Zeit gedauert hat. Jetzt überwiegt die Erkenntnis, daß Kooperation zwischen den Berufsfeldern einen Zugewinn für alle bringen kann und nicht nur Abgeben von eigenen Kompetenzen bedeutet. Die Diskussion um die Vernetzung war hier sehr förderlich und hat letztlich auch gegriffen" (Referentin einer überregionalen Fortbildungsinstitution, RH Hessen).

Die Verknüpfung zwischen Moderatorentätigkeit und Entwicklung des Fachberatersystems wäre eine Voraussetzung gewesen, um praxiserfahrene Erzieherinnen und Leiterinnen aus dem Erprobungsprogramm zu langfristig wirkenden Multiplikatorinnen zu machen. Zwischen Moderatoren und Fachberatern bestanden damals jedoch Berührungsängste, Ressentiments, Konkurrenzen; z.T. gab es klare Anweisungen von Trägern, daß Fachberater und Moderatoren nicht in denselben Einrichtungen arbeiten sollten, um Doppelarbeit und Irritationen in der Praxis zu vermeiden.

„Die Kitaberatung war zu Beginn des Erprobungsprogramms 1975 gerade erst installiert. Die Berater fanden sich noch in der Phase der Berufsrollenfindung, ebenso wie die Moderatoren. Vermutlich hatten die Berater in dieser Phase kein Interesse an zusätzlichen Belastungen. Dennoch gab es eine Reihe von Kontakten zwischen Moderatoren und Beratern, die jedoch nicht systematisch aufgebaut waren. In einzelnen Projektgruppen der Moderatoren hatten sich solche Kontakte gut weiterentwickelt" (ehemalige Moderatorin, jetzt Beraterin, RH Berlin).
„Die Tätigkeit der Moderatoren wurde in der Praxis als angenehmer empfunden als die damalige Tätigkeit der Berater. Zu Beginn der Beraterteams kamen die Berater zu dritt in die Einrichtung, beobachteten und verließen die Einrichtung wieder, ohne etwas über ihre Beobachtungen mitzuteilen. Dies führte zu Verunsicherungen und Unklarheiten über die Aufgaben der Berater.

Darüberhinaus bestanden Befürchtungen, daß die Berater Informationen an die Fachaufsicht weitergeben würden. ... Die Moderatoren wurden demgegenüber als unmittelbare Hilfe wahrgenommen, die Erzieherinnen hatten hier die Möglichkeit zur Aussprache und erhielten auch konkrete Anregungen" (Leiterin, RH Berlin).

„Die Spandauer Berater hatten 1977, also zwei Jahre nach Beginn des Erprobungsprogramms, eher zufällig von dem Erprobungsprogramm erfahren. Die Berater waren sehr wohl interessiert an den Materialien, konnten diese jedoch nicht erhalten. Die Materialien seien zu teuer, so daß lediglich die am Erprobungsprogramm beteiligten Kitas über die Materialien verfügten. Die Berater bekamen den Hinweis, daß sie sich Materialien in diesen Kitas ausleihen könnten. Im Bezirk existierte damals die Absprache, daß die Berater nicht in die Erprobungs-Kitas gehen sollten und die Erprobungs-Kitas die Beratung nicht nachfragen sollten. Hintergrund dieser Absprache im Trägerkreis war, daß Doppelarbeit und Konkurrenzen vermieden werden sollten. Diese Absprache erschien verständlich, da Moderatoren und Berater sehr ähnliche Aufgabenfelder hatten. Auch die Moderatoren bezogen ihre Beratung nicht nur auf die Materialien, sondern auf Fragen der pädagogischen Planung, der Beobachtung von Kindern, der Zusammenarbeit im Team und auf die Zusammenarbeit mit Eltern. Insofern schien es sinnvoll, daß nicht zwei verschiedene Beratergruppen in einer Einrichtung tätig werden sollten. Kontakte zwischen Moderatoren und Beratern gab es erst zu Ende des Erprobungsprogramms etwa über das Haus am Rupenhorn, das als landesweite Fortbildungsstätte ein allgemeiner Treffpunkt für die im Kitabereich tätigen Mitarbeiter ist. Durch die Moderatoren sind damals auch nicht am Erprobungsprogramm beteiligte Kitas in den Kommunikationsprozeß mit eingebunden worden, es wurden Arbeitsgruppen eingerichtet, die jedoch später versandeten. Die Arbeitsgruppen hatten zu wenig Unterstützung, nachdem die Moderatorenstellen ausgelaufen waren" (Beraterin, RH Berlin).

„Zu Zeiten des Erprobungsprogramms hatte sich Fachberatung gerade qualifiziert. Den Beruf der Fachberaterin erlernt man ja nicht, man ist es irgendwann einmal. In Hessen war die Fachberatung bei den Spitzenverbänden zwar in der Informationsschiene zum Erprobungsprogramm mit drin, sie war jedoch nicht im Blick als mögliches Instrument der begleitenden Forschung. Die Mitarbeiter des Erprobungsprogramms mußten darauf hoffen, daß Fachberatung den im Erprobungsprogramm vermittelten Ansatz aufgreift, daß Fachberatung daran interessiert war. Im Bereich der evangelischen Kirche war das Interesse zufälligerweise groß. Die Fachberaterinnen im Diakonischen Werk haben sich damals selbst organisiert, sie haben erstmal lernen müssen, was der Situationsansatz beinhaltet. Es gab damals keinerlei einführende Veranstaltungen oder Fortbildungen für Fachberaterinnen. Im Verlauf des Erprobungsprogramms entwickelten sich Kontakte zur Fortbildung auf Bundesebene und in Hessen gelang auch der Schulterschluss zu den Fachberaterinnen des Caritas. Die Fachberaterinnen haben sich dann darauf verständigt, daß sie in ihrer Beratertätigkeit einen Schwerpunkt auf die Arbeit nach dem Situationsansatz setzen wollten.

Dieser ganze Prozeß verlief aber eher zufällig – er war nicht geplant und von niemandem und keiner Stelle systematisch geplant oder in Auftrag gegeben" (Fachberaterin, RH Hessen).

„Ein klares und einhelliges Ergebnis des Erprobungsprogramms war damals, daß zum Transport der dort entwickelten Inhalte in andere Einrichtungen und zur Aufrechterhaltung und Weiterentwicklung der Arbeit in den am Erprobungsprogramm beteiligten Einrichtungen bestimmte Strukturen erforderlich und unersetzbar sind. Das waren sehr detaillierte Aussagen zum Ausbau von Fachberatung und Fortbildung, die auch in den Länderberichten enthalten sind.

Die Kooperation zwischen Moderatoren des Erprobungsprogrammes und der Fachberatung konnte schon deshalb nur sehr schmalspurig laufen, weil es damals Fachberatung noch kaum gab. Im kommunalen Bereich gab es zu dieser Zeit nirgends eine fachlich orientierte Beratung.

Die Beratung durch das Landesjugendamt war stark auf Kontrolle ausgerichtet, die Beratungsaspekte standen im Hintergrund. Da hat sich inzwischen ein Generationenwechsel vollzogen, der die Gewichtung beider Aspekte umgekehrt hat. Beratung steht jetzt klar im Vordergrund.

Mit den Fachberaterinnen der Spitzenverbände gab es zwar regelmäßige Treffen – eine direkte Einbeziehung in die Arbeit des Erprobungsprogramms war jedoch nicht möglich, weil die Fachberaterinnen völlig überfordert waren. Damals hatte eine Fachberaterin bis zu 250 Einrichtungen zu betreuen.

Bei allen Differenzen zwischen den Bundesländern gab es einen einhelligen Konsens aus dem Erprobungsprogramm, daß nämlich Fachberatung und Fortbildung deutlich ausgebaut werden müßten. Diese Aussage traf zeitlich genau in die Rotstiftpolitik der frühen achtziger Jahre und das ist auch der Grund, weshalb die Ergebnisse des Erprobungsprogramms totgeschwiegen wurden

In Hessen haben damals wie heute aufgrund der sich entwickelnden Kooperationen die Einrichtungen eine gute Unterstützung gefunden, die von sich aus für eine Veränderung und Weiterentwicklung der Arbeit motiviert waren. Das sind die Einrichtungen, die Fachberatung aktiv nachgefragt haben und die zu Fortbildungen gegangen sind. Neue Inhalte aber an Einrichtungen heranzutragen, die von sich aus kein Interesse zeigen, dies konnte unter den gegebenen Bedingungen, den mangelnden Strukturen auch in Hessen nicht laufen" (ehemaliger Moderator, wiss. Mitarbeiter im DJI, RH Hessen).

5.2.6 Konzeptionelle Schwierigkeiten in der Vermittlung des Situationsansatzes

Die konzeptionellen Schwierigkeiten in der Vermittlung des Situationsansatzes treten insbesondere in der Fortbildung und der Ausbildung zu Tage. Fachberatung ist von ihrem Selbstverständnis her prozeßorientiert, knüpft an den jeweiligen Ausgangsbedingungen der einzelnen Einrichtungen und der in ihnen tätigen Personen an und ist in ihrem Effekt (noch) weniger als Fortbildung und Ausbildung an von außen gesetzten Maßstäben meßbar. Deshalb verwundert es nicht, daß Schwierigkeiten in der Vermittlung des Situationsansatzes vor allem von Mitarbeitern aus dem Fort- und Ausbildungsbereich diskutiert wurden.

Als durchgängige Schwierigkeit wird benannt, daß der Situationsansatz zu komplex sei, um ihn in Fortbildungsveranstaltungen zu vermitteln.

„Nach Beendigung des Erprobungsprograms hatten die Landesjugendämter in Niedersachsen den ausdrücklichen Auftrag vom Ministerium, den Situationsansatz per Fortbildung in die Kindergärten des Landes zu transportieren. Die Idee war ursprünglich, daß im Erprobungsprogramm erfahrene Erzieherinnen diese Fortbildungen mitgestalten sollten. Dies gelang nur in Einzelfällen. Gründe für das Scheitern der Idee waren:
* *hohe Fluktuation bei den Erzieherinnen. Nach dem Ende des Erprobungsprogramms ist ein nicht unerheblicher Teil der Erprobungserzieherinnen aus dem Beruf ausgeschieden (auch aus Enttäuschung über das rapide Ende der Reform);*
* *mangelnde Fähigkeit von Erzieherinnen, ihre Erfahrungen an andere zu vermitteln; Mangel an erwachsenbildnerischen Qualifikationen.*
Somit war es schwierig, Referenten zu finden, die in der Lage gewesen wären, den Situationsansatz zu vermitteln. Die Mitarbeiterinnen in den Landesjugendämtern haben dann versucht, den Ansatz in einzelne Schritte zu gliedern und hierzu Fortbildungsangebote zu machen: z.B. Situationsanalysen, Zusammenarbeit mit Eltern. So entstanden punktuelle Angebote, die immer davon abhängig waren, daß Referenten gefunden werden konnten, die sich zu diesem Punkt kompetent fühlten. Dieses Abspalten einzelner Teilbereiche hat dazu geführt, daß der gesamte Ansatz nirgendwo richtig Eingang gefunden hat. ... Eine weitere Schwierigkeit war, daß immer nur eine Kollegin aus einem Kindergarten zur Fortbildung kommen konnte. Diese war dann Einzelkämpferin in ihrer Einrichtung; da verpuffte viel. Die Fortbildungsergebnisse konnten so in der Praxis nicht wirksam werden.
Ein Problem der Fortbildung war auch, daß häufig solche Kolleginnen zur Fortbildung kamen, die sich in der Praxis überfordert fühlten und denen Grundlagen fehlten, sich angemessen mit dem Situationsansatz auseinanderzusetzen. Es wäre notwendig gewesen, in breitem Maße teambegleitende Fortbildungen zu machen. Dies ist bis heute nicht möglich. Die Fortbildungsangebote der Landesjugendämter reichen noch nicht einmal für 3 % aller Erzieherinnen aus. Dieses Defizit kann auch durch die Angebote der Verbände nicht kompensiert werden." (Mitarbeiterin im Landesjugendamt, RH Niedersachsen).

In den Aussagen der mit Fortbildung betrauten Mitarbeitern wird deutlich, daß es schwierig bleibt zu unterscheiden, ob die Probleme in der Vermittlung der im Erprobungsprogramm intendierten Zielsetzungen eines an Lebenssituationen orientierten pädagogischen Konzeptes diesem Konzept selbst geschuldet sind oder den allseits als mangelhaft geschilderten Fortbildungsbedingungen.

Damit korrespondiert die Frage, ob die Probleme der Umsetzung dieses Konzeptes in der Praxis am Konzept selbst oder an den Rahmenbedingungen der Praxis liegen:

„Bei den gegenwärtigen Rahmenbedingungen der Praxis bleibt es jedoch nahezu unmöglich, die für eine Arbeit nach dem Situationsansatz nötige tägliche Reflexion der Arbeit und Planung für den nächsten Tag in der Arbeitszeit unterzubringen, da Verfügungszeiten fehlen" (diess., RH Niedersachsen).

Im Kapitel 7. zu den Desiderata des Situationsansatzes werden diese Fragen weiterentwickelt.

5.3 Ausbildung

Fachschulen und Erprobungsprogramm

Eine übereinstimmende und von niemandem widersprochene Feststellung in den Regionalen Hearings war, daß die Ausbildungsstätten unzureichend in die Reformbewegung des Kindergartens in den siebziger Jahren eingebunden waren. Während des Erprobungsprogramms gab es nur punktuell Kontakte zwischen den beteiligten Praxiseinrichtungen und Fachschulen und auch den Moderatoren ist es nur selten gelungen, kontinuierliche Verbindungen zu den Schulen herzustellen.

„Es ist bedauerlich, daß sich unsere Vorstellungen, pädagogisch und inhaltlich nach dem Erprobungsprogramm weiterzuarbeiten, nicht verwirklicht haben. Eigentlich sollte die Arbeit der Ausbildungsstätten/Fachschulen mit dem Know-how der siebziger Jahre intensiviert werden. Es war daran gedacht, die Moderatoren so anzusiedeln, daß sie Fortbildungsprogramme in die Schulen und die Kindergärten hineinmachen sollten. Leider ist das gescheitert. Vielleicht lag es auch daran, daß nach meinem Weggang jemand nachrückte im Ministerium, der die Entwicklung der siebziger Jahre nicht miterlebt hatte und mehr Wert auf Rahmenbedingung und weniger auf Inhalt legte. Das Kultusministerium hat sich teilweise schwergetan, in die inhaltliche Diskussion einzusteigen, und hat das eher den freien Trägern überlassen" (Vertreterin des Ministeriums, RH Niedersachsen).
„An den Fachschulen für Sozialpädagogik fehlte weithin das Verständnis für die im Erprobungsprogramm geleistete Arbeit und dort gewonnenen Erfahrungen. Von daher habe auch kein Interesse bestanden, die Moderatoren in die Ausbildung zu übernehmen" (ehemaliger Moderator, RH Niedersachsen).

Der evangelischen Fachschule war laut Aussagen einer damals schon dort tätigen Kollegin nichts davon bekannt, daß es eine Vereinbarung im Land gegeben hatte, daß die Moderatoren Kontakte zwischen Erprobungsprogramm-Praxis und Ausbildung herstellen sollten. Sie erinnert sich an einen einmaligen Besuch einer Moderatorin, die sehr allgemein über das Erprobungsprogramm informierte. Weitere Kontakte habe es nicht gegeben. Sie selbst habe sich aufgrund ihres persönlichen Interesses weiter mit dem Situationsansatz befaßt und diesen dann auch in den Unterricht einbezogen.

Sie hätte sich gewünscht, daß auch die Lehrkräfte, die andere Fächer als Didaktik unterrichten, sich mit dem Situationsansatz beschäftigt hätten, damit man den gesamten Unterricht daraufhin hätte koordinieren können. An den Schulen gibt es jedoch keinerlei Verpflichtung zu einer solchen Abstimmung, so daß es jedem Lehrer überlassen bleibt, nach welchem Konzept er arbeitet.

Neben diesen schulinternen Schwierigkeiten sieht sie ein Problem darin, daß der Situationsansatz bis dato nur für den Elementarbereich formuliert wurde; sie hat jedoch für die ganze Breite erzieherischer Tätigkeiten auszubilden und findet den Ansatz im Prinzip auch geeignet für andere Arbeitsfelder wie Jugendarbeit, Arbeit mit Behinderten usw. Hier fehlt bis heute geeignete Literatur. Aber auch in Bezug auf den Elementarbereich ist der Situationsansatz theoretisch zu dünn begründet - dies mag mit ein Grund sein, weshalb relativ wenig Fachschullehrer sich hier verankern.

„Dennoch gab es in der Schule einige durch die Auseinandersetzung mit dem Situationsansatz hervorgerufene Veränderungen. So wurden die Tagespraktika zugunsten von Blockpraktika abgeschafft. In den Tagespraktika lassen sich nur fremdbestimmte Beschäftigungen durchführen; der im Situationsansatz geforderte Prozeßcharakter einer Planung ließ sich nur in Blockpraktika verwirklichen. Der Situationsansatz spielt auch heute eine große Rolle an dieser Schule, jetzt besonders mit dem Schwerpunkt Gemeinwesenorientierung.
Voraussetzung ist die Verständigung im Kollegenkreis. Die Lehrpläne und Ausbildungsrichtlinien befördern vielleicht nicht gerade eine dem Situationsansatz angemessene Ausbildung; sie lassen dennoch viel Raum, der gefüllt werden kann" (FS-Lehrer, RH Niedersachsen).

Von einer weiteren Schule wird berichtet, daß Lehrerinnen und Moderatoren während ihrer Kontakte im Erprobungsprogramm keine Verständigungsbasis gefunden hätten. Da gab es heftige gegenseitige Vorbehalte – die Lehrerinnen wollten sich nicht belehren lassen.

„Die Moderatoren hatten damals genaue Vorstellungen, wie sie die Verbindung zur Ausbildung herstellen wollten. Ihr Ansatz war, daß in der Arbeit mit dem Situationsansatz erfahrene Erzieherinnen ihre praktischen Erfahrungen in die Ausbildung vermitteln sollten. Von daher standen die Kontakte zur Ausbildung nicht am Anfang des Erprobungsprogrammes, sondern sie wurden erst später geknüpft. Die Moderatoren haben dann alle Fachschulen angeschrieben und diejenigen Schulen besucht, die geantwortet hatten. Sie erwarteten von den Lehrern, daß diese bereit waren, in die Erprobungskindergärten zu gehen, um sich vor Ort zu informieren. Diese Bereitschaft ist jedoch nur in Einzelfällen vorhanden gewesen. Von einigen Schulen wurde das Angebot der Moderatoren auch unverblümt abgelehnt mit dem Verweis, man wisse schon alles, es bestehe kein Bedarf.
Von seiten der Fachschulen gibt es nach wie vor starke Vorbehalte gegenüber der Praxis. Nur in Einzelfällen klappt der Kontakt mit einzelnen Lehrern über Praktikantinnen. Die Regel ist jedoch ein Widerstreit zwischen den Ausbil-

dungszielen der Praxiseinrichtungen und denen der Schulen. Selbst wenn Praktikantinnen in der Ausbildung vom Situationsansatz gehört haben, widerspricht in der Regel die von der Schule gelehrte Methodik und Didaktik den Prinzipien des Situationsansatzes" (ehemalige Moderatorin, RH Niedersachsen).

Aus Berlin wird berichtet, daß es zwar Treffen zwischen Moderatoren und Fachschullehrern gegeben habe, diese jedoch für die Lehrer völlig unverbindlich waren:

"Die Treffen mit der Ausbildung waren dagegen nur sehr zaghafte Versuche einer Kooperation. Zwar wurden Arbeitsgemeinschaften zwischen Fachschullehrern und Moderatoren eingerichtet, die Treffen blieben jedoch sporadisch und waren vom Interesse der jeweiligen Lehrer abhängig. In den Schulen wurde darüber nie verbindlich diskutiert" (FS-Lehrer, RH Berlin).

Von einer der Berliner Schulen wurde das Erprobungsprogramm und die mit ihm verbundenen Reformziele abgelehnt, weil es dem Kollegium nicht revolutionär genug erschien:

"Die Ausbildungsreform 1968 und 1972 zusammen mit der Bildungsreformdiskussion hat dazu geführt, daß die Schulen heftig aufgestockt wurden. An unserer Schule hat das 1973 mit einem Generationsknick im Kollegium stattgefunden: die alten Lehrerinnen, überwiegend Jugendleiterinnen, wurden pensioniert und das Kollegium mit 30 neuen Kolleginnen/Kollegen erweitert. Alle waren frisch von der Uni, sie hatten keine Erfahrungen mit Kindern, aber alle waren sie irgendwie aus der antiautoritären Bewegung, ebenso wie die Studierenden, überwiegend Frauen, die über die Kinderladenbewegung freigesetzt wurden. Allen gemeinsam war der Anspruch, Arbeit in diesem Bereich ist politische Arbeit.
Auf diesem Hintergrund wurde das Erprobungsprogramm als ‚reformlerisch' abgelehnt und in der Ausbildung ganz am Rande behandelt. Aufgrund der Querverbindungen dieser Schule zu den Praxiseinrichtungen des gleichen Trägers kam es etwas mehr vor. Bei Praxisbesuchen wurde sichtbar, daß auch in den Kindertagesstätten dieses Trägers die ‚alten bezopften Kindergärtnerinnen' bis Anfang der siebziger Jahre eine Pädagogik praktizierten, die nicht einmal mehr den Rückgriff auf die Gründungszeiten vor 100 Jahren gehabt hat. Sie war wirklich schlimm. Auch der Rückgriff in der antiautoritären Bewegung auf die Zwanziger-Jahre-Pädagogik hat nicht stattgefunden weder in den Einrichtungen noch in der Schule. Personell gesehen war keine Reformbereitschaft zu sehen, auch bei den ‚Linken' nicht, denen die Reform nicht weit genug ging" (FS-Lehrerin, RH Berlin).

Administrative Hemmnisse

Neben den mangelnden Kontakten und dem nicht stattgefunden Erfahrungstransfer zwischen den Trägern der Reform – hier: den Erzieherinnen und Moderatoren – und den Schulen, beklagen Fachschullehrer eine Reihe von administrativen Hindernissen, die es ihnen erschweren, eine dem Situationsansatz adaequate Ausbildung zu praktizieren, selbst wenn die Bereitschaft im Kollegium vorhanden wäre.

> *„Das ist ein Problem in der Organisation der Schule. Die Organisation des Unterrichts in Stunden- und Fächeraufteilung läuft dem Prinzip des Situationsansatzes zuwider"* (FS-Lehrerin, RH Berlin).
>
> *„Hinderlich ist es, wenn die Fachschulen in große Schulzentren eingebunden sind, die einen erhöhten Regelungsbedarf haben. Da wird es schwierig, z.B. Praktika umzustellen. Es ist aber auch zu erkennen, daß sich Lehrer z.T. auch aus Bequemlichkeit hinter solchen Regelungen verschanzen und Veränderungsmöglichkeiten nicht wahrnehmen wollen. Hinderlich sind in der Tat die Stundenplanregelungen"* (FS-Lehrer, RH Niedersachsen).

Versuche, das fachbezogene Arbeiten durch fächerübergreifende Unterrichtsplanung abzulösen, hat es zwar vereinzelt gegeben, konnte aber bei keiner der an unseren Hearings beteiligten Schulen als Unterrichtsprinzip duchgesetzt werden. Verantwortlich hierfür werden zum einen die zuständigen Ministerien gemacht, zum anderen aber auch, die mangelnde Bereitschaft bzw. Fähigkeit der Fachschullehrer zu der dann notwendigen Kooperation.

> *„Im Moment werden in den fachdidaktischen Kommissionen die ehemaligen Lehrpläne für die Erzieherinnenausbildung revidiert. Dabei werden nur die ersten beiden Ausbildungsjahre überprüft, aber der Rahmenplan für das dritte Ausbildungsjahr, wo es ja explizit um die Kooperation Schule/Praxis gehen soll, wird dabei nicht in Angriff genommen, d.h. das Kultusministerium erwartet ausdrücklich keine Stellungnahme dazu. Hieraus wird der Stellenwert von Praxis wieder einmal deutlich. ...*
>
> *Hier gab es viel Frustration in der Kommission, weil die Grundsatzprobleme nicht angegangen werden konnten. In der Kommission wollte man den fächerorientierten Unterricht durch fächerübergreifendes Projektarbeiten ablösen, Sonderpädagogik sollte in Verbindung mit dem Integrationskonzept und nicht mehr als eigener Teilbereich aufgenommen werden. Damit ist die Kommission jedoch gescheitert. Viele Kommissionsmitglieder haben sich daraufhin zurückgezogen"* (FS-Lehrer, RH Rheinland-Pfalz und Saarland).
>
> *„Das Vermitteln des Situationsansatzes an der Schule ist sehr schwierig, weil er ein Prinzip und kein Unterrichtsinhalt des Faches Didaktik/Methodik ist, wir es an der Schule aber häufig als Inhalt nehmen müssen: Schule würde nur mit erhöhtem Arbeitsaufwand und verstärkter Kooperation der Lehrer den Situationsansatz als Prinzip zulassen, und auch nur dann, wenn wir uns die Freiheit nehmen, von den Plänen abzuweichen. Aus der Sicht der Lehrkräfte ist es schwierig, weil keine Sozialpädagogen mehr eingestellt werden dürfen, sondern nur studierte Leute, d.h. wir suchen sehr mühsam nach Pädagogen und nach Pädagogik- und Psychologiediplomanden, die vorher Erzieherinnen oder Sozialpädagoginnen gewesen sind. Die wandern dann aber in das Refen-*

dariat für die Fächer Pädagogik oder Psychologie und nicht für Didaktik und Methodik" (FS-Lehrerin, RH Rheinland-Pfalz und Saarland).

In einer Aussage wird den Fachschullehrern der Reformwille generell abgesprochen:

"Von den Lehrern und Lehrerinnen gehen keine Reformbestrebungen aus – das war auch noch nie so. Wenn Reformimpulse kommen, dann höchstens vereinzelt aus der Praxis in die Schulen, nicht umgekehrt. Dort hängt es dann vom einzelnen Lehrer bzw. der einzelnen Lehrerin ab, inwieweit Impulse aufgegriffen werden" (FS-Lehrer, RH Rheinland-Pfalz und Saarland).

Die Schüler und Schülerinnen

Von vielen Fachschullehrern wird problematisiert, daß die heutigen Schüler und Schülerinnen für eine Erzieherausbildung unzureichend vorqualifiziert sind. Das Niveau der allgemeinbildenden Vorbildung sei heute im Vergleich zu früheren Generationen deutlich gesunken.

"Der Beruf erfordert eine hohe Intelligenz und eine starke Persönlichkeit, eine sehr hohe Flexibilität. Die Schüler haben sich jedoch verändert. Da nutzt es nichts, die Rahmenbedingungen und Gesetze zu verändern, wenn es inhaltlich nicht umgesetzt wird vor Ort im Kindergarten. In Niedersachsen gibt es jedes Jahr etwa 50% bis 60% Abiturienten, aber das sind nicht unsere Schüler. Die Basis für den Nachwuchs in der Elementarerziehung ist schmal geworden. Das hat auch mit dem Selbstbewußtsein zu tun und mit einer starken Persönlichkeit. Status, Prestige und Bezahlung sind – im Vergleich zu anderen Berufsgruppen, z.B. Grundschullehrern – sehr gering und die Berufsvorstellungen und Berufsmotivationen eher diffus. Der Grad der Organisiertheit in Berufsverbänden bei Erzieherinnen ist vergleichsweise niedrig, z. T. liegt das auch daran, daß manche Träger das nicht unbedingt schätzen. Dort sind häufig Personen in Entscheidungsfunktionen angestellt, die mit Sozialpädagogik wenig zu tun haben, viele, wenn ich die regionale Ebene betrachte, sind kaufmännisch vorgebildet, tragen aber Entscheidungen auf inhaltlicher Ebene. Reformen, die eventuell nicht nur kostenneutral sind, stehen sie ablehnend gegenüber. Die junge Erzieherin, die wir aus der Schule entlassen, ist kaum vorbereitet und stabil genug, sich mit solchen Trägern auseinanderzusetzen" (FS-Lehrer, RH Niedersachsen).

"Wir stellen eine Veränderung der Klientel fest, die um Ausbildung bei uns nachsuchen. Da wirkt sich veränderte Kindheit aus. Viele suchen einen wesentlichen Teil ihrer Persönlichkeitsfindung in der Ausbildung. Das gab es auch früher, aber im Schnitt waren die Personen in sich entschiedener. Heute heißt es oft: ‚Ich will mal sehen, ob das etwas für mich sein kann'. Es bereitet mir Sorge, jungen Menschen, die noch nicht so gefestigt sind, die Verantwortung für andere zu übertragen. Diesen Prozeß kann eine Ausbildungsstätte nur begrenzt begleiten" (FS-Lehrer, RH Niedersachsen).

„In der Schule wird heute die Beobachtung gemacht, daß die Schülerinnen nicht mehr in der Lage sind, politische Zusammenhänge zu begreifen – sie zeigen daran auch kein Interesse. Wenn, wie jetzt, Fächer wie Sozialkunde und Soziologie zusammengestrichen werden, dann tut das noch den betroffenen Lehrern weh, nicht den Schülerinnen. Stattdessen erscheint den heutigen Schülerinnen alles als ganz individuell. Es gibt keine verbindlichen Festlegungen auf Werte. Die Einstellung ist: jeder hat seine ganz individuellen Werte und gute Pädagogik ist, wenn man das akzeptiert. Das kann man gar nicht diskutieren. Hier hat sich das Lehrer-Schüler-Verhältnis verkehrt. Während früher die Schüler von ihren Lehrern Wertediskussion eingeklagt haben, klagen Lehrer dies heute von den Schülern ein, z.T. mit absurden Ergebnissen. Das mag damit zusammenhängen, daß sich die Schülerinnen heute von den globalen Problemen überfordert fühlen" (FS-Lehrer, RH Rheinland-Pfalz und Saarland).

Unklare Qualitätsstandards in der Praxis

Von Ausbildungsseite wird zudem bemängelt, daß es zu wenige Praxisstellen gebe, die den Auszubildenden ihre qualitativen Anforderungen an den Erzieherberuf verdeutlichen könnten. Da die Praxis aber einen wesentlichen Teil der Ausbildung übernehmen müsse, liege hierin eine große Schwierigkeit, die von der Ausbildungsstätte nicht zu kompensieren sei.

„Um diese Leute zu schulen, muß es auch Möglichkeiten in der Ausbildung geben, nicht nur rein abstrakt, sondern wirklich in die konkrete Praxis eingebunden. Ich würde mir wünschen, es gäbe so etwas wie Ausbildungskindergärten, wo die Hospitation mit Videoaufnahmen begleitet wird, denn häufig fehlt den Erziehern das ganz einfache Handwerkszeug. Ich möchte mal als Gegensatz zu Verbindlichkeit die Beliebigkeit ins Spiel bringen: Ob ich als Erzieherin eine Struktur setze oder keine, warum ich sie setze, ist eigentlich alles nicht verankert. Welche pädagogischen Standards brauchen wir eigentlich?" (FS-Lehrerin, RH Bremen).

Dem wird von Praxisseite entgegengehalten, daß sich die Schulen zuwenig darum bemühen würden, geeignete Praxisstellen für ihre Schülerinnen zu suchen. Die Schülerinnen selbst würden sich ihre Praktikumsstellen in erster Linie danach aussuchen, wie weit ihre Anfahrtswege sind und die Qualität der Arbeit nicht beachten. Schule stünde hier in der Verantwortung, qualitativ gute Praxisstellen auszusuchen.

Breitbandausbildung

Fachschullehrer beklagen z.T. auch, daß sie während der Ausbildung nicht ausreichend Zeit hätten, auf qualitative Standards der Kindergartenarbeit ausreichend einzugehen, da sie die Schüler und Schülerinnen ja auch für viele andere Arbeitsfelder auszubilden hätten.

„Er verweist auf den Rahmenplan für die Fachschulen aus dem Jahr 89/90: Hier ist der Elementarbereich als einer von sieben Bereichen der Erzieherausbildung aufgeführt. Die übrigen Bereiche sind Familie, Krippe, Hort, Freizeitarbeit, Arbeit mit Behinderten, Heimerziehung. Im Rahmenplan sind für pädagogische Konzepte insgesamt zwölf Stunden vorgesehen. Der Situationsansatz wird im Plan mit einer Stunde von diesen zwölf Stunden angesetzt, so daß im Grundsatz lediglich eine Unterrichtsstunde in der gesamten Ausbildung auf das Thema Situationsansatz verwendet wird, falls die Lehrer sich exakt an diesen Rahmenplan halten. Auf Nachfrage geben alle Kollegen an, daß sie den Situationsansatz im Unterricht behandeln. Nach seiner Einschätzung wird unter Situationsansatz jedoch völlig unterschiedliches verstanden. Zum Beispiel hat eine Kollegin angegeben, daß sie die Schülerinnen einen Wochenplan nach dem Situationsansatz anfertigen läßt, bevor sie in die Praxis gehen" (FS-Lehrer, RH Berlin).

Abschließend soll in diesem Kapitel die Geschichte einer Fachschule kurz skizziert werden, die seit der Zeit des Erprobungsprogramms versucht, Prinzipien der Arbeit nach dem Situationsansatz in der Ausbildung zu verankern und dabei auf viele der bisher genannten Schwierigkeiten und Hemmnisse gestoßen ist.

„Parallel zum Erprobungsprogramm fand der Ausbau der öffentlichen Fachschulen statt. Diejenigen, die damals als Lehrkräfte an die neuen Schulen gingen, waren Diplom-Pädagogen, Diplom-Psychologen, Diplom-Soziologen oder Sozialarbeiter, keine Lehrer. Darunter waren viele 68er mit hohem Engagement. Dies waren gute Voraussetzungen für eine Neubestimmung der Erzieher-Ausbildung und an den neu gegründeten Fachschulen fanden viele Debatten hierzu statt. Die Trägerbedingungen an den Schulen waren jedoch die alten und behinderten eine Neubestimmung. Ein weiterer erschwerender Faktor bestand und besteht darin, daß die neuen Fachschulen für Sozialpädagogik in die großen Schulzentren integriert sind und nur einen kleinen Teil von diesen ausmachen. Die kleinen Fachschul-Bereiche wie die Sozialpädagogik drohen hier unterzugehen.
In D. konnten neue Wege beschritten werden, weil es hier eine sehr gewährende Schulleitung gab, die eine Experimentierphase zugelassen hat. Außergewöhnlich an dieser Schule war auch, daß sich das Kollegium selbst zusammenfinden konnte, die Lehrkräfte also nicht ohne Absprache vom Träger eingesetzt wurden. Dieses Vorgehen hat viele Kämpfe mit dem Regierungspräsidium gekostet. Bei diesen Kämpfen ging es vor allem um die Frage der Einstellung von Nicht-Lehrern - eine für die Schulbürokratie eminent wichtige Frage. Daß sich Schulleitung und Kollegium hier weitgehend durchsetzen konnten, ist auch darin begründet, daß es zum damaligen Zeitpunkt sehr schwer war überhaupt Lehrkräfte für Fachschulen zu gewinnen. Der Beruf war damals nicht sehr attraktiv.
Die Ausbildung der Lehrkräfte allein bietet keine ausreichenden Voraussetzungen. Z.B. hat man damals an den Unis vom Situationsansatz nicht viel gehört.

Anfänglich wurde auch in D. der Situationsansatz sehr theoretisch vermittelt. In der Folge gab es ständige Versuche, über die Praktika Verbindungen zur Praxis herzustellen. Die Blockpraktika (fünf Wochen) sowie das Berufspraktikum haben heute ein sehr hohes Gewicht und sind in die Ausbildung integriert – und nicht wie in vielen anderen Fachschulen mehr oder weniger vom Unterricht abgekoppelt. Für alle Blockpraktika finden mehrere Vor- und Nachbereitungstage statt; Erzieherinnen aus der Praxis sind daran beteiligt. Während der Praktika gehen die Lehrer in die Praxis und klären mit den anleitenden Erzieherinnen vor Ort die Ausbildungsziele.
Während des Berufspraktikums finden mehrmals Treffen von Lehrern, Erzieherinnen und Praktikantinnen statt. Für die Lehrer ist es wichtig, hierbei zu erfahren, wo in der Praxis Probleme und Schwierigkeiten gesehen werden.
Ein Ergebnis dieser Praxiskontakte war die Erkenntnis, daß es wichtig ist, einen persönlichkeitsorientierten Unterricht zu gestalten mit all den hierin liegenden Brüchen und Widersprüchen. Diese nicht wegzudrängen, sondern zum Thema des Unterrichts zu machen.
Anfang der siebziger Jahre wurden die Lehrpläne für die Fachschulen neu gestaltet. Am Abstimmungsprozeß waren Vertreter aus der Praxis ebesno beteiligt wie Vertreter des damals für die Kindergärten zuständigen Sozialministeriums.
Diese Abstimmungen fanden Eingang in die Vorbemerkungen zu den neuen Lehrplänen – dort werden wichtige Aspekte benannt. In den Ausführungen ist dies jedoch nicht eingehalten. Z.B. findet sich in den Ausführungen eine totale Fächerzergliederung mit der alten Aneinanderreihung von Lernzielen, die der Forderung nach fächerübergreifenden Unterricht widerspricht.
Trotz dieser Widrigkeiten ist es an der Schule in D. gelungen, einen persönlichkeitsorientierten Unterricht umzusetzen. Voraussetzung hierfür, war eine Grundsatzentscheidung im Kollegium. In den Debatten ist klar geworden, daß der Situationsansatz in der Ausbildung nicht nebenher – als ein Ansatz unter vielen – vermittelt werden kann. Die Grundhaltungen von Erzieherinnen, das im Situationsansatz implizierte Menschenbild, muß in der Ausbildung spürbar sein. An anderen Schulen ist eine solche Grundsatzentscheidung nicht unbedingt gefällt worden. Sie erscheint auch nicht nötig, da es ja die Lehrpläne gibt, die einen verbindlichen Rahmen darstellen.
Derzeit wird an der Schule in D. an Strukturen gearbeitet, die es ermöglichen sollen, den Situationsansatz im Unterricht erfahrbar zu machen. Die Studierenden sollen in der Art, wie der Unterricht gestaltet wird, die Grundprinzipien des Situationsansatzes zunächst erleben können. Die theoretischen Aspekte können dann nach und nach dazukommen.
Es ist nicht einfach, ein hierfür passendes Unterrichtskonzept zu erarbeiten. An der Schule läuft der Prozeß – das bedeutet aber auch für die Kolleginnen, daß sie an Grenzsituationen stoßen, in denen Unsicherheit darüber aufkommt, was nun der richtige Weg ist. Hier fehlt ihnen Rückkopplung von außen.
Frage, ob Praxis und Fachberatung eine solche Rückkopplung geben könnten: Die Versuche gibt es z.B. über die Einbeziehung von erfahrene Erzieherinnen in den Unterricht, durch Besuche der Lehrkräfte in den Praxiseinrich-

tungen. Es ist schwierig, dies im ausreichenden Maß zu organisieren. In den Unterrichtsplänen ist hierfür zu wenig Zeit eingeplant. Es müßten z.B. Koordinationsstunden vorgesehen werden.

Ein weiteres Problem liegt in der Schnittstelle zwischen Ende der Ausbildung und Berufsanfang. Wenn die während der Berufspraktikums noch bestehende Begleitung entfällt, tritt für die Berufsanfängerinnen häufig ein starker Bruch auf. Um diesen aufzuarbeiten, müßte eine enge Verzahnung von Ausbildung und Fortbildung hergestellt werden. Fortbildung müßte ein spezifisches Angebot für Berufsanfängerinnen entwickeln, das mit den Lehrkräften aus der Ausbildung agestimmt sein sollte.

Es wäre notwendig, sich mit den Berufsanfängerinnen einmal monatlich, mindestens alle zwei Monate einmal zu treffen – Ausbildung kann das unter den gegenwärtigen Bedingungen nicht leisten.

Die Konsequenz dieser mangelnden Begleitung in der Berufsanfangsphase ist, daß viele in ein Loch fallen, dieses nicht aushalten und schon bald aus dem Beruf ausscheiden."

5.4 Der Kindergarten im gesellschaftlichen Umfeld

Auswirkungen der Lebensbedingungen von Kindern und Familien auf die Arbeit der Einrichtungen des Elementarbereichs spielten in allen Regionalhearings eine große Rolle. Allerdings wurden die Einflußfaktoren in den Hearings – trotz mancher Übereinstimmung in den Äußerungen – in sehr verschiedener Weise angesprochen, obwohl die gesprächsstimulierenden Fragen stets in gleicher Weise vorgelegt worden waren. Darin spiegeln sich vermutlich regionale Konzeptions- und Arbeitsschwerpunkte wider, die sowohl die vergangene Entwicklung als auch den aktuellen Problemstand der Elementarerziehung charakterisieren. Auch gehört zu den Eigenarten von Gruppendiskussionen, daß sie ein Thema breit aufgreifen können, es aber Beteiligten schwerfällt, in der Aussprache eine Wende zu einem anderen Schwerpunkt herbeizuführen. Daher wird in der nachfolgenden Sammlung von Aussagen, wie das gesellschaftliche Umfeld in die Arbeit des Kindergartens hineinwirkt, jeweils angegeben, in welchen der insgesamt sieben regionalen Hearings diese Aussagen vorgebracht wurden. Es gab auch deutliche Widersprüche in den Beschreibungen der Situation, und zwar nicht nur von Hearing zu Hearing, sondern auch innerhalb der diskutierenden Gruppen, die diese unterschiedlichen Wahrnehmungen und Einschätzungen nicht auflösen konnten. Dies weist auf Sachverhalte hin, die ambivalent gesehen und so auch hier berichtet werden.

Gesellschaftlicher Stellenwert des Kindergartens

Bereits in diesem Punkt sind die Auffassungen, die in den Hearings geäußert wurden, nicht einfach auf einen Nenner zu bringen. In allen Hearings gab es Äußerungen, die explizit beklagten oder implizit anklingen ließen, daß der Elementarerziehung nicht die öffentliche Anerkennung zuteil würde, die ihm nach den

Aufgaben, die er für die Entwicklung und Erziehung der Heranwachsenden Generation übernommen habe, zukäme. Entsprechend gering sei das Berufsprestige der Erzieherinnen, was auch den Zugang junger Menschen zu diesem Beruf nachteilig beeinflusse (RH Hamburg und Schleswig-Holstein). Zwar sei durch die Festlegung, allen Kindern der Vorschuljahrgänge einen Kindergartenplatz anzubieten, die Tagesbetreuung wieder ins Licht von Politik und Verwaltung gerückt worden, jedoch mit dem Nachteil, so wird dargelegt, daß sein Bildungsauftrag angesichts der quantitativen Problematik eher noch weniger ernstgenommen werde (RH Niedersachen, Nordrhein-Westfalen, Rheinland-Pfalz und Saar). Dem stand die breite Überzeugung in einem der Hearings gegenüber, daß die von der Regierung nicht gelöste Betreuungsproblematik großen Einfluß auf die dortige Landtagswahl ausgeübt habe, denn Eltern seien in beachtlichem Ausmaße nicht mehr bereit gewesen, die Vernachlässigung dieser Einrichtungen zu akzeptieren (RH Niedersachsen). In eine ähnliche Richtungen gehen Äußerungen in einem anderen Hearing, daß zu keiner Zeit häufiger als in den letzten Jahren Eltern Anliegen des Elementarbereichs öffentlich durch Anträge, Unterschriftensammlungen und Protestversammlungen unterstützt hätten (RH Hamburg und Schleswig-Holstein). Daneben stehen allerdings in vielen Gesprächsrunden Klagen über Eltern, die nicht wüßten, was sie ihren Kindern für eine gute Entwicklung schuldeten, desinteressiert seien und sich nicht für die Verbesserung der Situation im Elementarbereich einsetzten (RH Hamburg, Schleswig-Holstein und Hessen und Bremen). Insgesamt überwogen die Aussagen, daß im allgemeinen nicht von den Eltern die Ideen kämen, sondern daß ihnen nur durch aufwendige Elternarbeit vermittelt werden könne, was ihre Aufgaben wären und wofür sie sich in eigenem Interesse einsetzen müßten (RH Bremen).

Diese Gegensätzlichkeiten in den Aussagen werden möglicherweise durch die unterschiedlichen beruflichen Rollen der Teilnehmer an den Gesprächen erklärbar. Wer für die Entwicklung der Einrichtungen dieses Bereichs generell verantwortlich ist, sieht und erleidet vermutlich besonders stark den Widerstreit des quantitativen Ausbaus und der einzuhaltenden qualitativen Standards der pädagogischen Arbeit. Wer mit den Eltern in engem Kontakt steht, spürt in einigen Regionen, offenbar besonders in denen, in denen der Ausbau des Elementarbereichs den Entwicklungen in anderen Regionen nachhinkt, das gewachsene Bewußtsein von Eltern, vor allem von Müttern, sich für eine bessere Betreuungssituation einzusetzen. Die negativen Äußerungen zur Elternunterstützung stammen dagegen weitgehend von den Teilnehmern, die Eltern und Kinder in belastenden Lebenssituationen im großstädtischen Umfeld kennen, in denen wenig Kraft übrigbleibt, um sich mit gemeinsamen Anliegen zu solidarisieren.

Sozial-strukturelle Verhältnisse

In allen Hearings wurde betont, daß Probleme aus dem gesellschaftlichen Umfeld massiv in den Kindergartenalltag eindringen. Nicht immer kamen alle Probleme der folgenden langen Liste vor, aber insgesamt wurden diese Punkte immer wieder genannt: Familiensituationen (darüber im folgenden Abschnitt mehr), neue Armut, Beschäftigungssituation (mit Einfluß auf die Tagespläne der Eltern), Arbeitslosigkeit der Väter und Mütter, Unwirtlichkeit der Umwelt (insbesondere fehlende Spielmöglichkeiten und mangelndes Erleben von Natur), Fernsehen (zu viel und kind-ungeeignet), fragwürdiges Spielzeug und Computerisierung der Spielwelt, Leistungsdruck der Schule (Forderung nach Lernförderung statt ‚nur' Spiel im Kindergarten), Vorurteile gegen ausländische Kinder (kein Hauptproblem, aber nachgeplapperte Wörter, die im Streit eingesetzt werden), Gewalterfahrung in Familie und Umwelt, Mißbrauch von Kindern, zusätzlich auch über den Nahbereich hinausreichende Probleme wie Umweltzerstörung und Industrieunfälle, Ernährungsprobleme, Krieg und Flüchtlingskinder. Insgesamt würden die Kinder immer heterogener (RH Hamburg und Schleswig-Holstein) und immer problembeladener, möglicherweise vor allem in den städtischen Regionen (Hamburg, Schleswig-Holstein, Berlin und Bremen). All das wird einerseits als ständige Belastung der Arbeit wahrgenommen, andererseits als Herausforderung begriffen, der in der pädagogischen Arbeit begegnet werden müßte. Aber diese Umsetzung in ein planvolles Vorgehen wird als sehr schwierig empfunden, wie weiter unten berichtet werden wird.

Tatsächlich durchzog eine gewisse Resignation die Gespräche über diese Themen. Dargestellt wurde, daß nicht wenige Erzieherinnen sich an diese Themen nicht herantrauten, daß sie ihnen ‚zu heiß' seien, daß sie selber ‚keine Antworten' hätten, ja, daß sie sich eingestehen müßten, selber an diesen Problemen Anteil zu haben und sie für sich selber nicht befriedigend lösen zu können (RH Bremen und Hessen). Vermißt wurde dabei auch die aktive Mithilfe von Eltern, Trägern oder anderen Kräften, wenn diese Probleme aufgegriffen werden sollen, denn der Kindergarten sei allein nicht in der Lage, diese Probleme zu bewältigen (RH Hessen). Von Überforderung und Hilflosigkeit war in fast allen Hearings die Rede und von Gegenreaktionen, die aus dieser Konfrontation mit dem Unbill der Zeit entstünden, nämlich Rückzug auf die harmlosere Beschäftigung mit Frühling, Sommer, Herbst und Winter, die doch auch ‚Situationen' anböten. Obwohl mehrmals versichert wurde, daß die ‚heile Welt des Kindergartens' nirgends und auch nicht in ländlichen Regionen mehr existiere (RH Hessen), wurde zugegeben, daß in manchen Einrichtungen der Rückzug auf Innerlichkeit und das Angebot von Geborgenheit auch programmatisch vertreten werde. Kinder benötigten dies zur Entlastung von den vielen sie bedrängenden Problemen (RH Hessen).

Dem steht allerdings auch ein Flügel gegenüber, der wahrnimmt, daß diese Erfahrungen einen neuen Zugang zur politischen Bewußtwerdung eröffnen (RH Hessen). Wie dieses Potential in die Arbeit einmünden könne, war in diesem Hearing jedoch sehr umstritten, weil die gründliche Neukonzeption, die die einen forderten, für andere schon mit Zurückweichen und Aufgabe gleichgesetzt wurde. Ganz selten wurde als Perspektive angeboten, das Neue zu nutzen, um Lebensformen zu gewinnen, zu denen das zunächst Fragwürdige eine guten Beitrag leisten könne. Beispiele dafür lagen allerdings eher auf der Ebene des doch recht trivialen Hinweises, man möge den Kindern das Telefonieren in jungen Jahren beibringen, damit sie sich in den kinderarmen Nachbarschaften mit entfernteren Freunden verabreden könnten (RH Bremen).

Es fällt auf, daß offenbar auch der Elementarbereich von den jeweils viel diskutierten Kindheits- und Jugendthemen bedrängt wird. So tauchten Gewalt und

Kindesmißbrauch in mehreren der Hearings als aktuelle Probleme auf. Ob diese Probleme objektiv jeweils besonders virulent in den Kindergruppen sind, wenn sie die Medien beherrschen, oder ob die Erzieherinnen aufmerksamer werden, wenn die Öffentlichkeit auf diese Probleme eine Zeit lang achtet, ist schwer zu entscheiden. Insgesamt sieht es aber eher so aus, als ob es dem Elementarbereich schwerfällt, ein eigenständiges Problemprofil seiner Arbeit zu präsentieren. Statt dessen definiert er seine pädagogischen Anforderungen eher im Lichte einer generellen Besorgnis über die Probleme des Aufwachsens in unserer Gesellschaft.

Ein Beispiel für eine besondere Aufgabe des Elementarbereichs im Hinblick auf die Auseinandersetzung mit Lebensverhältnissen könnte man aus einigen Äußerungen herauslesen, den Kindern fehlten in der üblichen städtischen Umwelt und einer in Einrichtungen verbrachten Kindheit wichtige basale Erfahrungen mit Natur und Leben (RH Bremen, Rheinland-Pfalz und Saar). Solche Erfahrungen früh den Heranwachsenden zu erschließen, ist vermutlich eine wichtige Voraussetzung dafür, umweltschützendes Verhalten in späteren Lebensjahren nicht nur oberflächlich ‚anzulernen‘, sondern tiefer in der sich entwickelnden Person zu verankern. An dieser Stelle wird ein Weg sichtbar, wie Lernen und Erziehung im Elementarbereich in spezifischer Weise zur Bewältigung von problematischen Lebensverhältnissen beitragen könnten.

Familiensituation

Die Familiensituation der Kinder war der wichtigste Punkt in allen Hearings bei der Aussprache darüber, was die Lebenssituation der Kinder heute am meisten kennzeichne und sehr oft auch belaste. In mehreren Hearings gab es massive Äußerungen, die feststellten, daß die Tageseinrichtungen des Elementarbereichs nicht mehr zutreffend als ‚familienergänzende‘ Einrichtungen bezeichnet würden; sie seien mehr und mehr zu ‚familienersetzenden‘ Einrichtungen geworden (RH Berlin, Bremen, Hamburg, Schleswig-Holstein, Nordrhein-Westfalen, Rheinland-Pfalz und Saar). Man merke diese qualitative Veränderung der pädagogischen Arbeit nicht zuletzt daran, daß die Erzieherinnen den Kindern elementare Verhaltensweisen beibringen müßten, von denen man immer geglaubt habe, daß sie Kindern in ihren Familien vermittelt würden. In den großstädtischen Einzugsgebieten der Einrichtungen leben nach den Aussagen der Teilnehmer nur noch etwa die Hälfte der Kinder mit beiden leiblichen Eltern zusammen, ein Prozentsatz, der die Angaben der amtlichen Statistik weit übertrifft, aber nach Meinung der Diskutanten die soziale Realität angemessener wiedergebe als die amtlichen Daten. Sicher wirkt sich dabei aus, daß angesichts der begrenzten Platzzahl Problemfälle eine größere Chance haben, in den Kindergarten aufgenommen zu werden. Verschiedentlich wurde auch darauf hingewiesen, daß mit dem Wort ‚Auflösung‘ der Familie die Problematik sehr unzureichend beschrieben werde, denn es entstehe ein insgesamt verändertes Beziehungssystem um das Kind herum, in das sich auch die Mutter erst einleben müsse. Das Kind verliere bei Trennung der Eltern zum einen eine Person, aber spüre zum anderen auch die Last, die auf der Mutter liegt, bis die neuen Verhältnisse wieder konsolidiert sind (RH Berlin).

Den Erzieherinnen falle sehr schwer, mit den Eltern oder den Kindern auf diese Familiensituation einzugehen, wie in allen Hearings betont wurde. Sie fühlen sich von den Problemen überwältigt, erleben sich als hilflos, denn sie sind – wie zum Beispiel im niedersächsischen Regionalhearing betont wurde – selber noch in der Entwicklung und auf der Suche nach ihren Lebensmodellen. Sie akzeptieren oft auch nicht die Wege, auf denen die Eltern und insbesondere die Mütter mit ihren Schwierigkeiten fertig zu werden versuchen. Die Erzieherinnen merken, daß in ihnen einerseits der vorwurfsvolle Wunsch entsteht, diese Mütter sollten doch lieber zu Hause bei ihrem Kind bleiben, und entdecken andererseits, daß sie damit einem herkömmlichen Frauen- und Mutterbild anheimfallen, dem sie eigentlich auch nicht mehr folgen wollen (RH Bremen, Berlin, Hamburg, Schleswig-Hostein und Nordrhein-Westfalen).

Ebenfalls wurde in fast allen Hearings (RH Berlin, Bremen, Hamburg, Schleswig-Holstein, Hessen, Rheinland-Pfalz und Saarland) auf verschiedene Weise zum Ausdruck gebracht, daß viele Eltern unter dem Druck anderer Probleme mit ihren Kindern ‚nichts anzufangen' wüßten oder auch ‚perspektivenlos' und ‚desinteressiert' seien. Man müsse ihnen vom Kindergarten aus vermitteln, was ein Kind braucht und was sie mit einem Kind gemeinsam tun sollten. In einigen Hearings gab es dramatische Schilderungen des psychischen Zustands mancher Kinder (RH Berlin, Bremen, Hamburg, Schleswig-Holstein, Hessen, Rheinland-Pfalz und Saar). Nicht nur von sozialen Entwicklungsrückständen war die Rede, sondern von ‚psychischer Verwahrlosung' dieser durch ihre Familien problembelasteten Kinder, die dringend der emotionalen Hilfe bedürften.

Diese Wahrnehmungen führen zu Forderungen, daß nicht so sehr pädagogische Arbeit mit dem Kind das Gebot der Stunde sei, sondern Arbeit mit den Eltern. Die Eltern müßten ‚erzogen' werden, nicht die Kinder (RH Hamburg und Schleswig-Holstein). Elternabende konventioneller Art würden überhaupt nicht mehr helfen, sondern nur intensive ‚Familienarbeit' (RH Hessen). Der Kindergarten müßte den Charakter einer Familienbegegnungsstätte annehmen (RH Hamburg und Schleswig-Holstein). Wenn man über Erziehungsfragen mit Blick auf die Kinder mit den Müttern sprechen wolle, verwandelte sich das Kinderthema oft in eine Aussprache über Erwachsenenthemen (in einem der genannten Beispiele entstand aus dem Thema der Gleichbehandlung von Jungen und Mädchen im Kindergarten eine monatelange Diskussion über die Frauenrolle in der Gesellschaft). Es sei angemerkt, daß diese Problembeschreibungen neben den Hinweisen auf engagierte Eltern stehen, die sich gerade mit Blick auf ihre Kinder politisch mobilisieren und auf die Verbesserung der Betreuungsverhältnisse drängen (siehe oben).

Die Lebenssituationen der Eltern werfen auch viele praktische Fragen auf. Die Öffnungszeiten der Einrichtungen sind nur eine davon, die aber in fast allen Regionalhearings erwähnt wurde, weil die Einrichtungen weithin immer noch nicht flexibel genug auf die familialen Betreuungsengpässe reagierten. Auch hinter dieser Organisationsfrage des Tagesablauf steckt nach Ansicht einiger Diskussionsteilnehmer ein größeres Problem, nämlich der generelle Mangel an Zeit der Familienmitglieder füreinander (RH Hessen).

Reaktion auf das problematische Umfeld

Einhellig war die Ansicht, daß gute pädagogische Arbeit verlange, die Lebenssituation der Kinder wahrzunehmen, ob diese Forderung nun auf den Situationsansatz bezogen wurde oder nicht. Man müsse genau hinsehen; man müsse die Kinder anschauen; man müsse die Lebenssituation der Kinder analysieren. Dies geschähe immer noch zu wenig (RH Hamburg und Schleswig-Holstein, Hessen und Nordrhein-Westfalen). Erzieherinnen hätten des öfteren Bedenken, in die persönlichen Verhältnisse einzudringen, und befürchteten, sie verletzten die Privatsphäre der Familien, hieß es gelegentlich (RH Hamburg und Schleswig-Holstein). Das mag auch eine Ausflucht sein, mit der aber gewiß auf objektiv schwierige Situationen reagiert wird. Nach den hochdifferenzierten Beschreibungen der Lebensverhältnisse, mit denen sich die Kinder auseinandersetzen müssen, klingt auch die in den Hearings mehrfach zu hörende Forderung, man müsse die Situationen der Kinder noch genauer untersuchen, um den Situationsansatz bzw. didaktische Einheiten fortschreiben zu können, nach Aufschub der Aufgabe selber.

Andererseits ist nicht zu verkennen, daß diese Gespräche durchweg von der geteilten Überzeugung bestimmt waren, die heutige Situation der Kinder sei mit der früherer Jahrzehnte nicht mehr vergleichbar. Selbst junge Erzieherinnen würden in diesen Familien nicht mehr die Verhältnisse erkennen, in denen sie selber noch aufgewachsen seien (RH Hamburg und Schleswig-Holstein). Einige Male wurde selbstironisierend festgestellt, daß man in diesen Hearings wieder in die so verbreitete pessimistische Grundstimmung geraten sei (RH Berlin und Hessen). Wenn man auch nicht nur die negative Seite sehen sollte, bestände doch kein Anlaß, die gegenwärtige Problematik zu relativieren. Wenn betont wird, daß die Probleme so dramatisch neu seien, liegt besonders nahe, eine gründliche konzeptionelle Aufarbeitung der Situation zu fordern.

Einmütig wurde in allen Hearings festgestellt, daß die Umsetzung des über die Lebenssituationen der Kinder Erkannten in pädagogische Vorgehensweisen nicht befriedigend erfolge. Etliche der Gründe auf Seiten der Erzieherinnen sind schon genannt worden (Überforderung, Hilflosigkeit, Unerfahrenheit). Aus diesem Blickwinkel entsteht die Forderung nach intensiver Fortbildung (RH Bremen und Hessen), um die Kompetenz der Erzieherinnen zu steigern. In einigen Hearings wurde erklärt, daß den Erzieherinnen, die sich den Problemen stellen, nicht nur Fähigkeiten fehlen, Arbeit gut zu planen und zu realisieren, sondern sie auch darunter leiden, daß es keine verbindlichen Wertmaßstäbe für die Bearbeitung dieser Probleme gäbe. Sie befürchteten, ihre eigenen Vorstellungen den Kindern und Eltern überzustülpen (RH Hamburg und Schleswig-Holstein). Diskussionsteilnehmer, die für kirchliche Einrichtungen oder Träger sprachen, gingen mehrfach auf dieses Problem ein, entweder weil sie sich Hilfen vom kirchlichen Fundament ihrer Arbeit erhofften (RH Hessen) oder weil sie sich unter dem Druck kirchlicher Forderungen nach ‚christlichem Profil' fühlten (RH Rheinland-Pfalz und Saarland). Der Wertpluralismus belastet die Arbeit (RH Rheinland-Pfalz und Saarland), aber Offenheit und Verbindlichkeit zugleich zu erreichen, erscheint in der pluralistischen Gesellschaft, die den Kindergarten umgibt, kaum möglich.

Zusammenfassend ist festzustellen, daß das gesellschaftliche Umfeld die pädagogische Arbeit der Kindergärten in vielfältiger Weise belastet, daß diese belastenden Faktoren in differenzierter Weise wahrgenommen und als Herausforderungen für die Arbeit begriffen werden, daß aber doch weithin Hilflosigkeit herrscht, wie diesen Herausforderungen produktiv begegnet werden könnte. Im Nachhinein überrascht, daß das Grundmodell der Betreuung von Kindern, wie es unsere Kindergärten anbieten, kaum infragegestellt wurde. Möglicherweise spiegelt sich darin die Einsicht wider, daß der Elementarbereich nicht darauf hoffen kann, eine weitreichende Änderung seiner Arbeitsmöglichkeiten zu erfahren.

6. Dimensionen des Situationsansatzes in der Kindergartenpraxis

Die anhand der in Kapitel 4 beschriebenen Methoden gefertigten Einrichtungsportraits werden in diesem Kapitel im Hinblick auf Dimensionen der pädagogischen Arbeit ausgewertet, deren Vorhandensein bzw. deren Ausprägung die Kindergärten, die nach Merkmalen des Situationsansatzes arbeiten, von anderen unterscheiden.

Als solche Dimensionen haben wir definiert:

- Bezug zu Lebenssituationen
- Verbindung von sozialem und sachbezogenem Lernen
- Altersmischung
- Mitwirkung von Eltern und anderen Erwachsenen
- Balancierte Kommunikation zwischen Erzieherinnen und Kindern
- Gemeinwesenorientierung
- Raumgestaltung, -ausstattung und Nutzung
- Integration behinderter Kinder
- Interkulturelle Erziehung
- Übergang zur Schule
- Teamarbeit
- Fachberatung und Fortbildung
- Ausbildung des pädagogischen Fachpersonals

In den nach diesen Dimensionen gegliederten Abschnitten des folgenden Kapitels beschreiben wir die bei den Praxisbesuchen identifizierten Arbeitsweisen der Erzieherinnen. Jeder Abschnitt erläutert in einem ersten Teil die durch das Erprobungsprogramm intendierten Ziele und Ansprüche an die Ausgestaltung der Kindergartenpraxis und konfrontiert sie in einem zweiten Teil mit den beobachteten bzw. erfragten Entwicklungen in den jeweiligen Kindergärten. Vermutungen über die Ursachen der jeweiligen Entwicklungen werden hier nur dann wiedergegeben, wenn sie von den beteiligten Mitarbeiter/innen der Praxis so geäußert wurden. Eine genauere Analyse der entwicklungsfördernden bzw. -hemmenden Faktoren ist den Folgekapiteln vorbehalten. Es geht uns also nicht um eine Klassifizierung der von uns besuchten Kindergärten oder gar einzelner Erzieherinnen, sondern um eine Bestandsaufnahme vorgefundener Kindergartenpraxis entlang von inhaltlich definierten Dimensionen.

Die als Zitat gekennzeichneten Aussagen entstammen den von der Forschungsgruppe angefertigten Einrichtungsportraits (vgl. Kapitel 2). Aussagen, die in protokollierten Interviews mit den Leiterinnen oder Erzieherinnen gewonnen wurden, sind gesondert gekennzeichnet. Um die Anonymität der von uns besuchten Einrichtungen zu gewährleisten, sind die Verweise auf die Einrichtungsportraits und Interviewaussagen durch Nummern gekennzeichnet. Dem Leser können sich so inhaltliche Zusammenhänge zwischen den Dimensionen durch die Numerierung erschließen.

6.1 Der Bezug zu Lebenssituationen von Kindern

Erstes Wesensmerkmal des Situationsansatzes ist – und darin sind sich die Vertreter aller Varianten einig – daß die Inhalte der pädagogischen Arbeit in Kindertageseinrichtungen aus der Erfahrungswelt der Kinder stammen sollten. Die Inhalte sind also nicht, wie in funktionsorientierten oder disziplinorientierten Ansätzen, aus Wissenschaftsdisziplinen abgeleitet und in festgelegten fachdidaktischen Schritten zu bearbeiten. Sie sind vielmehr für jede Kindergruppe zu jedem Planungszeitraum neu zu bestimmen und auf ihre Bedeutsamkeit für die Kinder zu überprüfen. Gleichwohl sind die Wissenschaftsdisziplinen der Sozial-, Natur-, Geistes- und Kulturwissenschaften von Belang. Sie werden jedoch nicht isoliert zum Gegenstand der Arbeit mit Kindern einer bestimmten Altersstufe gemacht, sondern sozusagen als Werkzeug für die Bearbeitung der Erfahrungswelt der Kinder genutzt.

Dies stellt Erzieherinnen vor eine Vielzahl von Aufgaben, die ihr geschlosseneren Konzepten curricularer Arbeit von Experten abgenommen sind. Das offene Konzept des Situationsansatzes bietet Erzieherinnen damit einen hohen Handlungs- und Entscheidungsspielraum aber auch hohe Verantwortung.

Es gilt als erstes, sich darüber klar zu werden, was eine Situation ist, die es ‚wert‘ ist, zum Gegenstand der pädagogischen Arbeit gemacht zu werden. Der Begriff der Situation ist zunächst unpräzise.

* Meint Situation im Situationsansatz das, was sich gerade in diesem Moment an diesem Ort ereignet oder ‚nur‘ das, was Kinder an Ereignissen bewußt wahrnehmen? Ist auch eine Situation, was sich ‚nur‘ im Kopf oder der Psyche der Kinder bewegt (und von dem ich als Erwachsener meine, es zu erkennen) oder ist nur das eine Situation, was sich nach außen hin sichtbar materialisiert?
* Ist die kleine alltäglich wiederkehrende Situation, z.B. der Gang zum Klo, das Waschen und Anziehen eine Situation oder nur komplexe Zusammenhänge wie das Leben in einer Großstadt – oder auf dem Land, die Bedeutung der Medien für Kinder, Ausländerfeindlichkeit o.ä.?
* Sind vergangene und gegenwärtige oder auch zukünftige Situationen im Leben der Kinder gemeint?
* Gehört zur Erfahrungswelt der Kinder nur das, was sie unmittelbar erleben oder auch das, was sie in unserer Informations- und Mediengesellschaft aus zweiter Hand erfahren?
* Sind Golfkrieg, Jugoslawien, Somalia, Israel und Palästina, Apartheid, der Faschismus ein Thema für Kindergartenkinder?
* Ist nur das gemeint, was für Kinder problematisch ist, z.B. die Trennung der Eltern, das Krankenhaus, die Konfrontation mit dem Tod oder sind Fasching, Weihnachten, der Zirkus im Dorf, der Jahrmarkt, Frühling, Sommer, Herbst und Winter auch Situationen, die zum Inhalt der pädagogischen Arbeit werden können?

Die Vielzahl der Fragen macht deutlich, wie viele Entscheidungen Erzieherinnen hier zu treffen haben, für die sie in der Vergangenheit zu wenig Entscheidungshilfen erhalten haben. Das scheint uns ein Grund dafür zu sein, weshalb wir unter dem Begriff des Situationsansatzes heute in vielen Fällen eine völlig ungeplante ‚Beliebigkeitspädagogik‘ wiederfinden. Erzieherinnen entscheiden einmal unter diesem, ein anderes Mal unter jenem Gesichtspunkt. Die praxisorientierten Veröffentlichungen zum Situationsansatz aus den siebziger Jahren geben hier wenig Klarheit, man gewinnt hier eher den Eindruck, daß sie das Problem verschieben:

"Wie kann man solche wichtigen kindlichen Lebenssituationen bestimmen? Nach unserer Auffassung in aufeinander bezogenen Gesprächen und Handlungen, in Diskursen zwischen allen an der Curriculumentwicklung unmittelbar Beteiligten: Erziehern, Wissenschaftlern, Eltern, anderen in einer Situation Mithandelnden und Kindern. Dieser Prozeß der Verständigung und Aufklärung ist nötig, weil alle Beteiligten einerseits Kompetenzen in den Diskurs einbringen können, andererseits aber auch so etwas wie ,Sprachlosigkeit' mitbringen" (Arbeitsgruppe Vorschulerziehung 1979, S. 15).

Wer in seinem beruflichen Leben schon häufiger nach dem Motto gehandelt hat ,Wenn man mal nicht weiter weiß, macht man einen Arbeitskreis', hat vermutlich die Erfahrung gemacht, daß solche Diskurse sehr wohl gewinnbringend und erkenntnisreich sein können, daß dies alles aber für das Berufsfeld insgesamt wenig nutzt, wenn die Ergebnisse solcher Diskurse nicht gesichert und anderen verfügbar gemacht werden. Vermutlich gibt es ebensoviele Erfahrungen mit Arbeitskreisen oder Diskursen, die sich endlos im immer gleichen Kreise drehen, ohne daß ein Ergebnis sichtbar wird.

Im Verweis auf den Diskurs allein, so wichtig er als demokratisches Meinungsbildungsinstrument bleibt, kann die Lösung der Aufgabe, zu entscheiden, was denn nun eine Situation im Sinne des Situationsansatzes sei, wohl nicht gefunden werden.

Die ,Arbeitshilfen zur Planung der Arbeit im Kindergarten' diskutieren das Problem der Situationswahl nicht, sondern weisen mit Nachdruck daraufhin,

"daß man von allen Erlebnisbereichen des Kindes aus zu Inhaltsbestimmungen für die pädagogische Arbeit kommen kann" (Minister für Arbeit, Gesundheit und Soziales des Landes Nordrhein-Westfalen 1986, S. 9).

In den Begleitmaterialien zur ,Elementaren Sozialerziehung' wird die Frage der Situationsauswahl mit dem Verweis auf die vorhandenen Materialien beantwortet:

"Eine immer wieder neu ansetzende Entwicklungsarbeit ist jedoch nicht erforderlich. Die langjährigen Reformbemühungen haben auch einen inhaltlichen Beitrag zur Reform des Elementarbereiches geleistet: den der Erstellung geeigneter Anregungsmaterialien. Sie stellen gleichsam das ,Handwerkszeug' dar, mit dem der Erzieher sicher – und wie selbstverständlich – umzugehen lernen sollte, um die inhaltliche Reform Schritt für Schritt zu verwirklichen. Dabei ist allerdings auf das dem jeweiligen Material zugrundeliegende Konzept zu achten.
Nahezu unproblematisch ist der richtig verstandene Einsatz von Materialien, die sich dem situationsorientierten Ansatz zuordnen lassen" (Oertel u. a. 1983, S. 19)

Der Versuch, die Frage theoretisch anzugehen (K.-P. Hemmer 1973) endete damals nach vielen interessanten Erörterungen in der Forderung, daß es eine Theorie der Situation noch zu entwerfen gelte.

Auch Hemmer stellt sich den Entwicklungsprozeß einer solchen Theoriebildung als praxisorientierten Diskurs vor, verbindet damit aber Anforderungen:

„ * *Situationen können wichtig sein im Blick auf die lebensgeschichtliche Bedeutsamkeit von Erfahrungen, die darin gemacht werden – das ist ohne ausdrücklichen Bezug auf eine Theorie der Entwicklung wohl kaum zu begründen.*
* *Die Relevanz einer Situation kann darin liegen, daß sie Erfahrungen erschließt, die sich auf eine Vielzahl anderer Situationen übertragen lassen – das setzt den Bezug zu diesen Situationskomplexen und deren inhaltlicher Analyse voraus.*
* *Situationen können im Curriculum thematisiert werden, weil sie einen exemplarischen Ausschnitt gesellschaftlicher Wirklichkeit repräsentieren – wie ist das ohne die Identifikation gesellschaftlicher Strukturmerkmale zu leisten?*
* *Ein pragmatisches Auslesekriterium wäre, von häufig wiederkehrenden Situationen und darin enthaltenen Anforderungen auszugehen – und das setzt einige Erfahrung über den Tages- und Erlebnisablauf von Kindern und Kindergruppen voraus.*
* *Man kann von Situationen ausgehen, in denen Kinder überfordert oder unterdrückt, alleingelassen oder gegängelt werden – und auch das ist nur durch eine begründete Einschätzung darüber zu leisten, was Kindern einer bestimmten Altersstufe und mit einem entsprechenden Sozialisationshintergrund an Selbstbestimmung und Wissen und affektiver Stabilität gemäß ist und was ihnen davon zugemutet werden kann"* (Hemmer 1973, S. 72 f.).

Im Bereich frühkindlicher Erziehung hat sich mit dieser Aufgabe seitdem jedoch niemand befaßt. Jedenfalls liegen systematische Ausführungen zu einer Theorie der Situation nicht vor.

Zimmer gibt in seinem ‚Bezugsrahmen vorschulischer Curriclumentwicklung' drei Kriterien an, die bei der Auswahl von Situationen zu berücksichtigen seien:

„Unter Berücksichtigung der allgemeinen ... pädagogischen Zielsetzungen sollten Situationen von Kindern gewählt werden, Situationen in denen sie in der Gegenwart oder näheren Zukunft zu handeln haben. Demnach geht es ... nicht um die didaktische Aufbereitung von Erwachsenensituationen. Problematisch wären Versuche, fundamentale Fragestellungen von Erwachsenensituationen unmittelbar zum pädagogischen Thema für Kinder zu erklären und eine Übertragung der Struktur von Erwachsenensituationen auf Kindersituationen zu versuchen. ...
Es sollten, und dies bezeichnet ein zweites Kriterium der Situationswahl, nicht idealtypische Situationen konstruiert werden; es sollen reale Situationen in jeweiligen subkulturellen Milieus sein.
Es sollten zum dritten Situationen sein, die im Rahmen pädagogischer Aktion beeinflußbar sind, in denen beispielhaft gezeigt werden kann, daß Kinder und Erwachsene – wohl auch in der Form solidarischen Handelns – Einfluß zu nehmen in der Lage sind" (Zimmer 1973, Bd. 1, S. 36 f.).

Als Ergebnis der Auseinandersetzung mit dieser Frage in unserer Forschergruppe erweitern wir diese Hinweise.

Alle zu Beginn des Kapitels aufgeworfenen ‚Oder'-Fragen können mit ‚Sowohl als auch' beantwortet werden. Wir sind uns bewußt, daß mit dieser ersten Antwort die Gefahr der Beliebigkeit keineswegs gebannt ist. Entscheidend ist jedoch, ob die Thematisierung einer Situation dafür genutzt wird, daß Kindern damit ein Schlüssel für die Erschließung ihrer vergangenen, gegenwärtigen und zukünftigen Erfahrungswelt in die Hand gegeben wird. Es geht darum, ob die Thematisierung der Situation den Kindern ermöglicht,

a) ihr subjektives Erleben dieser Situation zum Ausdruck bringen zu können, darin anerkannt und akzeptiert zu werden und sich selbst mit all den eventuell widerstreitenden Gefühlen annehmen zu können;
b) zu erfahren, daß andere an der Situation beteiligte Personen möglicherweise sehr ähnliche vielleicht aber auch ganz andere Wahrnehmungen dieser Situation haben und daß andere Wahrnehmungen nicht deshalb falsch sind, weil sie den eigenen nicht entsprechen;
c) zu erfahren, daß die eigene Wahrnehmungsfähigkeit wächst, wenn verschiedene Wahrnehmungen ausgetauscht und mit- oder auch gegeneinander – abgewägt werden;
d) sich aktiv an der Gestaltung der Situation so zu beteiligen, daß sie sich selbst nicht als der Situation nur Ausgesetzte empfinden – oder als bloße Konsumenten von unabänderlich Vorgegebenem, sondern als wichtiges Mitglied einer Gemeinschaft, die in harmonischer oder konflikthafter Auseinandersetzung Situationen selbst schafft;
e) Wissen und Fähigkeiten zu erwerben, die zu einer aktiven Gestaltung der Situation nötig sind.

Kurz gesagt, es geht darum, ob die Thematisierung der Situation geeignet ist, daß die Kinder an ihr wachsen.

Dies verweist darauf, daß es einen engen Zusammenhang zwischen dem ‚was' und dem ‚wie' gibt.

An einem Beispiel sei dies verdeutlicht. Das Thema Herbst, sogleich verdächtigt der Frühling-Sommer-Herbst- und Winter-Pädagogik zu entstammen, war in einem Kindergarten Grund für folgende Überlegungen. Der Kindergarten ist in seinen Innenräumen sehr beengt, der bauliche Zustand miserabel, und die Art der Beheizung führt zu einem der Gesundheit der Kinder nicht gerade zuträglichem Raumklima. Das Außengelände des Kindergartens ist weitläufig, mit üppiger Vegetation, vielfältigen natürlich gewachsenen Spiel- und Abenteuermöglichkeiten. Den ganzen Sommer über haben sich die Kinder den größten Teil des Tages im Freien aufgehalten, nahezu alle pädagogischen Aktivitäten fanden draußen statt. Die Innenräume wurden im gleitenden Wechsel, je nach dem was geplant war, genutzt, Kleingruppen von Kindern haben sich immer wieder dorthin zurückgezogen – sie hatten dort ihre Ruhe.

Mit dem Wetterwechsel im Herbst verändert sich die Situation des gesamten Kindergartens grundlegend. Im Haus herrscht auf einmal drangvolle Enge. Die neuen, in diesem Jahr erst aufgenommenen Kinder, kennen dies gar nicht. Für die Erzieherinnen beginnt eine Zeit, die völlig andere Planungsaufgaben stellt, da sie ihre differenzierte Planung auf sehr viel engeren Raum einstellen müssen. Oder vielleicht doch nicht?

In diesem Kindergarten meint das Thema Herbst, sich darüber zu verständigen, was sich nach einem schönen und langen Sommer jetzt alles ändert: nicht in erster Linie festgemacht an der Färbung der Blätter – diese wird aber sehr wohl als schönes Ereignis wahrgenommen und als naturwissenschaftliches Experimentierfeld genutzt. Im Vordergrund steht aber die Frage, wie die Gemeinschaft der Kinder und Erwachsenen, einschließlich der Eltern, die Regeln des Zusammenlebens neu gestalten wollen. Worauf legt wer Priorität? Dürfen Kinder, auch wenn es naß und kalt ist jederzeit raus, wenn sie es wollen – wer entscheidet: jedes Kind für sich oder die Kindergruppe, die Erzieherinnen (einzeln oder im Team), die Leiterin, die Eltern, die Putzfrau, der Träger?

Wir könnten hier weiter fortfahren; es wird deutlich: Herbst ist nicht gleich Herbst. Wer jedes Jahr im Herbst sei es noch so kunstvolle Dekorationen und Basteleien aus bunten Blättern, Kastanien, Eicheln, Hagebutten, Kiefernzapfen und was die Natur uns sonst noch Wunderschönes bietet, mal mit mehr und mal mit weniger Beteiligung der Kinder produziert, handelt nicht nach den oben genannten Grundsätzen. Die Dekorationen und Basteleien können aber durchaus sein, und sie können ihren besonderen Wert erhalten, wenn sie von den Kindern als Ausgleich erlebt werden dafür, daß sie jetzt öfter als im Sommer auf die Innenräume angewiesen sind und gleichsam das Außen nach Innen holen. Vielfältige Erweiterungsmöglichkeiten sind denkbar, wenn es die Erfahrungswelt in der Kindergruppe bietet: wie ist es bei Kindern aus anderen Ländern im Herbst? Ist überall gleichzeitig Herbst? Gibt es in allen Ländern der Erde unseren Frühlings-Sommer-Herbst- und Winterrhythmus? Gibt es typische Kinderspiele, die jahreszeitbedingt sind – war dies immer so? Was haben Kinder früher im Winter gemacht als es noch keine Heizungen gab? Wie war das im Krieg?

Das sind alles Forscherfragen, die zu eigenen Recherchen der Kinder anregen können, auf die Erwachsene nicht gleich die passende Antwort parat haben, die vielleicht durch Experimente beantwortet werden können oder die dazu führen, daß die Kinder Antworten auch bei Personen außerhalb des Kindergartens suchen. Das Durchforsten von Spielekarteien, Liederbüchern, Bastelanleitungen, Sachbüchern, Kinderbüchern wird mit Sicherheit zur einer anderen ‚Ausbeute' führen als wenn das Thema Herbst ohne Bezug zur eigenen Lebenssituation analysiert worden wäre. Und die Nutzung aller dieser Quellen ist keineswegs verwerflich.

Nur in zwei der besuchten Kindergärten ist der Bezug zu Lebenssituationen in erheblichem Umfang bewußt und reflektiert in die konzeptionelle Gestaltung der Arbeit aufgenommen und weiterentwickelt worden. In einem dieser Kindergärten (KT 14) waren die Leiterin und eine Gruppenerzieherin schon während des Erprobungsprogramms in diesem Kindergarten tätig. Sie haben ihre Erfahrungen und Kenntnisse systematisch und kontinuierlich an neu hinzukommende Kolleginnen weitergegeben und durch Fachberatung und Fortbildung abgesichert, daß ihre Konzeption auf dieser Grundlage im Team weiterentwickelt wurde.

Die zweite Einrichtung (KT 15) arbeitet nach einem sehr ähnlichen Konzept. Es handelt sich um einen neuen Kindergarten, der zum Zeitpunkt der Untersuchung erst zwei Jahre bestand. Die Leiterin dieser Einrichtung hatte zuvor mehrere Jahre in dem erstgenannten Kindergarten gearbeitet, sich ihre neuen Kolleginnen mit Einverständnis des Trägers danach ausgesucht, ob diese bereit seien, nach einem solchen Konzept zu arbeiten.

Beide Einrichtungen zeichnen sich dadurch aus, daß sie in differenzierter Weise und in enger Zusammenarbeit mit Eltern die jeweilige Lebenssituation der Kinder in den Gruppen analysieren, Fragen, Interessen, Vorlieben und Probleme der Kinder identifizieren und sie zum inhaltlichen Ausgangspunkt ihrer pädagogischen Arbeit machen. Sie bearbeiten die so gewonnen Inhalte sowohl in Projekten als auch in der sehr bewußt geplanten Gestaltung der alltäglich wiederkehrenden Abläufe im Kindergartengeschehen. Die Beteiligung der Kinder an der Planung von Projekten wie an den Entscheidungen im alltäglichen Zusammenleben ist über ein alters- und entwicklungsgemäßes methodisches Repertoire abgesichert.

Projektthemen der letzten Jahre waren z.B.: ‚Wir fangen gemeinsam neu an' als erstes Projekt in dem neu eröffneten Kindergarten; ‚Krieg und Frieden', ausgelöst durch den Golfkrieg, der bei den Kindern viel Unsicherheit, z.T. Ängste ausgelöst hatte; ‚Einbruch und Diebstahl' – in den Kindergarten war eingebrochen worden; ‚Ich finde mich in meiner Gruppe nicht mehr zurecht' – Kinder hatten nach dem Wechsel der Großen in die Schule und der Neuaufnahme von mehreren kleineren Kindern Schwierigkeiten mit der neuen Gruppenstruktur; ‚Wir kommen in die Schule' – gruppenübergreifend für die Kinder, die in dem Jahr eingeschult werden; ‚Junge und Mädchen' – es waren gehäuft Konflikte zwischen Jungen und Mädchen aufgetreten.

Die Leiterin der einen Einrichtung sagt zur Planung von Projekten aus:

„Wir versuchen das eigentlich so zu machen, wie wir es aus der Erprobungszeit kennen. Aus unserer Sicht Kinder anzuschauen, uns an Informationen von Eltern zu erinnern und das alles zusammenzubringen. Wir haben im Laufe der Zeit gelernt, daß es vernünftig ist, mit kleinen Dingen zu arbeiten, also nicht die ganzen Probleme der Welt auf einmal zu sehen. Es genügt uns und es ist uns auch wichtig zu sagen, daß meinetwegen vier oder fünf Kinder die Hilfe und Unterstützung brauchen. Auf die konzentrieren wir uns. Das heißt nicht, daß die anderen nun unter den Tisch fallen. Sie profitieren auch noch davon und sind für uns präsent. Zu einem anderen Zeitpunkt wird eine andere Geschichte für uns und sie relevant sein" (KT14).

„Planungen werden z.T. für die einzelnen Gruppen gemacht, z.T. sind es aber auch Projekte für die gesamte Einrichtung (z. B. das Projekt ‚Jungen und Mädchen'). Diese Planungen werden nach Möglichkeit schriftlich festgehalten und in der Eingangshalle oder an den jeweiligen Gruppentüren ausgehängt, um die Eltern zu informieren, sie aber auch aktiv in die Planung und Vorbereitung einzubeziehen. Diese detaillierte Planung ist für die Kolleginnen wichtig und nützlich, denn das Formulieren und das zu Papierbringen zwingt sie zu mehr Reflexion und hilft ihnen auch bei der Nachbereitung. Planung für große Projekte haben manchmal bis zu einem Viertel Jahr Vorlauf, bis es zur eigentlichen Projektrealisierung kommt. Die Situationsanalysen für solche Projekte

werden im Team vorgenommen. Sie stützen sich dabei auf eigene Beobachtungen und auf Informationen von Eltern" (K T14).

Traditionelle Elemente der Kindergartenarbeit haben dabei durchaus ihren Platz:

„Es gibt bei uns den traditionellen Grundstock. Ich denke, Fingerspiel ist etwas sehr Elementares für Kinder. Kinder lieben Verse, lieben das gereimte Wort und über die Fingerspiele finden unsere Kleinen den ersten Zugang, so ein Gefühl: Ich gehöre auch dazu, ich kann das ja schon. Deshalb haben wir es auch beibehalten, auch während des Erprobungsprogramms, weil wir uns gesagt haben, es kann nicht angehen, es gibt ja in dieser Weise nicht sofort etwas Ersetzbares. Wir haben auch noch eine ganze Reihe von Kreisspielen. Wir haben darüber diskutiert, wir müßten sie eigentlich viel mehr spielen, weil sie eigentlich Kulturgut sind. Das beginnt verlorenzugehen. Deswegen wollen wir diese uralten Spiele wieder intensivieren. Es kollidiert auch für mich nicht mit dem Situationsansatz. Absolut nicht" (KT 14).

Einen weiteren wichtigen Aspekt ihrer Arbeit sieht sie in traditioneller ebensogut wie in der Projektarbeit zu verwirklichen:

„Ich denke, unsere Aufgabe ist es doch auch, daß wir den Kindern zu einer Arbeitshaltung verhelfen, und daß wir auch schauen, daß sie das, was sie vorhaben auch ausführen. Es gibt z.B. Kinder, die durchaus in der Lage sind, aufgrund ihrer Ausdauer, ihrer Konzentrationsfähigkeit einen ganzen Faden zu verweben (dies bezieht sich auf die Arbeit mit dem Webrahmen). Nun wird manchmal der Webrahmen so als Lückenbüßer geholt. Sie holen sich das als Alibigeschichte und dann sitzen sie davor und dann wird er irgendwann wieder weggebracht. Irgendwann ärgern sie sich, daß der nächste so viel hat und sie so wenig. Und dann glaube ich schon, daß aus so einem Grund die Kollegin gesagt hat: Paß, auf, wenn Du den holst, dann machst Du den Faden, den Du angefangen hast, fertig. Also, daß auch ein Kind das Gefühl hat: Ja, ich habe es erledigt, ich habe es geholt und bringe es wieder weg. Sie können nicht einfach den Webrahmen holen und vielleicht, wenn es nach einer Reihe nicht so geklappt hat, weil evtl. ein Fehler darin sein könnte, dann resignieren sie und schmeißen ihn hin. Wir schauen, daß ein Kind soweit in der Lage ist, sich Hilfe zu holen und zu sagen, zu einem größeren oder einem anderen Kind: Mach' mir mal den Fehler raus. Oder zu uns auch natürlich. Sie sollen das Gefühl haben: Das habe ich jetzt geschafft, nachdem ich mich dafür entschieden habe" (KT 14).

Der Bezug zu den Lebenssituationen der Kinder drückt sich auch darin aus, daß die Kinder den Kindergarten nach und nach mit Material bestückt haben, das sie von zu Hause oder von Unternehmungen mitgebracht haben:

„Wie sehr die Kinder sich die selbsttätige Gestaltung ihres Lebens im Kindergarten zu eigen gemacht haben, zeigt sich auch daran, mit welcher Begeiste-

rung sie immer wieder Sachen mit in den Kindergarten bringen und diese den anderen Kindern und den Erzieherinnen vorführen. Beispiel hierfür ist die Ausstattung in der Naturkundeecke. Die Erstausstattung ging auf die Initiative der Leiterin zurück, inzwischen wird diese Ecke fast ausschließlich von den Kindern selbst bestückt. Sie bringen von zu Hause, auch von Urlaubsreisen solche Dinge mit, von denen sie meinen, daß sie von allgemeinem Interesse sein könnten. Auch die Eltern beteiligen sich an der Bestückung dieser Ecke mit Engagement" (KT 15).

Sechs bis zehn weitere der besuchten Einrichtungen lassen zwar ebenso einen deutlichen Bezug zu Lebenssituationen der Kinder erkennen, kommen aber zu anderen Resultaten in ihrer Arbeit, da sie die Situationsanalysen nicht in der konkreten Weise betreiben, wie dies in den beiden erstgenannten Einrichtungen der Fall ist. Die sich in der Bandbreite sechs bis zehn ausdrückende Nicht-Eindeutigkeit erklärt sich daraus, daß in vier dieser Einrichtungen zwar einige, aber nicht alle Kolleginnen nach einem solchen Konzept arbeiteten. Hier ergibt sich für die Einrichtungen also ein heterogenes Bild. Eine solche Heterogenität fanden wir vor allem in großen Einrichtungen mit mehr als vier Gruppen.

In diesen Einrichtungen bzw. in einem Teil der Gruppen dieser Einrichtungen nehmen die konzeptionellen Überlegungen ihren Ausgangspunkt auch in der Analyse der Situation von Kindern und Familien. Im Unterschied zu den beiden erstgenannten Kindergärten fehlt dabei jedoch z.T. die diskursive Verständigung mit den Eltern und damit die Möglichkeit, die Analysen auf die konkrete Kindergruppe zu beziehen. In der Fachliteratur, in Fortbildungsveranstaltungen und in den Medien haben bestimmte Themen zur Analyse von Kindheit Konjunktur. Das hat zweifellos Vorteile, weil Fragen aufgeworfen, die Wahrnehmung für aktuelle Kindheitsprobleme geschärft und Diskussionen in Gang gesetzt werden. Werden solche auf mehr oder weniger solider Basis gewonnenen pädagogischen, psychologischen oder soziologischen Analysen in der Praxis nicht durch eine genaue Beobachtung der Kindergruppe und den Diskurs mit Eltern ergänzt, besteht die Gefahr, daß Kindern Probleme angedichtet werden, die sie gar nicht haben bzw. Äußerungen von Kindern unangemessen interpretiert werden. Medienkindheit, Konsumkindheit, verplante Kindheit, verhäuslichte Kindheit, verinselte Kindheit, bewegungsverarmte Kindheit, sexueller Mißbrauch von Kindern, Gewaltbereitschaft bei Kindern, Kinder als Tyrannen ihrer Eltern – das sind solche Themen, die nach Aussagen der Erzieherinnen in den vergangenen 15 Jahren stark auf die pädagogische Diskussion in ihren Kindergärten Einfluß genommen haben.

Viele Erzieherinnen der von uns hier zugeordneten Kindergärten haben sich in ihren Konzeptionen von solchen Themen leiten lassen und versuchen, den Kindern im Kindergarten Gegenerfahrungen zu ermöglichen. Wenn die Antwort des Kindergartens auf Medienkindheit heißt, mit Kindern Medien aller Art selbst zu gestalten, sie also als Ausdrucksmittel aktiv zu nutzen und sich Medienprodukte nicht nur vorsetzen zu lassen, – wenn die Antwort auf Konsumkindheit heißt, mit Kindern erlebbar zu machen, was Zufriedenheit ausmacht, – wenn die Antwort auf bewegungsverarmte Kindheit lautet, im Kindergarten vielfältige und jederzeit zugängliche Bewegungsmöglichkeiten zu schaffen, dann ist das eine sinnvolle und begründete konzeptionelle Ausrichtung der Arbeit, die der Entwicklung jedes einzelnen Kindes zugute kommt.

Wenn die heimliche Botschaft der Erzieherinnen an die Kinder aber heißt und das waren Beobachtungen bei einzelnen Erzieherinnen dieser Kindergärten: wir haben jetzt hier im Kindergarten auszubaden, daß Deine Eltern Dich das ganze Wochenende vor dem Fernseher haben sitzen lassen, daß Deine Mutter Dir wieder eine Milchschnitte zum Frühstück mitgegeben hat, daß Deine Mutter Dich immer mit dem Auto zum Kindergarten fährt – dann manifestiert sich eine Kluft zwischen Erzieherinnen und Eltern, die das Kind spürt und letztlich alleine auszubalancieren hat.

Die Verständigung mit den Eltern und eine grundsätzliche und deshalb nicht kritiklose Akzeptanz ihrer Lebenssituation und ihrer Entscheidungen, stellt offensichtlich eine der höchsten Hürden für die Realisierung eines an Lebenssituationen von Kindern und Familien orientierten Kindergartenkonzeptes dar.

Die übrigen Kindergärten greifen Themen aus dem Leben der Kinder nur manchmal und zwar dann auf, wenn es Themen sind, die die Erzieherinnen selbst für wichtig halten. Die Auswahl des Themas richtet sich dabei nicht an Beobachtungen oder Äußerungen der Kinder aus. Beispiele für solche Themen sind: ‚Kinder kommen in die Schule', ein Zahnarztprojekt – weil die Erzieherin meinte, daß die Kinder zu viele Süßigkeiten essen; ‚Wohnen' – mit Besuchen der Kindergruppe in den Familien und immer wieder ‚Verkehr'. Vermieden werden ‚heikle Themen':

> *„Bei der Frage, wie der soeben stattgefundene Unfall in dem benachbarten Chemiewerk im Kindergartenalltag verarbeitet werden kann (es waren große Mengen giftiger Gase ausgetreten), bemerken die jungen Erzieherinnen, daß sie darauf keine Antwort wüßten. Das sei auch eher Elternsache, da der Unfall ‚drüben in G.' (viele Kinder wohnen dort) größere Auswirkungen habe. Hier im Stadtteil habe man keinen Niederschlag gehabt. Außerdem sei das ein Thema wie der ‚Golfkrieg', das könnten Kinder auch nur schwer verstehen. Die älteren Kolleginnen sehen das anders, aber sie wissen auch nicht, wie man das aufarbeiten kann. Das Thema wäre sehr sensibel anzugehen, da die meisten Väter in diesem Chemiewerk arbeiten"* (KT 11).

Diese Kindergärten orientieren sich in ihrer Arbeit in erster Linie wieder oder noch immer am jahreszeitlichen Rhythmus, an Festen und Feiern oder an dem, ‚was der Tag so bringt'. Dies geht bis zur völligen Beliebigkeit in der Auswahl von Beschäftigungen, z.B. dem Basteln von Fröschen, weil die Erzieherin gerade eine Bastelanleitung in einer Zeitschrift entdeckt hatte.

Fazit

Obwohl heute die meisten Erzieherinnen behaupten, daß sie ihre pädagogische Arbeit an den Interessen und Bedürfnissen der Kinder orientieren würden, – dies ist eine Formulierung, die aus der Kindergartenreform gelernt wurde –, zeigen unsere Ergebnisse, daß nur in seltenen Fällen die jeweiligen Interessen und Bedürfnisse durch eine gründliche Analyse der Lebenssituation von Kindern ermittelt werden. Hier fehlt es ganz offensichtlich an Hilfestellungen dazu, wie eine Situationsanalyse erarbeitet werden kann.

Erzieherinnen neigen eher dazu – sofern sie ihrer Arbeit überhaupt einen thematischen Bezug zugrunde legen, solche Themen aufzugreifen, die gerade modern sind. Zu solchen Themen finden sie in der Fachliteratur und in Fortbildungen konkrete Anregungen, die ihnen die Arbeit erleichtern. Dies ist verständlich. Fachliche Beratung müßte jedoch absichern, daß dabei die konkrete Situation in der jeweiligen Kindergruppe Berücksichtigung findet und Themen nicht aufgestülpt werden.

Eine andere Gruppe von Erziehrinnen sieht in dem allgemein anerkannten Postulat nach Orientierung an den Interessen und Bedürfnissen der Kinder eine Legitimation für planerische Abstinenz. Sie warten ab, was von den Kindern kommt und gehen nach eigenen Aussagen spontan darauf ein. Bei einer solchen Arbeitsweise ist zu befürchten, daß nur ein geringer Teil kindlicher Interessen und Bedürfnisse überhaupt wahrgenommen wird. Die reaktive und bloß abwartende Haltung der Erzieherinnen führt in der Konsequenz zu einer Unterforderung der Kinder, die sich entweder in einem Klima der Langeweile oder in einem hektischen Drucheinander äußert. Solchen Erzieherinnen scheint jegliches Ziel ihrer Arbeit abhanden gekommen zu sein; es geht ihnen nur noch darum, den Tag einigermaßen über die Runden zu bringen.

6.2 Verbindung von sozialem und sachbezogenem Lernen

Dem Situationsansatz liegt ein Lernbegriff zugrunde, der die Aneignung kognitiver und instrumenteller Fähigkeiten als einen sozialen Prozeß betrachtet. Da die Anwendung erworbener Fähigkeiten und Fertigkeiten immer in sozialen Kontexten geschieht, ist es sinnvoll, auch den Prozeß der Aneignung in seinem sozialen Kontext zu begreifen und zu gestalten. Statt Fähigkeiten und Fertigkeiten aus ihrem Anwendungs- bzw. Handlungsbezug zu isolieren, sie nach lerntheoretischen oder entwicklungspsychologischen Disziplinkategorien zu segregieren, um sie dann in abstrakten, sinnentleerten Übungen zu trainieren, ist der Grundgedanke der Verbindung von sozialem und sachbezogenem Lernen der umgekehrte: die in den verschiedenen Wissenschaftsdisziplinen geronnenen Erkenntnisse und Erfahrungen sollen in die Gestaltung der sozialen Prozesse in der Kindergruppe hereingeholt, auf sie bezogen und damit in ihrem Wert erfahrbar werden.

Dies beinhaltet eine Vorstellung vom Kind als einem Subjekt, das seine Lebenssituationen aktiv mitgestaltet. Der Bezug zu Lebenssituationen von Kindern und die Verbindung von sozialem und sachbezogenen Lernen finden hier ihren Zusammenhang.

Wenn Kinder Fragen, Probleme, Vorstellungen und Wünsche aus ihren Erfahrungs- und Erlebnishintergründen ausdrücken, dann ist zu untersuchen, welche Kompetenzen sie benötigen, um aufgeklärte Antworten auf ihre Fragen, Lösungs- oder Bewältigungsversuche zu erhalten. Die Erfahrungs- und Erlebniswelt der Kinder bestimmt so den Inhalt dessen, was sie lernen. Nicht enzyklopädisch aneinandergereihtes und abfragbares Wissen, nicht auf Aufforderung vorzeigbare Fertigkeiten sind das Ziel eines so begriffenen Lernprozesses, sondern die Fähigkeit, in realen Situationen autonom, kompetent und solidarisch mit anderen zu handeln bzw. sich zu verhalten. Dabei wird davon ausgegangen, daß Kinder die in konkreten Erfahrungs- und Erlebniszusammenhängen erworbenen Kompetenzen leichter und besser in die Gestaltung neuer oder anderer Situationen transferieren können als dies beim isolierten Training von Fähigkeiten und Fertigkeiten der Fall wäre.

Dies ist gemeint, wenn in den früheren Veröffentlichungen zum Situationsansatz von einem Primat des sozialen Lernens oder von der Unterordnung sachbezogenen Lernens unter das soziale Lernen die Rede ist.

Nicht gemeint – aber doch oft so verstanden – ist, daß sachbezogenes Lernen nicht so wichtig sei, daß es im Kindergartenalter ‚nur' um die Förderung sozialer Fähigkeiten gehen solle.

An die Erzieherinnen stellt ein solcher Lernbegriff hohe Anforderungen. Sie muß sich auf immer neue Fragen der Kinder einstellen und kann nicht mehr einem einmal aufgestellten Rahmenplan folgen. Sie ist nicht mehr diejenige, die immer schon vorher weiß, was sie den Kindern wie beibringen will, sondern sie wird häufig selbst vor Fragen stehen, auf die sie keine passende Antwort hat. Von ihr wird vielmehr verlangt, daß sie Strategien hat, wie man an das Wissen und die Fähigkeiten kommen kann, die in einer konkreten Situation benötigt werden. Sie ist insofern immer Mitlernende.

In immerhin 12 der von uns besuchten 39 Einrichtungen haben wir Beispiele dafür gefunden, wie eine Verbindung von sozialem und sachbezogenem Lernen in der Kindergartenpraxis gestaltet werden kann. Dabei ist die bewußte Herleitung von auf die Aneignung von Sachkompetenzen gerichteten Zielen aus sozialen Kontexten keineswegs durchgängiges und in den Konzeptionen verankertes Prinzip. Hier mangelt es an klaren durch Ausbildung, Fortbildung und Beratung vermittelten grundsätzlichen Orientierungen in der Kindergartenpädagogik. Die didaktischen Einheiten des Curriculums ‚Soziales Lernen‘ und der ‚Elementaren Sozialerziehung‘ hatten hier eine wichtige Vermittler-Funktion. Sie werden in sieben der genannten zwölf Einrichtungen auch heute noch als Materialien genutzt, und die Erzieherinnen dieser Einrichtungen bedauern es auch, daß es keine Aktualisierung dieser Curricula gibt. Erzieherinnen, die den Anspruch formulieren und umzusetzen versuchen, Kindern die Aneignung von Sachkompetenzen in sozialen Zusammenhängen zu ermöglichen, sind auf ihren eigenen Erfindungsreichtum angewiesen. Sie nutzen die ‚alten Materialien‘ sozusagen als Steinbruch, aus dem sie schöpfen und von dem sie sich inspirieren lassen. Sie bemängeln, daß sie so wenig Gelegenheit haben, neue Erfahrungen in damalige zu integrieren und daß sie keine Möglichkeiten haben, ihre aktuellen Praxiserfahrungen in einen erneuten Curriculumsentwicklungsprozeß einzubringen.

Die im folgenden beschriebenen Beispiele aus den besuchten Einrichtungen erhellen somit einzelne, in der Praxis vorgefundene Aspekte des Zusammenhangs von sozialem und sachbezogenem Lernen.

„‚Kleidung‘: Dieses Projekt wurde von der Erzieherin initiiert, da viele Kinder in der Gruppe, besonders Mädchen, großen Wert auf Kleidung legten und sie den anderen Kindern ‚vorzeigten‘. Das Ziel des Projekts war, das ‚Angeben‘ mit Kleidung abzubauen und aufzuzeigen, daß sich andere Menschen und Kulturen unterschiedlich kleiden. Die Gruppe besuchte eine Kleiderfabrik und ein Lederwarengeschäft. Kleider wurden aus Papier ausgeschnitten, Kordeln für Kleidung wurden gebastelt.

‚Bücher‘: Der Anlaß war, daß die Kinder mit Büchern lieblos umgingen. Das Ziel war, den Wert der Bücher zu steigern. Dazu druckten die Kinder selber ein Buch.

‚Müll/ Müllvermeidung‘: Der Müll in den Mülleimern der Einrichtung wurde sortiert, Papier und Plastik wurde getrennt. Die Kinder bauten eine Mülltonne aus Papier. Der Müll der Gruppen wurde an eine Pinnwand geklebt, um mit den Kindern herauszufinden, welchen Müll man meiden kann, z.B. Getränkepäckchen. Ein Buch zum Thema ‚Wo der Müll hingelangt‘ wurde gelesen. Der Teufelsberg = Müllberg und das Ökowerk am Teufelssee wurden besichtigt.

‚Bewahrung der Schöpfung‘: Thema: Arche Noah; daraus entwickelte sich das Thema ‚Umweltschutz‘: eine Gruppe legte im Garten ein Beet an, eine andere Gruppe legte einen Komposthaufen an, andere Gruppe besuchten das Gelände der ehemaligen Bundesgartenschau.

Aktuelles Projekt: ‚Wohnen‘

Anlaß: Erzieherinnen beobachteten, daß Kinder häufig aus Holzklötzen und Kartons Häuser bauten.

Durchführung: Bearbeitung eines Kindersachbuchs zum Thema: ‚Wie leben wir in unserer Stadt‘; Dias von Kindern in Bogota, die in Wellblechhüt-

*ten leben, wurden gezeigt; Wohnungen von Kindern, ein Architekturbüro eines Vaters und eine Baustelle wurden besucht; die Räume des Kindergartens wurden genauestens angesehen und ausgemessen und die Kinder haben versucht einen Grundriß zu zeichnen; Gespräche darüber, wo und wie die Kinder wohnen; die Kinder brachten Kartons mit, um ihre Traumhäuser zu gestalten.
Ziel: Kinder sollen erfahren, wie die anderen Kinder wohnen und sich dadurch besser kennenlernen. Am Endes des Projekts soll eine Ausstellung der Häuser im Mehrzweckraum stattfinden"* (alle Beispiele KT 5).

*„Beim Frühstück wurde festgelegt, welche Kinder heute an den unterschiedlichen Aktionen teilnehmen – es stehen zur Auswahl: Schreiben eines Briefes an David, Backen mit der Praktikantin in der Küche oder Freispiel mit der Zweitkraft.
Die acht älteren Kinder gehen mit der Erzieherin in den Altbau, um dort in einem Hortraum, der am Vormittag ungenutzt ist, an ihren Freund David, der mit seiner Mutter bis Weihnachten in Leipzig ist, einen Brief zum Geburtstag zu schreiben. Es wird ein großer Tisch zusammengestellt und dann gemeinsam sondiert, was alles in den Brief geschrieben werden muß: ‚Wir müssen seine Anschrift wissen', ‚Wir müssen aufschreiben, was wir gemacht haben', ‚Wir müssen ein Geschenk schicken'. Das sind alles Vorschläge und Hinweise, die von den Kindern gemacht werden.
Die Erzieherin nimmt sich sehr viel Zeit, um mit den Kindern zu besprechen, wie das alles umgesetzt werden muß, wie man einen Brief schreibt, und wie ein Brief unterwegs ist. Es wird eine kleine didaktische Schleife zum Thema ‚Post', ‚Briefe schreiben', ‚Was macht der Postbote?' und ‚Paket schicken'.
Die Kinder sind sehr konzentriert und bringen von sich aus immer wieder neue Ideen. Sie hören einander zu und gehen aufeinander ein. Die Erzieherin lenkt gezielt, aber nicht dominierend das Gespräch und bietet allen Kindern die Möglichkeit, zu Wort zu kommen. Die Vorbereitungen zum Schreiben des Briefes dauern etwa 20 Minuten. Danach beginnt die Mal- und Schreibaktion. Die Kinder können nach ihren eigenen Intentionen das malen, was sie David gerne mitteilen wollen. Die Erzieherin gibt nur bei Bedarf Hilfestellung und begleitet die gesamte Aktion weiter mit Fragen oder positiven Unterstützungen für einzelne Kinder. Alles läuft in ruhiger Atmosphäre ab, die Kinder unterstützen sich gegenseitig und tauschen sich aus. Zwischendurch fragt die Erzieherin, ob die Kinder Wünsche haben, ob sie etwas brauchen. Die hauptsächliche Kommunikation verläuft in dieser Phase jedoch zwischen den Kindern.
Auf die fertigen Bilder wird jeweils ein individueller und von den Kindern vorgegebener Text von der Erzieherin geschrieben. Die fünfjährige Franziska hat selbst etwas daraufgeschrieben, was allerdings nicht gut lesbar ist: ‚Sollen wir das nochmal zusammen schreiben?'. Beim Einsammeln aller Bilder der Kinder werden sie von der Erzieherin begutachtet und mit einem Feedback versehen. Sie läßt sich dabei sehr viel Zeit und geht in aller Ruhe auf jedes einzelne Kind ein"* (KT 10).

Neben solchen projektbezogenen Ansätzen zur Verbindung von sozialem und sachbezogenen Lernen nutzen die hier genannten Kindergärten die alltäglichen

Vorgänge des Zusammenlebens zu einem bewußten und gezielten Erwerb von Sachkompetenzen.

Zum Beispiel haben die Erzieherinnen in der KT 15 eine ausgefeilte Methode entwickelt, nach der die Kinder ihren Frühstücksplan gestalten.

"An einem Holzgestell sind fünf Leisten angebracht. Auf jeder Leiste ist links in großen Buchstaben der Wochentag geschrieben. Jeder Tag ist durch eine andere Farbe gekennzeichnet. Zusätzlich sind die Wochentage durch Punkte gekennzeichnet: der Montag mit einem Punkt, der Dienstag mit zwei Punkten usw.

Eine Kleingruppe von Kindern ist jeweils für die Frühstücksgestaltung einer Woche zuständig. Die Kinder haben hierzu alle möglichen Frühstückszutaten aus Zeitschriften ausgeschnitten und auf Bildkarten geklebt. Aus diesem Fundus wählt die zuständige Kindergruppe das Frühstück für die Woche aus und steckt die entsprechenden Bildkarten in die Leisten. Dabei achten sie darauf, daß das Frühstück abwechslungsreich und auf die Woche verteilt nicht zu teuer wird. Die Kinder kaufen die ausgewählten Zutaten mit einer der Erzieherinnen gemeinsam ein und wissen daher, welche Zutaten mehr und welche weniger kosten. Manche Zutaten stellen die Kinder in der Kinderküche selbst her – sie kochen z.B. im Sommer Marmeladen und Kompotte ein, backen manchmal ein Brot selbst. Durch die Gespräche bei der Gestaltung des Frühstücksplans erklären sich die Kinder gegenseitig, welche Nahrungsmittel gesund bzw. weniger gesund sind. Auch wenn sich die Kinder bei der Auswahl in erster Linie davon leiten lassen, was ihnen schmeckt, beeinflussen diese Informationen die Auswahl. So achtete die von uns beobachtete Gruppe darauf, daß neben der Schokocreme als Brotaufstrich auch Rohkost angeboten wird – ‚wegen der Vitamine'.

Durch die auf vierfache Weise verdeutlichte Unterscheidung der Wochentage – Reihenfolge, Schrift, Farbe, Punktanzahl – lernen die Kinder ‚nebenher' die Wochentage kennen, ohne daß es einer gesonderten Übung bedarf. Beim Einkauf lernen sie, welche Mengen an Lebensmitteln sie benötigen, wie man diese Mengen bezeichnet; sie lernen den Umgang mit Geld durch Preisvergleiche. Sie erlangen ernährungswissenschaftliches Wissen in ihren Diskussionen. Sie erfahren, welche Lebensmittel immer frisch geholt werden müssen und welche auf Vorrat gekauft werden können. Sie erlernen die Zubereitung und eignen sich dabei vielerlei Fertigkeiten an. Dies alles dient einer alle Kinder des Kindergartens zufriedenstellenden Frühstückssituation" (KT 14).

Die Beteiligung der Kinder an den notwendigen Alltagstätigkeiten sehen die meisten der hier genannten Einrichtung als gute Möglichkeit der Verbindung von sozialem und sachbezogenem Lernen; so durchdacht wie im zitierten Beispiel ist dies jedoch selten.

Eine weitere, jedoch weit seltener genutzte Möglichkeit ist die Beteiligung der Kinder an der Raumgestaltung (vgl. 6.7).

Während in den bisher genannten Beispielen die Verbindung von sozialem und sachbezogenem Lernen als geplanter pädagogischer Prozeß begriffen wurde, fanden wir zahlreiche pädagogische Aktivitäten, die solche Lernmöglichkeiten enthalten, ohne daß dies den Erzieherinnen so bewußt war. Diese Erzieherinnen gaben bei unseren Nachfragen bezüglich der mit den Aktivitäten verbundenen Ziele ausschließlich die Förderung sozialer Fähigkeiten an. Der damit einhergehende Erwerb von Sachkompetenzen wird in der nachträglichen Betrachtung vielleicht noch gesehen, ihm wird jedoch keine besondere Wichtigkeit beigemessen – er geschieht im Bewußtsein der Erzieherinnen beiläufig. Auf diese Weise werden Lernmöglichkeiten, die in der thematisierten Situation vorhanden sind, oftmals verschenkt.

„Ausgangspunkt für die Erzieherinnen war: 13 Kinder kommen neu in die Gruppe, Kinder spielen in kleinen Gruppen, sie wollen ihnen bewußt machen, wie groß die Gruppe ist und wieviele Menschen dazugehören. Ausgehend vom Bilderbuch „Freunde" von Helme Heine werden verschiedene Aktivitäten angeboten und anschließend als Projektergebnis ausgehängt:

* *drucken eines Händekreises;*
* *Gespräche über Freunde;*
* *eine Plakatreihe „Unsere Körper stehen nebeneinander" (sie hängt im Flur);*
* *herausfinden, welche sind meine Freunde hier in der Gruppe – wer hat keine Freunde in der Gruppe;*
* *zwischen Kindern, die sich noch nicht gut kennen, Patenschaften verabreden, sich zu Hause besuchen, Freunde einladen.*

Täglich gibt es meistens um 10.00 Uhr einen kleinen Gesprächskreis, an manchen Tagen um 11.00 Uhr, um sich über das Thema auszutauschen an dem gerade gearbeitet wird. Die Kinderzeichnungen, die in der Zeit entstehen, werden auf der Wand über der Bauecke ausgehängt. Jedes kleine Thema wird mit einer gemeinsamen Aktion beendet. Z.B. ein Kreis gedruckt aus den Hand- und Fußabdrücken der Kinder, dann Körperumrisse ausschneiden, aufmalen und im Flur aufhängen u. s. w." (KT 18).

In wieder anderen Gruppen versuchen die Erzieherinnen zwar Sachkompetenzen in thematischen Zusammenhängen zu fördern, die aus dem Erfahrungsbereich der Kinder stammen, vernachlässigen dabei aber die konkreten sozialen Kontexte. Die Themen sind dann ‚aufgesetzt' – sie werden von den Erzieherinnen ausgewählt, häufig aufgrund von Anregungen aus der Fachliteratur, sie sind jedoch nicht mit Fragen oder Vorstellungen der Kinder verbunden.

„Nun leitete die Erzieherin zu der für diesen Tag von den Erzieherinnen vorbereiteten Projektarbeit über: Am Montag hatten alle Gruppen mit dem ‚Kartoffelprojekt' begonnen, das bis zu den Herbstferien dauern sollte.
Am Vortag waren die Kinder (und auch die Eltern – per Brief) gebeten worden, eine ‚witzig' gewachsene Kartoffel für den Schaukasten in der Eingangshalle mitzubringen. Die Kinder, die eine Kartoffel mitgebracht hatten, wurden von der Erzieherin gebeten, im Stuhlkreis herumzugehen und ihre Kartoffel zu zeigen. Anschließend wurden die Kinder aufgefordert, die Kartoffeln in die Hal-

le zu bringen. Gemeinsam ging man dorthin, und ohne längere Gespräche marschierten wir wieder zurück in den Gruppenraum. Dort gings dann mit einem ‚Schmeckspiel' weiter.
Die Kinder sollten ihre Augen schließen. Dann durfte immer ein Kind (freiwilliges Melden per Handzeichen, Auswahl durch Erzieherin) nach vorn zur Erzieherin kommen, die nun an dem geheimnisvollen Tisch mit dem Tuch saß, unter dem sie unterschiedliche Kartoffelspeisen verbarg. Die Erzieherin gab dem Kind kleine Kostproben davon zu essen und es sollte raten, was es da aß. Die Kinder hatten Spaß daran, wurden mit der Zeit jedoch etwas ungeduldig, weil sie ihre Augen immer noch geschlossen halten sollten (auch die Kinder, die im Kreis saßen. Kontrolle durch die anderen Erzieherin). Anschließend ging eine Erzieherin mit den verschiedenen Speisen im Kreis herum und die Kinder konnten sich davon nehmen.

Nachdem die Stimmung immer unruhiger wurde, gab die Erzieherin das Zeichen für das Ende des Stuhlkreises: ‚alle Kinder gehen Händewaschen!' – die Kinder stürmten aus dem Raum.

Der Morgenkreis hatte starken Unterrichtscharakter und verlief erzieherzentriert: Es sprach hauptsächlich die Erzieherin. Sie stellte Fragen (z.B. ‚wo hast du die Kartoffel gekauft?'), kommentierte das Geschehen oder die Reaktionen der Kinder, setzte für die einzelnen Aktionen den Anfang und das Ende. Die Kinder konnten meistens nur auf Fragen der Erzieherin Antworten geben, hatten jedoch keine/kaum Möglichkeit, darüber hinaus etwas erzählen oder etwas ‚nicht-geplantes' einzubringen. Die Kinder stellten sich untereinander so gut wie keine Fragen, unterhielten sich auch kaum" (KT 9).

In sieben der von uns besuchten Kindergärten konnten wir keinerlei Spuren einer Verbindung von sozialem und sachbezogenem Lernen finden. Hier wechselten sich ‚Beschäftigungen' wie Basteln nach irgendwelchen Schablonen, Falten, Ausschneiden vorgegebener Motive mit Freispielsituationen ab, bei denen die Kinder sich selbst überlassen blieben und aus dem vorhandenen Repertoire an Tischspielen oder Baumaterialien auswählen konnten.

Fazit

Es scheint, als habe die mit der Kindergartenreform intendierte Abkehr vom isolierten Training kognitiver Fähigkeiten und funktionaler Fertigkeiten in der überwiegenden Anzahl von Kindergärten zu einer Abwehr von sachbezogenem Lernen überhaupt geführt. Neben ideologischen Gründen – der Abgrenzung gegenüber allem, was nach schulischem Lernen aussehen könnte, liegt eine der Hauptursachen dafür wiederum in dem Fehlen gründlicher Situationsanalysen. In ihnen wäre systematisch zu erschließen, welche Wissensbestände die Bearbeitung einer Situation mit Kindern einer bestimmten Entwicklungsstufe befördern könnte. Die Planung der Arbeit würde sich dann auch darauf beziehen, diese Wissensbestände unter Zuhilfenahme der entsprechenden Bezugsdisziplinen zu erschließen. Ein solches Vorgehen, wie es idealtypisch der Curriculumtheorie des Situationsansatzes entspricht, scheint weder in der Ausbildung noch in Fortbildung und Beratung vermittelt zu werden. Hier herrscht ein dringender Nachholbedarf.

6.3 Altersmischung

Nach Abschluß der dem Erprobungsprogramm vorausgegangenen Modellversuche, die noch stark durch die Frage der Zuordnung der Fünfjährigen in Kindergarten oder Schule bestimmt waren, empfahlen die meisten Bundesländer, die Kindergartenkinder in altersgemischten Gruppen zusammenzufassen.

Altersmischung galt und gilt auch als eines der Wesensmerkmale der Arbeit nach dem Situationsansatz. Als Begründungen werden genannt:

* die Zusammensetzung der Gruppen mit Kindern verschiedener Alters- und Entwicklungsstufen scheint besonders geeignet, die Eigentätigkeit der Kinder zu fördern;
* der unterschiedliche Erfahrungs- und Entwicklungsstand der Kinder unterstützt ein Voneinanderlernen; die Kinder sind weniger auf die Erzieherin angewiesen und erleben sich selber stärker in ihren bereits erworbenen Kompetenzen;
* Kinder in altersgemischten Gruppen treten weniger in Konkurrenz zueinander als in altersgleichen Gruppen. Das einzelne Kind erhält mehr Spielraum für seine individuelle Entwicklung, Außenseiterpositionen werden vermieden;
* Altersmischung zwingt zur Differenzierung der Arbeit und zu einem vielfältigen Materialangebot. Damit wird der Forderung nach einer an den Interessen und Bedürfnissen orientierten Individualisierung Rechnung getragen;
* im Verlaufe ihres Kindergartenlebens erleben sich die Kinder sowohl in der Rolle der Jüngeren wie in der Rolle der Älteren. Sie können so ein breiteres Spektrum an Rollenkompetenzen erwerben;
* die altersgemischte Gruppe unterstützt insbesondere die Empathieentwicklung – Unterschiedlichkeiten und Andersartigkeiten können besser verstanden und akzeptiert werden;
* jüngere Kinder erhalten vielfältige Lernimpulse von den älteren; die älteren vertiefen und festigen erworbene Fähigkeiten und Fertigkeiten, indem sie sie an die jüngeren weitergeben
(vgl. Haberkorn 1994, Petersen 1989, Hauke 1987).

Die Altersmischung als Prinzip der Gruppenorganisation in Kindergärten hat sich offensichtlich breit durchgesetzt. Lediglich die kommunalen Einrichtungen in Berlin und Bremen haben auch noch lange Zeit nach der Reformphase an der Arbeit mit altersgleichen Gruppen festgehalten. In Berlin läuft seit einigen Jahren ein Prozeß der Umstellung; Bremen hat kurz vor dem Zeitpunkt unserer Untersuchung Altersmischung durch einen Beschluß der zuständigen Behörde als durchgängiges Prinzip verordnet, den Umstellungsprozeß durch den Aufbau eines Fachberatersystems sowie durch Fortbildungsangebote unterstützt.

Während zu Beginn des Erprobungsprogramms noch knapp die Hälfte (365 von 802) der beteiligten Kindergruppen altersgleich zusammengesetzt waren (vgl. DJI 1979, Teil 1, S. 17), fanden wir bei unserer Studie einen weit größeren Anteil von altersgemischt arbeitenden Einrichtungen. Nur noch eine Einrichtung (Berlin) arbeitete mit altersgleichen Gruppen; eine weitere hatte sowohl altersgemischte wie altersgleiche Gruppen (ebenfalls Berlin); in 33 Einrichtungen waren die Kinder im Kindergartenalter altersgemischt; in zwei Einrichtungen waren Kindergartenkinder und Schulkinder in Gruppen zusammengefaßt; eine Einrichtung arbeitete mit Gruppen, in denen Kinder von null bis sechs Jahren zusammenleben und eine Einrichtung praktizierte die große Altersmischung, d.h. hier waren Kinder vom Krippen- bis zum Grundschulalter in den Gruppen.

Mit Ausnahme der Länder Berlin und Bremen, in denen Pro und Contra zur Altersmischung wegen der laufenden oder gerade erst abgeschlossenen Umstellung in der fachöffentlichen Diskussion, in Fortbildung und Beratung ein aktuelles Thema ist, war die Altersmischung innerhalb des Kindergartens zur Selbstverständlichkeit geworden. In den Konzeptionen – soweit sie schriftlich vorliegen – wird hierzu selten und wenn, dann oft sehr lapidar eine Aussage getroffen:

"Wir bilden altersgemischte Gruppen, denn u.E. sind die Erfahrungs- und Handlungsmöglichkeiten größer als in einer Gruppe Gleichaltriger" (KT 13).

Etwas ausführlicher beschreiben die folgenden Konzeptionen Vorstellungen, die mit der Altersmischung verbunden werden:

"Es ist allgemein bekannt, daß die ersten Lebensjahre für die Entwicklung der kindlichen Persönlichkeit von ausschlaggebender Bedeutung sind. Die Familie bietet die erste wichtige Stätte, in der das Kind Liebe, Sicherheit und Anerkennung erhält, seine ersten grundlegenden Bedürfnisse befriedigt, aber auch soziale Verhaltensweisen erlernt, sich sprachliche, motorische und intellektuelle Fähigkeiten aneignet.
In der Regel steht die Familie heute jedoch in Gefahr, v.a. die sozialen und emotionalen Kontaktmöglichkeiten des Kindes einzuschränken. Wir meinen, daß der Kindergarten hierfür eine sinnvolle familiäre Ergänzung zur Förderung der kindlichen Entwicklung bietet. Wir halten deshalb einen frühzeitigen Eintritt des Kindes in den Kindergarten durchaus für förderlich. Unser Kindergarten ist deshalb für die Altersgruppen 3- bis 6-Jähriger gedacht. Die Gruppen sind altersgemischt, was z.B. ein Einüben in soziale Fähigkeiten wie Hilfsbereitschaft, Rücksichtnahme und Solidarität, aber auch Ein- bzw. Abschätzen eigener Fähigkeiten und Fertigkeiten möglich macht" (KT 22).
"Unsere Tagesstätte ist ein Ort des spielerischen Lernens in Geborgenheit. Unsere Arbeitsweise ist das situationsbezogene Arbeiten in der altersgemischten Gruppe, d.h. Gruppenthemen entwickeln sich aus den Bedürfnissen der Kinder und Beobachtungen der Erzieherinnen und werden in methodischer Vielfalt mit den Kindern erarbeitet.

> *Unser Schwerpunkt der Arbeit ist das Soziale Lernen:*
> * *Selbständige Sorge für die eigene Person*
> * *Selbständigkeit im Zusammenleben mit der Gruppe:*
> a) *eigene Bedürfnisse zu erkennen und mitzuteilen*
> b) *sie zurückstellen, wenn diese der Gemeinschaft schaden*
> c) *Leistungen anderer Kinder anzuerkennen*
> d) *sich in andere hineinzuversetzen und eigene Schwächen zu ertragen*
> e) *offen auf Neues zugehen.*
>
> *Fertigkeiten, Fähigkeiten und Kenntnisse sind notwendig, um selbständig handeln zu können. Um diese zu erwerben, sind bestimmte Voraussetzungen vorhanden:*
> * *die altersgemischte Gruppe*
> * *die Aufteilung der Räume*
> * *freies Verfügen über die Materialien*
> * *freies Entscheiden innerhalb der Gruppe, was, mit wem und wie lange ich spiele"* (KT 19).

Auf unsere Nachfragen, wie die Altersmischung in der Planung der pädagogischen Arbeit berücksichtigt wird, finden sich immer wieder ähnliche Antworten. Hervorgehoben wird die Arbeit in Kleingruppen und die Entscheidungsmöglichkeit der Kinder, sich an den angebotenen Tätigkeiten so lange beteiligen zu können, wie sie interessiert daran sind.

> *„Projektarbeit ist ein wesentlicher Baustein der pädagogischen Arbeit, ebenso wie die Kleingruppenarbeit – auch dies ein Ergebnis des Erprobungsprogramms. Gruppenarbeit wird mehr binnendifferenziert gestaltet. Dies ist auch möglich, wenn nur eine Erzieherin in der Gruppe arbeitet. Der Tagesablauf wird mehr auf die Kinder abgestimmt.*
>
> *Eine Notwendigkeit für die Kleingruppenarbeit ergibt sich auch aus der Altersmischung in den Gruppen. Altersgemischte Gruppen gibt es schon seit zehn Jahren, zunächst einmal heimlich, die entsprechenden Listen mußten ‚gefälscht' werden (in Bremen selbst ist die Altersmischung erst seit zwei Jahren verordnet und war vorher nicht zugelassen). Anlaß für die Altersmischung war damals ein sogenannter ‚Pillenknick': zu wenige Kinder, also wurden die Gruppen mit jüngeren Kindern aufgefüllt. Später erst kamen dann auch pädagogische Überlegungen, wie sie auch im Erprobungsprogramm angestrebt waren, dazu. Als weitere Auswirkung des Erprobungsprogramms kann angesehen werden, daß die Erzieherinnen nach wie vor Entwicklungsberichte über die Kinder schreiben. Sie tun dies nicht, weil es gefordert wird, sondern für die eigene Arbeit, weil sie es für notwendig halten, zu wissen, wo die Kinder stehen, um auch entsprechend planen zu können. Sie greifen noch sehr oft auf das Curriculum ‚Soziales Lernen' zurück, weil manche Themen durchaus noch aktuell sind (‚Große und kleine Kinder' wird als Beispiel angeführt), als Materialfundus und Ideenpool sind sie sehr gefragt: ‚Ich bin sehr froh, daß wir sie haben'. Nicht alles ist aktuell, da die Kinder sich auch verändert haben (Fernseh-Videokinder, problematischer Stadtteil), aber die Wichtigkeit von bestimmten Themen wie z. B. ‚Spiel' ist nach wie vor bren-*

nend, vielleicht sogar aktueller denn je. Neue Kolleginnen oder auch Praktikantinnen werden auf die ‚Gelben Ordner' hingewiesen: ‚Das ist unser geistiger Background!'. Sie können sich die Ordner ausleihen" (KT 10).

Nur noch eine weitere Einrichtung hält es für notwendig, den individuellen Entwicklungsstand der Kinder in einem Gruppenbuch fortzuschreiben, um zu überprüfen, ob sie mit ihren Angeboten allen Kindern Rechnung tragen. Beide Einrichtungen, die solche Entwicklungsberichte schreiben, sind Integrationseinrichtungen. Das ihnen vermittelte Integrationskonzept beinhaltet eine solche Vorgehensweise, die nicht nur den behinderten Kinder, sondern allen Kindern der Gruppe zu Gute kommt. Die Prinzipien der Integration können dabei auch als Prinzipien der Arbeit mit altersgemischten Gruppen gelten (und umgekehrt), geht es doch in beiden Fällen darum, den individuellen Entwicklungsstand der Kinder zu beobachten und die Planung darauf abzustimmen.

Eine ganz andere Arbeitsweise beobachteten wir in einer der Einrichtungen, die (z.T.) noch mit altersgleichen Gruppen arbeiten:

„An beiden Besuchstagen ist in den Gesprächen mit den Erzieherinnen wenig zu erfahren, welche Vorstellungen sie überhaupt von der Entwicklung von Kindern haben. ‚Psychomotorik' scheint der große Schlager zu sein und alles konzentriert sich auf das gruppenübergreifende Angebot einer Erzieherin und auf die ‚Turnstunden' der Bewegungserzieherin. Sie wird für einen Vormittag über Honorarmittel bezahlt.
Der Vorschulerzieher macht als Einziger den Eindruck, daß er die Erstellung des Konzeptes ernst nimmt. Er hat ein Papier entwickelt, in dem er darlegt, warum es ein spezielles schulvorbereitendes Programm für eine homogene Gruppe sein muß. Lerntheoretische ‚Black-Box'-Vorstellungen unterliegen seinen Ideen. Seine Arbeitsweise orientiert sich seiner Aussage nach zwar an ‚Projekten', er hat jedoch keine Probleme, seinen Projektplan als allgemein gültig durchzusetzen. Arbeitsbögen, Schablonen und vorschulähnliche Hefte sind anzutreffen, eine klare Tageseinteilung in Spiel- und Lernangebote soll die Kinder für die Schule ‚fit' machen.
Die Erzieherinnen im Elementarbereich schätzen seine geplante Arbeit und würden auch gerne so ‚hochmotivierte' Kinder haben, die ‚konzentriert und mit Ausdauer bei der Sache bleiben' können" (KT 3).

Fazit

Da wir kaum Vergleichsmöglichkeiten zwischen der Arbeit in altersgleichen und altersgemischten Gruppen hatten, kann hier nichts Generalisierendes zu den Unterschieden zwischen beiden Arbeitsweisen ausgesagt werden. Die eingangs beschriebenen vermuteten positiven Wirkungen der Altersmischung auf die Kinder fanden wir durch unsere Beobachtungen und in den Gesprächen mit den Erzieherinnen zwar durchaus bestätigt. Eine systematische Untersuchung dieser Fragen konnte im Rahmen dieses Projektes allerdings nicht erfolgen.

6.4 Mitwirkung von Eltern und anderen Erwachsenen

Ein wesentlicher Bestandteil der vom Situationsansatz angestrebten Öffnung des Kindergartens nach außen ist darin zu sehen, Eltern und anderen Erwachsenen eine aktive Teilnahme am Geschehen – je nach den individuellen Möglichkeiten – zu gewähren. Die Fundierung der pädagogischen Arbeit auf den Bezug zu den Lebenssituationen von Kindern schließt notwendigerweise die Beteiligung der Personen mit ein, die außerhalb des Kindergartens für die Bildung und Erziehung der Kinder Verantwortung tragen und als kompetente Partner im Erziehungsalltag gesehen werden müssen, genau wie auch andere Erwachsene, die in näherem Kontakt zur Institution Kindergarten angesiedelt sind und von daher den Kindern erweiternde Einblicke und Erfahrungen bieten können.

Dahinter steht die grundsätzliche Einstellung, daß Eltern – und andere mit Kindern in Beziehung tretende Erwachsene – in ihren Einschätzungen und Vorstellungen zum Kind und zur Arbeit im Kindergarten ernstgenommen werden. Ihre Lebenssituation, ihre Möglichkeiten, ihre Ängste oder Befürchtungen, ihre Hoffnungen werden nicht als laienhafte, pädagogisch aufklärungsbedürftige begriffen, sondern als reale Erfahrungen, die das Leben und die Entwicklungsumstände der Kinder entscheidend prägen.

Eltern – und andere Erwachsene – werden somit zu Diskussionspartnern, wenn es um Erziehungsziele geht. Sie sind nicht die zu Belehrenden oder zu Bekehrenden, denn ihre Lebenserfahrung ist gefragt, auch oder gerade weil sie pädagogisch nicht begründet ist.

Von Erzieherinnen fordert dies eine hohe Auseinandersetzungsbereitschaft und -fähigkeit.

Am Beispiel: Einer Mutter/einem Vater, die behaupten, ein Klaps (eine Tracht Prügel) zur rechten Zeit, habe noch keinem Kind geschadet, kann eine qualifizierte Erzieherin mit Verweis auf viele pädagogische/psychologische Experten entgegnen, daß dies alles zum Gegenteil der beabsichtigten Wirkungen führt. Die Mutter/der Vater antworten mit dem lapidaren Verweis, daß ihnen selbst das auch nicht geschadet habe und sie schließlich der lebendige Beweis dafür seien, daß aus ihnen (wahlweise trotz/oder wegen der Prügel) etwas geworden sei. Die Lebenserfahrung der Eltern wird im Beispiel mit dem theoretischen Wissen der Erzieherin konfrontiert. Was dabei bestenfalls herauskommen kann ist dies: die Eltern erfahren, daß ihre Lebenserfahrung im Kindergarten nicht zählt. Sie wissen zudem, daß es nicht opportun ist, ihre Meinung im Kindergarten offen zu äußern. Sie werden auch ihr Kind anhalten, von eventuellen Prügeln zu Haus im Kindergarten nicht zu berichten.

Die Anerkennung der Eltern als Experten der Lebenssituation ihrer Kinder erfordert ein grundsätzlich anderes Herangehen. Es gilt als erstes, sie in ihren Situationen, in ihren Hoffnungen und Ängsten zu verstehen und auf dieser Basis mit ihnen verschiedene Wege/Methoden zu diskutieren und (notfalls) Kompromisse zu finden.

In erster Linie sind die Eltern Experten und Mitbetroffene, wenn es um kindliche Lebenssituationen und Erfahrungsbereiche geht. Notwendig für Erzieherinnen sind Kenntnisse der Eltern über das Aufwachsen des Kindes und die häuslichen Lebensverhältnisse, die seine Entwicklung mitbestimmen, genauso wie ein kontinuierlicher Kontakt und Austausch zu ihnen. Sie darüber hinaus einzubinden in Entscheidungen, die die Arbeit im Kindergarten betreffen, in Planung und Durchführung pädagogischer Aktivitäten unter Zuhilfenahme ihrer Qualifikationen, ist ein erklärtes Ziel des Situationsansatzes, das im übrigen damit inzwischen auch Eingang in das neue Kinder- und Jugendhilfegesetz (KJHG) gefunden hat:

„Bei der Wahrnehmung ihrer Aufgaben sollen die in den Einrichtungen tätigen Fachkräfte und anderen Mitarbeiter mit den Erziehungsberechtigten zum Wohl der Kinder zusammenarbeiten. Die Erziehungsberechtigten sind an den Entscheidungen in wesentlichen Angelegenheiten der Tageseinrichtungen zu beteiligen" (KJHG, § 22 (3)).

Der Situationsansatz stellt damit einen höheren Anspruch an die Mitwirkung von Eltern, als es die herkömmlichen Formen der Elternarbeit bislang getan haben. In der ursprünglichen Formulierung der Elternmitwirkung, wie sie der Situationsansatz vorsieht, wurden drei Aspekte genannt:

„Beteiligung an der inhaltlichen Entscheidung über die Vermittlungsziele, Beteiligung an der Informationsgewinnung über Situationsvariablen der Kinder und schließlich ihre Mitwirkung an den durch das Curriculum und organisierten Lernprozessen über und in Situationen" (Haberkorn u. a. 1973, S. 321).

Dies führte in der Umsetzung – vornehmlich in den Modellkindergärten, die an der Entwicklung curricularer Materialien in den siebziger Jahren in Rheinland-Pfalz und Hessen beteiligt waren – zu einem erweiterten Spektrum der Zusammenarbeit mit Eltern. Sie wurden nicht mehr ausschließlich als Aufsichtspersonen angesprochen, wenn Exkursionen geplant oder personelle Engpässe dies erforderlich machten, vielmehr erkannten die Erzieherinnen deren Wissen und Ideenfundus bei der Analyse, Planung und Entwicklung von pädagogischen Projekten an. Andere Formen als der klassische Elternabend wurden entwickelt, um von einer ‚Elternbearbeitung' zu einem kooperativen Umgang miteinander zu finden, der die jeweiligen Möglichkeiten und Ressourcen der Eltern berücksichtigte: Eltern-Kind-Nachmittag, gemeinsame Feste, Besuche von Kindgruppen zu Hause oder am Arbeitsplatz der Eltern. In eine ähnliche Richtung geht auch die Begründung für die Notwendigkeit einer ausbalancierten Elternarbeit und einer Abstimmung über Erziehungsvorstellungen zwischen Kindergarten und Elternhaus, die im Rahmen des Curriculums ‚Elementare Sozialerziehung' formuliert wurden:

„* *Sie ermöglicht dem Erzieher, mit der Sozialerziehung an den Voraussetzungen des Kindes anzusetzen.*
* *Sie macht die Arbeit im Kindergarten transparent, um die Motivation der Eltern zur Mitarbeit und Unterstützung des Kindergartens zu fördern und eine gegenseitige Beratung von Eltern und Erziehern anzuregen.*

* *Sie hilft eine widersprüchliche Sozialerziehung in Kindergarten und Familie zu verhindern und trägt dazu bei, eine gute Beziehung der wichtigsten Bezugspersonen des Kindes zueinander zu sichern"* (Oertel u. a.: 1983, S. 132).

Die Aspekte von Elternarbeit müssen inzwischen – aufgrund von veränderten Lebensrealitäten vieler Eltern – erweitert werden, und die gewandelten und individuell besonderen Lebenssituationen von Eltern als Erweiterung der Elternarbeit gesehen werden: Für viele Familien und immer mehr Alleinerziehende fehlt es zunehmend an Begegnungs- und Kommunikationsmöglichkeiten in ihrem direkten Wohnumfeld und stabilen nachbarschaftlichen Kontakten. Hier erwachsen dem Kindergarten neue Aufgaben. Colberg-Schrader u. a erweitern deswegen die Zielsetzungen der Zusammenarbeit mit Eltern um folgende Punkte:

„Eltern unterstützen, Betreuungslücken schließen helfen und Kindern ergänzende Erfahrungswelten bieten; den Familien im Kindergarten ein Forum für Elternöffentlichkeit bieten, wo sie ihre Anliegen verhandeln und in den kommunalpolitischen Raum einbringen können, ein Forum auch, das dazu motiviert, Selbsthilfepotential zu entdecken und ein Stück mehr an gemeinsamer Verantwortung für Kinder zu verwirklichen" (Colberg-Schrader u. a. 1992, S. 150).

Der Kindergarten muß also auch gesehen werden als ein Ort, an dem Erwachsene sich begegnen, Kontakte knüpfen und miteinander ins Gespräch kommen können, um gemeinsam – eventuell auch mit Unterstützung von Erzieherinnen – eine Plattform für kommunalpolitische Arbeit zu werden.

Elternabende

Eine solche Elternarbeit, die eine aktive Teilnahme an der Erziehung und Förderung der Kinder beinhaltet, genauso wie eine Einmischung in das gesamte Geschehen des Kindergartens, die diesen auch zu einem Ort der Begegnung und Kommunikation werden läßt, geht weit über die traditionellen Formen des Elternabends hinaus. Dieser war jedoch in einer Reihe der von uns aufgesuchten Einrichtungen – neben den beim Bringen oder Abholen der Kinder stattfindenden Tür-und-Angel-Gesprächen – die einzige gezielte und inhaltlich vorbereitete Möglichkeit zur Behandlung allgemeiner Fragestellungen und Probleme in der Kindergruppe:

„In den Gesprächen mit den Erzieherinnen und der Leiterin wird die Elternarbeit als eher schwierig dargestellt. Neben den obligatorischen Elternabenden (dreimal pro Jahr, jedoch vor 17.00 Uhr, mit Kinderbetreuung) finden eher Tür- und Angelgespräche bei der Bringe- und Abholsituation statt. Zur Information für Eltern gibt es im Flurbereich des Kindergartens vor den Gruppenzimmern Aushänge. Insgesamt macht es den Eindruck, daß die Verbindungen zwischen Eltern und Erzieherinnen nicht allzu dicht geknüpft sind" (KT 11).

Bei den angesprochenen Elternabenden wird – in einem Fall – den Eltern die pädagogische Arbeit, die geplanten Aktivitäten und damit verbundene Erziehungsziele vorgestellt, diese werden allerdings nicht immer gemeinsam ausgehandelt und diskutiert, sondern eher ‚ex cathedra' verkündet.

„Die Erzieherinnen sind der Auffassung, daß die meisten Eltern zu wenig Zeit haben und einen von den Erzieherinnen angebotenen Raum zur Diskussion pädagogischer Fragen nicht nutzen würden" (KT 7).

Diese Haltung fand sich explizit nur in einem Kindergarten, häufiger vertreten war die Form des Elternabends als Austausch über pädagogische Fragen, oft unter Hinzuziehung von Referenten, die ihre Sachkompetenz zu einem bestimmten Thema oder Problemkreis einbringen (z. B. der Erziehungsberatung, Kinderärzte u. a. m.).

Auffällig war, daß diese Praxis der Elternarbeit, die in einem zeitlich klar begrenzten Rahmen und oft in einem über einen längeren Zeitraum gestreuten Modus stattfindet, häufig als einzige gezieltere Zusammenarbeit zwischen Erzieherinnen und Eltern in großstädtischen Einrichtungen anzutreffen war, in denen die Mitarbeiterinnen aufgrund der langen Öffnungszeiten, der größeren Anzahl von Kindern und des ungünstigen Personalschlüssels eine hohe Arbeitsbelastung aufzuweisen hatten. Ihr Besuch wird in vielen Fällen als unbefriedigend eingestuft. Trotz gründlicher Vorbereitung entspricht die Resonanz oft nicht den Erwartungen der Erzieherinnen.

„Themenbezogene Elternabende, mit viel Mühe vorbereitet und mit Referenten durchgeführt, haben immer schon die Frage aufgeworfen, was sich davon in Handlung umsetzt" (Fachberaterin RH Bremen).

Dies liegt in großstädtischen Einrichtungen mit daran, daß sich die Situation vieler Familien gewandelt hat, immer mehr Alleinerziehende melden ihre Kinder in den Tagesstätten an und für viele von ihnen ist es schwierig, am Abend noch einmal das Haus zu verlassen, um einen Elternabend zu besuchen. Dies ist einer der Gründe, warum Erzieherinnen zu anderen Formen der Elternarbeit übergegangen sind, Wege erprobt haben, die mehr Möglichkeit zu gegenseitigen Kontakten und Austausch gewährleisten.

„Wenn wir erleben, daß immer weniger Eltern zu Elternabenden kommen, dann hat das eine Ursache, die wir rausbekommen müssen. Wir müssen Beobachtungen machen und stellen fest, die Situationen der Familien haben sich verändert, es gibt viel mehr alleinerziehende Mütter, die abends nicht von zuhause weg können. Dann überlegt man, daß wir die Elternabende nicht mehr in den Abend sondern in den Nachmittag legen. Da könnten alle Mütter mit ihren Kindern dran teilnehmen. Solche Ideen müßten mehr in die Einrichtungen getragen werden: Wie kann man damit umgehen, wie kann man da helfen? Wir können nicht einfach sagen, die Situation ist schlecht, die Bedingungen sind schlecht und wir können es nicht leisten. Wir müssen gucken, es ist schlechter, aber wir könnten daraus trotzdem etwas zaubern, damit ein positives Ergebnis für uns rauskommt" (Kita-Leiterin, RH Hannover).

Hausbesuche

Etwa die Hälfte der besuchten Einrichtungen ist deswegen – z. T. bereits im direkten Anschluß an das Erprobungsprogramm und den damals initiierten neuen Formen der Elternarbeit – dazu übergegangen, verstärkt Hausbesuche bei den Familien zu machen. So lernen sie die häusliche Umgebung der Kinder kennen, gewinnen Eindrücke und erhalten Informationen, die im Rahmen der pädagogischen Arbeit nach dem Situationsansatz für die Analyse einer sich stellenden Schlüsselsituation von Wichtigkeit sein kann, umgekehrt empfangen die Eltern der Kinder die Erzieherinnen in einer ihnen vertrauten Umgebung und sind gegebenenfalls eher bereit, sich für eine Zusammenarbeit zu öffnen. Die Mehrzahl der Erzieherinnen betont die guten Erfahrungen mit dieser Form der Elternarbeit – auch wenn sie wesentlich aufwendiger ist und ein höheres Engagement erfordert.

> *„Hausbesuche haben seit dem Erprobungsprogramm einen zentralen Stellenwert in der Elternarbeit. Sie wurden damals eingeführt und bis heute aufrecht erhalten. Es gibt nur positive Erfahrungen mit diesen Hausbesuchen, die auf freiwilliger Basis stattfinden: Bei der Anmeldung der Kinder werden die Eltern auf dieses Arbeitsprinzip hingewiesen und gefragt, ob sie damit einverstanden sind. Die Eltern sehen den positiven Effekt z. B. für die Eingewöhnung der Kinder, denn die ersten Hausbesuche der Kinder finden vor dem Eintritt in den Kindergarten in einer für Eltern und Kinder vertrauten Umgebung statt. Wir fragen die Eltern, ob wir sie besuchen dürfen und erstaunlicherweise begrüßen 95 % der Eltern unseren Hausbesuch. In ihrer sicheren Umgebung sind auch Problemfamilien durchaus bereit, uns zu empfangen. Die Gruppenerzieherinnen verabreden mit den Eltern Gespräche über den Entwicklungsstand ihrer Kinder. Wir lassen sie wissen, wie wir ihr Kind in seiner Entwicklung unterstützen. Wir bereiten es gemeinsam schriftlich für uns und für die Eltern vor, so daß ihre Sorge, ihr Kind würde in der altersgemischten Gruppe nicht ausreichend gefördert, schnell ausgeräumt werden kann. Die Eltern sind sich sicher, sie werden informiert. Sie möchten gerne wissen, was sie selbst dafür tun können. Mich erstaunt immer wieder, daß Eltern direkt froh sind, wenn wir ihnen Hilfe und Ratschläge geben, wie sie ihr Kind unterstützen können"* (Erzieherin, RH Bremen).

Beteiligung an der inhaltlichen Planung

Eine Durchsicht der Protokolle der vorgenommenen Praxisbesuche macht deutlich, daß die Form der inhaltlichen Elternarbeit, die sich fast ausschließlich auf den Kontakt bei Elternabenden beschränkt, die Ausnahme darstellt. Zwar wird der Elternabend, ob als Gruppen- oder Gesamtelternabend, als eine Möglichkeit des Kontaktes in allen Einrichtungen praktiziert, in der Mehrzahl der aufgesuchten Häuser haben sich jedoch andere und vielfältigere Varianten des Austausches und der Koope-ration entwickelt und etabliert, bei denen die Eltern eher als Partner in einem gemeinsamen Prozeß gesehen werden, denen die Arbeit transparent gemacht werden soll und denen die Gelegenheit der Mitgestaltung eingeräumt wird. Die Transparenz wird z. B. in mehreren Häusern durch die öffentliche Dokumentation der stattgefundenen Projekte oder in zwei Kindergärten durch die Visualisierung des Tagesablaufes anhand eines von den Erzieherinnen gedrehten Videofilmes und in einem Haus durch eine Kindergartenzeitung hergestellt. Wie wichtig die Transparenz der Arbeit des Kindergartens auch für ein verändertes Eltern-Kind-Verhältnis sein kann, wird in einer großstädtischen Einrichtung deutlich, die in einem sozialen Brennpunkt liegt:

„Ich habe meine Arbeit so verändert, daß ich den Eltern – wie den Kindern auch – eine hohe Wertschätzung zukommen lasse, um damit Kontakte zwischen Kindergarten und Familie zu stiften. Es ist zu beobachten, je mehr Probleme es in den Familien gibt, desto weiter ziehen sich die Eltern zurück, um uns als ‚Amt' keinen Einblick zu geben. Ich habe meine Arbeit dahingehend verändert, daß wir die Arbeit mit den Kindern sehr stark dokumentieren in Form von Ausstellungen, zu denen wir die Eltern einladen, damit sie sehen, was ihre Kinder tun. Die Eltern kommen und freuen sich an ihren Kindern, sie erleben sie anders als zuhause in den konfliktgeladenen Situationen" (KT 10).

Die Mitgestaltung der pädagogischen Arbeit führte in einer Einrichtung dazu, daß

„ein Vater, der als Erziehungswissenschaftler an der Universität arbeitet, mit den Mitarbeiterinnen über ein halbes Jahr lang an den Mittwochnachmittagen an einer Konzeption gearbeitet hat. Diese wurde schriftlich festgehalten und an alle Eltern verteilt. Die Zusammenarbeit mit dem Vater wurde von allen Mitarbeiterinnen als sehr produktiv empfunden" (KT 30).

In einigen Häusern wird die thematische Grobplanung von den Erzieherinnen vorgenommen, dann aber in schriftlicher Form an die Eltern weitergegeben in der Erwartung, daß sie Vorschläge und Ergänzungen ihrerseits einbringen, auch wenn dies bisweilen mißgedeutet wird:

„Es gibt auch einige Eltern, die das falsch verstehen, ... die mit dem Rahmenplan nach zwei Monaten kommen und die Wochenpläne durchsehen und anfangen, abzuhaken" (KT 24).

Die im Situationsansatz angestrebte Vielfalt der Zusammenarbeit, sei es bei der Planung, Organisation und Durchführung von Aktivitäten und Projekten ließ sich in vielen der besuchten Einrichtungen finden, z. T. geht dabei die Initiative von den Eltern aus.

„Gelegentlich bieten Eltern ihre Kompetenz an, um Erzieherinnen zu unterstützen. So hatte eine Mutter, die als Biologin arbeitet, mit den Erzieherinnen gemeinsam das Thema Umwelt ausgearbeitet und vorbereitet. Eltern zeigen an den Themen großes Interesse und fragen nach, ob sie selbst daran teilnehmen können. Sie greifen gerne auf die freiwilligen Angebote der Eltern zurück und gehen auf die Eltern zu und fragen nach" (KT 22).

In zwei Einrichtungen werden Eltern aber auch ganz systematisch in die Planung des Kindergartens eingebunden, indem diese in ihrem Einwicklungsprozeß Schritt für Schritt offen gelegt und in Form von Wandzeitungen ausgehändigt wird, um Eltern und anderen Erwachsenen sowohl die Möglichkeit zu geben, ihre Ideen zum Thema einzubringen und somit im Rahmen der Situationsanalyse und Planung weitere Aspekte hinzuzufügen, als auch die Gelegenheit zu eröffnen, sich aktiv bei der Durchführung eines solchen Projektes mit den jeweiligen Kompetenzen und Fähigkeiten zu beteiligen.

Kindergarten als offenes Haus

Ein weiteres Qualitätsmerkmal einer guten Zusammenarbeit mit den Eltern, das über rein formale und informelle Kontakte hinausweist, ist darin zu sehen, wie offen ein Haus für die Eltern ist.

Werden die Türen bei einer festgelegten Zeit geschlossen, bis zu der alle Kinder anwesend sein müssen und dann auch ebenso zu einem bestimmten Zeitpunkt wieder zum Abholen geöffnet, oder haben die Eltern jederzeit freien Zugang? Können die Eltern in den Gruppen bleiben, ohne als Störfaktoren angesehen und hinauskomplimentiert zu werden, und wird ihnen – auch ein Symbol der Offenheit – eine gemütliche Ecke im Kindergarten eingeräumt, die die Möglichkeit des Austausches mit den Erzieherinnen, aber auch untereinander in ruhiger Atmosphäre ermöglicht?

Hier werden Zeichen gesetzt, der Kindergarten bemüht sich um eine familiennahe Praxis und betrachtet Eltern nicht als Zaungäste ihrer Arbeit, die ihre Kinder lediglich bringen oder abholen dürfen, sondern bietet ihnen Einblick in das Tagesgeschehen, läßt sie – wenn sie wollen – daran teilhaben und mitgestalten und eröffnet ihnen zudem die Möglichkeit, im Kindergarten Kontakte und Beziehungen zu anderen Eltern aufzubauen:

> *„Die Zusammenarbeit mit den Eltern hat eine hohe Bedeutung. Dies ist schon äußerlich daran zu erkennen, daß die Eltern eine eigene Ecke im Flurbereich eingeräumt bekommen haben, die mit zwei Sofas, einem Tisch und einer Info-Wand ausgestattet ist. Nach Aussagen der Leiterin wird sie jedoch nicht so in Anspruch genommen, wie die Mitarbeiterinnen sich dies gewünscht haben. Dennoch fühlen sich die Eltern in dem Kindergarten offensichtlich recht zuhause. Wir konnten an beiden Besuchstagen beobachten, daß sich die Eltern frei durch das ganze Haus bewegen und sich auch sehr gut auszukennen schienen. Die Leiterin berichtet, daß die Elternvertreter die Personalräume der Einrichtung für ihre Treffen nutzen. Dort finden auch z. T. Arbeitskreise bzw. Elterngruppen statt, die unabhängig von den Mitarbeiterinnen des Kindergartens laufen. Zum Teil sind diese Gruppen auf Initiative der Leiterin entstanden, so z. B. ein Arbeitskreis für alleinerziehende Mütter, dem nicht nur die Mütter dieses Kindergartens angehören, sondern auch alleinerziehende Mütter aus anderen Einrichtungen. Die Leiterin hat diese Gruppe initiiert, nachdem sie den Eindruck gewonnen hatte, daß für die Frauen eine Austauschmöglichkeit fehlt. Sie hat die Gruppe an-*

fangs betreut, sich dann aber zurückgezogen, um den gleichberechtigten Austausch und die z. T. sehr privaten Gespräche nicht zu stören. Geplant ist jetzt, daß sie einen offenen Spielnachmittag für Mütter und Kinder anbietet, die aufgrund des Platzmangels noch keinen festen Kindergartenplatz haben. Sie bietet damit den Kindern, die später in ihre Einrichtung kommen werden, jetzt bereits ein Kennenlernen sowohl der Kinder untereinander als auch der Einrichtung und der Erzieherinnen an. Außerdem laufen einmal pro Monat Eltern-und-Kind-Nachmittage für die Kinder und die Eltern der Einrichtung" (KT 13).

Bei Eltern, die noch keine Erfahrung mit der Institution Kindergarten haben, zeigt sich Skepsis als häufige Reaktion. Sie erleben offene Türen, keine Struktur ist erkennbar im Tagesablauf, es gibt viele Bereiche, die sie als gefährlich ansehen, so z. B. die Werkbank oder das selbständige Hantieren der Kinder in der Küche mit scharfen Messern oder am Herd. Die Mitarbeiterinnen und die Leiterin, die sich um Verständnis bei den Eltern bemühen, nutzen jedoch jede Gelegenheit, um ihre Arbeit transparent zu machen und deutlich werden zu lassen, daß sie großes Vertrauen in die Kinder haben und alles im Blick haben. Sie nehmen verschiedene Möglichkeiten wahr, diese Transparenz herzustellen: Durch Elternbriefe, in denen sie ihre pädagogische Arbeit darlegen, in verschiedenen Formen von Elternabenden, aber auch durch themenbezogene Arbeitskreise. Außerdem steht den Eltern das Haus jederzeit offen. So ist es auch in den beiden Tagen oft zu erleben, daß Mütter, Großeltern, aber auch Väter einfach mal hereinschauen, sich dazusetzen, die kleinen Kinder, die noch nicht im Kindergartenalter sind, einfach mitbringen. Sie werden als Partner angesehen und das ist nicht nur reine Theorie, sondern macht sich auch im täglichen Umgang deutlich. Diese Offenheit, die den Eltern entgegengebracht wird, wird auch in vielen Fällen zurückgegeben. Mütter erzählen von Krankheiten in der Familie, von Eheproblemen, von Arbeitsproblemen u. a. mehr. Das ist sicher nicht immer einfach.

„Ich fühle mich aber auch stark verantwortlich für die Gefühlsebene der Eltern. Da mache ich ganz viele Beobachtungen und hole sie mir auch manchmal ins Büro zum Mittagskaffee. Ob das jetzt ein türkischer Vater ist, von dem eine Kollegin mir sagte: ‚Du, ich glaube, der neigt dazu, sein Kind hinter die Ohren zu schlagen und das Kind hat Angst vor ihm.' Also habe ich ihn eingeladen und mit ihm beim Kaffee länger darüber gesprochen. Diese Kommunikation ist bei uns sehr wichtig. Oder es gibt Probleme bei der Wohnungssuche. Enge Wohnverhältnisse, wie man sie oft findet. Da fühle ich mich durchaus auch aufgefordert, Wohnungsbaugesellschaften anzurufen. Das können die Gruppenerzieherinnen nicht machen, das übernehme ich dann" (KT 29).

In einer der großstädtischen Kindertagesstätten hat sich durch Werksschließung und damit verbundene stark gewachsener Arbeitslosigkeit die Sozialstruktur und damit auch die allgemeine Lebenssituation der Kinder gewandelt. Im Einzugsbereich der Tagesstätte wird seither eine Zunahme der Kriminalität und eine hohe Zerstörung der Lebensumwelt der Familien und ihrer Kinder von den Erziehrinnen festgestellt. Spielmöglichkeiten sind immer weniger vorhanden, die Probleme in den Familien nehmen zu und

> *„als gravierende Veränderung sehe ich das Defizit an Kommunikation im zwischenmenschlichen Bereich bei Kindern und Eltern. Die Kinder werden schwieriger, die Unsicherheit der Eltern nimmt zu. Wenn die Eltern ihre Kinder schlagen, dann ist das für mich ihre Unsicherheit. Sie kennen keine anderen Möglichkeiten aufgrund ihrer eigenen Gewalterfahrungen. Wenn man guten Kontakt zu den Eltern hat, sprechen Eltern über ihre Erfahrungen. Sie haben selbst keine anderen Verhaltensmuster gelernt. Über Spaß und Freude können sie dann andere Erfahrungen machen. Ich persönlich lege sehr viel Wert auf die gemeinsamen Erlebnisse von Eltern und Kindern, die wir in die gemeinsamen Projekte einbetten. Ich hole auch Eltern mit jüngeren Kindern herein mit der positiven Auswirkung, daß diese Eltern dann ihre Kinder in meiner Gruppe anmelden. Die Kinder haben keine Schwierigkeiten in den Kindergarten zu kommen. Wenn Eltern mitkommen und sich in der Gruppe aufhalten, fangen sie an und spielen mit ihrem Kind und mit anderen Kindern, dadurch verändern sie ihr Verhalten. Sie sehen, daß man mit Kindern anders umgehen kann als Brüllen oder Schlagen. Sie sehen ihr eigenes Kind im Umgang mit anderen Kindern und entwickeln ihrem Kind gegenüber eine größere Wertschätzung. Sie sind stolz auf ihr Kind und die Kinder sind stolz auf ihre Eltern. Das ist für mich persönlich wichtig – besonders in dem Stadtteil, in dem ich arbeite. Ich muß mir heute mehr einfallen lassen. Zu einem normalen Elternabend kommt keiner. Es geht nur über die Kinder. Auch wenn es in den Familien Probleme und Gewalt gibt, ihre Kinder lieben sie und das schätze ich hoch ein. Wir spielen mit ihnen, wir haben Spaß mit ihnen und die Eltern machen mit. Beim letzten Elternnachmittag hat sich spontan eine Situation ergeben, indem ich – in der Kinderbetreuung – sagte, nachher laden wir die Eltern mal ein, wir machen was mit ihnen. Die Kinder haben Seilspringen geübt, haben es ganz stolz den Eltern gezeigt und schließlich haben die Eltern mitgemacht; die Kinder haben ja noch nicht gesehen, daß ihre Mama Seilspringen kann. Solche Erlebnisse sind wichtig, eingebettet in die anderen Aktivitäten. Wir müssen uns als Menschen gegenseitig wahrnehmen und nicht nur als Erzieher und ‚unfähige Eltern'. Wir machen unsere Arbeit sehr durchsichtig. Die Eltern können jederzeit kommen und gucken. Wir dokumentieren die Themen in der Gesamtarbeit in der Kindergruppe und laden die Eltern dazu ein. Wenn die Eltern dann kommen und sehen, dann muß es nicht etwas Gebasteltes sein, sondern sie bekommen mit, was die Kinder tun. Sie erleben ihre Kinder und nehmen sie ganz anders wahr; das ist das Wichtigste dabei. Das hat zur Folge, daß Eltern Ansprüche haben, und ich auch nicht nachlassen kann. Eltern fordern und fragen schon nach, wann machen wir zusammen wieder etwas Tolles. Wie z. B. Theater oder Modenschau. Es kommen auch Vorschläge wie ‚einen Tagesausflug machen'. Alleine tun sie es nicht und trauen sich nicht einmal, in den Zoo zu fahren. Sie fragen mich. Es finden sich auch mehrere Eltern und ich kann delegieren und sie anregen, etwas zusammen zu machen, so daß ich mich rausziehen kann. Zunehmend sind sie mehr in der Lage, selbst initia-*

tiv zu werden und sich zusammenzutun für gemeinsame Unternehmungen" (KT 10).

Diese Schilderungen einer sehr umfassenden und differenzierten Praxis einer Öffnung des Kindergartens für Eltern waren in ihrer Komplexität eher die Ausnahme, es fanden sich jedoch in den besuchten Einrichtungen verschiedene Facetten davon wieder. So wurde mehrfach von den befragten Erzieherinnen und Leiterinnen betont, daß auch bei ihnen die Eltern jederzeit Zugang ins Haus hätten und sich dort frei bewegen könnten:

„Die Eltern können sich jederzeit im Kindergarten bewegen. Nach meinen Beobachtungen werden sie von den Erzieherinnen jederzeit freundlich aufgenommen und sind gerne auch während des Gruppengeschehens gesehen. Die Erzieherinnen kennen die familiären Situationen der Eltern ihrer Kinder recht gut. Bei den Tür- und Angelgesprächen während des Bringens und Abholens der Kinder werden Informationen über die jeweiligen familiären Situationen offen ausgetauscht. Es ist spürbar, daß die Erzieherinnen zu allen Eltern ein offenes Verhältnis suchen und dies scheint in der Regel auch zu gelingen" (KT 30).

Hier wird noch einmal deutlich, wie wesentlich dieser vertrauensvolle Kontakt zwischen Elternhaus und Erzieherinnen ist, um über die familiäre Situation der Kinder Bescheid zu wissen. Dies ist ja eine grundsätzliche Voraussetzung, um eine Pädagogik nach dem Situationsansatz in die Praxis umzusetzen: conditio sine qua non ist die Analyse der jeweiligen Situation und dazu sind umfassende Kenntnisse über Lebensumstände der Kinder und ihrer Familien notwendig. Je enger der Kontakt zwischen Erzieherinnen und Eltern ist, desto fundierter werden diese Informationen sein. Auch die Bereitstellung von Räumlichkeiten des Kindergartens für Veranstaltungen, die von Eltern initiiert werden und nicht unbedingt die Präsenz der Erzieherinnen voraussetzen, war in der Vergangenheit eher untypisch. Gab es früher formale, bürokratische Bedenken gegen eine solche Öffnung (Schlüsselgewalt, Probleme mit der Reinigung, hygienische Bedenken), so finden sich heute in der Praxis einige Einrichtungen, die sich darüber hinwegheben und somit – im Sinne einer verbesserten Kooperation mit Eltern – das Haus zur Verfügung stellen: zum einen, weil sich die Räume anbieten, sie zu bestimmten Tageszeiten ungenutzt sind und über ein solches Entgegenkommen eine höhere Identifikation der Eltern mit dem Kindergarten unterstellt werden kann, die sich an anderer Stelle positiv auswirken:

„Eltern nutzen die Räume des Kindergartens, um zwei- bis dreimal im Jahr selbstorganisierte Feste und Geburtstagsfeiern zu veranstalten. Mit Beginn des Kindergartenjahres haben die Eltern für die Erzieherinnen einen Fondueabend ausgerichtet – als Dank für ihre engagierte Arbeit" (KT 30).
„Es finden sehr häufig Veranstaltungen im Kindergarten statt, an denen Erzieherinnen nicht unbedingt teilnehmen. Die Eltern bekommen dann den Schlüssel und können selbst ihre Abende gestalten. Es gibt einen Frauenstammtisch

und einen Männerstammtisch, sie treffen sich regelmäßig, z. T. im Kindergarten, aber auch außerhalb" (KT 29).

Aber nicht nur für Eltern, die in direkter Verbindung zum Kindergarten stehen, sondern auch für Gruppen, bei denen ein inhaltlicher Kontakt gesehen und als unterstützenswert angesehen wird, wird der Kindergarten geöffnet, Räume zur Verfügung gestellt und damit oft auch ein – über den eigenen Arbeitszusammenhang hinausweisender – fachlicher Kontakt und Austausch gewährleistet. So hat sich die Tagesstätte, die selbst behinderte Kinder aufnimmt, dazu entschlossen, einer überregionalen Elterngruppe – alles Eltern behinderter Kinder – die Möglichkeit einer regelmäßigen Zusammenkunft in ihren Räumen zu gewähren:

„In der Kindertagesstätte trifft sich hin und wieder eine Elterngruppe, die ein behindertes Kind in der Familie zu betreuen hat. Die Kindertagesstätte stellt ihnen Räume zur Verfügung, damit sie ihre Erfahrungen austauschen, sich beraten, aber auch die Feste feiern können. Es sind jedoch keine Eltern, die die behinderten Kinder in der Einrichtung selbst haben. Sie stammen aus dem gesamten Saarland. Im selben Haus ist darüberhinaus noch eine Krabbelgruppe untergebracht, die von den Eltern selbst organisiert wird" (KT 32).

Auch dieses Faktum wurde mehrfach erwähnt: da ein zunehmender Bedarf an Betreuungsformen für Kinder unter drei Jahren besteht, dies von vielen Einrichtungen noch nicht geleistet und angeboten wird, organisieren Mütter und Väter dies selbst und wenden sich mit der Bitte um entsprechende räumliche Unterbringung an bestehende Einrichtungen.

Als Alternative oder auch Ergänzung zum oben skizzierten Elternabend haben die Mitarbeiterinnen der Einrichtungen zunehmend unterschiedliche Formen entwickelt, die flexibel auf die Wünsche und Bedürfnisse der Eltern nach Kontakt zum Kindergarten und seinem Personal eingehen, zugleich aber sowohl neue zeitliche Arrangements erfordern, die eher an dem Zeitbudget beider Seiten orientiert sind und Abstand von der eher an Schulveranstaltungen erinnernden Gestaltung und Rollenverteilung erinnern. Gute Erfahrungen wurden dabei mit Spielnachmittagen gemacht, zu denen die Eltern mit ihren Kindern kommen. Hier sind sowohl die Kinder in ihrer vertrauten Umgebung mit ihren Freunden und Spielgefährten, und für die Eltern bietet sich in lockerer Atmosphäre die Gelegenheit, die eigenen Kinder in der Gruppe zu erleben, als auch mit den Erzieherinnen und anderen Eltern ein entspanntes oder vertrauliches Gespräch zu führen. Dies wird in einer Tagesstätte als fest institutionalisiertes Elterncafé praktiziert:

„Einmal im Monat ist für alle Eltern nachmittags bis 18.00 Uhr ein Elterncafé geöffnet, das sehr gut besucht ist, sowohl von deutschen als auch von ausländischen Eltern. Ausländische Frauen haben von sich aus angeboten, für die Bewirtung zu sorgen" (KT 10).

Aus einer solchen regelmäßig stattfindenden Veranstaltung, die ohne die Planung und Verantwortung der in den Einrichtungen arbeitenden Mitarbeiterinnen abläuft, können sich eigendynamisch ganz neue Interessenschwerpunkte entwickeln, die den Kindergarten zu einem Ort werden lassen, wo Begegnung und Kommunikation und neue nachbarschaftliche Beziehungen angestoßen werden können:

„Der Anfang war da in Nischen des Kindergartens, wo sie gemeinsam Kaffee trinken konnten, sich unterhalten konnten und Anregungen bekamen bis hin zur Elternselbsthilfegruppe (d. h. morgens gibt es in den Einrichtungen Angebote wie z. B. Yoga-Kurs, Kochkurs, Schneidern, Austausch über Kinderkrankheiten, usw., für die die Eltern selbst die Verantwortung übernommen haben). Auch da ist es so, daß die Eltern in dem Entdecken von gemeinsamen Wünschen und im gemeinsamen Tun (am Wochenende bei Ausflügen/Fahrten) lernen, etwas gemeinsam mit ihren Kindern zu tun" (Fachberaterin, RH Bremen).

Mehrfach erwähnt werden auch Elternstammtische, die – mal mit Erzieherinnen, mal ohne sie – in der Einrichtung oder außerhalb ebenso dem gemütlichen Beisammensein, dem sich näher Kennenlernen, aber auch dem fachlichen Austausch und der weiteren Vorbereitung und Planung dienen können:

„Es gibt den Mütterstammtisch seit sechs/sieben Jahren, der damals zum Anlaß hatte, die Frauen aus ihrem Kinder-/Küche-/Kirche-Geschehen rauszuholen, sich einfach mal in einer Runde auf ein Bier zusammenzusetzen und zu erzählen. Der Impuls kam von uns. Ich habe die Frauenstammtische immer eingeladen und eines Tages kamen die Väter und meinten, sie fänden sich unterrepräsentiert bei diesen Stammtischen, sie möchten auch so einen Stammtisch. Also haben die Väter sich getroffen und seit mindestens drei Jahren ist das abgelöst vom Kindergarten. Sie laden jeden Monat ein und machen ihren Abend. Und wenn jetzt mal ein Thema ansteht, worüber sie gern mit uns reden möchten, dann geht eine Extraeinladung an uns und es heißt: ‚Könnt Ihr nicht dabei sein? Wir möchten gerne darüber nochmal intensiver reden. Und dann werde ich ganz offiziell eingeladen" (KT 29).

Aus diesen Zusammenkünften hat sich eine feste und im Ort weitverzweigte Gruppe über die Jahre entwickelt, die auch gemeinsame Wochenendausflüge mit den Kindern organisiert und veranstaltet. Die so gewachsene Elternschaft trifft sich zu diversen Anlässen, auch wenn die Kinder den Kindergarten längst verlassen haben. So hat dieser Kindergarten einen Elterndienst seit mehreren Jahren, der die Erzieherinnen dahingehend entlastet, daß sie während der nachmittags stattfindenden Besprechung des Kollegiums die Kinderbetreuung übernimmt. Die Eltern sind gewissenhaft vorbereitet und tauschen hinterher ihre Erfahrungen mit den Erzieherinnen aus. Zu diesem Elterndienst melden sich ebenfalls Eltern, deren Kinder bereits zur Schule gehen.

Die mit solchen Maßnahmen geschaffene Identifikation und gute Kooperation mit dem Kindergarten schlägt sich in einigen von uns gefundenen Beispielen so nieder, daß Eltern – Mütter und Väter – bereit sind, in ihrer Freizeit Umbaumaßnahmen in Selbsthilfe vorzunehmen und somit zu einer veränderten Gestaltung von Innenräumen und Außenbereichen beizutragen, die zu einer veränderten pädagogischen Praxis beitragen können, da sie in der Regel auf Wünsche und Vorstellungen der Kindergruppe und des pädagogischen Personals zurückgehen (vgl. 6.7).

Wie der Kindergarten auf veränderte (sozialpädagogische) Anforderungen reagieren kann, wird aus zwei Einrichtungen deutlich:

„Die Leiterin berichtete, daß die Kita für viele Eltern eine wichtige Ansprechpartnerin ist. Die Kita nimmt oftmals sozialpädagogische Aufgaben wahr, da Eltern bei den Erzieherinnen um Rat und Unterstützung nachsuchen. In Zusammenarbeit mit dem Jugendamt werden nicht selten Hilfen bei Behördengängen über Möbelbeschaffung, bei der Vermittlung von Familienfreizeiten oder Mutter-Kind-Kuren, etc. organisiert. Zur Zeit unterstützt die Kita eine Aussiedlerfamilie, die noch in einem Wohncontainer wohnt, bei der Wohnungssuche" (KT 36).

„Bei Festen im Bürgerhaus wird der Kindergarten eingeladen. Die Erzieherinnen organisieren, daß Eltern zusammen mit ihren Kindern dorthin gehen. Dazu treffen sie Verabredungen, um sicher zu gehen, daß die Eltern auch kommen. Sie halten es für wichtig, besonders bei alleinerziehenden Frauen und Männern und in Familien, in denen der Vater/die Mutter arbeitslos geworden ist. Sie nehmen in der letzten Zeit eine zunehmende Verarmung der Familien wahr und bemühen sich sehr, die Eltern aus der Isolation und Trostlosigkeit zu holen, weil die Kinder zu sehr darunter leiden würden. Deshalb haben sie auch die Anzahl der Plätze für Ganztagsbetreuung ausgeweitet. Zehn Plätze von 35 stehen frei zur Verfügung, d. h. nach individueller Absprache werden über diese zehn Plätze ca. 25 Kinder betreut, die sich reihum abwechseln. Dabei haben sie besonders die Familien einbezogen, in denen beide Eltern arbeitslos sind. Damit die Kinder halbwegs gut ernährt werden (und etwas aus dem alkoholisierten Milieu rauskommen), bleiben sie zwei- bis dreimal pro Woche ganztags, obwohl sie nur einen Halbtagsplatz haben. Seit ca. einem Jahr haben sie Mütter eingeladen, der Köchin bei der Zubereitung des Mittagessens zu helfen. Zur Zeit teilen sich zehn Mütter diesen ‚unbezahlten Dienst‘, dafür bekommen ihre Kinder und sie ein Mittagessen frei. Sie stellen fest, daß diese Mütter sich zunehmend engagieren. Zwei Mütter haben nun einen Versorgungsdienst für den Seniorentreff aufgebaut. Sie backen Kuchen und bereiten kleine Imbisse, die sie im Bürgerhaus ‚verkaufen‘. Dadurch bekommen sie ein wenig Geld, und die Senioren schätzen die Angebote. Die Frauen haben das Gefühl, etwas Sinnvolles zu tun. Zur Zeit ist im Gespräch, ob die Dienstleistung ausgebaut werden kann. Zwei Erzieherinnen überlegen sich, für die Wintermonate einen Mütternachmittag einzurichten, um gemeinsam zu basteln und kleine Geschenke (für den Basar und für die Familie) herzustellen. (Am Besuchstag spricht eine Mutter die Erzieherin auf ein erstes Treffen an und fragt, wann es losgeht.) Insgesamt sehen Erzieherinnen die Elternarbeit wieder optimistisch. Sie haben festgestellt, daß sich mit zunehmender Dauer der Arbeitslosigkeit die Eltern zurückgezogen hätten und auch die Kinder unregelmäßig gebracht hätten. Zur Zeit würde es sich wieder verbessern. Im Sommer hatten sie einen ersten ‚Väter-Samstag‘: Grundreinigung des Gartens und Repa-

ratur und Überholung der Gartenspielgeräte. Sie wären erstaunt gewesen, wie gut die Väter miteinander gearbeitet hätten. Am Ende gab es ein schönes Grillfest, von dem die Kinder (gerade aus den schwierigen Familien) noch wochenlang geschwärmt hätten. Seit sie mehr auf die Eltern zugingen, würden diese mehr miteinander machen. Zum Besuchszeitpunkt kann ich sehen, daß viele Eltern beim Abholen der Kinder im Garten stehen und sich lange unterhalten. Nach wie vor gibt es zunehmend Problemfamilien, besonders wenn Alkohol im Spiel ist. Diese Familien können sie kaum gewinnen. Da probieren sie, daß die Kinder möglichst regelmäßig kommen und lange bleiben. Diesen Kindern geben sie bewußt am Wochenende Spiele und Spielzeug mit nach Hause, damit die Verbindung zum Kindergarten bleibt und sie nicht nur ‚vor der Glotze hängen'. Die Idee dazu hat eine Erzieherin von einer Fortbildung mitgebracht. Um die Eltern eng an die Einrichtung zu binden, haben sie das ‚Informationsbrett' im Windfang angefertigt. Es gibt immer etwas mitzunehmen – auch wenn es nur ein Rätsel ist (aus einer Zeitschrift ausgeschnitten) oder ein Backrezept – besonders für die Eltern, auf die sie ‚ein Auge haben'. Bei den ‚gutbetuchten' bräuchten sie das nicht machen, aber die wollten jetzt auch so ‚hofiert' werden. Durch die Verarmung der Familien haben sie gesehen, daß immer mehr Kinder schlecht ernährt sind. Deshalb hat sich das gesamte Team zur Teilnahme am Modellversuch der Bundeszentrale für gesundheitliche Aufklärung 'Gesundes Frühstück, entschlossen. Regelmäßig berichtet die Ernährungsberaterin über gesunde Ernährung auf Elternabenden, zweiwöchentlich treffen sich die beteiligten Kindergärten zur Beratung und Ausarbeitung der Frühstückspläne" (KT 33).

Fazit

Die Auswertung des Erprobungsprogramms zum Thema Elternarbeit hat ergeben, daß die Beziehung zwischen Eltern und Erzieherinnen sich intensiviert hat, eine Erweiterung der Formen der Eltenarbeit zu verzeichnen war und unterschiedliche Möglichkeiten der Beteiligung erprobt und etabliert wurden. Unsere Recherchen haben diesen Trend bestätigt. Zwar finden sich vornehmlich in großstädtischen Einrichtungen überwiegend die klassischen Elternabende, bei denen Eltern „ex cathedra" informiert werden und keine Formen zum Aushandeln pädagogischer Fragen praktiziert werden. Hier wird der Besuch in der Regel auch als unbefriedigend angesehen. Um Eltern stärker zu beteiligen und einzubinden, wurden deshalb andere Formen entwickelt, unter anderem Hausbesuche, um mehr Informationen über die Lebenssituation der Kinder und ihrer Familien zu erhalten. Aber auch dem wachsenden Wunsch nach Beteiligung der Eltern an der inhaltlichen Planung und Umsetzung – einem wesentlichen Element des Situationsansatzes – wird zunehmend Rechnung getragen. Durch Transparenz der Planung werden Eltern als Mitgestalter und kompetente Partner angesprochen. Hierzu werden diverse Formen vorgefunden. Kindergarten als Ort der Begegnung hat ebenso zu alternativen Möglichkeiten des Kontaktes wie etwa Elterncafés, Stammtischen – auch für Väter – oder Wochenendausflügen geführt

6.5 Balancierte Kommunikation zwischen Erzieherinnen und Kindern

Der Situationsansatz als pädagogische Arbeitsweise skizziert nicht eine ‚Technik' oder ‚Methode', mit der Kinder in ihrem Lernprozeß möglichst schnell vorangebracht werden, sondern er beschreibt die Beziehung zwischen Kind und Erzieherin als ein grundsätzlich partnerschaftliches Verhältnis, in dem ‚dialogisch' oder ‚balanciert' miteinander kommuniziert wird. Anweisungen und Maßregelungen seitens der Erzieherin dem Kind gegenüber verbieten sich von selbst. Die Erzieherin will Kinder nicht zu etwas bewegen, sondern wissen, was Kinder bewegt.

Das Klima in der Gruppe und die Zugewandtheit der Erwachsenen erlauben und fordern Kinder geradezu auf, zu fragen und zu forschen, eigene Ideen einzubringen und sie auszuprobieren, Erklärungen zur eigenen ‚Logik' abzugeben, den Tagesablauf mitzubestimmen und mitzugestalten.

Die Erzieherin ist neugierig, was Kinder aus den thematischen Angeboten entwickeln, welche Veränderungen sie einbringen, zu welchem Ergebnis Kinder kommen. Dabei erleben die Kinder die Erwachsenen nicht als die ‚Alles-Wissenden', sondern die gemeinsame Suche nach den Antworten zeigt das Bemühen der Erzieherinnen und die Zugewandtheit.

Partnerschaftliches Miteinanderumgehen erlaubt den Kindern, sich am Aushandeln der Gruppenregeln zu beteiligen; die Regeln dürfen hinterfragt und verändert werden, die Kontrolle über die Einhaltung wird weitgehend den Kindern ermöglicht, die Regeln sind erkennbar.

Um bei der Planung und Tagesgestaltung mitsprechen und mitbestimmen zu können, müssen die Kinder zunehmend ihre kommunikativen Kompetenzen entwickeln (können). Dieser Lernprozeß verlangt beiden Seiten viel Einfühlungsvermögen ab und erfordert hilfreiche Unterstützung durch die Erzieherin, sei es durch besondere Gesprächsarrangements (wie z.B. Kinderversammlungen in der Polsterecke, Kleingruppengespräche auf dem Sofa, etc.) oder durch Hilfsmittel (wie z.B. Muggelsteine).

Der weitverbreitete ‚Stuhlkreis'/‚Morgenkreis' erhält eine neue Bedeutung. Stehen bisher Übungen zu Finger-, Kreis- und Singspielen oder Bilderbuchzeigen und Geschichtenerzählen im Vordergrund – die Kommunikationsrichtung weist von der Erzieherin zum Kind – so wird im ‚partnerschaftlichen Dialog' der Stuhlkreis zur ‚Kinderkonferenz' verändert, in der ‚Leute zusammensitzen und Wichtiges bereden' (Mühlum, 1994, S. 28). Zusammenkommen und Zusammensitzen wird für Kinder bedeutsam im Sinne von: miteinander ins Gespräch kommen, sich trauen, etwas zu fragen oder zu sagen, über sich etwas mitteilen und sich am anderen interessiert zeigen.

Die Wichtigkeit und Bedeutung der kommunikativen Fähigkeiten wird in den drei Arbeitsgrundlagen zum Situationsansatz explizit hervorgehoben. Das „Curriculum Soziales Lernen" stellt die Beteiligung der Kinder an den Prozessen der (offenen) Planung und Gestaltung des Alltags als wichtiges Kriterium dar (Colberg-Schrader/Krug, 1986, S. 25 ff., S. 37 f.), das Curriculum „Elementare Sozialerziehung" weist auf die identitätsbildende Wirkung der kommunikativen und interaktiven Prozesse hin (Oertel, 1983, S. 84 ff.), in den „Arbeitshilfen ..." (Minister für Arbeit, Gesundheit und Soziales des Landes Nordrhein-Westfalen 1986, S.63f.) wird die besondere Bedeutung des Erzieherverhaltens betont. Der vorliegende Bericht des Erprobungsprogramms bezieht sich hinsichtlich der Dimension ‚Partnerschaftlicher Umgang mit Kindern' auf folgende Aspekte:

* Gesprächsformen in den Kindergruppen: Gibt es regelmäßige (ritualisierte) Zusammenkünfte wie z.B. ‚Morgenkreis', ‚Stuhlkreis' oder ‚Kinderkonferenz' und was steht inhaltlich im Vordergrund?
* Gibt es ein ‚Signalsystem' oder werden den Kindern ‚Hilfen' zur Verfügung gestellt, um Gesprächssituationen herzustellen und ihre Mitbestimmung zu sichern?
* Regeln und Regelungen in der Kindergruppe: Wie selbständig regeln Kinder den Alltag und wie werden sie ‚verhandelt'?
* Verhalten der Erzieherinnen in Situationen des Tagesablaufs: Wird ein Kind begrüßt oder verabschiedet? Wie stark leitet eine Erzieherin die Angebote und wie werden sie vermittelt? Können Kinder eigene Ideen einbringen? Arbeitet die Erzieherin mit Anweisungen und Maßregelungen?

Die qualitative Auswertung der Praxisbesuche und Gespräche mit den Erzieherinnen der 39 besuchten Einrichtungen zeigt, daß die Umsetzung des Kriteriums ‚Partnerschaftlicher Umgang mit den Kindern' in zehn Einrichtungen weitgehend gelingt. Die weitestgehende Form der Beteiligung von Kindern haben wir in den ‚Kinderkonferenzen' gesehen, in regelmäßigen Zusammenkünften von Kindern einer Gruppe oder auch des ganzen Kindergartens.

„Die Gruppenkonferenzen sind fast täglich. Die Kinder verlangen danach (...) Was mir auffällt, daß dieser Wunsch zu reden und mit Erwachsenen ernsthaft zu reden, mehr und mehr zunimmt. Also auch ein Bedürfnis wird. Wenn z.B. Ferien waren und wir sehen uns nach 14 Tagen wieder oder nur nach 8 Tagen, dann planen wir für diese Konferenz von vornherein eine lange Zeit ein. Also die haben so ein Bedürfnis, was loszuwerden, auch daß ihnen jemand zuhört, denn das ist ja etwas, was Kindern heute zunehmend fehlt: Ein Gegenüber (...).
Da bereden sie dann auch ganz ernsthaft ihre Geschichten und sie hören zu. Wie wichtig das für Kinder ist, ist uns aufgefallen: Wir hatten ein Kind zu Besuch hier. Dieses große Mädchen war so erstaunt. Die saß erstmal acht Tage und hat immer nur geguckt, dann in der zweiten Woche hat sie gesagt: Sitzen wir heute wieder zusammen, können wir wieder zusammen reden? Also das war für dieses Kind was Neues und für sie Wichtiges gewesen. Dieses Wort Konferenz, das werden Sie inzwischen hier in der Umgebung in vielen Kindergärten finden. Das ist von hier gekommen. Es ist entstanden, weil wir wirklich ein Wort, einen Begriff gesucht haben für das, was wir da tun. Stuhlkreis war es ja nicht mehr. (...)
Das waren immer Treffen, die das Gruppengeschehen oder die Anliegen einzelner Kinder zum Inhalt hatten, im weitesten Sinne ‚Freude und Leid miteinander teilen' und etwas miteinander aushandeln. Damit gingen die Kinder nach

Hause und nach einigen Tagen kam die Mareike – ich sehe sie heute noch vor mir – und sagte: ‚Ich weiß, was wir machen. Mein Vater hat gesagt, wir machen eine Konferenz. Eine Konferenz ist, wenn viele Leute zusammensitzen und über Wichtiges reden.' Und das ist doch sehr einleuchtend. Da haben wir gesagt, OK, das ist es. Und so wurde es die Konferenz. (...)
Es ist auch oft faszinierend, was Kinder da reden, wie sie miteinander umgehen, und ich meine, es braucht natürlich auch eine Zeit bis sie gewohnt sind, Gespräche zu führen. Mit welcher Toleranz es vor sich geht. Wie sich dann eine Gruppe freut, wenn dann so ein Kleiner das erste Mal ein Handzeichen gibt. Dann ist er dran, und wie dann alles wartet. Irgend jemand sagt: stört nicht – er muß noch denken. Das ist wirklich schön. (...) Ich denke, Kinder lernen bei uns nach dem ‚warum' zu fragen. Warum ist das so? Den Dingen auf den Grund zu gehen. Nicht sagen: naja, das ist halt so, sondern: warum ist das so. (...) Und wer dann mal so wirklich dabei war und gesehen hat, wie Kinder ihre Probleme so managen, dann ist es schon beeindruckend" (KT 14).
„Ein wichtiges Instrument zur Beteiligung der Kinder in jeder der Projektphasen ist die sogenannte Kinderkonferenz. In den mehrmals wöchentlich stattfindenden Kinderkonferenzen, die gruppenmäßig organisiert sind, werden alle anstehenden Fragen gemeinsam in der Gruppe erörtert. Diese Fragen beziehen sich sowohl auf die Arbeit an den geplanten Projekten als auch auf alltäglich auftauchende Fragen, Wünsche und Probleme der Kinder. Damit diese nicht untergehen, liegen in jedem Gruppenraum kleine Zettel bereit, auf denen die Kinder ihre Fragen, Wünsche, Konflikte spontan festhalten können. Sie tun dies mittels einer kleinen Zeichnung, die sie der Erzieherin überreichen. Diese notiert auf der Rückseite Namen, Datum und gegebenenfalls eine kurze Erläuterung zum Inhalt. Die Zettel werden dann an eine Pinnwand geheftet. Diese Pinnwand wird während der Kinderkonferenzen in die Mitte gelegt und dient zur Strukturierung der Diskussionen. Von den Kindern geäußerte Wünsche werden in der Gruppe besprochen und es wird überlegt, wann, mit wem und wo diese Wünsche erfüllt werden können. Zu diesem Zweck hat die Pinnwand eine Tageseinteilung und die entsprechenden Zettel der Kinder werden dann den Wochentagen zugeordnet, an denen die von den Kindern gewünschte Aktivität stattfinden soll. (...) Die Kinderkonferenzen finden in einer sehr konzentrierten Atmosphäre statt. Diese wird u.a. dadurch hergestellt, daß die Kinder auf sehr engem Raum auf der Empore auf weichen Sitzkissen zusammenhocken – gemeinsam mit den beteiligten Erzieherinnen" (KT 15).

In diesen von Kindern gewünschten Kinderkonferenzen zeigt sich, daß Kinder in der Lage sind, ohne dominierende Lenkung und Leitung durch die Erzieherin über sich zu sprechen, nachzudenken und sich einfühlend zu verhalten. Eine wichtige (psychische) Grundlage für Selbständigkeit wird damit gesichert.

„Ich messe dem einen hohen Stellenwert bei. Weil für mich darin sehr viel Mitbestimmung für Kinder liegt. Sie können sich darin üben, ihre Bedürfnisse zu äußern und auch selbst dafür sorgen, wie sie durchgesetzt werden. Sie ent-

wickeln Verantwortung für sich, auch Verantwortung gegenüber der Gruppe. Also alles das, was ich eigentlich im Situationsansatz Kindern weitergeben möchte, läßt sich da sehr praktisch vollziehen. (...) Also ich möchte, daß Kinder begreifen, das ist ein Platz für mich, wo ich das sagen kann, was mich berührt und was ich sagen will. Es ist erstaunlich. Es gibt gelegentlich große Konferenzen. Da sind alle Kinder beteiligt. Und das klingt wirklich unglaublich, da sitzen dann 70 Kinder im Turnraum und da geht es um Bedürfnisse der Kinder, vielleicht um zwei Sachen, die entschieden werden müssen. (...) Und dazu sind die Kinder dann fähig. Wenn es um ihre ureigensten Interessen geht, da sind die fähig, wirklich zu diskutieren, Meinungen einzuholen und zu fragen: ‚Warum ist das?', und nach Lösungen zu suchen. Die schaffen das. Aber es funktioniert nicht, wenn nur wir was wollen" (KT 14).

„Am zweiten Tag dauerte diese Zusammenkunft sehr viel länger: An diesem Tag wurde sie als Kinderkonferenz zum Thema ‚Langeweile und Unkonzentriertheit der Kinder' genutzt. Die Erzieherinnen hatten beobachtet, daß während der Freispielphasen – entgegen meiner Beobachtung – bei einigen Kindern Langeweile aufkommt und manche Kinder nicht so recht wissen, was sie mit dieser Zeit anfangen sollen. Die Erzieherin, die an diesem Tag die ‚Bühne' leitet, geht mit der Frage: ‚Sollen wir daran etwas ändern?' in die Kinderkonferenz. Es dauert eigentlich nicht sehr lange und es melden sich die ersten Kinder zu Wort. Ein Junge schlägt vor, daß in Zukunft mehr Burgen gebaut werden sollen. Insgesamt ist Tendenz der Diskussion, daß in Zukunft mehr Angebote, auch in der Freispielphase stattfinden sollen. Es kommt ein Vorschlag von seiten einer Erzieherin, daß dieses Thema nochmal in den Arbeitsgruppen besprochen werden sollte und evtl. jede der Arbeitsgruppen Schilder malt, auf denen zu lesen ist, was alles im Großraum möglich ist. Gerade als über diesen Vorschlag noch einmal gesprochen wird, kommt die Leiterin mit dem Filialleiter der örtlichen Coop-Zentrale in die Kinderkonferenz. Er hat zwei Kisten Orangen und zwei große Falt-Bauernhöfe, in denen man richtig spielen kann, als Weihnachts- und Adventsgeschenk für das Kinderhaus, mitgebracht. Leider wurde dadurch die Thematik der Kinderkonferenz unterbrochen, es ergab sich aber nach einer kurzen Freude über das Geschenk und einem lauten ‚Dankeschön' sofort ein weiteres Gespräch in der großen Runde, was denn mit den beiden Bauernhöfen (bei den Orangen war es klar, daß sie relativ bald gegessen werden) passieren sollte. Es kristallisierten sich zwei Vorschläge von Kindern heraus: Der eine tendierte dahin, beide im Kinderhaus zu behalten – der andere lief darauf hinaus, daß einen der Bürgerladen und einen das Kinderhaus bekommt. Darauf einigte man sich dann mehrheitlich. (...) Die Kinderkonferenz war auch Plattform für die Unmutsäußerung einer Mitarbeiterin – gerichtet an ihre Kolleginnen – weil wieder einmal ein wichtiger Schlüssel nicht zur Verfügung stand, den irgendjemand in seiner Tasche vergessen hatte. Es gab eine kurze heftige Debatte, die mit einer konkreten Vereinbarung endete" (KT 34).

Selbstsicherheit und Selbstbewußtsein sind die Basis für Selbständigkeit. ‚Balancierte Kommunikation' ermöglicht, daß die Kinder sich gegenseitig Rückmeldung geben und dadurch die Fähigkeit erwerben, Konflikte sozial verträglich und konstruktiv zu lösen:

> „(...) bis 10.45 Uhr haben sich alle im Stuhlkreis eingefunden. Dabei gibt es ein Problem: Drei Kinder wollen unbedingt neben Mauro sitzen. Sie balgen sich um den freien Platz neben ihm. Die Erzieherin A bittet sie, vor ihm auf dem Boden Platz zu nehmen und das Problem gemeinsam zu besprechen. Sie fragt alle drei nacheinander und bittet Mauro, genau zuzuhören: ‚Weshalb möchtest Du heute neben Mauro sitzen?' Das erste Kind (ich nenne es Franz): ‚Weil er so schön spielt.' Dazu gibt es eine kleine Gesprächsrunde mit allen Kindern, die etwas dazu sagen wollen. Die Erzieherin fragt: ‚Warum möchten wohl die drei Kinder (Ufuk, Franz und Katharina) gerne neben Mauro sitzen?' Einige Kinder sammeln: ‚Weil er so nett ist ..., weil er eine grüne Hose an hat und der Franz auch ..., weil er gerne mit Mädchen spielt, und die Katharina ein Mädchen ist ..., weil er so gut malen kann ...'.
> Ca. zehn Kinder beteiligen sich an diesem Gespräch und Mauro wird immer größer mit einem lachenden Gesicht. Die Erzieherin fragt ihn, was er denkt, warum die drei neben ihm sitzen wollen und er antwortet: ‚Weil wir heute alle zusammen im Flur gehopst haben.' Die Erzieherin A fragt Mauro, welche Lösung er vorschlagen will – und er wählt Ufuk aus: ‚Weil wir so gern miteinander raufen.' Die beiden anderen Kinder nehmen danach auf den freien Stühlen im Stuhlkreis Platz" (KT 20).

Gesprächsrunden mit Kindern haben häufig auch die Funktion, eine Orientierung über den Tagesverlauf zu geben. Insbesondere in integrativ arbeitenden Kindergartengruppen werden Elemente der (kognitiven) Förderung sichtbar:

> „Um 9.00 Uhr ruft eine Triangel zum ‚Morgenkreis'. Die Kinder müssen gar nicht mehr aufgefordert werden, sondern kommen alle auf dem Teppich zusammen, nachdem sie sich alle aus einer Kiste ein Sitzkissen genommen haben (jedes Kind hat sein eigenes mit seinem Namen darauf). Heute ist die Spracherzieherin dabei.
> Am Anfang werden alle Kinder gezählt und laut von allen beim Namen genannt. Danach gibt es ein Eröffnungslied: ‚14 Elefantenkinder sind wir heute hier ...'. Jeder Name wird laut genannt und dabei in die Hände geklatscht. Ins Lied eingebaut werden auch die täglichen Aktivitäten. Es folgt ein neugelerntes Fingerspiel. Danach wird gemeinsam festgelegt, was heute alles gemacht werden soll. Ein Kind erklärt an der Tageskarte den Tagesablauf und steckt die entsprechenden Karten ein. Als Abschluß des Morgenkreises gibt es das Frühstücksgedicht mit den Namen der Kinder, die für das Frühstück zuständig sind. Der Morgenkreis dauert etwa 15 Minuten" (KT 17).

In den meisten der 10 Einrichtungen, die regelmäßig Gesprächsrunden mit Kindern anbieten, wird der Tagesverlauf mit Blick auf Erlebnisaspekte reflektiert. Produkte, gemalte Bilder und Bauwerke werden präsentiert und ihre Entstehung erläutert.

Dadurch erhalten die Kinder Rückmeldung für ihr Tun:

„*Um 11.40 Uhr treffen sich alle Kinder in ihren Gruppen zum Abschlußkreis. Erst jetzt wird deutlich, wer wohin gehört. In der blauen Gruppe nimmt sich jedes Kind einen Stuhl (vom Tisch oder vom Stapel) und sie setzen sich in den Kreis. (In der Nachbargruppe sitzen alle in der Matratzenecke.)*
Die Erzieherin leitet eine Gesprächsrunde zur Reflexion des Vormittags: Was war heute? Wer hat mit wem gespielt? Welche Erlebnisse habe ich heute gehabt? Was wünsche ich mir für morgen? Eine lebhafte Runde entsteht und die Erzieherin führt eine Regel ein: Wer gesprochen hat, darf anschließend ein anderes Kind auffordern. Drei Kinder, die im Gruppenraum etwas gebaut oder gemalt/gebastelt haben, stellen ihr Bild usw. der Gruppe vor. Sie entscheiden, ob sie das Bild in die Sammelmappe geben wollen oder mit nach Hause nehmen" (KT 22).
„*Gegen 11.20 Uhr erläutert die Erzieherin A, daß sie heute das Tagesgespräch vor dem Rausgehen machen (an anderen Tagen ist es umgekehrt). Sie fragt, was heute alles gewesen ist und wer berichten will – dabei nennt sie ‚... ein paar Kinder haben Suppe gekocht, ein paar Kinder waren in der Bauecke, ein Kind hat sechs Laugenbrezeln mitgebracht, wer hat sie probiert und wie haben sie wohl geschmeckt? Viele Sachen sind passiert und Besuch haben wir auch'. Die Kochgruppe will als erste berichten. Eduard schildert, was sie in der Kochecke gemacht haben, die ‚Gäste' schwärmen davon, daß es so gemütlich war und die Suppe gut geschmeckt habe. Die Erzieherin fragt nach, wie die Zusammenarbeit mit Elena geklappt hat und beide berichten von ihrer Arbeitsteilung. Die Erzieherin lobt Eduard, daß er es sich zugetraut hat, zu kochen und abzuwaschen*" (KT 20).

Wesentlich ist dabei, daß die Erzieherinnen die Gespräche kindorientiert einleiten, die Erlebnisse und die persönlichen Eindrücke in den Vordergrund stellen:

„*Erzieherin B leitet die Gesprächsrunde ein und Kinder berichten wechselseitig vom heutigen Tag: Erzieherin B strukturiert: zuerst die Kinder, die außer Haus waren: Wo waren sie gewesen, was haben sie erlebt, wen haben sie getroffen, wie hat es ihnen gefallen, was hat sie besonders beeindruckt. (...)*
Die Erzieherin A fragt die kleineren Kinder, wie ihr Vormittag verlaufen sei und was ihnen besonders gut gefallen habe. Einige Kinder zeigen auf den an der Wand hängenden Packpapierbaum – dafür haben sie Blätter gemalt, ausgeschnitten und angeklebt. Sie berichten von den verschiedenen Farbtönen (braun, grün, grau, usw.), die Erzieherin stellt den Bezug zu den Bäumen vor den Fenstern her, sie besprechen verschiedene Blattformen und welche Bäume das wohl sein könnten. Die Erzieherin B bittet die Kinder, auf dem Nachhauseweg heute und beim Spazierengehen genau die fallenden Blätter zu studieren und zu schauen, ob sie ihr gemaltes Blatt in ‚echt' finden könnten. Ein Mädchen bietet an, Blätter im Stadtpark zu sammeln – die Erzieherin ermuntert sie: ‚Dann hätten sie richtige Naturmodelle.'
Danach orientiert sie auf den folgenden Tag:
Die Arbeit mit den Blättern kann jedes Kind weiterführen" (KT 20).

Damit Kinder diese kommunikativen Kompetenzen entwickeln können, benötigen sie anfangs die Hilfe der Erwachsenen. Zwei besondere Hilfsmittel haben wir in einigen Einrichtungen vorgefunden, die die Erzieherinnen den Kindern verfügbar machen, damit ihre Wünsche berücksichtigt werden und sie Sicherheit gewinnen und Mut entwickeln, sich am Gespräch zu beteiligen.

„In jedem Zimmer haben wir so etwas wie einen Plan hängen. Da kann es sein, daß Kinder Wünsche haben, die malen sie sich auf und die werden in der Konferenz ausklamüsert, ist das machbar oder wann ist es machbar oder warum ist es nicht machbar. Da lernen sie auch, wie sie sich einbringen können. (...) Oder es wird festgestellt, da ist jemand, der sagt eigentlich nie, was er möchte, und dem wird dann Mut gemacht und man wartet halt. Es ist auch den Kindern wichtig, daß alle zum Zuge kommen. (...) Wichtig ist, daß man erst mal mit den Kindern Gesprächsführung überhaupt übt. Und sei es, daß man sie mal zuhören läßt, daß man vielleicht auch mit Kindern, die sich artikulieren können, anfängt. Und die anderen auch mal ein bißchen zuschauen läßt. Und für uns ist die beste aller Methoden, Kinder in gemeinsame Gespräche einzuführen, auch dieses Zuhören lernen und auch aushalten lernen, daß man eigentlich was sagen möchte und nichts mehr kann. Das ist ja für Kinder ungeheuer schwer. Und das machen wir eigentlich schon seit Jahren mit unseren Muggelsteinen. Das nützt. Wir haben dann fünf Muggelsteine, vielleicht anfangs nur drei, wenn wir Kinder haben, denen es noch schwerer fällt. Denn wenn sie dann den Muggelstein in der Hand haben, wissen sie genau, ich komme dran, ich bin nicht vergessen. Das ist für sie die Sicherheit, ich werde drankommen. Dann gibt es die Reihenfolge. Später brauchen wir dann keine Muggelsteine mehr, dann wird nur noch abgezählt, wie bei einer Rednerliste. Aber die Kinder wissen, ich komme dran. (...) Man beginnt die Konferenz und merkt, es brodelt, es ist schwierig. Man müßte viel zu viel dirigieren und reglementieren. Und dann übergebe ich eigentlich die Reglementierung diesen Muggelsteinen. Ich gebe es von mir weg und das halte ich für sehr wichtig, daß es nicht immer auf mich bezogen ist. (...) Es ist ein praktisches Hilfsmittel. Wir machen das auch mit Erwachsenen, wenn wir was abstimmen müssen" (KT 14).

Die Wirkung ‚balancierter Kommunikation' zeigt sich dann in der Mitgestaltung und Mitbestimmung des Tagesablaufs bzw. der thematischen Planung:

„Auch wie wir diese Wochenpläne entwickelt haben. Das ist ja auch ein Hilfsmittel, um Kindern zu sagen: ich kann meine Woche mitgestalten, ich kann meine Tage mitgestalten. Ich kann überhaupt das Kindergartenleben mitgestalten. (...) Also, wenn Kinder Wünsche haben, sie möchten irgendwie dieses und jenes backen, dann versuchen wir, daß sie auch für ihre Wünsche verantwortlich sind. Sagt z.B. einer, er möchte Grießbrei haben, dann werden wir sagen: sorge dafür, daß Grieß ins Haus kommt. Die Milch übernehmen wir. Aber nur, daß Kinder lernen, daß sie auch ein Stückchen verantwortlich sind. Nicht, daß sie sagen: ich will das – und Schwups ist es da. So gehen wir eigentlich immer damit um. Vielleicht ist Ihnen in den Konferenzecken ein Wochenplan aufge-

fallen. Da hängen Zettel dran und wenn Kinder was möchten, dann malen sie das auf und pinnen das dran. Das ist für uns eine Möglichkeit, Mitbestimmung zu üben. Da steckt dann z.B. der Zettel vom Grießbrei, und wenn wir dann wieder in der Konferenz sitzen, fragen wir, was liegt denn alles noch an, was müßte noch erledigt werden. Dann heißt es: da hängt immer noch der Grießbrei. Oder es möchte einer besucht werden, der Zettel hängt immer noch, warum – ach ja, hat er seine Mutter noch nicht gefragt. Muß er abklären. Also das machen nicht wir, weil wir denken, das ist wichtig, daß er das allein managen kann" (KT 14).

Der partnerschaftliche Umgang der Erwachsenen mit den Kindern und der Kinder untereinander bedarf überschaubarer und verständlicher Regeln. Die Notwendigkeit wird auch in den Kindergärten mit einer entwickelten Arbeitsweise nach dem Situationsansatz gesehen; es kommt jedoch darauf an, daß das ‚Aushandeln' mit den Kindern erfolgt, damit sie die Regeln verstehen und einhalten können.

„Ja. Ich denke, es ist aber auch wichtig, daß die Kinder es wissen. Es hilft ja, auch mit dieser großen Gemeinschaft so locker umzugehen. Hätten wir also keine Regel für die Benutzung des Turnraums geschaffen oder für die Benutzung der Kuschelecke, dann würde es irgendwann heißen: die sind immer da, warum darf ich nicht? Wenn es eben Schwächere wären, hätten sie keine Chancen, so gibt es Regeln. Wenn der Platz dort gebraucht wird von anderen und die waren schon lange genug dort, dann heißt es: guck mal ... Es wird akzeptiert, weil sie irgendwann ja auch in einer ähnlichen Situation sind. Ich denke, Kinder müssen lernen, daß sie ihr Leben auch über Regeln, die man einhält, gestaltet. Die haben wir auch ausgetüftelt mit Kindern in der großen Konferenz: wie machen wir das nun mit der einen Kuschelecke dort hinten drin? Dann wird,s halt probiert. Irgendwann klappt es nicht. jetzt haben sie die ganze Zeit die Eieruhr gehabt, irgendwann haben sie sie runtergeschmissen, nun brauchen wir einen neuen Zeitmesser. Daß ein Kind sagen kann: ja ich war schon lang genug hier. Wie will ein Kind wissen, ob es lang oder kurz da war. Aber es sind Regeln, die mit den Kindern so ausgehandelt werden, die sind auch für die Kinder einsichtig" (KT 14).

Die Einführung in die geltenden Regeln wird in einigen Einrichtungen über Kinder vermittelt. Eine besondere Vermittlungsform dazu haben wir in zwei Kindertageseinrichtungen gefunden:

„Patenschaften: Für jedes neue Kind in der Gruppe übernimmt ein älteres Kind eine Patenschaft. Die neuen Kinder kommen vor der Aufnahme in den Kindergarten zum Kennenlernen in die Einrichtung. Danach wird die Patenschaft in der Gruppe festgelegt. Sie beinhaltet in der Anfangszeit eine gewisse Verantwortlichkeit des älteren Kindes dafür, daß das neue Kind in alle Abläufe eingeführt wird, ihm gezeigt wird, wo es was finden kann und welche Regeln es in der Gruppe oder im Kindergarten gibt" (KT 34).

Das Verhalten der Erzieherinnen den Kindern gegenüber ist in den zehn Einrichtungen, die regelmäßige Gesprächsrunden in den Kindergruppen praktizieren, ausgesprochen zugewandt bis herzlich. Bei den Praxisbesuchen konnten wir beobachten, daß jedes Kind persönlich begrüßt und mit einem kleinen Gespräch empfangen wurde. In den allermeisten dieser Einrichtungen erfolgte auch eine persönliche Verabschiedung jedes einzelnen Kindes:

„Sie werden von den Eltern, Müttern, Vätern oder Großeltern zu der jeweiligen Gruppenerzieherin gebracht, je nachdem, wo sie sich gerade aufhält und welche Aktivität sie im Haus gerade anbietet. Meist schließt sich noch ein kurzes Gespräch an. Die Kinder werden sehr freundlich von allen Mitarbeiterinnen begrüßt" (...) (KT 14).
„Die Kinder aus K. und S. werden um 8.00 Uhr mit dem Bus gebracht und von ihren Erzieherinnen in Empfang genommen. Eine der Erzieherinnen ist bereits bei der Busfahrt anwesend, um die Kinder zu begleiten" (KT 15).
„Um 10.45 Uhr wird noch ein verschlafen aussehendes Kind gebracht – die Erzieherin begrüßt es herzlich und läßt es neben sich sitzen" (KT 37).
„Bis 9.00 Uhr kommen die Kinder an; jedes Kind wird von den anwesenden Gruppenerzieherinnen (A und B) individuell begrüßt. (...) Das Eintreffen der Kinder verläuft ziemlich ähnlich wie am Vortag: herzliche Begrüßung und ein paar sehr persönliche Worte für jedes Kind und jeden Elternteil" (KT 20).
„Bis 9.00 Uhr kommen die Kinder an. Sie werden von ihren Eltern bis zum Guppenraum gebracht, die Erzieherinnen und die Jahrespraktikantin begrüßen alle Eltern und wechseln mit jedem Kind ein paar Worte" (KT 19).
„Während dieser Diskussion erschien eine Mutter mit einem vierjährigen Mädchen, das ab Januar das Kinderhaus besuchen wird. Am Rande der Diskussion stellte die Leiterin der zukünftigen Gruppenerzieherin die beiden vor. Es war zu beobachten, daß die Erzieherin sehr freundlich zugewandt auf Mutter und Tochter zuging: ‚Ich freue mich, daß Du im Januar in meine Gruppe kommst!' und bittet sie gleichzeitig noch ein bißchen zu bleiben, wenn es die Zeit erlaubt" (KT 34).

Das Verhalten der Erzieherinnen im partnerschaftlichen Umgang kann in diesen zehn Einrichtungen als unterstützend und begleitend beschrieben werden. Die pädagogischen Angebote werden als Vorschläge verstanden, die die Kinder aufgreifen können. In allen Einrichtungen wählen die Kinder ihre Spielpartner/innen frei aus und beschäftigen sich in Kleingruppen. Die Gruppenerzieherinnen werden bei auftretenden Schwierigkeiten um Hilfe gebeten und um Rat gefragt. Die Atmosphäre läßt sich als ruhig bis konzentriert beschreiben, obwohl in einigen Einrichtungen die räumlichen Bedingungen ungünstig sind.

„Gegen 9.00 Uhr an diesem Tag haben sich die anwesenden Kinder an die verschiedenen Tische, in die Bau- oder Puppenecke verteilt, einige aus dieser Gruppe sind auch im Flur mit der großen Ampel beschäftigt und regeln den Verkehr der kommenden und gehenden Eltern. Im Gruppenraum selbst finden unterschiedliche Aktivitäten statt: An zwei der Tische werden Laternen für das kommende Martinsfest in einer ganz komplizierten Wachstechnik herge-

stellt. Eine der Erzieherinnen wechselt dabei von Tisch zu Tisch und berät die Kinder, die um ihr Hilfe nachsuchen. Auch hier brennen verschiedene Kerzen. An einem weiteren Tisch sitzt die türkische Praktikantin, knetet mit zwei türkischen Mädchen und unterhält sich dabei recht lebhaft in der Muttersprache. Lili, die ‚dienstälteste' Erzieherin aus dem Erprobungsprogramm, hat sich mit vier Kindern in eine ruhige Ecke verzogen und übt ein Lied ein. Sie selbst spielt dabei die Gitarre und die Kinder haben verschiedene Holzschlaginstrumente. Aus der anfangs ruhigen und auf das Lied konzentrierten Situation wird allmählich eine lebhafte Runde, der sich immer mehr Kinder zugesellen, da die Anfangsgruppe inzwischen dazu übergegangen ist, neue Verse und Nonsens-Reime auf die Musik zu erfinden. Das lockt auch die Kinder von draußen und aus anderen Gruppen an. Auch einige der anderen Kolleginnen schauen herein" (KT 29).

„Um 10.00 Uhr beginnt die Erzieherin DIN A1-Kartons im Materialraum zusammenzusuchen – dabei sind drei Kinder (die kleineren) um sie herum. Im Personalraum richtet sie die Tische mit Kartons, Fotoecken, Kleber und dem großen Stapel Fotos. Mit einzelnen Kindern, die durch die offenen Türen dazukommen, wählt sie jeweils die Aktionsfotos aus, die das Kind zusätzlich zu seinen Porträts und dem Gruppenfoto mit nach Hause nehmen will" (KT 28).

„Diese letzten 20 bis 25 Minuten, die die Kinder an meinem ersten Besuchstag im Garten verbracht haben, waren sie nicht sich selbst überlassen, sondern die Erzieherinnen haben für die Kinder, die interessiert waren, alle möglichen Kreisspiele angeboten" (KT 27).

„Die Gruppenerzieherin geht in dieser Zeit zu den einzelnen Gruppen, steht für Fragen zur Verfügung und fragt einzelne Kinder nach ihrem Wohlbefinden. (...) Um 9.30 Uhr fädelt sich die Gruppenerzieherin in das Spiel in der Bauecke ein. Sie unterhalten sich über Wasserburgen. Die Erzieherin holt einen blauen Müllsack, ein Kind schneidet ihn auf und sie errichten darauf mit vielen Holzbausteinen eine Wasserburg. Zehn Kinder(!) sind in der Ecke aktiv und intensiv beschäftigt. (...) Kurz nach 10.00 Uhr kommt es zu einem Gespräch mit der Erzieherin über die Situation auf dem Bauteppich: Wie sie vorgegangen seien und mit Holzklötzen auf dem blauen Müllsack eine Wasserburg gebaut hätten ... die Erzieherin benennt ein Problem: die Bauecke ist für soviele Kinder zu eng, weshalb sie nach anderen Möglichkeiten suchen müßten. Eine kleine Gruppe könnte auf dem Bauteppich verschiedenes ausprobieren, eine andere Gruppe könnte am Maltisch etwas dazu basteln und den Wassergraben mitgestalten, eine dritte Kleingruppe könnte Kartons anmalen, die sie dann im Flur oder Hof zur Burg aufschichten könnten. Die Kinder aus der Bauecke teilen sich auf, andere Kinder kommen hinzu" (KT 24).

‚Partnerschaftliches Verhalten' zwischen Erzieherinnen und Kindern zeigt sich darin, daß den Kindern die Möglichkeit eingeräumt wird, in Gruppengesprächen eigene Erfahrungen und Erlebnisse mitzuteilen. Verschiedene Hilfsmittel ermöglichen es den Kindern, eigene Wünsche in die Gestaltung des Gruppenalltags einzubringen und mitbestimmend tätig zu werden. In den Gruppen war ein aggressionsfreies Klima und eine dichte Spielinteraktion zwischen Kindern zu beobachten. Die Erzieherinnen verhielten sich weitgehend abwartend und begleiteten die Kinder bei verschiedenen Aktivitäten. Dabei war durchaus zu sehen, daß im gemeinsamen Spiel und Gespräch die Erzieherin als Person greifbar war. Ideen der Kinder haben einen ausreichenden Platz erhalten, das Gespräch war bestimmt von den Eindrücken und Erlebnissen der Kinder. Eine wohlwollend aufmerksame Haltung der Erzieherin hat es den Kindern ermöglicht, miteinander zu sprechen und das Interesse aneinander zu entwickeln. Die beobachteten Situationen waren gekennzeichnet von einer außergewöhnlich kompetenten Umgangsweise der Kinder, die ihre Verhaltensweisen mit überschaubaren Regeln aufeinander abstimmen konnten.

Die Hälfte (19 von 39) der besuchten Einrichtungen lassen im Ansatz ‚partnerschaftlichen Umgang mit Kindern' erkennen.

In der überwiegenden Zahl gibt es eine ritualisierte Zusammenkunft aller Kinder der Gruppe in einem Morgenkreis oder Abschlußkreis. Die Initiative geht in allen besuchten Einrichtungen dieser Stufe von der Erzieherin aus; sie richtet die Sitzordnung her oder ruft zusammen, so daß die Kinder auf das ihnen bekannte Signal sich im Stuhlkreis einfinden.

Die Gespräche werden von den Erzieherinnen geführt, unter zwei inhaltlichen Akzenten: zum einen wird der Morgenkreis als Angebot gesehen, in dem sich alle Kinder nach einer Freispielphase zusammensetzen und eine gemeinsame Aktivität ausführen. Traditionelle Inhalte wie Sing- und Kreisspiele überwiegen, es werden Lieder gesungen, die für bestimmte jahreszeitliche Veranstaltungen eingeübt werden.

> „Der Ablauf des Morgenkreises war von den Erzieherinnen vorgeplant. Sie wichen auch bei mangelnder Zustimmung (Hüpf-/Singspiel) nicht von ihrem Programm ab, sondern motivierten die Kinder erfolgreich dazu. Am zweiten Hospitationstag erklärte die Gruppenerzieherin den Kindern, daß der für diesen Wochentag geplante Schwimmbadbesuch aufgrund von Personalknappheit ausfallen müsse. Von den Kindern kam bis auf eine Ausnahme keine Reaktion auf diese Veränderung.
> Die Erzieherinnen versuchten an mehreren Stellen, die Kinder an der Gestaltung des Morgenkreises und der Auswahl der Tagesaktivitäten zu beteiligen: Sie fragten, bei welchem Kind mit Abzählen begonnen werden sollte, welches Kind die Symbole ordnen möchte; sie ließen die Gruppe zwischen ‚Tauziehen' und ‚Schwungtuch' entscheiden und gaben den Kindern die Aufgabe, zu entscheiden, wer mit dem Trampolin-Hüpfen beginnen sollte.
> Die ‚Entscheidungsfindung' lief jedesmal ziemlich chaotisch und undemokratisch ab, nämlich nach dem Prinzip ‚wer am lautesten schreit'. (...) Zum Morgenkreis gehören folgende feste Rituale, die auch an den Hospitationstagen ‚vollzogen' wurden:
> Je nachdem, ob für den entsprechenden Tag eine Aktivität für die gesamte Gruppe geplant ist, findet zwischen 9.30 Uhr und 10.30 Uhr ein Stuhlkreis statt, in dem die Planung für den Rest des Tages vorgestellt wird. Bei diesem Stuhlkreis haben auch die Kinder Gelegenheit, ihre Wünsche, Vorstellungen oder Erfahrungen vorzustellen" (KT 10).

In einigen Einrichtungen wird der regelmäßig (fast täglich) stattfindende Stuhlkreis zur Information über den Tag genutzt. Dabei werden sowohl Gruppenangebote und Tagesaktivitäten vorgestellt, damit sich Kinder orientieren und zuordnen können. Oder es wird auf Ämter hingewiesen, die Kinder übernommen haben bzw. übernehmen.

„Der Morgenkreis begann mit einem Begrüßungslied, das nach Angaben der Erzieherin jeden Tag gesungen wird. Zwischen den Strophen wurde ein Junge aufgefordert, seine Mütze abzusetzen, was dieser auch - sichtlich genervt, jedoch prompt - machte. Danach holte die Erzieherin den großen Tagesplan von der Wand und stellte die Frage ‚welcher Tag ist heute?' Mehrere Kinder riefen den Wochentag in den Kreis hinein. Nun wurde gefragt, welches Kind heute Lust habe, die Aktivitätsbilder (mit Abbildungen für die Mahlzeiten, Morgenkreis, das Freispiel, die geplante Aktivität = Turnen, den Schlußkreis) in den Kästchen des Tagesplans zu schieben. Mehrere Kinder meldeten sich per Handzeichen, die Erzieherin wählte aus. Mit Hilfe der Erzieherin ordnete das Kind die Abbildungen in der richtigen Reihenfolge in die Kästchen.
Die Erzieherin holte den ‚Ämterplan' (Leiste mit Symbolen) und ordnete die Symbole der Kinder mit Wäscheklammern zu:
* *Blumendienst*
 Tischdienst für das Mittagessen
 (diese Dienste wechseln wöchentlich)
 Dann wurden die täglich wechselnden Ämter/Attraktivitäten ‚gerecht' reihum verteilt:
* *das Privileg für zwei Kinder, auf dem Klettergerüst in der Eingangshalle zu spielen,*
* *das Amt, das Spiel für den Schlußkreis aus der Spielekartei auszuwählen,*
* *Klingeldienst: Kind, das gegen Ende der Mahlzeiten den baldigen Schluß durch Klingelzeichen ankündigt.*
Der Morgenkreis hatte starken Unterrichtscharakter und verlief erzieherzentriert: Es sprach hauptsächlich die Erzieherin. Sie stellte Fragen (z.B. ‚Wo hast du die Kartoffel gekauft?'), kommentierte das Geschehen oder die Reaktionen der Kinder, setzte für die einzelnen Aktionen den Anfang und das Ende. Die Kinder konnten meistens nur auf Fragen der Erzieherin Antwort geben, hatten jedoch keine/kaum Möglichkeit, darüber hinaus etwas zu erzählen oder etwas „Nichtgeplantes" einzubringen. Die Kinder stellten sich untereinander so gut wie keine Fragen, unterhielten sich auch kaum" (KT 10).
„Wenn alle Kinder sitzen, wird gefragt, welche Kinder heute fehlen und was wohl die Gründe dafür sein könnten. Die Frühstücksituation wird ebenfalls dazu genutzt, die Vormittagsplanung zu besprechen und eine Einteilung vorzunehmen, wer an welchen Aktivitäten teilnimmt" (KT 10).

In der Mehrzahl der besuchten Einrichtungen, in denen Zusammenkünfte eine Rolle spielen, werden gemeinsame Reflexionen des Tages durch Nachfragen über die verschiedenen Aktivitäten sichtbar.

Die Gespräche dienen auch dazu, um auf den Nachmittag oder auf Ereignisse des kommenden Tages zu orientieren, bevor die Kinder nach Hause gehen.

„Um 10.50 Uhr kommen alle Kinder in der Bauecke zusammen. Die zweite Erzieherin orientiert auf den Mittwoch. ‚Morgen ist Spielzeugtag, an dem die Kinder von zuhause Spielzeug mitbringen können.' Sie erwähnt, daß es möglichst ein großes Spielzeug sein sollte, da man auf viele kleine so genau aufpassen müsse, daß kaum Zeit zum Spielen bleiben würde. Sie teilt mit, daß Frau F. (die andere Gruppenerzieherin) drei Tage zum ‚Unterricht geht' und sie deshalb erst am Montag wieder anwesend sein wird. Es gibt ein Rundgespräch über meinen Besuch. Die Kinder packen das mitgebrachte Kinderbuch aus und die Erzieherin liest es vor. Damit ist der Vormittag beendet" (KT 18).

„Um 11.15 Uhr ruft die Erzieherin die Gruppe zusammen. Sie stellt ihnen das bisher fertiggestellte Foto-Plakat vor und erwähnt, daß sie am kommenden Tag die Auswahl fertigkleben und dann einen Platz zum Aufhängen suchen. Sie erinnert nochmals an den Martinsumzug am Abend und den Treffpunkt. Einige Martinslieder werden mit Tempo gesungen, nach und nach kommen die Eltern, nehmen Fotos, Laternen und Kinder in Empfang. Dabei geht es wuselig-heiter zu – wie auch sonst im Haus" (KT 27)

„Um 11.00 Uhr gibt die Erzieherin Hinweise, daß langsam die Spielmaterialien eingeräumt werden sollen. Zwei Kinder rennen und holen ihr Frühstück. Alle Kinder setzen sich im Raum auf Stühle (an Tische oder frei). Die Erzieherin bespricht die Situation um das Aufräumen, daß es 10 Minuten gedauert hat, bis überhaupt ein Kind zugehört hätte. Sie hebt den moralischen Zeigefinger und anschließend rennen alle Kinder und räumen auf. Ein Mädchen holt Schaufel und Kehrbesen und fegt die Papierschnipsel auf; die beiden Kinder am Eßtisch kauen um die Wette. Um 11.20 Uhr gehen alle Kinder raus. (...) Um 11.30 Uhr versammeln sich alle Kinder im Flur auf dem und um das Sofa. Die Erzieherin leitet ein Kreisgespräch über die verschiedenen Aktivitäten des Vormittags an. Insgesamt herrscht eine ruhige Aufbruchsstimmung. Um 11.45 geht die Gruppe in den Garten und nimmt als Reihe auf der Gartenbank Platz. Wie am Vortag ruft die Praktikantin die Kinder mit Namen auf und bringt sie zur Gartentüre" (KT 24).

„Ertwa. um 11.00 Uhr werden die Kinder zusammengerufen zu einem Stuhlkreis. (Sie kommen aus verschiedenen Gruppen, aus dem Waschraum, vom Frühstücksplatz. Zwei Kinder kommen aus der Küche, wo sie unter Anleitung einer mithelfenden Mutter Pudding angerührt haben für den Nachtisch.) Drei Martinslieder werden gesungen, die Gruppenerzieherin orientiert auf den Laternenumzug und bittet die Kinder, heute nachmittag oder morgen vormittag die Laternen fertigzumachen (bunte Tupfen auf beklebte Luftballons). Sie erwähnt, daß sie morgen mithilft, die Kerzen einzukleben. Es entsteht ein Frage-Antwort-,Gespräch' zum Frühstück. Unter Anleitung und mit Unterstützung durch die Erzieherin erzählen drei ‚große' Mädchen, welches Lied ihnen die Fachschüler ‚beigebracht' hätten. Da es ganz neu sei, könnten sie es nicht vorsingen" (KT 33).

Hinsichtlich der Gruppenregeln konnten in diesen Einrichtungen während der Besuchstage keine sichtbar getroffenen Vereinbarungen erlebt werden. Man gewinnt den Eindruck, daß es hausbezogene Regeln gibt, die von den Erzieherinnen auf Einhaltung kontrolliert werden.

Bei einem Besuch kann beobachtet werden, daß

„(...) Kinder die Nutzung von Funktionsecken mit Abzählen regeln, – da ein Junge nicht mitspielen darf, scheint die Vereinbarung getroffen zu sein, ‚höchstens vier Kinder', denn er wäre das fünfte Kind. Er wartet beobachtend ab, bis ein Junge das Baufeld verläßt und schließt sich dann der Gruppe an" (KT 24).

Weitere beobachtbare Regeln bezogen sich auf die Nutzung der Flurbereiche und Außenflächen, und den Aufenthalt in der Nachbargruppe. Regeln, die Interaktions- oder Gesprächsverhalten bestimmen, sind während der Praxisbesuche nicht erkennbar. Wenn Kinder in Ihren Versuchen, Konflikte selbst zu lösen, scheitern, tun es die Erzieherinnen für die Kinder, indem sie ein Machtwort sprechen. Für die Erzieherinnen ist der Konflikt damit erledigt. Sie nutzen die zunächst ungelöste Konfliktsituation nicht, um mit den Kindern Lösungsstrategien zu erproben.

„Am Maltisch gibt es Gerangel wegen der Klebeflaschen und Scheren, die Erzieherin regelt, drei Kinder gehen weg" (KT 11).

Bei einem knappen Viertel der besuchten Einrichtungen wurden Situationen beobachtet, die keine Spuren von einem ‚partnerschaftlichen Umgang mit Kindern' zeigen. Reglementierungen, Maßregelungen und Zurechtweisungen dominieren in diesen Situationen den Umgang mit Kindern.

Der Morgenkreis oder das gemeinsame Gespräch am Tisch wird in direktivem Stil von den Erzieherinnen geleitet, Kinder reagieren darauf mit Unruhe, sie entziehen sich und fordern dadurch eine weitere Verhaltensanweisung heraus. Kinder übernehmen in diesen beobachteten Situationen keine Verantwortung für sich selbst und sind abhängig von den Regelsetzungen der Erwachsenen.

„Gegen 10.45 Uhr holte die Erzieherin die Kinder in einem Stuhlkreis zusammen. Hierfür mußte ein Tisch zur Seite geschoben werden und die Stühle von den übrigen Tischen umgestellt werden zum Stuhlkreis. Die Erzieherin ermahnte die Kinder mehrmals, ruhig auf dem Stuhl sitzenzubleiben und ihrer Anleitung zuzuhören und zuzuschauen, die sitzend ausgeführt wurde und darin bestand, daß die Kinder mehrere rhythmische Bewegungen mit Händen und Armen nachmachen sollten, wobei sie immer auf die Vorgabe der Erzieherin zu achten hatten. Unruhige Kinder wurden immer wieder ermahnt, still zu sitzen und aufmerksam zu sein. Ein Junge, der nach mehrmaliger Aufforderung dieses nicht tat, wurde von der Erzieherin umgesetzt. Nachdem das von der Erzieherin vorgeschlagene Spiel beendet war, führte sie die Kreisspielsituation weiter, indem sie sagte, daß dasjenige Kind, welches am stillsten sitze, nun ein weiteres Spiel vorschlagen dürfe. Nach kurzer Zeit, die wieder durch Aufforderung zum Stillsitzen begleitet war, wählte die Erzieherin ein Kind aus. Dieses Kind schlug ein in der Gruppe bekanntes weiteres Kreisspiel vor. (...) Die Bemühungen der Erzieherin schien mir jederzeit darauf gerichtet, die Gruppe

im Griff zu haben und darauf zu achten, daß niemand über die Stränge schlug. Die gesamte Spielsituation dauerte ca. 30 Minuten. Sie wurde dann von der Erzieherin beendet" (KT 2).

„Während der Gesprächssituation werden Kinder mehrfach ermahnt, ruhig zu sein und den anderen zuzuhören. Ebenfalls werden sie aufgefordert, an ihrem Platz sitzen zu bleiben. Solche Ermahnungen gehen meist von der stellvertretenden Leiterin aus, die auf dem Stuhl sitzt und notiert. Die Ermahnungen erfolgen in recht aggressivem Ton. Etwa zehn Minuten nach Beginn der Gesprächsrunde kommt eine dritte Erzieherin in den Raum und setzt sich mit in die Runde. Ab diesem Zeitpunkt wird die Gesprächsführung sehr chaotisch. Ich habe den Eindruck, daß die drei beteiligten Erzieherinnen untereinander konkurrieren. Insbesondere die stellvertretende Leiterin scheint Erwartungen zu haben, die sich in den Äußerungen der Kinder nicht erfüllen. Nachdem die Kinder von ihren Erlebnissen berichtet haben, fragt sie mehrmals nach, ob die Kindern nicht ferngesehen hätten. Von den Kindern kommt trotz mehrfachen Nachfragens keine diesbezügliche Äußerung. Die stellvertretende Leiterin bohrt regelrecht nach, sie scheint nicht glauben zu wollen, daß die Kinder nicht das ganze Wochenende vor dem Fernseher gesessen hätten. Lediglich ein Kind berichtet schließlich davon, daß es am Sonntag ‚Die Sendung mit der Maus' gesehen habe. Keine reiche Ausbeute für die negative Erwartung der Erzieherinnen. (...) Durch die unterschiedlichen Nachfragen, die von völlig verschiedenen Interessen der beteiligten Erzieherinnen motiviert sind, kann kaum ein Gespräch entstehen, in dem sich die Kinder aufeinander beziehen. Stattdessen sind die Antworten den Fragen entsprechend an die Erzieherinnen gerichtet. Die Äußerungen der Kinder bleiben so ziemlich unverbunden nebeneinander stehen" (KT 13).

Beobachtet man den Gesprächsrahmen, so bedeutet es keineswegs, daß alleine schon das Zusammenkommen im ‚Morgenkreis' oder in einer Sitzrunde ‚balancierte Kommunikation' ermöglicht. Fragen und Aufforderungen der Erzieherinnen, Befehle und Anordnungen, mit einem entsprechendem Tonfall unterlegt, bewirken eher das Gegenteil: das Nichtentwickeln kommunikativer Fähigkeiten und eine geringe partnerorientierte Konfliktlösungsfähigkeit.

„Gegen 10.50 Uhr sitzen alle anwesenden Kinder und die Erzieherinnen in einem kreisähnlichen Gebilde. Die Ganztagserzieherin hat eine Tüte Bonbons, die die Bewohner des nahegelegenes Seniorenheimes am Abend vorher beim Martins-Feuer für die Kinder übergeben haben. Die Kinder erzählen nochmals vom Umzug. Sie werden dazu aufgefordert: ‚Habt Ihr denn dem Herrn Th. schon erzählt ...?' Auffällig ist, daß die Erzieherin sehr viele Fragen stellt, die allerdings oft gar keinen direkten Bezug oder keine Anknüpfung an die Äußerungen der Kinder haben. Nachdem vielleicht 10 Minuten über den Laternenumzug und das große Martins-Feuer gesprochen wurde, beginnt die Zeit des Zähneputzens. Immer sechs Kinder, die sich an den Schultern fassen und vorher namentlich von der Erzieherin bestimmt werden, gehen nach draußen. Während diese Kinder draußen sind, machen die anderen noch Kreisspiele.

Wenn die ersten sechs Kinder fertig sind und zurückkommen, werden die nächsten benannt und verlassen den Raum. Es dauert also eine ganze Weile, bis alle Kinder sich die Zähne geputzt haben. Insgesamt ist es eine sehr unruhige Kreissituation" (KT 32).

„Die Erzieherin kam selten dazu, sich einem Kind oder einer Kindergruppe intensiver oder länger zu widmen. Auf der anderen Seite war die Erzieherin jederzeit für die Kinder ansprechbar und ging – wenn auch nur oberflächlich – auf ihre Äußerungen ein" (KT 8).

Erzieherinnen, deren Verhaltensweisen wenig Partnerschaftlichkeit zu den Kindern zeigen, übernehmen meistens auch die Regelung der Konflikte. Kinder sehen in ihnen die Autoritätspersonen, die Regeln aufstellen und ändern können, die stellvertretend Konflikte bewerten und lösen.

„Die Kinder kamen des öfteren von sich aus zur Erzieherin, um ihre (Mal-/Web)Produkte zu zeigen, ein wenig zu kuscheln, um Bescheid zu geben, daß sie kurz auf den Flur möchten oder um über Konflikte mit anderen Kindern zu ‚klagen'. Die Erzieherin reagierte hier immer prompt, gab ‚Ratschläge' und ergriff häufig Partei. (...) Die Erzieherin kontrollierte und schränkte das Spiel der Kinder dadurch massiv ein: So verbot sie beispielsweise einem Jungen, der sich zunächst in den Nebenraum zurückgezogen hatte, zurück in den Gruppenraum zu kommen, wo er etwas anderes spielen wollte: ‚Nein, du hast dich vorher für den kleinen Raum entschieden, also mußt du jetzt auch dort bleiben.' Der Junge reagierte eingeschüchtert und ging ‚kampflos' zurück. Oder eine andere Situation: Sie korrigierte ein Kind, das sich aus dem Bücherkasten ein Buch genommen hatte und es in eine andere Ecke des Zimmers mitnehmen wollte, und verwies es zurück in die ‚Leseecke': Bücher dürfen nur in der ‚Leseecke' gelesen werden – also mußte das Kind dorthin zurück, um das Buch anzuschauen. Sie ließ durch das älteste Mädchen der Gruppe einen ‚Störenfried' herbeiholen und tadelte ihn vor den anderen Kindern für sein ‚unsoziales' Verhalten (er hatte einem Kind ein Spielzeug weggenommen); der Junge reagierte beschämt" (KT 12).

In mehreren Einrichtungen konnte während der Besuchstage beobachtet werden, daß für partnerschaftliche Gespräche geeignete Situationen nicht genutzt wurden. Erzieherinnen zeigten sich ‚genervt' und reglementierten das Verhalten der Kinder in autoritärem Stil:

„Ansonsten standen die Erzieherinnen herum, ==beaufsichtigten die Kinder im Freispiel==, griffen selten ein, initiierten nichts, hatten wenig Kontakt zu Kindern. Eine Erzieherin fegte den Sandweg" (KT 8).
„Es folgt eine kleine Anzahl der in kürzester Zeit im Gruppenraum aufgeschnappten Kommandos: ‚Ines, setz' Dich jetzt endlich hin!', ‚Du setzt Dich dahin und Du dort, Ihr sitzt nicht zusammen!', ‚Der Martin und der Alex bleiben sitzen!', ‚Wer schreit, kommt sowieso nicht dran!', ‚Kannste mir mal sagen, was das soll?' usw." (KT 26).

„10.35 Uhr: Pädagogisches Angebot
Alle sitzen am Tisch und sagen: ‚Morgens früh um sechs, kommt die kleine Hex'... Die Erzieherinnen schälen Kartoffeln. ‚Hier, nimm dir mal Quark, Melanie. Wiederholte Hinweise, wer sich was nehmen soll: ‚Iß doch erst mal was.' – ‚Kannst den Hals nicht voll genug kriegen?' – ‚Toll, Nicole!' – ‚Super' – nach anfänglichen Schwierigkeiten. Die Kinder essen, es wird nicht viel geredet, sie sind mit dem Zerquetschen der Kartoffeln und dem Kartoffel-Quark-Mixen beschäftigt. ‚Der Quark steht vor deiner Nase.' – ‚Johannes, so macht man das nicht.' – ‚Äh, kann man ja kaum anfassen, eure Gabeln.' – ‚Jetzt iß erstmal deine Kartoffeln.' – ‚Bleib sitzen, Daniel, bitte mal fünf Minuten auf deinem Stuhl.' – Kannst du vielleicht mal essen, ohne daß alles auf deinem Pullover rumhängt?' – ‚Daniel!' – ‚Würdet ihr bitte mal essen!?' – Jakob, setz' dich bitte mal richtig hin!' – ‚So, hab ich mich endlich auch bekleckert!' – ‚Mein Gott, die stellen sich an, haben die Finger voll Quark ...' – ‚Erst mal essen jetzt.' –"
(KT 11).
„Ein kleiner Junge ärgert zwei puzzlespielende Mädchen, die Erzieherin II meckert mit ihm. Er geht auf die Hochetage und ärgert die Mädchen in der Puppenecke. Die Erzieherin zerrt ihn herunter und ermahnt ihn. Einige Kinder sind genervt und erbitten sich Ruhe" (KT 33).

Fazit

Partnerschaftliches Verhalten zwischen den Erzieherinnen und Kindern bildet eine wesentliche Grundlage in der pädagogischen Arbeit nach dem Situationsansatz.

Die Auswertung der Praxisprotokolle zeigt uns einen Zusammenhang zwischen den Verhaltensweisen der Erzieherinnen in einer kindorientierten Zugewandtheit und dem Klima und „Stil" des Hauses. So fällt uns auf, daß in dem Viertel der Einrichtungen, in denen viele Elemente des partnerschaftlichen Umgangs mit Kindern zu sehen sind, auch zwischen den Erwachsenen und in der Hierarchie (Leitung und Kollegium) ein Klima vorherrscht, das auf eine wohlwollende Akzeptanz und gegenseitige Unterstützung hinweist. Dabei betonen die befragten Erzieherinnen, daß ihnen die gruppenübergreifenden pädagogischen Fachgespräche und die gemeinsame Planung und Absprache der pädagogischen Angebote und Projekte besonders wichtig sind. Es besteht mit großer Wahrscheinlichkeit ein Zusammenhang zwischen dem Erleben der kollegialen Unterstützung und dem unterstützenden Erziehungsverhalten den Kindern gegenüber.

In der Hälfte der Einrichtungen, in denen Ansatzpunkte eines partnerschaftlichen Umgangstons zu beobachten war, wird auf die Frage der inneren Teamkohärenz dahingehend geantwortet, daß es Unterschiede im Umgang miteinander gibt, daß die Vorbereitung und Planung der pädagogischen Arbeit vorwiegend in den einzelnen Gruppen erfolgt, gelegentliche Unterstützungen und Absprachen gruppenübergreifend stattfinden. Dabei ist die gegenseitige Sympathie eines der wesentlichen Bestimmungsmerkmale. Hier könnte ebenfalls ein Zusammenhang gesehen werden: in Einrichtungen mit einer eher different ausgebildeten kollegialen Unterstützung und eher gruppenbezogenen Orientierungen der Erzie-

In den Einrichtungen, die auffallen durch einen rigiden und stark reglementierenden Umgang der Erzieherinnen mit den Kindern, konnten wir auch auf der Ebene der Erzieherinnen in den kollegialen Gesprächen eher ein kühles Klima beobachten. In den Gesprächen wurde kaum auf pädagogische Inhalte Bezug genommen. Der Austausch bezog sich während der Beobachtungstage zu einem Großteil auf Mitteilungen, die vorwiegend privater Natur waren.

Abschließend können wir zu der Schlußfolgerung kommen, daß ein partnerschaftlicher Umgang mit Kindern sich dort entwickelt, wo mit großer Wahrscheinlichkeit ein kollegial-fachlicher Austausch der Erzieherinnen untereinander gepflegt wird und sich ein eher hierarchiefreies Klima etabliert hat.

6.6 Gemeinwesenorientierung

Einbeziehen der Lebenssituationen der Kinder in die pädagogische Arbeit im Kindergarten, lebensbezogene Lern- und Erfahrungsprozesse bei Kindern zu fördern, heißt Erfahrungsfelder, die jenseits der Türen des Kindergartens liegen, mit zu berücksichtigen, sie und die in ihnen agierenden Menschen ins Haus zu holen oder – umgekehrt gemeinsam mit den Kindern sich der näheren und weiteren Umgebung mit ihren Angeboten zuzuwenden. Dies ist ein weiterer Aspekt der Öffnung des Kindergartens, die im Situationsansatz eine wesentliche Rolle spielt, um einen teilweise als künstlich erlebten Alltag in Tagesstätten, die immer mehr den Charakter von Inseln ohne einen realen Bezug zur Außenwelt haben, mit mehr sozialer Nähe und unmittelbaren Erfahrungen zu füllen. Aktivitäten werden nach außen verlagert, Lernorte und -gelegenheiten gemeinsam erschlossen, soziales Lernen findet auch außerhalb des Kindergartens statt, nicht im Sinne des immer wieder stattfindenden Besuchs des nächstgelegenen Spielplatzes oder Zoos, sondern als *„Organisation von Primärerfahrungen, die Aufnahme sozialer Beziehungen zu Menschen außerhalb der Einrichtung sowie die Partizipation an lokalen Vorgängen"* (Zimmer 1984, S. 31).

Eine so verstandene Öffnung macht sich auf die Suche nach neuen Handlungsorten für Kinder und erweitert den Blick auf bereitstehende Begegnungsmöglichkeiten. Das umfaßt den Kontakt zu anderen Kindergärten und (sozialen) Institutionen des Umfeldes, Beziehungsaufnahme zu Vereinen oder interessanten Einzelpersonen und die Prüfung der Frage, welche Gestaltungsmöglichkeiten für das Gemeinwesen sich vom Kindergarten aus anbieten und wie sich der Kindergarten in seiner Nachbarschaft produktiv vernetzen läßt, um Kinder aus dem Inseldasein Kindergarten zu holen und ihr Interesse für die sozialen Belange jenseits des Kindergartens zu wecken.

Bereits im Auswertungsbericht zum Erprobungsprogramm wird diese Dimension des Arbeitens nach dem Situationsansatz zurückhaltend beurteilt: *„Es entsteht ... kein klares Bild von der Qualität und der Intensität der Umweltöffnung"* (BLK 1983, S. 168) in der Arbeit der Einrichtungen im Sinne einer Einbeziehung von Erfahrungsbereichen und Lernorten für Kinder außerhalb des Kindergartens.

Bei unseren Recherchen spielte die Frage nach dem Gemeinwesenbezug in der pädagogischen Planung und Gestaltung eine wichtige Rolle in den mit den Mitarbeiterinnen der Einrichtungen geführten Interviews. Die Öffnung des Kindergartens hin zum Gemeinwesen, zur Kirchengemeinde oder zum Stadtteil wurde von der Mehrzahl der Befragten als notwendiges Ziel ihrer Arbeit gesehen, um den Kindern andere und neue Lernorte, Kontakt- und Kommunikationsmöglichkeiten zu eröffnen, die Realisierung dieses Schrittes wurde jedoch – entgegen den ursprünglichen Intentionen – z.T. verkürzt gesehen oder als sehr schwer umsetzbar eingeschätzt. So werden bei der Erörterung dieses Themas häufig – ebenso wie schon in der Auswertung der Erprobungsprogramm-Ergebnisse – Besuche der in der direkten Nachbarschaft gelegenen Spielplätze, Hausbesuche bei den Eltern oder Ausflüge in das nähere oder weitere Umfeld (Zoo, Museum, Kino oder Theater) genannt. Bei Kindergärten in ländlichen Regionen sind dies z.T. eher zeitintensive Exkursionen, die eine detaillierte Vorbereitung und gegebenenfalls auch die Einbeziehung von Eltern erfordert.

> *„Offenbar wird hier manches unter Öffnung zum Gemeinwesen aufgeführt, was schon immer im Kindergarten stattgefunden hat, ohne daß erkennbar wird, ob diese Unternehmungen wirkliche eine neue Qualität angenommen haben"*
> *(a.a.O.).*

Die Öffnung zum Gemeinwesen birgt einen hohen Anspruch an die Mitarbeiterinnen in sich, erfordert ein hohes Maß an Selbstbewußtsein und eine persönliche Offenheit und Neugier. Auch selbst wenn dies gegeben ist, stellt die Konkretion dieser Dimension eine Aufgabe dar, die in ihrer Zielrichtung zwar meist klar, in der Umsetzung aber oft unbefriedigend bleibt. Dazu ein kurzer Interviewauszug:

A: *„Diese Gemeinwesenorientierung leisten wir nicht. Wir sind zwar offen für alles, wir gehen auch nach außen. Aber in den Maße, wie man es sich gedacht hat, ist es, glaube ich, nicht möglich. Vielleicht ist es irgendwo möglich, bei uns war es nicht möglich.*
F: *Wo sehen Sie die Hauptbarrieren oder Hindernisse?*
A: *Ich hatte mal eine Vorstellung von Gemeinwesenorientierung: Daß wir sehr viel mehr z.B. in die Kirchengemeinden integriert sind, daß wir dort sehr viel mehr mitreden, sehr viel mehr mit unseren Kindern tun. Wir sind trotzdem am Rand geblieben. Wir sind zwar das teuerste Kind der Kirchengemeinde, aber wir führen trotzdem ein Eigenleben. Wir bringen uns schon auch ins öffentliche Leben der Stadt ein, aber nicht so, wie ich es mal geträumt habe, daß es möglich sein könnte. Wir protestieren nicht, wir gehen nicht ständig zum Bürgermeister, oder da und dort hin. Es liegt vielleicht auch an der Lage, in der wir sind, somit außerhalb, und für vieles immer ein Verkehrsmittel bräuchten.*
Ich habe mir immer gedacht, diese Gemeinwesenorientierung, da stünde der ganze Kindergarten im Zentrum. Das passiert eigentlich nicht. Das ist mir nicht geglückt. Ich wüßte auch nicht wie. Ich bekomme es nicht so ganz auf die Reihe, welche Möglichkeiten sich bieten.
F: *Es ist Ihnen nicht so ganz klar, woran es liegt, daß das nicht umzusetzen ist?*
A: *Also, wir veröffentlichen auch in der Zeitung, wir machen unsere Arbeit publik.*

Wir gehen auch mit unseren Kindern in die Kirche hoch. Wir sind trotzdem eigentlich kein Teil der Kirchengemeinde. Da muß man mal ganz ketzerisch fragen: liegt das nun an uns? Das weiß ich nicht. Vielleicht habe ich mich auch zu wenig damit beschäftigt. Ich habe für mich auch keine Möglichkeiten gesehen. Vielleicht wenn ich es als notwendig erachtet hätte, hätte ich es gemacht. Ich weiß es nicht. Aber diese Gemeinwesenorientierung, die ja so hoch im Gespräch stand, die hat nicht stattgefunden" (Leiterin, KT 14).

Trotz dieser eher negativ gefärbten Einschätzung der gemeinwesenorientierten Ausrichtung der pädagogischen Arbeit ließen sich in den besuchten Einrichtungen Elemente/Spuren finden, die in die angestrebte Richtung deuten.

Genannt werden Kontakte zu Institutionen und Stellen im Gemeinwesen, die als Teil des öffentlichen Lebens im näheren oder weiteren Umfeld den Kindern bekannt gemacht werden sollen: die Polizei, (freiwillige) Feuerwehr und Post, die aufgesucht werden, um die dortige Arbeit kennenzulernen – zumeist geschieht das im Rahmen von Erkundungsprojekten, die sich auf das Wohnumfeld des Kindergartens beziehen. Hierbei handelt es sich dann um eher einmalige Visiten vor Ort oder um einen Kontakt eines Repräsentanten der jeweiligen Institution im Kindergarten.

Mehrfach genannt werden auch regelmäßige und kontinuierliche Besuche in öffentlichen Bibliotheken mit eigenen Kinderbuchabteilungen, die zum Ausleihen entsprechender Literatur aufgesucht werden oder im Zusammenhang von dort angebotenen speziellen kulturellen Veranstaltungen für Kindergruppen (Lesungen, regelmäßige Filmvorführungen).

Als eine Möglichkeit, den Kindergarten in das Geschehen der Nachbarschaft einzubinden, wird am häufigsten die Teilnahme an Festen und Feierlichkeiten genannt. Diese Gelegenheit bietet sich bei konfessionellen Einrichtungen sehr viel häufiger, da es im Laufe des Kirchenjahres eine Vielzahl von Anlässen gibt. Die Schilderung aus einem rheinland-pfälzischen Kindergarten macht deutlich, daß dies durchaus im Wechselspiel zwischen ‚drinnen und draußen' passieren kann:

„Der Kindergarten ist stark in die Kirchengemeinde eingebunden, er ist präsent, wenn in der Kirchengemeinde Feste gefeiert werden, etwa das Sommerfest oder wenn die Senioren Veranstaltungen haben.
Umgekehrt ist dieser Kindergarten aber als Zentrum schon stark in der Öffentlichkeit verwurzelt. Das sind aber vor allem Aktivitäten, die vom Kindergarten ausgehen. Vor wenigen Tagen fand das alljährliche Martinsfest statt, an dem weit über 500 Kinder mit Eltern teilnahmen, auch ehemalige, die schon lange nicht mehr im Kindergarten sind. Genauso sieht es bei anderen Festen aus, die vom Kindergarten veranstaltet werden. Zu solchen Anlässen findet sich dann das ganze Dorf zusammen" (KT 29).

Hier kommt dem Kindergarten – in den Augen der Leiterin – eine Schlüsselrolle zu. Er repräsentiert die jungen Familien und Eltern in der Kirchengemeinde und ist eine Plattform für ihre Interessen. Was sie jedoch ablehnt, sind Einladungen an den Kindergarten, die mit der Erwartung verknüpft sind, dort mit den Kindern aufzutreten:

> *„Als Beispiel führt sie an, wenn z.B. die Feuerwehr anruft und anfragt, ob sie als Kindergarten einen Nachmittag mitgestalten und etwas vorführen können. Da sagen sie vom Kindergarten strikt: nein! Sie wollen ihre Kinder nicht auf einer Bühne ausstellen"* (KT 29).

Aber auch aus (groß)städtischen Regionen ist die aktive Teilnahme an Stadtteilfesten in Form von eigenen Ständen und Verkaufsangeboten zur Präsentation der Arbeit des Kindergartens und zur Auffrischung der Kindergartenkasse bekannt.

Eine an die direkte Nachbarschaft der Einrichtung gerichtete offensive Strategie betreibt eine Tageseinrichtung einer westdeutschen Großstadt, die mindestens zweimal im Jahr die Anwohner zu Spielfesten in Haus und Garten lädt. Damit wird neben der stärkeren Akzeptanz und Integration auch eine höhere Verantwortlichkeit der Nachbarschaft für Einrichtungen angestrebt, sie sollen am Wochenende ‚ein Auge auf die Tagesstätte haben'.

Eine den Alltag der Kinder und der Institution Kindergarten betreffende Orientierung an den Angeboten des Wohn- und Lebensumfeldes ist dort gewährleistet, wo der Einkauf des Frühstücks oder Mittagessens in den umliegenden Geschäften oder nahegelegenen Märkten gemeinsam mit den Kindern getätigt wird. In einem von uns besuchten Kindergarten besteht die Absicht, durch entsprechende Kontakte eine dauerhafte Lösung mit einem türkischen Lebensmittelgeschäft anzustreben:

> *„Die Leiterin beabsichtigt mit diesem Laden sozusagen eine Abo-Absprache für die Lieferung von frischem Obst und Gemüse hinzukriegen. Sie sieht darin durchaus den Aspekt einer Unterstützung dieses Ladens. Kontakte bestanden zu der Familie, die diesen Laden führt, da drei Kinder der Familie früher den Kindergarten besucht haben. Durch einen tragischen Unglücksfall ist eines dieser Kinder in den vergangenen Sommerferien verstorben. Die Leiterin hatte bisher große Unsicherheiten, wie sie der Familie im Moment begegnen soll"* (KT 13).

Wie nützlich, nicht nur unter dem rein pädagogischen Aspekt eine Außenorientierung sein kann, zeigt sich an den Erfahrungen aus einem hessischen Kindergarten.

> *„Die Kinder unternehmen im Sommer auch häufiger Fahrten nach Mühlheim, für die die Benutzung der Main-Fähre notwendig ist. Die Kinder lieben die Fahrten mit der Fähre und über die Jahre hat sich schon so etwas wie eine freundschaftliche Beziehung zu dem Fährmann hergestellt, der den Kindergruppen auch Sonderkonditionen einräumt.*
> *Gute Beziehungen bestehen auch zu einem örtlichen Taxiunternehmen. Während der Ferienzeiten, wenn manchmal nur wenige Kinder in der Einrichtung sind, stellt dieses Taxiunternehmen schon mal Kleinbusse zur Verfügung, damit die kleineren Kindergruppen problemlos an ihre gewünschten Ausflugsziele gelangen können. Auch dieses Unternehmen bietet hierfür besonders günstige Konditionen an"* (KT 13).

Wird Gemeinwesenorientierung auch so weit gefaßt, daß eine Einrichtung über die in ihr tätigen Personen die Interessen und Rechte von Kindern vertritt, so finden sich hierfür ebenfalls Beispiele. Meist waren es Häuser, die in sozialen Brennpunkten gelegen waren und deren MitarbeiterInnen aufgrund der besonderen Situation der ihnen anvertrauten Kinder ein hohes (sozialpolitisches) Engagement zeigten:

„Die Kita ist eine wichtige Anlaufstelle und Ansprechpartnerin für viele Kinderärzte der Umgebung, für das Jugendamt, die Beratungsstellen, die Lebenshilfe und den Kinderschutzbund, da sie am Ort als die kompetente und aufnahmebereite Einrichtung für mißhandelte, sexuell mißbrauchte Kinder und allgemein für Kinder und Familien in sozialen Notsituationen sowie behinderte Kinder bekannt ist. Die oben genannten Einrichtungen wissen, daß die Kita bereit ist, in Notfällen ein Kind zusätzlich aufzunehmen.
Die Unterstützung und Beratung zwischen den genannten Einrichtungen geschieht nach Angaben der Leiterin auf gegenseitiger Basis. Oft kommen MitarbeiterInnen zu Einzelgesprächen, aber auch mal zu einer Dienstbesprechung in die Räume der Kita" (KT 36).

Fazit

Die schon nach Beendigung des Erprobungsprogramms im Abschlußbericht geäußerte Zurückhaltung in der Beurteilung dieser Dimension des Situationsansatzes kann hier nur wieder bestätigt werden. Zwar wird bei den Befragungen und Hearings die Öffnung des Kindergartens zur politischen, kommunalen oder zur Kirchengemeinde als wichtiges Ziel der pädagogischen Arbeit gesehen, um Kindern neue Erfahrungsfelder zu eröffnen, die Umsetzung jedoch eher zögernd angegangen. Hierzu ließen sich allenfalls Ansätze finden. Am ehesten werden in diesem Zusammenhang Besuche und Kontakte zu Institutionen im nahen Umfeld der Einrichtung oder die Teilnahme an Festen und Feierlichkeiten benannt.

Wesentlich für die Gestaltung von Außenbeziehungen und Aktivitäten, die über den Zaun der Einrichtung hinausweisen, ist die Aufgeschlossenheit des pädagogischen Personals, seine eigene Bereitschaft zur Kontaktaufnahme mit anderen Institutionen und Menschen und die Offenheit, das Leben außerhalb als Lern- und Erfahrungsfeld für Kinder und sich selbst zu sehen, zu entdecken und aufzuschließen.

Die Einschätzung unsererseits dabei ist, je mehr die Erzieherinnen sich als offen oder als öffentliche Personen definieren und auch außerhalb ihrer Arbeit engagiert und als Personen in ein vielfältiges Gemeindeleben und soziales Netz eingebunden sind, desto bereitwilliger verlassen sie auch die eingefahrenen Wege des 'klassischen' Spielplatzbesuches in der direkten Nachbarschaft und wenden sich neuen Lernorten 'draußen vor der Tür' zu oder holen das Leben in Form von interessanten Repräsentanten hinein ins Haus

6.7 Gestaltung von Räumen, ihre Austattung und Nutzung

Wird der Kindergarten als Lebensraum begriffen, der Kindern vielfältige und differenzierte Erfahrungsmöglichkeiten bieten soll, muß er Abstand nehmen von steriler Ausstattung und standardisierten Raumprogrammen. Kinder müssen sich wohlfühlen und frei bewegen können. Dies war eine der Lehren, die Erzieherinnen aus der Arbeit mit den curricularen Materialien in den siebziger Jahren zogen. Sie fingen an, ihre Räume umzugestalten, starre, in allen Räumen wiederfindbare Funktionsbereiche wie Puppen- und Bauecke aufzuheben, in einem Zimmer für alle zugänglich anzusiedeln oder nach außen im Flur oder anderer zentraler Stelle zu etablieren. Statt traditioneller Raumaufteilung wurden unterschiedliche Erfahrungsbereiche, Rückzugsmöglichkeiten und nicht ohne weiteres dem Blick der Erzieherin ausgesetzte Zonen, Höhlen oder zweite Ebenen eingerichtet, die dem Bedürfnis von Kindern nach überschaubaren Einheiten und intimem Spiel in kleinen Gruppen oder auch allein entgegen kamen. Ein solches Arrangement sollte dazu dienen, die Eigentätigkeit der Kinder zu stimulieren.

Diese Raumaufteilung setzt selbstverständlich auch ein gewandeltes Verständnis pädagogischen Arbeitens voraus: Nicht mehr die überschaubare Großgruppe wird zu gemeinsamen Aktivitäten versammelt, im Stuhlkreis oder an allen Tischen mit dem gleichen Material beschäftigt.

> *„Orientiert sich die Gestaltung des Gruppenraumes wie so oft an Prinzipien der Überschaubarkeit, Helligkeit des Raumes, Sicherheit und rationellster Sauberhaltung, fixiert man die Kinder untereinander auf die Großgruppe und bleibt als Erzieher selbst auf die Großgruppe fixiert"* (Der Hessische Sozialminister, S. 24).

Binnendifferenzierte Arbeit oder Beschäftigung in kleinen Gruppen bieten Kindern die Möglichkeit, sich frei für eine Aktivität zu entscheiden, oder auch währenddessen am gemütlichen Frühstückstisch zu verweilen oder sich in eine Leseecke zurückzuziehen. Diese Differenzierung hatte einerseits den positiven Effekt, daß sich Erzieherinnen sehr viel intensiver kleinen Gruppen oder einzelnen Kindern zuwenden können, und aufkeimende Konflikte „lokal begrenzt" ausgetragen werden und nicht so leicht auf die Gesamtgruppe übergreifen.

Meist einher mit dieser internen Neugestaltung des Gruppenraumes ging die Aufhebung der Trennung von Verkehrs- und Nutzflächen. Der ganze Kindergarten mit seinen vielen Nebenräumen, Fluren und Abstellflächen wurde zum Spiel- und Lebensraum deklariert, in dem sich Kinder weitgehend frei und selbstbestimmt bewegen und aufhalten konnten.

Die Neuaufteilung der Räume führte begleitend dazu, sich nach neuen Einrichtungsgegenständen und Materialien umzusehen. Hier waren dem Erfindungsreichtum, dem Improvisationstalent und Organisationsgeschick keine Grenzen gesetzt, und vieles geschah unter Mitwirkung von Eltern und Kindern.

Nicht mehr ausschließlich Materialien aus dem Spielwarenkatalog mit dem Attribut ‚besonders wertvoll', sondern Alltagsmaterialien vielfältiger Art, die die Experimentierfreude und Neugier der Kinder wecken sollten, bestimmten das Angebot.

Viele der angesprochenen Prinzipien der Raumgestaltung sind in den besuchten Einrichtungen realisiert worden. Nur wenige präsentieren sich in dem folgenden Einheitsschema, das zwar raumteilende Elemente als Auflockerung aufweist, die von den Kindern auch als binnendifferenzierte Spielzonen angenommen werden (ebenso einiges frei angebotenes Spielmaterial), ansonsten aber doch Ausdruck einer starren, wenig an den kindlichen Bedürfnissen orientieren Pädagogik ist. Die Freiräume werden lediglich zu festgesetzten Zeiten im klar und fest strukturierten Tagesablauf als solche freigegeben. Sonst findet eine auf die Erzieherin fixierte Angebotspädagogik statt. Dies dokumentiert sich schon im erhöhten Tisch der Erzieherin, ein Faktum, das sonst in keiner Einrichtung zu finden war:

„Die drei Gruppenräume im Kindergartenbereich sind relativ identisch in Aufteilung, Mobiliar und Ausstattung: Der große Raum hat mehrere Funktionsecken (Bauecke, Puppenecke, Frühstückstisch, eine eingebaute Spüle in einem Wandschrank und mehrere Tische für die diversen Beschäftigungen und ein höherer Tisch für die Erzieherinnen). Die einzelnen Bereiche sind z. T. durch raumteilende, halbhohe, offene Regale abgeteilt. Weitere offene Regale stehen an den Wänden. Dort finden sich herkömmliche, für die Kinder frei zugängliche Spielmaterialien (Puzzles für die unterschiedlichen Altersstufen, Spielkarten, Gesellschaftsspiele, Nopper, Plastikbausteine, Lege- und Hammerspiele in Holzkästen aufbewahrt, aber auch Bastelutensilien wie Papier, Scheren, Stifte, Kleber oder Eierkartons). Jeder Raum hat entweder Plattenspieler oder Kassettenrecorder auf einem extra dafür vorgesehenen Regal. Material für besondere Anlässe finden sich in abschließbaren Wandschränken. Der Nebenraum hat meistens ein oder zwei kleinere Tische, Matratzen, ein Bücherregal mit unterschiedlichsten Kinderbüchern und noch einen weiteren Teppich, auf dem die Kinder mit Eisenbahnen oder Bauklötzen spielen können. Dieser Raum dient als Rückzugsmöglichkeit für die Kinder oder ermöglicht Kleingruppen-Aktivitäten. An den Wänden findet sich relativ wenig Wandschmuck" (KT 26).

Diesem stehen eine Vielzahl von Beobachtungen gegenüber, bei denen auf ganz unterschiedliche Weise den Kindern das ganze Haus als Erlebnis- und Spielraum zur Verfügung gestellt wird. Dies reicht von kleinen, räumlich sehr beengten Häusern, bei denen die räumliche Enge dadurch ausgeglichen wird, daß alle Kinder jederzeit auch die Eingangshalle, die Fluren und Treppen und das Freigelände nutzen können. Die Kinder können alleine nach Absprache mit ihren Erzieherinnen im Außengelände spielen. Dies waren Einrichtungen, die ihre Gruppenräume trotz Platzmangel sehr differenziert in unterschiedlichste Ecken und Zonen aufgeteilt hatten, um den Kindern ein vielfältiges Angebot zur freiwilligen Nutzung machen zu können: Malecke, Kuschel- und Leseecke, Baubereich, ein fester Frühstückstisch für das gleitende Frühstück, Höhlen zum Verstecken, ...

Hier wurde unter pädagogischen Gesichtspunkten aus der Not eine Tugend gemacht. Aber auch weitläufiger angelegte – meist etwas neuere – Häuser folgen diesem pädagogischen Prinzip und öffnen das ganze Haus, beziehen alle Nutz- und Verkehrsflächen mit ein, in der Regel unter Beibehaltung fester Gruppen, deren

Türen jedoch die meiste Zeit geöffnet und einen freien Zugang aller Kinder gewährleisten, es sei denn, es findet eine gruppenbezogene Veranstaltung statt.

„Es ist ein eingeschossiger Komplex mit einem architektonisch großzügigen, offenen und freundlichen Eingangsbereich, in dem sich eine Garderobe, Sitzmöbelteile für Kinder und Eltern, eine Nische zum Theaterspielen und Informationsbretter für Eltern befinden. Durch diesen Eingangsbereich tritt der Besucher in eine große Halle, die als Mehrzweckraum dient, in ihr befinden sich verschiedene Spielecken, Regale mit Büchern und Spielen, ein gemütliches Sofa und eine durch hohe Regale abgetrennte Frühstücksecke mit dem dazugehörigen Geschirr. Von dieser Halle gehen die drei Gruppenräume ab, die Küche, die für Erwachsene und für Kinder eine eigene Küchenzeile aufweist, das Bad für Kinder mit einem riesigen runden Waschbecken zum Waschen und Planschen. Ein Flur, der durch ein Atrium in den neuen Anbau führt. In ihm befindet sich u. a. ein großer, runder Mehrzweck- und Turnraum, zu dem noch ein weiterer kleiner Nebenraum gehört. Der Anbau ist weitgehend verglast, gibt den Blick ins Grüne frei und bietet viel Möglichkeit und Material zum Turnen, für Bewegungsspiele, oder einfach zum Toben und eine Werkstatt im Keller. Alle drei Gruppenräume haben etwa die gleiche Grundfläche, zwei sind quadratisch, der dritte eher rechteckig. Auffällig ist, daß sie fast identisch ausgestattet sind. Dies ist bewußt so gemacht, damit keine Konkurrenz zwischen den einzelnen Gruppen entsteht. Die Kinder haben die Möglichkeit, sich im ganzen Haus frei zu bewegen und es soll vermieden werden, daß sie sich durch die besondere Ausstattung eines Raumes alle dort finden. Alle Gruppenräume sind mit Hochebenen versehen, die verschiedene Funktionsecken bzw. -bereiche ermöglichen: Puppenecke, Bauecke, eine Ecke mit Matratzen, wo die Kinderkonferenzen stattfinden, ein Bereich zum Toben u.s.w. Es gibt ausreichend Tische und Stühle. Die Räume sind durch Raumteiler in verschiedene kleinere Zonen aufgeteilt, die binnendifferenziertes Arbeiten gewährleisten. Alle Materialien sind für die Kinder erreichbar und gut sichtbar angeordnet. Auffällig sind die sehr vielen Holzbausteine in jedem Raum, ebenso die Webrahmen für jedes Kind mit der entsprechenden Wolle (diese werden auch sehr häufig benutzt). Papier, Stifte u.a. findet sich auf dem Maltisch auf der Hochebene. Dort steht auch ein Bücherkorb. In der Puppenecke auf der zweiten Hochebene ist das entsprechende Geschirr in einem Puppenschrank. Es gibt einen Tisch, Stühle und ein Kuschelversteck. Kleber, Scheren und verschiedenes Bastelmaterial sind in einem offenen Regal untergebracht, ebenso die Puzzles und Brettspiele. Es findet sich sehr viel traditionelles Material: auffällig ist, daß es wenig Plastikspielzeug gibt: ‚Wir haben uns immer gegen Plastikspielzeug gewehrt, haben lieber einfache Dinge benutzt, weil wir gesagt haben: wenn Dinge einfach sind, dann versteht ein Kind die Zusammenhänge, also diese große Logik, wie sie Fröbel entwickelt hat. Wir haben das sehr intensiv gepflegt'" (KT 14).

Das Schlagwort vom ‚Raum als dritten Erzieher' wird sehr deutlich in den Beschreibungen zweier Eingangs- und Flurbereiche, die als offene Lernorte mit einem sehr differenzierten Angebot an Beschäftigungsmöglichkeiten den Kindern ein autonomes Lernen mit allen Sinnen ermöglichen.

„Wir betreten den Kindergarten und befinden uns zunächst in dem Eingangsbereich, einem sogenannten Windfang. Hier erhalten wir gleich eine Fülle von Informationen über die Arbeit im Kindergarten. An der Wand hängen farbige Pappkartons, auf denen die Planungsschritte für ein derzeit laufendes Projekt zum Thema ‚Krieg und Frieden' dokumentiert sind. Neben dieser aktuellen aushängenden Planung liegen in Ablagekästen Projektdokumentationen von bereits abgeschlossenen Projekten. Es ist sofort deutlich, daß diese Dokumentationen für alle Besucher verfügbar sind. Unter dem Innenfenster zum Leiterinnenbüro steht eine kleine Bank, auf der eine elektrische Orgel steht.

Durch eine Glastür kommen wir nun in einen langgestreckten Flur, der sehr differenziert und freundlich gestaltet ist. Vorne links befindet sich eine Matratzenecke, die als Tobe- oder Leseecke genutzt werden kann. Sie ist durch ein quer in den Flur gestelltes Regal vom hinteren Bereich des Flures abgetrennt. An der rechten Seite des Flures sind Fotos von den Kindern der ersten Gruppe in Kinderhöhe angebracht. Dahinter geht es auf der rechten Seite in den ersten Gruppenraum. Neben der Tür befinden sich, immer noch auf der rechten Seite des Flures, die Garderobenhaken für die Kinder der ersten Gruppe. Der Blick schweift wieder nach links und wir entdecken eine reichhaltig ausgestattete Naturkundeecke. In einem ca. 1.30 m hohen Regal mit quadratischer Grundfläche sehen wir Erstaunliches: Eine Sammlung von Spinnen und Käfern, Schlangenhaut, Schmetterlinge, ein Wespennest und eine Fledermaus – alles natürlich getrocknet. Auf dem daneben stehenden quadratischen Tisch liegen Tuben; wir entdecken zwei mit einer Flüssigkeit gefüllte Gläser. In dem einen befindet sich eine Blindschleiche, in dem anderen ein kleiner Katzenhai. Sachbücher über Insekten, Vögel, Fische und Naturereignisse komplettieren diese kleine interessante Studierecke. An dem Regal ist ein Haken angebracht, an dem eine kleine automatische Kamera hängt. Die Kinder können über diese Kamera nach Absprache verfügen.

Hinter der Eingangstür zum Gruppenraum befinden sich wiederum Garderobenhaken für die Kinder der zweiten Gruppe. An der rechten Wand hängen weitere Fotoplakate; diesmal dokumentieren sie Aktionen von Kindern auf dem Freigelände. Auf der gegenüberliegenden Wand, also links, hängt eine große, auf eine Holzscheibe von ca. 1,50 m Durchmesser aufgemalte Jahreszeitenuhr, auf der die Geburtstage der Kinder mittels Paßfotos eingetragen sind. In der Mitte des Flures steht in diesem Bereich ein achteckiger Frühstückstisch. Einige Kinder sitzen an diesem und bereiten sich ihr Frühstück. Über dem Tisch ist ein gelber Sonnenschirm aufgehängt, der ein freundliches Licht über dem Frühstückstisch erzeugt. Insgesamt ist die Beleuchtung des Flures sehr ausdifferenziert, d.h. es gibt keine zentrale Deckenbeleuchtung, sondern an den verschiedenen Ecken sind Spots angebracht. Im Mittelbereich ist der Flur durch große Stoffbahnen abgehängt, um die Höhe und damit auch den Schall etwas zu mindern. Der lange Flur mündet in eine großzügig angelegte Küche. An der Frontseite der Küche befindet sich eine Kinderspüle, an der die Kinder ihr Frühstücksgeschirr abwaschen, wobei sie einen guten Blick ins Freie haben. Auf der rechten Seite der Einbauküche befinden sich ein Herd in Kinderhöhe, eine Spüle und ein Herd in Erwachsenenhöhe. Neben der Kinderspüle sind große Arbeitsflächen in Kinderhöhe angebaut. Auf der linken Seite der Küche befinden sich Einbauschränke. In einem Regal stehen selbstgemachte Marmeladen, Apfelmus und Birnenkompott. Wie wir später erfahren, ist dieses von den Kindern gemeinsam mit den Erzieherinnen eingekocht worden" (KT 15).

„Ich betrete das Haus durch eine große offene Glastür und bin sofort mitten im Geschehen, denn schon im Eingangsbereich tummeln sich viele Kinder, hier steht eine große Werkbank, ein Tisch mit Stühlen, an denen Kinder mit Puzzeln beschäftigt sind, eine große, transportable Ampel ist angeschlossen, mit der fünf Kinder gerade Straßenverkehr spielen. Sie haben sich einen Zebrastreifen auf den Fußboden geklebt. Es sind Kinder aus allen vier Gruppen, die diesen Eingangsbereich bevölkern und mit Leben füllen. An der Wand auf einer kleinen Ablage steht eine große Kerze, die den ganzen Tag brennt. Der lange breite und verwinkelte Flur, der sich durch das ganze Haus erstreckt, bietet vielfältige Spielmöglichkeiten, Ecken und Nischen für die Kinder. Gleich im Eingangsbereich ist eine offene Bauecke, mit einer Werkbank und richtig großem Werkzeug. Es war zu beobachten, daß die Kinder dort unbeaufsichtigt hantieren konnten und sich gegenseitig unterstützten. Sie finden vielfältiges Material dazu vor und müssen nicht den Sinn ihres Werkens erklären, sie können Rat bei Erzieherinnen einholen, ansonsten aber ihrer Phantasie freien Lauf lassen und aus dem Vollen schöpfen. Es gibt eine Menge Holz vom Tischler, die Kinder bringen aber auch von draußen viel zum Bauen, Hämmern, Sägen und Bohren mit. Der Eingangsbereich und alle Flure sind für die Kinder zugänglich und bespielbar, ebenso der Personalraum, der für Kleingruppenaktivitäten genutzt wird und weniger als Rückzugsraum für das Personal. Dazu dient eher die sehr große Küche, in der sich eine Sitzecke mit Tisch befindet. Hier finden auch die Dienstbesprechungen statt" (KT 29).

Bei einer der besuchten Tagesstätten ging bereits in die bauliche Konzeption des Hauses eine pädagogische Leitidee – orientiert am Situationsansatz – mit ein, die die Wechselbeziehung zwischen Persönlichkeitsentwicklung und Lebensraum berücksichtigt und deswegen den Kindern ganz unterschiedlicher sozialer Herkunft in ihrem Einzugsbereich ein großzügiges Raumangebot machen will. Das bestimmende architektonische Element sind daher zwei unterschiedlich definierte Großräume, die den primären Lebens- und Erfahrungsraum der Kinder darstellen, in dem sie den größten Teil des Tages in der Gruppe aller Kindergartenkinder (und am Nachmittag auch einiger Schulkinder) verbringen, sich zu ganz unterschiedlichen Konstellationen zusammenfinden, verschiedene Angebote nutzen. Dieses Großraumkonzept wird von dem Träger in mehreren Einrichtungen des Ortes praktiziert:

„Das Zentrum und Herzstück der Tagesstätte bilden zwei große, offene im rechten Winkel ineinander übergehende Spielflächen, von denen die zweite, hinte-

re, in der Mitte etwas abgesenkt ist. Diese beiden großen Zonen haben unterschiedliche Funktionen: Der erste ist vielfach unterteilt, und dient der Beschäftigung in kleinen Gruppen und bietet Rückzugsmöglichkeiten in verschiedenen Nischen. Gleich rechts ist ein durch Glas abgetrennter, relativ großer Raum mit einer Vielzahl von Bauklötzen unterschiedlicher Größe, ferner findet sich dort, durch Raumteiler getrennt, ein Mal- und Knetbereich, mehrere Kuschelecken mit vielen Polstern und Matratzen, eine Puppenecke und ein Sofa mit einem Tisch davor. An der Stirnseite erhebt sich eine Bühne, auf der ein Spiegelzelt steht und an der Rückwand ein großer Baum, von Kindern gestaltet. In dem anschließenden offenen Bereich können die Kinder ihrem Bewegungsdrang freien Lauf lassen: Es gibt Klettergerüste aus Holz, eine Rutschbahn, ein Holzhaus und eine eigene abgetrennte Nische mit Plastikbällen, in die die Kinder eintauchen können. Überall liegen Polster herum, und am Rand sind außerdem noch kleine Tische und Stühle aufgestellt für Kinder, die in diesem Raum etwas am Tisch machen wollen. Von diesem offenen Bereich geht einerseits eine Turnhalle ab, ausgestattet mit Klettergerüsten an den Wänden, Turn- und Spielmaterialien. Sie ist durch eine Schiebetür getrennt. Hier finden jedoch nicht nur Turnaktivitäten, sondern auch andere Veranstaltungen in kleineren Gruppen statt. Als ich das Kinderhaus besuchte, feierte eine der sechs Gruppen dort gerade einen Kindergeburtstag. Ferner gibt es noch zwei ineinander übergehende Räume: Einen Werkraum und direkt anschließend einen Naßbereich mit einem kleinen Planschbecken. Diese Räume sind jedoch verschlossen, ebenso wie die sechs (kleinen) Gruppenräume, in die sich die Gruppen nach einem festen Schlüssel zurückziehen" (KT 34).

Leider stießen wir nur ein einziges Mal im Rahmen unserer Recherchen auf die Information, daß Leitung und das gesamte Team der Erzieherinnen sehr frühzeitig in die Planung des Neubaus eines Kindergartens mit einbezogen wurden und somit ihr fachliches Wissen, ihre pädagogischen Vorstellungen und Wünsche detailliert einbringen konnten; ein Verfahren, das notwendig wäre, um Neubauten nicht nur zu architektonischen Glanzstücken, vielfach mit eingeschränktem pädagogischem Nutzwert, werden zu lassen. Die Mitarbeiterinnen (und Eltern) sind am ehesten die kompetenten Personen, die jenseits jeder Baunorm und administrativer Vorgaben wissen, wie eine Einrichtung gestaltet und welche Prinzipien – orientiert an einem pädagogischen Konzept wie dem Situationsansatz – baulich umgesetzt werden sollten.

Bei der Planung des Neubaus und bei der Ausstattung waren die Erzieherinnen und die Leiterin zusammen mit dem Träger stark beteiligt. Dies wird deutlich aus einem Interviewauszug:

"Wir sind sehr ernst genommen worden, das merkt man schon daran, wie die Möbel eingekauft wurden. Wir saßen alle zusammen, der Trägerverein, der Verwaltungsrat als Geldgeber, die Vertreterin der Möbelfirma und das ganze Team. Jeder von uns hatte einen Block, auf dem er aufgeschrieben hatte, was er gerne hätte. Das wurde vorgetragen, ausgerechnet und abgesegnet. Wir wollten keine Wehrfritz-Möbel, deswegen haben wir uns eine neue Firma geholt

und auch ein Teil der Möbel aus dem alten Haus mit hinübergenommen. Diese Mischung zwischen alt und neu fanden wir sehr gut. Damit war eine Kontinuität gewahrt, und es lebt auch viel schneller, wenn etwas Altes und Vertrautes da ist.
Beim Bau wurden ständig Wände verrückt. Ich habe mir die Pläne angeschaut und gesagt, das ist ein Unding, so kann es nicht bleiben. Zum Beispiel war vorgesehen, von den Waschräumen Türen zu haben, die direkt in die einzelnen Gruppen abgingen. Das wollte ich auf keinen Fall, denn ich wollte unseren Kindern die Gelegenheit geben, aus dem Gruppenraum herauszugehen, ihn tatsächlich zu verlassen, einen Weg zurückzulegen, in einen Raum, der wieder neu und anders ist. Die Möglichkeit, von der Gruppe direkt in den Waschraum zu gehen, wäre mir zu einfach und zu nahe gewesen. Dahinter steckt ja auch: ich als Erzieherin oder Leiterin muß alles im Blick haben – ich sehe das Kind, wenn es sich die Hände wäscht. So etwas wollten wir nicht. Die Kinder sollten den Raum verlassen können und evtl. ganz woanders landen.
Oder nehmen Sie die Werkbankecke im Eingangsbereich: Die war auch nicht vorgesehen. Ursprünglich sollte da eine Naßzelle für die Erzieherinnen sein. Wir haben uns gesagt, wozu brauchen wir einen riesigen Toilettenraum. Uns reicht ein Waschbecken, eine Dusche und eine Toilette und der Raum, der übrig bleibt, kann für die Kinder genutzt werden. Also wurde die Wand zurückgesetzt. Wir hatten auch Einfluß auf die Anbringung der Türgriffe. Sie werden merken, daß sie alle in Kinderhöhe heruntergesetzt sind. Für mich bedeutete das natürlich: während der Bauzeit von sieben Monaten, war ich jeden Samstag, jeden Sonntag, jeden Abend auf dem Bau" (KT 29).

Die Phantasietätigkeit der Kinder, ihre Experimentierfreudigkeit und Neugierde wird stimuliert durch eine facettenreiche und abwechslungsreiche Gestaltung der Räume. Diese Vielfalt sollte sich ebenso widerspiegeln und das differenzierte Raumangebot stützen durch einen Variantenreichtum an bereitstehendem Material – nicht nur bestellt aus den einschlägigen Katalogen der Spielzeugindustrie. Bei der Beschaffung von Spielmaterial wurde deswegen in den Einrichtungen nicht nur auf ‚pädagogisch wertvolles' Spielzeug geachtet, sondern Gebrauchsgegenstände des Alltags einbezogen, um Kindern sehr viel weitergefaßte Spielmöglichkeiten und Erlebnis- und Erfahrungsbereiche zu eröffnen, als dies viele vorstrukturierte und enggefaßte Materialien aus dem Katalog glauben.

„Im Hintergrund des Gartens befindet sich ein Schuppen und eine überdachte Fläche, unter der z. Zt sehr viel Sperrmüll, alte Sofas, Möbel usw. gesammelt werden. Dieser Bereich wird von den Kindern zum Spielen favorisiert. Hier haben sie viele Möglichkeiten zum Toben, Klettern und Verstecken" (KT 29).

In zwei der Einrichtungen fanden sich im Garten über 100 leere Kästen einer Getränkefirma, die als Bauelemente sehr flexibel zu nutzen waren. In etwa einem Drittel der Einrichtungen gab es einen eigenen Werkbereich, der für die Kinder frei zugänglich war und die Möglichkeit zu experimentellem Arbeiten mit Holz und den entsprechenden Werkzeugen bot.

Zur Erweiterung der kindlichen Erfahrungswelt gehört es auch, den Umgang mit Tieren zu erleben. Die meisten Kinder wachsen heute in großstädtischen Regionen auf und kennen Lebensgewohnheiten von Tieren meist nur ausschnitthaft oder aus zweiter Hand. Einige Einrichtungen haben sich aus diesem Grund entschlossen, Tiere in ihren Häusern zu halten. Für die Pflege und Versorgung sind die Kinder dann mit verantwortlich. In zehn Einrichtungen waren dies Aquarien mit Fischen:

„Auf dem Schränkchen steht das Aquarium, vor ihm ein altes Sofa, von dem aus man sehr gut die Fische und Wasserschildkröten beobachten kann. Leider wurden vor einiger Zeit die Wasserschildkröten entwendet, was sogar durch die lokale Presse ging mit dem Ergebnis, das zumindest wieder eine Schildkröte von Anwohner gespendet wurde. Mehrere Kinder spielen in der Bauecke zwischen Aquarium und Schrank, zwei kleinere Jungen lehnen auf dem niedrigen Regal und schauen ihnen zu. Zwei Mädchen haben sich Stühle vor das Aquarium gezogen, darauf stehend beobachten sie die großen orangenfarbenen Zierfische" (KT 22).

„Zum Haus gehört ein sehr weitläufiger Garten, der ganz unterschiedliche Spielmöglichkeiten für Kinder bietet. Es finden sich einerseits die traditionellen Klettergerüste und Sandkästen, die Hauptattraktion jedoch ist ein großer Hühnerstall, der fünf bis sechs Hühner beherbergt. Diese Hühner sind eine Schenkung aus dem Ort. Der Hühnerstall wurde von den Erzieherinnen und Müttern gebaut. Er wirkt in keiner Weise perfekt, die Frauen wehren sich seit einiger Zeit erfolgreich dagegen, daß ihre Männer ihn umbauen und perfektionieren wollen. Geplant für den Garten ist auch noch ein Hasenstall. Fütterung und Säuberung des Hühnerstalls obliegt den Kindern und jeden Tag wird nachgeschaut, ob eines der Hühner ein Ei gelegt hat. Bei Geburtstagen bekommt das jeweilige Geburtstagskind ein frischgelegtes Ei von einem anderen Kind der Gruppe gekocht und serviert" (KT 29).

Fazit

Die Bedeutung einer offenen und differenzierten Raumgestaltung, die Einbeziehung des gesamten Hauses und all seiner Verkehrsflächen als Erlebnis- und Erfahrungsraum für Kinder (der Raum als dritter Erzieher) hat sich in nahezu allen besuchten Einrichtungen umgesetzt. Nicht nur in Neubauten, sondern auch älteren, von ihrer baulichen Grundstruktur eher beengten Häusern, konnte die Umsetzung des pädagogischen Prinzips der Öffnung, verbunden mit differenzierten Angeboten und Funktionsbereichen aufgefunden werden, ebenso ein variationsreiches, frei zugängliches Materialangebot.

6.8 Integration behinderter Kinder

Eine Rahmenbedingung der Arbeit nach dem Situationsansatz besteht darin, daß sich der Kindergarten für das Wohnumfeld öffnet, Kinder aus der näheren Umgebung aufnimmt und sich auf das Gemeinwesen bezieht.

So ist es für Erzieherinnen, die nach dem Situationsansatz arbeiten, fast selbstverständlich, Kinder mit und ohne Behinderungen aus dem Wohnumfeld gemeinsam zu betreuen. Explizit war die Integrative Erziehung in einer Gruppe kein Thema des Erprobungsprogramms, obwohl bereits damals einzelne behinderte Kinder aufgenommen wurden. Eine didaktische Einheit ‚Behinderte Kinder' betonte zwar schon damals die gemeinsame Erziehung, aber erst im Modellversuch des DJI wurde das pädagogisch-integrative Konzept und seine Rahmenbedingungen erforscht.

Die Differenzierung der Arbeit, die offene Planung, die Arbeit in altersgemischten Gruppen, die enge Zusammenarbeit mit Eltern, das Zusammenwirken mit Experten aus anderen Fachgebieten sind Prinzipien des Situationsansatzes, die sich für die gemeinsame Erziehung von behinderten und nichtbehinderten Kindern als besonders tragfähig erwiesen haben (vgl. auch Dichans 1990, S. 22 ff.). So ist zu erwarten, daß sich besonders in den ehemals am Erprobungsprogramm beteiligten Einrichtungen in den Folgejahren die gemeinsame Erziehung von behinderten und nichtbehinderten Kindern etabliert und konzeptionell verankert hat. Dabei ist von Bedeutung, unter welchen Rahmenbedingungen die integrative Arbeit geleistet wird, wie der pädagogische Alltag auf die Lebenssituation der verschiedenen Kinder abgestimmt wird, welche personelle Ausstattung der Kindergarten erhält.

Die Auswertung länderspezifischer Modellversuche[1] und die Ergebnisse der wissenschaftlichen Begleitung verschiedener Projekte durch eine Projektgruppe am Deutschen Jugendinstitut[2] zeigen die Einflußgrößen auf, die eine gemeinsam Erziehung befördern und die Gestaltung des pädagogischen Alltags unterstützen können. Diese Aspekte beziehen sich auf strukturelle, personelle und konzeptionelle Rahmenbedingungen. Unter strukturellen Gesichtspunkten werden insbesondere die Gruppengröße und die Zusammensetzung der Gruppe betrachtet, d.h. das Verhältnis von behinderten zu nichtbehinderten Kindern, Altersmischung, Ausschlußkriterien aufgrund der Behinderung (Art, des Schweregrades), besondere räumliche Anforderungen. Die personellen Aspekte richten sich auf die Ausstattung mit (zusätzlichem) Fachpersonal und seiner Qualifikation: gibt es zusätzliche pädagogische und/oder therapeutische Fachkräfte, Fort- und Weiterbildungsmöglichkeiten, Beratung? Die konzeptionellen Rahmenbedingungen für integrative Erziehung zeigen die unterschiedlichen Schwerpunkte in der Förderung der (behinderten) Kinder auf: steht eine eher übungsbetonte Arbeitsweise auf der Basis eines heilpädagogischen Behandlungsverständnisses im Vordergrund, werden didaktisch ausdifferenzierte Projektthemen spezifisch aufbereitet, Projekte situationsanalytisch entwickelt und auf die besonderen Fähigkeiten der behinderten Kinder abgestimmt oder spielt eine behinderungsspezifische Akzentuierung der pädagogischen Arbeit überhaupt keine Rolle? Welchen Stellenwert in der pädagogischen Arbeit erhält die integrative Erziehung?

---

1) Bayern, Berlin, Bremen, Hessen, NRW, Niedersachsen, Rheinland-Pfalz, Saarland, Schleswig-Holstein
2) 1979 beauftragte das Bundesministerium für Blidung und Wissenschaft eine Projektgruppe damit, die ‚Möglichkeiten und Grenzen einer sozialen Integration behinderter Kinder im Elementarbereich' zu erforschen. (Miedaner, 1983, S. 11)

In 14 von 39 der von uns besuchten Kindertageseinrichtungen werden behinderte Kinder aufgenommen und nach verschiedenen Integrationskonzepten betreut.

In einem weiteren Kindergarten (KT 30) werden die Möglichkeiten zur Integration eines behinderten Kindes aus dem Wohnumfeld gerade geprüft. Die Leiterin der Einrichtung, der Träger und die Mutter des Kindes bemühen sich darum, vom Land zusätzliche Mittel zu erhalten, um das betroffene schwerstbehinderte Kind adäquat fördern zu können – bislang ohne Erfolg. Die Erzieherinnen nehmen das Kind deshalb bisher nur am Nachmittag auf – da sind weniger Kinder anwesend und es kann sichergestellt werden, daß sich immer eine Erzieherin besonders um das behinderte Kind kümmert. In diesem Fall hat die Mutter die Erzieherinnen ‚angelernt'.

Die besonderen Lern- und Lebensbedingungen eines Kindes mit Behinderung können am ehesten in einer altersgemischten Gruppe berücksichtigt werden, die entsprechend dem Mischungsverhältnis von behinderten zu nichtbehinderten Kindern in der Regel verkleinert wird. Länderspezifische Berechnungsgrundlagen sehen in einer Gruppengröße von 15 Kindern eine gute Basis, wobei entsprechend dem Schweregrad einer Behinderung die Anzahl der Plätze auf 12 (Berlin) gesenkt werden kann. Drei bis maximal fünf Kinder werden als behindert geführt, in der Regel werden vier behinderte Kinder in eine Integrationsgruppe aufgenommen.

In allen besuchten Einrichtungen mit integrativen Gruppen wird altersgemischt gearbeitet. Mehrfach war gerade die Aufnahme behinderter Kinder der Anlaß zur Umstellung.

„Seit drei Jahren ist das Kindertagesheim Integrationseinrichtung. Auf drei Gruppen verteilt werden 11 behinderte Kinder betreut. Erst im Zuge der Umstellung auf Integrationsarbeit wurden die bis dahin altershomogenen Gruppen in altersgemischte umgewandelt" (KT 9).

In keiner der 14 Einrichtungen werden bauliche oder räumliche Hindernisse für die integrative Arbeit gesehen. Eine Einrichtung (KT 37) nutzte die Entwicklung eines integrativen Konzeptes, um über das landesweite Integrationsprogramm den längst fälligen Anbau und die Erweiterung der Einrichtung zu sichern. Von den 14 oben genannten Kindertagesstätten haben zehn Einrichtungen aufgrund der besonderen Gruppenstrukturen eine Erhöhung der Personalausstattung erreicht, die qualitativ die Gruppenbetreuung verbessert.

„Die entscheidenden Impulse für die derzeitige pädagogische Arbeit kamen durch die Umstellung auf Integrationsarbeit vor drei Jahren. Wesentlich verändert hat sich die Arbeit z.B. durch den günstigeren Personalschlüssel: heute arbeiten immer mindestens zwei und meistens drei Erzieherinnen in der Gruppe. Zur Zeit der Regeleinrichtung arbeitete nur eine Erzieherin in der Gruppe" (KT 9).
„Durch die Aufnahme von Kindern mit Behinderungen sind außerdem drei stützpädagogische Fachkräfte auf 1/4- bzw. 1/2-Stellen hinzugekommen. 20 Stunden können für Therapie vergeben werden" (KT 3).

"Heilpädagogische und therapeutische Fachkräfte ergänzen das Kollegium, was in der Mehrzahl der Einrichtungen als unterstützend und bereichernd erlebt wird. Dabei nehmen die Zusatzkräfte neben den kindbezogenen Förderungsarbeiten auch Beratungs- und Fortbildungsaufgaben wahr.
Das ‚sonstige' pädagogische Personal setzt sich folgendermaßen zusammen:
1 Sprachtherapeutin mit 20 Std/Woche
1 Sonderpädagogin mit 20 Std/Woche
1 Sonderpädagogin mit 18 Std/Woche
1 Krankengymnastik mit 22 Std/Woche.
Sie arbeiten nach einem festen Plan abwechselnd in den drei Integrationsgruppen" (KT 9).
"Im Hort gibt es eine Heilpädagogin in voller Arbeitszeit und ebenso ist eine Heilpädagogin mit 24 Stunden in einer der Vorschulgruppen tätig" (KT 10)
"In drei Vormittagsgruppen arbeiten jeweils zwei pädagogische Fachkräfte (staatlich anerkannte Erzieherinnen, teilweise mit heilpädagogischer Zusatzausbildung und Sozialpädagoginnen). Außerdem sind in der Kita zwei pädagogische Zusatzkräfte (mit jeweils halber Stelle) tätig, die eine heilpädagogische bzw. psychomotorische Zusatzausbildung haben. Sie arbeiten ausschließlich gruppenübergreifend" (KT 35).

In der Mehrzahl der integrativ arbeitenden Einrichtungen werden zusätzlich Zivildienstleistende als Unterstützung eingesetzt.

"Die vier Zivildienstleistenden sind festen Gruppen zugeteilt und betreuen dort schwerpunktmäßig einzelne behinderte Kinder. Außerdem werden sie gruppenübergreifend und u.a. im Fahrdienst eingesetzt" (KT 35).
"Zur Zeit arbeitet noch ein Zivildienstleistender in der Integrationsgruppe" (KT 17).

Das in Bremen eingeführte Integrationskonzept wird als Erweiterung des Situationsansatzes betrachtet. Mit dem Integrationsgedanken wurde auf aneignungstheoretischer Grundlage eine eher strukturell orientierte Arbeitsweise eingeführt, die als ‚Feusersches Konzept' in einigen Einrichtungen bekannt ist und die Projektarbeit als Methode in den Mittelpunkt stellt. In der Mehrheit der Einrichtungen, die ihre strukturellen und personellen Rahmenbedingungen verbessert haben, geht die Entwicklung der integrativen Arbeit einher mit konzeptionellen Überlegungen. Diese stehen jedoch noch am Anfang.

"Eine schriftlich fixierte Konzeption liegt im Haus nicht vor. Relikte aus dem Erprobungsprogramm waren bei den meisten Mitarbeiterinnen vorhanden, es war aber, nach Aussagen der Leiterin, ein ‚Mischi-Maschi' aus Situationsansatz und integrativen Vorstellungen. Die Mitarbeiterinnen sind gemeinsam mit ihr dabei, eine pädagogische Konzeption zu diskutieren, die auf Binnendifferenzierung und offener Gruppenarbeit, Situationsansatz und Integrationsarbeit beruht" (KT 10).

„Die Mitarbeiterinnen der Kindertagesstätte wollen ein neues Konzept für das Haus entwickeln, veranschlagen dafür etwa einen Zeitraum von ein bis zwei Jahren. Sie sind im Moment im Anfangsdiskussionsprozeß. Ihre inhaltlichen Vorstellungen sind:
* *eine thematisch bezogene Projektarbeit,*
* *eine Pädagogik, die für alle Kinder taugt, jedoch das Integrationskonzept beinhaltet,*
* *die Planungselemente sollen am Entwicklungsstand und dem Hintergrund der jeweiligen Kinder ausgerichtet sein, die auch die Bedürfnisse der behinderten Kinder berücksichtigt.*
Sie stützen sich dabei auf die Erfahrung der Zusatzausbildung, die Mitarbeiterinnen der Gemeinde, die integrativ arbeiten, beim Paritätischen Bildungswerk gemacht haben. Sie planen eine Weiterentwicklung des Situationsansatzes. Wichtig ist für sie ein präzise Struktur und ein Handlungsrahmen, die starren Feuserschen Strukturen sollen nach ihrer Meinung aufgelockert werden. Dies ist bedingt durch die Erfahrung des Situationsansatzes, der ihnen zwar zu wenig Struktur hatte, das Feuersche Integrationsmodell jedoch zuviel. Die Mitarbeiterinnen können da weitgehend auf ihre berufliche Erfahrung zurückgreifen, die bei der Entwicklungsarbeit im Team eine große Rolle spielt.
Die Gemeinde hat Ende der achtziger Jahre im Zusammenhang mit der Aufnahme von behinderten Kindern eine gemeindliche Gesamtkonzeption für ihre Einrichtungen erstellt" (KT 17).

Außerdem wird häufig eine Spezialisierung der Fachkräfte für gruppenspezifische Angebote (Neigungsgruppen) erwähnt.

„Bislang orientierten sich die Kolleginnen eher an traditionellen Konzepten bezüglich der funktionsorientierten Förderung. Mit der Aufnahme der behinderten Kinder wurde verstärkt über eine ganzheitliche Sichtweise nachgedacht. Von den Problemlagen einzelner Kinder ausgehend, rückte die Orientierung an der Psychomotorik zunehmend in den Mittelpunkt der pädagogischen Arbeitsweise. Eine Kollegin bietet dazu gezielt kleine Arbeitsgruppen an" (KT 3).

Die Erzieherinnen der Integrationsgruppen bewerten außerdem die Unterstützung durch Beratung von außen als wesentlich für ihre Arbeit.

„Die Vor- und Nachbereitungszeit der Integrationsgruppe wird z. Zt. wöchentlich durch eine Beraterin begleitet, häufig nimmt auch die Leiterin daran teil. Neuerdings werden etwa im Abstand von drei Monaten ganztägige Beratungsgespräche durchgeführt, bei denen sich die Erzieherinnen einer Gruppe und eine Beraterin für Fallbesprechungen zusammensetzen. Bis vor kurzem wurde dies nur in der Integrationsgruppe so gehandhabt. Die betroffenen Gruppenkinder werden dann von den anderen Erzieherinnen betreut bzw. soweit es möglich ist, von ihren Eltern" (KT 7).

In wenigen der 14 integrativ arbeitenden Einrichtungen wird der Situationsansatz zugunsten einer stärker strukturierten Projektarbeit aufgegeben und als zu ‚offen' für die pädagogische Arbeit mit behinderten Kindern gesehen. Die Veränderungen liefen ganz wesentlich auf eine stärkere Strukturierung des Tagesablaufs und des Gruppengeschehens hinaus. Die Leiterin wiederholt:

„Wir haben aufgehört, den Situationsansatz zu verfolgen, wir haben uns auf Projektplanung konzentriert" (KT 9).

Die Leiterin unterscheidet Planung nach dem Situationsansatz und Projektplanung zunächst folgendermaßen:

„Projektplanung bedeutet Planung im Vorfeld für ein ganzes Jahr. Es werden drei bis vier Themen überlegt, die im Jahr pädagogisch verfolgt werden sollen ... Beim Situationsansatz war es so, daß wir immer vierteljährlich geguckt haben, wie ist die Situation in der Gruppe, was liegt an, wie ist die Entwicklung der Kinder, wie ist unsere Einschätzung der Defizite. Und auf diesem Hintergrund haben wir geguckt ... was an ‚Gelben Ideen' da ist. Während der Erprobungsprogramm-Zeit orientierten sich die Projekte thematisch an den Vorgaben aus den ‚Gelben Mappen'" (KT 9).
„Mit dem Ziel, insbesondere den Kinder mit starken Entwicklungsverzögerungen Orientierungshilfen zu geben, wurden die zahlreichen Tagespläne, Ämterpläne und Tischpläne in die Gruppenarbeit eingeführt und die Abläufe der Standardsituationen stark ritualisiert. Die Kinder sollen wissen, so eine Erzieherin, ‚was wann dran ist, und wann was zu Ende ist.' Der Vorteil dieser (durch Symbole visualisierten) Strukturierung des Gruppengeschehens sei, daß die Regeln für Kinder durchschaubar und auch für die Erwachsenen verbindlich sind. Dadurch würden willkürliche Eingriffe von Erwachsenen verhindert und damit das Vertrauen zwischen Kindern und Erwachsenen gestärkt. Nach Beobachtung der Kinder in täglich wiederkehrenden Situationen stellen die Erzieherinnen fest: ‚Wenn ich unsere Kinder am Ende des Kita-Jahres angucke, dann haben die eine ungeheure Sicherheit, sich im Raum, im Haus zu bewegen und mit den Erwachsenen umzugehen.' Die Leiterin: ‚Die Kinder können abschätzen, wann was passiert, sie können die Zeit einteilen, sie können mit der Struktur ihren Alltag unterteilen. Und sie können eben viele Dinge für sich alleine regeln. (...)
Zur Grobplanung gehört die Bestimmung der Lern- und Erziehungsziele auf eher allgemeiner Ebene sowie die Verteilung der Aufgaben an die Mitarbeiterinnen.
Im Laufe des Jahres wird dann sowohl auf Dienstbesprechungen als auch auf Teambesprechungen die ‚Feinplanung' gemacht, d.h. konkrete Aktivitäten geplant und vorbereitet. Häufig übernehmen die Stützpädagoginnen einen Großteil der Vorarbeiten für die Projektarbeit. Sie stellen Materialien (Lieder, Texte, Fachliteratur etc.) zusammen, koordinieren die Dienstsitzungen und entlasten so die Gruppenerzieherinnen und die Leiterin.
Die Ideen und Materialien werden in Ordnern zusammengetragen und den einzelnen Gruppen zur Verfügung gestellt. Dann ist es an den Teams, die einzel-

nen Projektideen auf ihre Gruppe und die Bedürfnisse der einzelnen Kinder nochmals abzustimmen. Die meisten Projekt-Aktivitäten finden nicht gruppenübergreifend, sondern parallel in den Gruppen statt. Obwohl die Projektplanung eine relativ hohe Verbindlichkeit hat, bleibt den Gruppenerziehern immer noch ein gewisser Freiraum" (KT 9).

In vier der besuchten Einrichtungen mit Integrationsgruppen wird auf die besonderen Anforderungen weder durch eine personelle noch konzeptionelle Veränderung eingegangen. Es wird am Rande erwähnt, daß ein behindertes Kind in einer der Gruppen aufgenommen wurde. Jedoch stehen für diese Art der (wilden) Einzelintegration keine zusätzlichen Hilfen in Form von Honorarmitteln (für therapeutische oder stützpädagogische Fachkräfte, für Fortbildungen) zur Verfügung. In einer der Einrichtung hat sich die Leiterin um eine ambulante therapeutische Betreuung bemüht, so daß auch die Einrichtung einen Gewinn hat durch regelmäßig stattfindende Fallgespräche. Fehlen konzeptionelle Überlegungen, die sich auf die besonderen Bedürfnisse der behinderten Kinder beziehen, besteht die Gefahr, daß die behinderten Kinder in den angeblichen Integrationsgruppen ausgesondert bleiben.

Dies mußten wir jedoch nur in einer der von uns besuchten Einrichtungen feststellen:

„Aus dem, was wir beobachten konnten und was die Erzieherinnen im Interview berichteten, scheint es keine bewußte Planung und Ausgestaltung der Arbeit im Sinne von Projekten zu geben. Die Erzieherin bestätigt, daß sie selber nie Projekte (was immer sie darunter versteht) durchführen, daß aber Praktikantinnen so was ab und zu in den Hort hineintragen. (...) Bis auf einen behinderten Jungen, der desorientiert im Flurbereich und in der Nähe des Personalraums umherstreicht, finden alle Kinder selbständig Spielpartner und eine Beschäftigung. Der behinderte Junge bekommt von einer Erzieherin den Ratschlag ‚Spiel doch mal was!' erteilt, was diesem sichtlich nicht weiterhilft" (KT 3).

Fazit

Ein Viertel der besuchten Praxiseinrichtungen hat die Aufnahme behinderter Kinder zum Anlaß genommen, sich pädagogisch-konzeptionell weiterzuentwickeln bzw. die Arbeit nach dem Situationsansatz zu reflektieren seit der Beteiligung am Erprobungsprogramm. Es wird in den Gesprächen mit den Erzieherinnen erwähnt, daß eine pädagogische Weiterentwicklung zur Integration auch personelle, bauliche und konzeptionelle Erweiterungen der Einrichtung ermöglicht hat. Eine wichtige Aussage findet sich in diesen Einrichtungen in der Betonung der fachlichen Begleitung und Weiterqualifizierung durch kontinuierliche Fachberatung und Teilnahme an berufsbegleitenden Fortbildungsmaßnahmen. In einer Einrichtung wird explizit darauf hingewiesen, daß sich das Kollegium die Begleitung durch „Experten von außen", wie sie sie im Erprobungsprogramm kennengelernt hätten, immer wieder gesichert haben durch die Beteiligung an nachfolgenden Modellversuchen. In diesen Teams wurde betont, daß sie nicht stehenbleiben wollten, sondern im Interesse der Kinder, die in einer sich verändernden Welt leben, selbst in Bewegung bleiben müssen.

Die Einrichtungen, in denen keine behinderten Kinder betreut werden, unterschieden sich voneinander. In einigen – eher kleineren Kindergärten – wohnen im Einzugsbereich keine behinderten Kinder; auf Nachfragen signalisieren die Erzieherinnen die Bereitschaft, sich auf Anfrage durch Eltern mit diesem Gedanken vertraut zu machen, wobei es bisher nicht vorgekommen wäre. In den großen Einrichtungen der Großstädte und städtischen Ballungsräume wird die Aufnahme von behinderten Kindern vorrangig nicht konzeptionell überdacht, sondern auf Befragen von den Vorleistungen der Träger zur Verbesserung der Rahmenbedingungen abhängig gemacht. In diesen Gesprächen haben wir den Eindruck, daß die pädagogisch-inhaltliche Arbeit nachrangig gesehen wird und die Organisation des Tagesablaufs darin besteht, halbwegs „gut über den Tag zu kommen". Diese Einrichtungen sind überwiegend „unbetreut" durch Beratung, auf die Nachfrage nach dem Engagement im Fortbildungsbereich wird auf das mangelnde, unzureichende Angebot hingewiesen.

6.9 Interkulturelle Erziehung

Bereits im „Curriculum Soziales Lernen" gab es die Didaktische Einheit ‚Ausländische Kinder', die sich mit den Fragen befaßte, was ausländische Kinder und Eltern hier in Deutschland über ihr Herkunftsland und ihre Lebensgewohnheiten vermitteln können und wie sich deutsche Erzieherinnen Informationen über den kulturellen und familiären Hintergrund hier lebender Ausländer verschaffen können. Ähnlich konzipiert waren die Materialien zum Thema ‚Menschen hier und anderswo' in den niedersächsischen Praxishilfen zur „Elementaren Sozialerziehung".

Damals – Mitte der siebziger Jahre – war man mit der Situation konfrontiert, daß in den Kindergärten und Tagesstätten nur einzelne Kinder aus anderen Nationen betreut wurden. Es gab sie, aber sie fielen im Kindergartenalltag nicht weiter auf. In den ausgehenden siebziger Jahren entwickelten sich diese Einrichtungen – zunächst in großstädtischen Ballungsgebieten – immer mehr zu multinationalen Zentren, in denen eine interkulturelle Pädagogik gefragt war. In der Folge des überregionalen Erprobungsprogramms wurden in diesen Jahren einige Modellversuche zur Frage der Betreuung ausländischer Kinder durchgeführt (Thiel 1984). Der wichtigste und am breitesten angelegte davon, „Sozialisationshilfen für ausländische Kinder im Kindergarten" hatte das Ziel, aufbauend auf den Erfahrungen während der Entwicklung und Erprobung des „Curriculum Soziales Lernen" Schlüsselsituationen deutscher und ausländischer Kinder zu identifizieren und sie zu verallgemeinerbaren interkulturellen Handlungsfeldern zu erschließen.

Eine dem Situationsansatz verschriebene interkulturelle Erziehung, die die multikulturelle Vielfalt heutigen Lebens nicht nur als folkloristische Bereicherung wahrnimmt, wendet sich an alle Kinder – ausländische und deutsche gleichermaßen –

und berücksichtigt nicht einseitig ausländische Kinder, um einer Defizitzuschreibung und Stigmatisierung nicht Vorschub zu leisten. Sie bietet die Chance, die Verschiedenartigkeit der unterschiedlichen Lebensformen und Kulturen positiv aufzugreifen und als interkulturelle Begegnung und wechselseitige Bereicherung zu nutzen.

Sie findet daher im Alltag der Kinder statt, in einer für Kinder erfahrbaren und auch veränderbaren sozialen Wirklichkeit mit all ihren Widersprüchen und Konflikten und schafft keine herausgehobene folkloristische Ersatzwelt.

Interkulturelle Erziehung bedeutet auch, die Unterschiede anzuerkennen und voneinander zu lernen. Das meint auch, das eigene Selbstverständnis zu relativieren und hierin den Schlüssel für eine Pluralität von Lebensformen zu sehen. Der Kindergarten bietet hier eine Chance, wenngleich auch gesehen werden muß, daß in einer solchen Vorstellung von interkultureller Erziehung eine Utopie liegt, die sich an sozialen, ökonomischen und politischen Realitäten bricht.

Zieht man den Vergleich zur Situation während oder kurz nach dem Erprobungsprogramm, so läßt sich aus heutiger Sicht sagen, daß das Thema ‚Interkulturelle Erziehung' eine neue Gewichtung erfahren hat. Die Arbeit mit Kindern anderer Nationalität beschränkt sich längst nicht mehr nur auf Tageseinrichtungen in großstädtischen Ballungsgebieten, in denen inzwischen zum Teil weit über die Hälfte nicht-deutsche Kinder in den einzelnen Gruppen betreut werden, auch in Kindergärten ländlicher Regionen wird es zunehmend zum Thema:

„Ich arbeite in einem besonders idyllischen dörflichen Kindergarten und hatte immer die Illusion, wir sind in einer kleinen heilen Welt; es gibt keine armen Leute, man kann zufrieden arbeiten und muß nicht um seinen Arbeitsplatz bangen. Mir ist aufgefallen, wie eng die politische Situation mit der Kindergartenarbeit zusammenhängt. Wir kommen an Themen, wie z.B. Krieg, Umwelt, Ausländer (in der Nähe von uns steht ein Asylanten-Wohnheim) nicht vorbei. Die politische Stimmung schlägt sich gerade im Kindergarten sehr nieder, wobei ich immer dachte, es kann uns gar nichts reingreifen" (Leiterin, KT 15).

Im Verlaufe der Recherchen wurde bei nahezu allen Regionalen Hearings unter der Fragestellung „Wie haben sich die gesamtgesellschaftlichen Entwicklungen als neue Anforderungen an die pädagogische Praxis niedergeschlagen?" von den befragten Teilnehmern Aspekte wie ‚ausländische Kinder', ‚Ausländerfeindlichkeit', ‚Kinder von Asylbewerbern' oder ‚Aussiedlerkinder' also neue Schlüsselsituationen, mit denen sich die Mitarbeiterinnen in den Einrichtungen heutzutage befassen, genannt.

Auch bei der Befragung der Erzieherinnen tauchen diese Themenstellungen wieder auf. In erste Linie geht es dabei um die Tatsache, daß ausländische Kinder inzwischen ganz selbstverständlich zum Gruppenbild gehören.

In keiner der besuchten Einrichtungen wurde dabei im Rahmen einer interkulturellen Erziehung der Akzent nur auf eine folkloristische Bereicherung des Alltags im Kindergarten gelegt, etwa durch kulturelle Darbietung im Rahmen eines Festes, sondern mit großem Ernst der unterschiedlichen kulturellen und religiösen

Prägungen und Vorstellungen Rechnung getragen. Einige Elemente interkultureller Arbeit, wie sie in einer großstädtischen Einrichtung für wesentlich beachtet werden, sollen hier beispielgebend für die in den meisten Einrichtungen verbreitete Haltung angeführt werden:

* *„Es gibt kein Schweinefleisch.*
* *Gruppenübergreifend wurde im Frühjahr das moslemische ‚Zuckerfest' gefeiert: die Eltern steuerten die Lebensmittel bei, feierten allerdings nicht mit.*
* *Aufgreifen unterschiedlicher Essensbräuche: z.B. wird öfters mal am Boden auf Kissen sitzend gefrühstückt (türkischer Brauch).*
* *deutsch-türkisches Morgenkreis-Ritual.*
* *Kinder und ihre Eltern bringen Musikkassetten mit Musik aus ihrem Herkunftsland mit.*
* *türkische Spiele und Lieder werden ins allgemeine Repertoire aufgenommen"* (KT 7).

Ein nicht zu unterschätzender Faktor bei einer Pädagogik, die die Gleichwertigkeit verschiedener Kulturen unterstellt, ist dabei die Anerkennung der Muttersprache der nicht-deutschen Kinder. Nur in einer Einrichtung haben wir in der Alltagspraxis erlebt, daß ein türkisches Kind aufgefordert wurde, sich der deutschen Sprache zu bedienen, in allen anderen Häusern gilt das Prinzip, daß bei zwei- oder mehrsprachig aufwachsenden Kindern der Gebrauch der Muttersprache nicht sanktioniert wird. Generell muß jedoch zur Frage der Muttersprache in den Tageseinrichtungen auch im Rahmen dieser Untersuchung festgestellt werden, daß zu wenige muttersprachliche Erzieherinnen in den Einrichtungen tätig waren.

Mehrfach genannt werden auch Gespräche mit Kindern über national unterschiedliche Gebräuche, unterschiedlichen Familienformen und -strukturen in anderen Ländern, die etwas über die Kultur und Lebensweise in den Herkunftsländern der nicht-deutschen Familien vermitteln sollen.

Gerade im Zusammenhang mit der Gestaltung traditioneller religiöser oder auch weltlicher Feste wird vielen Erzieherinnen in der täglichen Praxis bewußt, daß interkulturelle Arbeit auch bedeutet, die eigenen Feste zu überdenken, in Verbindung zur Tradition in anderen Kulturen zu setzen und auf diesem Weg in einen interkulturellen Dialog zu treten, wie das Beispiel eines katholischen Kindergartens zeigt:

„Bei den Vorüberlegungen im Team, wie die Vorweihnachtszeit gestaltet werden soll, haben sich Erzieherinnen noch einmal deutlich gemacht, daß lediglich die Hälfte ihrer Kinder katholischen Glaubens sind. Sie sind darüber zu dem Thema gekommen: ‚Wie ist der andere, wie sind wir?' In Verbindung mit der Vorweihnachtszeit wird dabei auch traditionelles katholisches Brauchtum weitergeben, aber in Verbindung mit der Frage, wie wird dieses Fest in anderen Kulturen begangen. Dabei wurde auch recherchiert, auf welche Grundlagen sich welche Religionen berufen. So sind z.B. viele der Heiligen, auf die die katholische Kirche sich beruft, ja keine Deutschen, sondern Perso-

nen, die in anderen Kulturen gelebt haben und die auch in anderen Religionen eine Rolle spielen.
Auch in der Gestaltung des Alltags, z.B. beim Beten vor dem Essen, bei der Mitwirkung an Gottesdiensten, ist immer wieder Thema, wie in anderen Religionen gebetet wird, wie dort Gottesdienste gefeiert werden" (Leiterin, RH Rheinland-Pfalz und Saarland).

Leider nur als singuläres Beispiel für das Aufgreifen der Thematik ‚Ausländische Kinder' unter einem über den Kindergarten hinausweisenden Aspekt wurde auf einem der Regionalen Hearings das folgende Beispiel genannt:

„In institutionenübergreifender Kooperation wurde in einer Stadt eine Ausstellung zum Thema ‚Wie leben Kinder und Jugendliche in anderen Ländern?' gestaltet. Beteiligt waren Kindergärten, Jugendfreizeithäuser sowie das Landratsamt" (Leiterin, RH Rheinland-Pfalz und Saarland).

Dagegen haben mehrere Einrichtungen erwähnt, daß sie – im Zusammenhang mit einer verbesserten Elternarbeit und einer Öffnung des Kindergartens für Eltern – unterschiedliche Angebote für ausländische Mütter machen: vom Strickkurs bis zum Sprachkurs reicht hier die Palette.
Viele der erwähnten Beispiele interkultureller Arbeit machen deutlich, daß dies nicht unbedingt im Zusammenhang einer langfristig angelegten und geplanten Projektarbeit in der Kindergruppe stattfindet (von solchen Projekten haben zwei der befragten Einrichtungen explizit gesprochen, z.B. unter der Themenstellung ‚Alle Kinder dieser Erde'), sondern sie eher im Alltag Fuß gefaßt hat. Die Arbeit mit Kindern aus ganz verschiedenen Kulturkreisen geschieht wohl nicht mehr mit dem Pathos der frühen achtziger Jahre, der ist wohl mehr einem realistischen Pragmatismus gewichen, der nicht von vornherein mit Routine verwechselt werden darf.
Dieser Pragmatismus ist notwendig, da inzwischen schon wieder neue und veränderte Situationen auftreten: Die Zahl der Kinder, deren Eltern bei uns um politisches Asyl nachsuchen, ist in den letzten Jahren gestiegen, ebenso haben die Kinder von Aussiedlerfamilien vermehrt Zugang zu den Tageseinrichtungen gefordert:

„In unserem Wohngebiet gibt es vorwiegend Aussiedlerfamilien aus Polen, und das war für uns eine ganz neue Arbeit. Mühevoll mußten wir nachdenken, nachlesen und uns umschauen, wo wir diese Leute abholen können (ich war dann selbst in Polen). Das hat sich in der Arbeit wesentlich verändert. Nicht mehr das Gelernte steht im Vordergrund in dem Sinne, die Leute in Richtung Bildung und Pädagogik zu bringen, sondern: ‚was kann ich für sie tun, damit sie ihre Situation positiv sehen'. Wir sind dafür ein sehr wichtiger Ort, damit sie nicht in der negativen Bewertung und Meinungsbildung über sie ersticken. Wir sind im Ansatz bescheidener geworden, aber auch wichtiger, weil wir die Eltern zum größten Teil erreichen. Sie kommen zu Veranstaltungen, weil sie merken, wir fordern nichts von ihnen, sondern wollen im Austausch stehen über ihre Kinder" (kath. Fachberaterin, RH Bremen).

Fazit

Interkulturelle Erziehung im Kindergarten ist nicht mehr, wie etwa noch zu Zeiten oder kurz nach dem Erprobungsprogramm, nur ein Thema in großstädtischen Einrichtungen mit einer hohen Zahl ausländischer Kinder. Kinder anderer Nationalitäten gehören inzwischen ganz selbstverständlich zum Gruppenbild auch ländlicher Kindergärten. In den Befragungen und Hearings wurde deutlich, daß interkulturelle Erziehung im Alltag der Einrichtungen Fuß gefaßt hat, kulturelle Unterschiede als Bereicherung aufgegriffen und zum Thema der pädagogischen Planung gemacht werden. Beklagt wird jedoch, daß es zu wenig ausländische Erzieherinnen gibt.

6.10 Übergang zur Schule

Die Öffnung des Kindergartens zur Schule war eines der Ziele des Erprobungsprogramms. Die in den ersten Lebensjahren – nach dem Kindergarten – wichtigste außerfamiliäre Sozialisationsinstanz sollte den Kindern möglichst frühzeitig nicht im Sinne einer Vorverlagerung ihrer Anforderungen, sondern durch die Entwicklung von Kooperationsformen beider Institutionen durch einen kontinuierlichen und fließenden Übergang von einem zum anderen Bereich bekannt und vertraut gemacht werden.

Hierdurch sollte erreicht werden, daß der Übergang vom Kindergarten in die Grundschule ohne gravierende Brüche und Widersprüche für die Kinder vollziehbar wird. Dies sollte durch eine konstruktive Kooperation und Verständigung aller an diesem Prozeß Beteiligten erreicht werden: Erzieherinnen, Lehrer und Eltern. Grundlage ist zunächst eine fundierte Information über beide Bereiche:

„Grundschullehrern muß die Möglichkeit gegeben werden, zu erfahren, was den Kindern im Kindergarten angeboten wird und mit welchen Methoden und Materialien gelernt wurde. Lehrer sollten wissen, wie der Kindergartenalltag abläuft, wie die Räume eingerichtet sind, die Zeit eingeteilt wird, wie der Umgang mit Eltern stattfindet. Man muß etwas wissen über Kindergartentradition und -geschichte und Verwaltungsstrukturen, damit bestimmte Möglichkeiten der Institution erklärbar sind, die in der anderen Institution nicht vorhanden sind. Dies gilt umgekehrt auch für die Erzieher. Der freiwillige Besuch des Kindergartens einerseits und die Schulpflicht andererseits; die unterschiedlichen Ausbildungen von Erziehern und Lehrern, damit verbunden das verschiedenartige öffentliche Interesse und Ansehen; hier Angestellte, dort Beamte und ganz verschiedene Gesetzesgrundlagen; hier dezentrale kleine Einrichtungen mit weniger als hundert Kindern und verschiedenen Trägern, dort Grundschulen mit manchmal bis zu tausend Schülern; all diese Faktoren spielen bei der Zusammenarbeit zwischen Erziehern und Lehrern eine bedeutende Rolle und müssen bei der Entwicklung von gemeinsamen Zielvorstellungen unbedingt berücksichtigt werden" (Der Hessische Sozialminister o. J., S. 3).

Empfehlungen zu einer in diese Richtung weisenden Kontinuität von vorschulischer und schulischer Bildung und Erziehung finden sich bereits zu Beginn der 70er Jahre (vgl. z. B. Deutscher Bildungsrat 1970, BLK 1973).

So heißt es u. a. im Auswertungsbericht der Bund-Länder-Kommission zu den dem Erprobungsprogramm vorausgegangenen Modellversuchen:

„Der gleitende Übergang der Fünfjährigen vom Elementarbereich in den Primarbereich ist nur zu sichern, wenn der Erziehungszusammenhang zwischen beiden Bereichen beachtet wird; deshalb sind folgende Bedingungen zu erfüllen: Sicherung der Kontinuität der Inhalte und Vermittlungsformen beim Übergang von mehr spielendem Lernen zum mehr aufgabenbezogenen Lernen, indem die Erziehungskonzepte beider Bereiche aufeinander zu beziehen sind. Sicherung der Kontinuität, indem Pädagogen beider Bereiche zusammenarbeiten und durch eine gemeinsame Fortbildung auf ihre Aufgaben vorbereitet werden. Sicherung der Kontinuität durch eine enge Zusammenarbeit zwischen Pädagogen und Eltern, auch unter Einbeziehung der Gemeinwesenarbeit" (BLK 1976, S. 8).

Die Länder wurden damals aufgerufen, die notwendigen Rahmenbedingungen für die Herstellung einer solchen Kontinuität zu schaffen. Gleichzeitig wurden in der Praxis eine Vielzahl von Vorschlägen erarbeitet, wie eine Kooperation der beiden Institutionen und ihrer Vertreter aussehen könnte, damit Kinder auf den neuen Abschnitt in ihrem Leben entsprechend vorbereitet werden und in der Entwicklung entsprechender Fähigkeiten wie Lernfreude, Kontaktfähigkeit und Selbstbewußtsein unterstützt werden. Angeregt wurden Besuche von Kindergartenkindern in der Schule und umgekehrt, Hospitationen der Mitarbeiter der pädagogischen Fachkräfte des Kindergartens im Unterricht und des zukünftigen Lehrers in der Kindergartengruppe, Teilnahme des Lehrers an Elternversammlungen oder Teambesprechungen im Kindergarten, insbesondere bei Diskussionen über Probleme der Einschulung und Schulreifetests und umgekehrt, Teilnahme der Erzieher an Lehrerkonferenzen, Planung gemeinsamer Aktionen zusammen mit Kindergarten- und Schulkindern, sowie deren Eltern, bis hin zur gemeinsamen Fortbildung der sozial- und schulpädagogischen Fachkräfte.

Trotz all dieser Anregungen und auch administrativen Regelungen der meisten Länder zur Kooperation zwischen Kindergarten und Grundschule gab und gibt es Divergenzen in der Gestaltung dieser Schnittstelle zwischen beiden Institutionen: Fordern viele Lehrer – und verstärkt auch wieder Eltern – vom Kindergarten eine gezieltere Vorbereitung der Kinder auf die zu erwartenden Anforderungen der Schule, plädieren die Erzieherinnen eher für eine Relativierung des schulischen Lernens in der Anfangszeit und eine stärkere sozialpädagogisch orientierte Konzeption der Schule verbunden mit Formen binnendifferenzierten Unterrichts.

„Die Didaktische Einheit ‚Kinder kommen in die Schule' will auf diese für alle Beteiligten – Kinder, Erzieher, Eltern und Lehrer – schwierige Situation in der Weise eingehen, daß die Bewältigung des Schuleintritts kindgerechter geschehen kann. Dabei können Rückwirkungen auf die traditionellen Institutio-

nen wirksam werden, die ein Nachdenken aller Beteiligten über Bedingungen dieser Institutionen zur Folge haben. Die Forderung des Bildungsgesamtplanes, den Übergang vom Kindergarten zur Schule ‚gleitend' zu gestalten, gilt für Kindergarten und Schule in gleicher Weise. Es kommt dabei vor allem darauf an, daß die Kinder mit Ihren Übergangsschwierigkeiten – und nicht nur unter dem Gesichtspunkt ihrer Schulleistung – ernst genommen werden" (Arbeitsgruppe Vorschulerziehung München 1980, S. 4).

Das Erprobungsprogramm hat – so ein diesbezügliches Fazit aus dem Gutachten – dazu beigetragen, eine eigenständigere Position der Kindergartenpädagogik zu fundieren und ein entsprechendes berufliches Selbstverständnis der Erzieherinnen zu etablieren. Dies galt es zu überprüfen. Die Nachfrage nach Kontakten oder Kooperationsformen zwischen Kindergarten und Grundschule ergab eine große Gruppe von Antworten, nach denen sich die Zusammenarbeit auf einmalige Besuche der zukünftigen Schulkinder mit ihrer Erzieherin in der Schule zum Kennenlernen des Schulweges und des -gebäudes, in einigen Fällen auch der jetzigen ersten Klassen beschränkte. Die Kooperation der beiden Institutionen wird von den befragten Erzieherinnen als ‚früher' und ‚zu Zeiten des Erprobungsprogramms besser', als ‚inzwischen loser' eingestuft. Dies läßt darauf schließen, daß der inzwischen große zeitliche Abstand zu den früheren Modellversuchen, die den Übergang zwischen Kindergarten und Schule neu gestalten wollten, zu den im Rahmen des Erprobungsprogramms durchgeführten Projekten und thematischen Diskussionen eine Abnahme des Engagements und der Intensität der entsprechenden Kontakte zwischen den Beteiligten zur Folge hatte. Als enttäuschend wird zudem von Seiten der Erzieherinnen die Tatsache empfunden, daß auch bei diesen eingeschränkten Kontakten der erste Schritt vom Kindergarten ausgehen muß, weil die Erzieherinnen diese Kooperation mit den in Zukunft wesentlichen Lebens- und Lernbereich der Kinder für wichtig und gewinnbringend erachten.

Die Resonanz darauf auf der Seite der Schulleitung oder des Lehrkörpers wird als eher zögerlich bis ablehnend eingestuft, als sehr stark personenabhängig und nicht institutionell verankert:

„Dies war in der Vergangenheit schon einmal besser: Die Schule hat gemeinsam mit dem Kindergarten Elternabende gestaltet, die Eltern wurden von der Schule im Kindergarten über die Erwartungen der Lehrer an Kinder und Eltern vor Eintritt in die Schule informiert. Diese Kontakte sind jedoch sehr abhängig von der jeweiligen Lehrerpersönlichkeit, die die ersten Klassen übernimmt. Vom Kindergarten aus wird mehr Kontakt zur Schule gewünscht, derzeit gehen die Lehrer der ersten Klassen jedoch darauf nicht ein" (KT 29).
„Die Grundschule wird regelmäßig informiert über den ‚Einschulungs-Elternabend', aber leider wäre seit zehn Jahren kein Lehrer mehr gekommen. Gerne würden die Erzieherinnen ‚Übergabegespräche' führen, aber die Lehrer ‚hätten dazu keine Zeit'. Auch bedauern die Erzieherinnen, daß auf Initiative der Schule das Schulfreigelände und das Freigelände des Kindergartens durch einen hohen Drahtmaschenzaun getrennt wurde, damit die Kinder in der Pause sich nicht immer auf den Spiel- und Schaukelgeräten des Kindergartens auf-

halten. Auch sollen sich die Erstklässler auf die Schule konzentrieren (und auf die Lehrerin!!) und nicht in den Pausen ihre ehemalige Erzieherin besuchen. Die Horterzieherinnen der Erstklässler berichten, daß ihre Gruppen zwischen Schule und Kindergarten hin- und hergerissen sind" (KT 17).

Wie sehr sich teilweise die inhaltlichen Vorstellungen von der Arbeit des Kindergarten und der Schule wieder auseinander entwickelt haben, wird durch folgendes Zitat deutlich:

„Bis vor zwei Jahren gab es Versuche, Kindergarten und Schule zusammenzubringen. Das scheiterte aber an den auseinanderdriftenden Vorstellungen: einerseits das sozialpädagogisch orientierte Konzept des Kindergartens und andererseits die stark an schulischen Normen orientierten Vorgaben der Lehrer. Die Erzieherinnen wurden immer wieder mit den Standardforderungen konfrontiert: es ist nötig, daß die Kinder ihren Namen schreiben können, daß sie stillsitzen, daß sie bestimmte feinmotorische Fertigkeiten beim Schuleintritt schon erworben haben.
Zu Beginn des Erprobungsprogramms war die Kooperation besser, als nämlich der damalige Rektor der Schule seine Kinder in diesem Kindergarten hatte. In den siebziger Jahren gab es zudem noch gemeinsame Seminare im Schulbezirk für Kindergarten und Schule, dies unterblieb im Laufe der Zeit und die Mitarbeiter des Kindergartens hätten sich damals mehr administrative Unterstützung gewünscht. In den Fortbildungsveranstaltungen im Laufe der Jahre verschwand dieses Thema immer mehr" (KT 17).

Es lassen sich jedoch auch die in den curricularen Materialien des Situationsansatzes und den landesspezifischen Empfehlungen zum Übergang zwischen Kindergarten und Schule vorgeschlagenen Formen der Zusammenarbeit beider Institutionen (vgl. Macholdt/Thiel 1984) in der Praxis der im Rahmen des Forschungsvorhabens besuchten Einrichtungen identifizieren.

So berichten mehr als zehn Kindertageseinrichtungen über Kooperationsmodelle, die über die oben ausgeführten einmaligen, eindimensionalen und eher geduldeten Besuche der neuen Institutionen hinaus weisen: dies reicht vom einmaligen, informativen Besuch bis zu der jedes Jahr wieder stattfindenden, lange vorher abgesprochenen, geplanten und speziell für die zu Besuch kommenden Kindergartenkinder vorbereiteten Schulstunde, der eine ausgedehnte Führung durch das Schulgebäude und das erste Vertrautmachen mit der neuen Örtlichkeit und ihren Regeln vorausgeht.

Dazu zwei erläuternde Beispiele:

„Die Erzieherin besucht mit den Kindern drei bis vier Monate (März/April), bevor das neue Schuljahr beginnt, nach telefonischer Absprache die Schule. Die Kinder schauen sich die Klassenräume an und besuchen für 20 Minuten den Unterricht der ersten Klasse. Die Erstklässler erzählen den Kindergartenkindern, was sie in der Schule erleben, die Lehrerin erzählt etwas vom

Schulbetrieb. Vor der Einschulung schickt die Einrichtung dem Schulleiter eine Liste mit den Kindern, die in einer Gruppe zusammen waren und möglichst in eine Klasse kommen sollen" (KT 5).

„Zum Ende des Schuljahres werden die künftigen Schulkinder eingeladen und besuchen an einem Vormittag die 1. Klasse. Sie werden an diesem Vormittag freundlich vom Rektor auf dem Schulhof empfangen, und die beiden Erzieherinnen erfahren den Namen der Lehrerin und den Klassenraum. Dort angekommen, werden die Kinder und Erzieherinnen freundlich empfangen, und es wird ihnen allen Platz angeboten. Sie werden buntgemischt zwischen die Schulkinder gesetzt. Es ist ein großer, heller Raum mit ganz unterschiedlichen Funktionsecken, dem man anmerkt, daß die Lehrerin sehr viel Mühe und Liebe investiert hat, um ihn zu gestalten. Alles Material, alles Spielzeug, alle Bücher, Puppen usw. sind frei zugänglich. Sie legt während der Schulstunden jedoch viel Wert auf die Einhaltung der Ordnung, sei es beim Malen oder beim allgemeinen Verhalten. Sie hat die Stunde sehr gut vorbereitet: nach der Begrüßung und gegenseitiger Vorstellung erläutert sie den Kindergartenkindern, wie Schule abläuft, daß es Schulstunden und Pausen gibt, und Klingelzeichen. Sie erklärt ihnen, was alles im Raum zu finden ist ... Für alle hat sie die Geschichte eines Samenkorns vorbereitet, die sie erzählt und am Ende können dann alle Schul- und Kindergartenkinder ein solches Korn in einen Joghurtbecher einpflanzen und mitnehmen. Beim Klingelzeichen gibt es eine herzliche Verabschiedung und alle Kinder gehen noch gemeinsam auf den Schulspielplatz" (KT 22).

Neben dieser Form der Zusammenarbeit, die noch vom Kindergarten in die Schule gerichtet ist, wird auch der wechselseitige Besuch zum gegenseitigen Kennenlernen genannt: die Erzieherinnen erkunden mit den Kindern die Schule, nehmen Kontakt mit den Lehrern und der Schulleitung auf, während umgekehrt sich die Lehrer mit dem Kindergarten verabreden, dort hospitieren, die Arbeitsweise des Kindergartens und die zukünftigen Schulkinder näher kennenlernen, in einem Fall kommen die Lehrer mit den Schülern gemeinsam in die Tagesstätte:

„Im Hort und auch zum Kennenlernen der Vorschulkinder im Kindergarten werden die Lehrer der Schule und ihre Schulklasse vormittags eingeladen, um gemeinsam zu frühstücken und zu spielen" (KT 6).

Auf das Erprobungsprogramm zurückzuführende gute Kontakte haben es in einer Tagesstätte zur Tradition werden lassen, in jedem Jahr Projekte zum Thema ‚Übergang in die Schule' zu etablieren und in dessen Verlauf die Schule spielerisch zu entdecken. Von Vorteil ist hier, daß die Schule in direkter Nachbarschaft liegt und somit – dies auch die Bestätigung von zwei anderen Einrichtungen – eher ein gegenseitiges Kennen(lernen) gegeben ist. Im geschilderten Beispiel kommt erleichternd hinzu, daß aus Platzgründen eine Kindergartengruppe im Schulgebäude untergebracht ist und sie somit als Schulkindertreff für die künftigen Schulkinder auch der anderen Gruppen dient.

Eine Einrichtung fand sich, die anknüpfend an die Vorschläge aus dem Erprobungsprogramm ein ‚Maximalprogramm' entwickelt hat, das jedoch auch nicht frei ist von den vorher schon erwähnten Anfälligkeiten:

„Zu den benachbarten Schulen bestehen sehr gute Kontakte. Der Rektor der Schule im unmittelbaren Einzugsbereich hält regelmäßigen Telefonkontakt mit der Einrichtung. Sie tauschen sich über die sozialpolitischen Belange und Gestaltungsmöglichkeiten im Stadtteil aus.
Ca. drei Monate nach Beginn des Kindergartenjahres stellt sich die Schule auf dem Elternabend vor. Da noch nicht ganz klar ist, welche Lehrer/innen im nächsten Schuljahr die Klassen übernehmen, wird allgemein über den Schulübergang und die -vorbereitung gesprochen. Im nächsten halben Jahr besuchen Erzieherinnen mit den schulpflichtig werdenden Kindern zwei- bis dreimal die Schule. Sie nehmen am Unterricht teil, erleben die Pause; sie kommen zu Theateraufführungen und besuchen das Schulfest. Ca. vier bis sechs Wochen vor Beginn der Sommerferien kommen die Lehrer/innen und stellen sich den Kindern vor. Sie berichten von der Schule und informieren sich über die Kinder. Lt. Aussagen der Erzieherinnen müssen sie da ‚sehr dahinter her sein', sonst würden die Lehrer/innen die Besuche immer wieder verschieben. Etwa zwei bis drei Wochen nach der Einschulung im Sommer besuchen die ‚neuen Fünfjährigen' mit einer Erzieherin die Erstklässler in der Schule. Sie informieren sich, wo jedes Kind sitzt, wie es ihm geht und wie die Schule ist. Sie laden die Erstklässler zu einem Spieltag in den Kindergarten ein. In der vierten/fünften Schulwoche kommen dann die Ehemaligen und berichten von ihren Schulerlebnissen. Dazu wird der Tag besonders gut vorbereitet, so als ob ‚Weltreisende nach Hause' kommen. Etwa 20 % der neu eingeschulten Kinder besuchen nachmittags den Hort. Sie sind (lt. Erzieherinnen) ‚ganz stolz', daß sie sich in beiden Bereichen gut auskennen und die Veränderungen den ehemaligen Kiga-Kindern erklären können" (KT 20).

Mehrfach wird auch im Zusammenhang einer konstruktiven Kooperation von der impulsgebenden Initiative des jeweiligen Schulleiters gesprochen, die für eine verstärkte und kontinuierliche Zusammenarbeit beider Institutionen maßgeblich war und ist. Dies umfaßt neben den schon angesprochenen Besuchen zum gegenseitigen Kennenlernen oder regelmäßigen telefonischen Kontakten sowohl die Absprachen mit dem Kindergarten, welche Kinder im nächsten Schuljahr den Wechsel vollziehen, in welchen Gruppenkonstellationen sie nach Möglichkeit aufzunehmen und einer Klasse zuzuordnen sind und wie der Entwicklungsstand der Kinder einzuschätzen ist, als auch die Teilnahme an vorbereitenden Elternabenden des Kindergartens zum Thema Schuleintritt (wobei die Erzieherinnen es als positiv bewerten, wenn neben dem Schulleiter auch die künftigen für die Anfangsphase zuständigen Lehrer anwesend sind) und geht – in einem Beispiel – sogar bis zum Austausch zwischen Kindergartenleiterin und Rektor über Gestaltungsmöglichkeiten beider Institutionen im Stadtteil. Eine Einrichtung berichtet sogar von regelmäßigen monatlichen Kontakten zwischen Erzieherinnen und Lehrern, um gegenseitige pädagogische Vorstellungen und Erwartungen an Fähigkeiten und Kenntnisse von Kindern beim Schuleintritt klären zu können.

Fazit

Die nach dem Ende des Erprobungsprogramms konstatierte eigenständigere Position des Kindergartens mit einer eher sozialpädagogisch orientierten Perspektive der Arbeit und die Ansätze einer ausgewogenen Kooperation ist, so unsere Einschätzung, wieder ins Hintertreffen geraten. Die Schule mit ihren leistungs- und funktionsorientierten Anforderungen hat an Gewicht wieder zugelegt und die Kooperation beider Institutionen wird in der Rückschau der Befragten als „früher besser" eingeschätzt. Sie beschränkt sich heute in vielen Fällen – wenn überhaupt – fast nur auf einmalige Besuche des Kindergartens zum Kennenlernen der neuen Institution. Durchweg enttäuschend wird es von seiten der Erzieherinnen erlebt, daß entsprechende Initiativen zur Kooperation meist von ihnen ausgehen müssen. Positive Reaktionen der Schule sind zögerlich und stark personenabhängig. Nur etwa ein Drittel der besuchten Einrichtungen kann über zufriedenstellende, kontinuierliche und gleichberechtigte Kooperationsformen berichten.

6.11 Teamarbeit

Die Umsetzung innovativer Strategien, anderes – situationsorientiertes – Planen und Arbeiten im Kindergarten impliziert neue Kooperationsbezüge in der Einrichtung. Die Öffnung nach innen und nach außen bedingt ebenso eine Öffnung innerhalb des Teams. Wird Kooperationsfähigkeit der Kinder als ein wesentliches Ziel des pädagogischen Handelns gesehen, so muß dies auch im Erzieherinnenkreis gelten: Abschied von der gruppenbezogenen Planung und Umsetzung hin zu einer gemeinsamen Abstimmung über Ziele, Inhalte und konkrete Aktivitäten und einer kleingruppen- oder teambezogenen Reflexion der Arbeit.

Die Widerstände gegen die Teamarbeit sind groß, als hemmende Faktoren werden meist die Angst vor Kritik an der geleisteten Arbeit, divergierende Ausbildungsvoraussetzungen, Hierarchien und Generationsprobleme im Team und damit verbundene Dominanz einzelner Mitarbeiterinnen oder auch Resignation im Beruf angegeben (vgl. Colberg-Schrader/Krug 1979, S. 90 f).

Am ehesten kann die von der Mehrzahl der Erzieherinnen gewünschte Zusammenarbeit im Team dort realisiert werden, wo entsprechende Rahmenbedingungen die Kooperationsbereitschaft und Abstimmung im Team unterstützen: ausreichendes Personal, genügend Verfügungszeiten für gemeinsame Besprechungen in der Klein- und Großgruppe.

Sind sie gewährleistet, können die für eine fundierte pädagogische Arbeit notwendigen Situationsanalysen und Recherchen, eine gemeinsame Planung, Durchführung und anschließende Reflexion im Team durchgeführt werden. Zu einer funktionierenden, gruppenübergreifenden Kooperation gehört dann ebenso das gegenseitige Hospitieren und der offene Austausch über die gemeinsam gemachten Erfahrungen.

Stabilität erhält ein Team dadurch, daß es sich mit entsprechender fachlicher Begleitung konzeptionell weiterentwickelt und die eigenen pädagogischen Vorstellungen an der aktuellen Lebensrealität überprüft, um bei der Planung entsprechend auf neu sich stellende Anforderungen reagieren zu können.

Ein solcher zeit- und arbeitsintensiver Prozeß muß entsprechend von der Leitung des Kindergartens mitgetragen und unterstützt werden. Teamarbeit muß nicht einhergehen mit einer Enthierarchisierung innerhalb der Einrichtung, der hohe Anspruch, den der Situationsansatz in die Arbeit im Kindergarten stellt, setzt aber auch bei den Leiterinnen ein hohes Maß an pädagogischer und konzeptioneller Kompetenz voraus:

„Es geht nicht darum, daß eine starke Leiterin so wie in früheren Zeiten einen gültigen Beschäftigungsplan für alle Gruppen durchsetzt, sondern daß jemand im Haus unterschiedliche situative Handlungsfäden zusammenhält, Diskurse über Fragwürdiges anzettelt, Eltern mit gemeinsamen Interessen und Problemen miteinander ins Gespräch bringt oder auch Linien zwischen bestimmten aktuellen Projektinhalten und beispielsweise Projekten in vergangenen Jahren oder in anderen Gruppen bewußt macht" (Krug 1992, S. 8).

Conditio sine qua non einer gelingenden und für die pädagogische Arbeit fruchtbaren Teamarbeit ist ein ausreichendes Zeitbudget der Mitarbeiterinnen einer Einrichtung für Besprechungen sowie Vor- und Nachbereitung ihrer Arbeit:

„Verfügungszeit nennt man den Teil der Arbeitszeit, der den Erzieherinnen eingeräumt wird, um unbelastet von Betreuungsaufgaben neue Themen und Vorgehensweise zu erarbeiten und bereits durchgeführte Tätigkeiten werten. Sie ist eine der wichtigsten Bedingungen für eine solide inhaltliche und methodische Planung, für persönliche Reflexion und den Austausch von Erfahrungen im Kollegenkreis, folglich für alle pädagogischen Innovationsprozesse" (BLK 1983, S. 64).

Aus dem vorgelegten Gutachten geht hervor, „daß die formell zugestandene Verfügungszeit zwischen null und 20 Stunden... schwankte" (a.a.O. S. 65).

Wurde sie eingeführt, stieß sie auf allgemein positive zustimmende Resonanz:

„Durch das Erprobungsprogramm sei die Vorbereitungszeit eingeführt worden, so daß sie mit Kolleginnen im Haus und Einrichtungsübergreifend ihre Vorgehensweisen bewußter hätten reflektieren können. Beide schwärmen davon, daß die Arbeitsgruppen immer auch ein Stück Fortbildung bedeutet hätten. Und da alle Kolleginnen miteinbezogen gewesen waren, wären die Veränderungen im Haus leichter gewesen" (KT 18).

Bei unseren Recherchen haben wir zum einen bestätigt gefunden, daß in den Berliner Einrichtungen nach wie vor eine Verfügungszeit während der regulären

Arbeitszeit nicht vorgesehen ist, zum anderen die in anderen Bundesländern im Erprobungsprogramm erreichten Spitzenwerte inzwischen reduziert wurden. Ein niedersächsischer Kindergarten gehörte damals zu den Einrichtungen mit dem größten Kontingent an Verfügungszeit mit 20 Stunden, inzwischen sind es hier im Durchschnitt noch 10 Stunden pro Erzieherin und Woche und eine Bremer Einrichtung, während des Erprobungsprogramms noch mit 13 Stunden ausgestattet, weist heute nur noch 5,5 Stunden wöchentlich aus.

Die damals vorhandenen Verfügungszeiten gehören also längst der Vergangenheit an. Zwar werden auf diesem Gebiet immer wieder Verbesserungen gefordert (vgl. den dreimonatigen Erzieherinnenstreik in Westberliner Kindertagesstätten im Jahr 1990), die Tendenz geht jedoch eher in Richtung zusätzlicher Beschränkungen von flankierenden notwendigen Rahmenbedingungen. Bei unseren Gesprächen mit Personen, die am Erprobungsprogramm beteiligt waren, wurde daher auch immer wieder Bedauern über die Einschränkung dieses wichtigen Faktors geäußert (z. B. KT 17, KT 10).

In großstädtischen Einrichtungen, bei denen eine Verfügungszeit offiziell nicht ausgewiesen ist, wird die Notwendigkeit einer solchen von den Mitarbeiterinnen gesehen und intern organisiert: Dienst-, Abteilungs- oder Teambesprechungen finden dann in der Regel außerhalb der Arbeitszeit statt und eine Vor- bzw. Nachbereitung während des Tages, wenn eine Kollegin in der Gruppe vertritt.

„Dienstbesprechungen innerhalb des Kindergartenteams finden zweiwöchentlich im Anschluß an die Betreuungszeiten, also von 17.00 bis 19.00 Uhr statt ...Themen sind v. a.: Organisation, Urlaubstermine, Berichte über Fortbildung, Vorbereitung von Festen. Selten: Fallbesprechung" (KT 7).

„Die Vor- und Nachbereitung findet während der Arbeitszeit nach Bedarf statt. Entweder die zweite Gruppenerzieherin übernimmt die Gruppe oder wenn beide Gruppenerzieherinnen planen wollen, werden sie von einer Erzieherin aus einer anderen Gruppe vertreten" (KT 6).

Hieraus wird deutlich, daß unter solchen Bedingungen eine ausreichende gemeinsame Zeit zur Planung und Reflexion aller Mitarbeiterinnen oder auch nur von Teilgruppen schwer und mit Beschränkungen realisierbar ist.

Daß auch in großstädtischen Ganztags-Einrichtungen mit langen Öffnungszeiten eine begrenzte Verfügungszeit umsetzbar ist, wenn der Träger die Notwendigkeit erkennt, wird aus folgendem Beispiel deutlich:

„Zu Dienstbesprechungen treffen sich mittwochs von 16.00 Uhr bis 18.30 Uhr alle Beschäftigten des Hauses. Jede pädagogische Fachkraft hat fünf Stunden Vorbereitungszeit pro Woche, wobei drei Stunden außer Haus abgeleistet werden können und zwei Stunden pro Woche im Haus" (KT 11).

Häuser, die nur bedingt Tagesbetrieb für einen Teil der Kinder anbieten bzw. keine so langen Öffnungszeiten wie großstädtische Tageseinrichtungen anbieten, zeigen bei der Regelung von Teambesprechungen und Verfügungszeiten ganz unterschiedliche, auf die eigenen Bedingungen zugeschnittene Lösungen.

Hier einige Beispiele:

*„Jede Gruppe kann pro Woche drei Stunden für interne Besprechungen nutzen, die Leiterin vertritt dann in der Gruppe. Zweimal pro Monat trifft sich das ganze Team für organisatorische Absprachen und pädagogische Themen ...
Alle zwei Wochen können Gruppenerzieherinnen (einzeln oder als gruppenbezogenes Team) die Leiterin als Beraterin für Fallberatungen hinzuziehen. Die Mitarbeiterinnen der Gruppen regeln unter sich die individuellen Verfügungszeiten für Planung, Auswertung und Dokumentationsarbeiten, so daß insgesamt 8–10 Stunden kinderfreie Arbeitszeit eingearbeitet wird"* (KT 25).
„Jeder pädagogischen Fachkraft stehen täglich 1,5 bis 2 Stunden Verfügungszeit zu, die sie selbst mit den Gruppenkolleginnen abspricht; jede Gruppe hat wöchentlich zwei Stunden Planungszeit, einmal pro Woche trifft sich das gesamte Team von 16.00 bis 18.00 Uhr zur Dienstbesprechung" (KT 33).
„Die einzelnen Gruppen haben einmal in der Woche am Nachmittag Zeit, sich zur Planung zusammenzusetzen. Die Vorbereitungszeit für die Mitarbeiterinnen beträgt 10 % der Dienstzeit. Das wird individuell nach einem Schlüssel berechnet, der die Arbeitszeit zugrundelegt Ganztagskräfte haben so eine längere Vorbereitungszeit" (KT 34).
„Jede pädagogische Mitarbeiterin hat täglich eine Stunde Vorbereitungszeit zur Verfügung, alle zwei Wochen stehen den Gruppenerzieherinnen für die Gruppenbesprechung je zwei Stunden zur Verfügung: einmal pro Monat trifft sich das gesamte Team (mit Delegierten der Wirtschaftskräfte) für drei Stunden zur Gesamtdienstbesprechung" (KT 28).
„Dienstbesprechungen werden zweimal pro Woche von 12.00 Uhr bis 12.45 Uhr durchgeführt, dreimal wöchentlich von 12.15 Uhr bis 13.00 Uhr gibt es Verfügungszeiten für die Erzieherinnen der beiden Gruppen. Außerdem treffen sich jeden morgen von 8.15 Uhr bis 8.30 Uhr die Mitarbeiterinnen, um den Tag zu besprechen" (KT 27).

Diese Regelung, sich am Morgen abzusprechen und auf den Tag oder die Woche einzustimmen, erwähnten mehrere Einrichtungen:

„Täglich mit Arbeitsbeginn haben die Erzieherinnen 30 Minuten Besprechungszeit, einmal pro Woche (donnerstags) findet die Dienstbesprechung statt. An zwei Tagen pro Woche steht die Über-Mittag-Zeit von 12.30 Uhr bis 14.00 Uhr für Gruppenbesprechungen zur Verfügung" (KT 24).
„Am Montagmorgen jeder Woche um 8.00 Uhr treffen sich alle Mitarbeiterinnen zu einer kurzen Besprechung über die Planung der Woche, über wichtige Absprachen, die zu treffen sind und als Einstimmung auf die Woche" (KT 29).

Einigen Einrichtungen ist es möglich, an einem Nachmittag der Woche für mehrstündige Mitarbeiterbesprechungen ganz zu schließen:

„Mittwochs ist der Kindergarten generell an Nachmittag geschlossen. Dann finden Dienstbesprechungen mit allen Kolleginnen von 13.30 Uhr bis 16.30

Uhr statt. Diese großzügigen Regelungen für Vorbereitungen und Dienstbesprechungen scheinen mit der Bedarfslage der Eltern nicht zu kollidieren. Die beiden Kolleginnen, die in einer Gruppe zusammenarbeiten, haben an einem Nachmittag pro Woche zwei Stunden Verfügungszeit. Die Kinder ihrer Gruppe werden in dieser Zeit von den anderen Kolleginnen mitbetreut" (KT 30).

„Einmal in der Woche, am Donnerstag, findet eine Gesamtdienstbesprechung von 14.00 Uhr bis 17.00 Uhr statt. Daran nehmen alle Mitarbeiterinnen teil. Es ist so geregelt, daß die Kinder, die am Nachmittag den Kindergarten besuchen, in dieser Zeit von einer Elterngruppe betreut werden. Diese Regelung existiert schon lange und hat sich gut bewährt. Die Eltern machen in dieser Zeit eigene Angebote, diskutieren mit den Erzieherinnen vorher oder hinterher darüber, so daß es auf diesem Gebiet eine enge Abstimmung zwischen Eltern und Erzieherinnen gibt. Die Verfügungszeiten werden gruppenweise oder einzeln genommen" (KT 29).

Mit diesen formalen Regelungen wird jedoch noch nichts Dezidiertes über die inhaltliche und teambezogenen Kooperationen ausgesagt und häufig wird in diesem Zusammenhang geäußert, daß bei Dienstbesprechungen organisatorische Klärungen Vorrang vor pädagogischen Fragen haben.

„Es gibt kaum eine Zusammenarbeit im Team. Die wöchentlichen Dienstbesprechungen sind schlecht besucht (Arzttermine, Urlaub, etc.); gleichzeitig wird die mangelnde Kontinuität als unbefriedigend erlebt. Die Besprechungen erschöpfen sich häufig im Austausch von organisatorischen Informationen und in der Vorbereitung von jährlich wiederkehrenden, gruppenübergreifenden Aktivitäten wie Sommerfest, Laternenumzug, etc. Es findet so gut wie keine gemeinsame Planung und kein pädagogischer Diskurs zwischen den Erzieherinnen statt. Die Gruppenerzieherinnen, die in einer Gruppe zusammenarbeiten, sprechen sich v.a. in informellen Gesprächen ab. Minimal-Konsens im Team ist nach Angabe der Leiterin, daß die Kinder sich in der Kita wohl fühlen sollen und emotionale Zuwendung wichtig ist" (KT 12).

Auffällig ist auch, daß zwar am ehesten gewährleistet ist, daß Erzieherinnen einer Gruppe gemeinsam Zeit zum Planen und Reflektieren finden. Ein gruppenübergreifender Austausch über Pläne oder Erfahrungen findet nur partiell statt. Dies scheint bei offenen oder teiloffenen Gruppenkonstellationen eher der Fall zu sein (KT 34, KT 14, KT 15, KT 29). In einer der besuchten Einrichtungen führte jedoch die Auseinandersetzung um das bestehende offene Konzept zu Teamkonflikten:

„Die Leiterin, die selber damals als Erzieherin im Erprobungsprogramm arbeitete, und nun seit vier Jahren Leiterin ist, hat gemeinsam mit den Kolleginnen, die bis vor ca. eineinhalb Jahren in der Einrichtung als stabiler Kolleginnenkreis gearbeitet haben, ein Konzept der offenen Arbeit erarbeitet. Durch den Personalwechsel vor eineinhalb Jahren, sei es ihnen nicht möglich gewesen, dieses Konzept aufrecht zu erhalten. Lediglich zwei Teilzeitkräfte und sie selbst

seien von dem alten Stamm noch übrig geblieben. Die neu hinzu gekommenen Erzieherinnen hätten das Konzept nicht mitgetragen. Von daher haben sie im November 1992 in einem Teamseminar ein neues Konzept erarbeitet, in dem ein fester Bestandteil die gruppenbezogene Phase für eine Stunde am Vormittag ist. Sie selbst trauert der alten Art zu arbeiten ebenso nach wie die beiden Teilzeitkräfte, die Erfahrungen mit der offenen Arbeit gemacht haben. Die Leiterin führt aus, daß es jedoch keinen Zweck habe, zu versuchen, dieses Konzept gegen den Willen der Übrigen durchzusetzen. Maßgeblich für ihren Rückzug ist ein offener und tiefgreifender Konflikt zwischen ihr und der stellvertretenden Leiterin. Hier sind offene Machtkämpfe deutlich. Der Konflikt ist so festgefahren, daß beide kaum mehr miteinander reden können. Vordergründig führt sie das auch darauf zurück, daß es keine gemeinsamen Besprechungszeiten für sie und die stellvertretende Leiterin gäbe.
In der laufenden Superversion können die Probleme offenbar nicht angegangen werden. Dies scheint auch darauf zurückzuführen zu sein, daß die stellvertretende Leiterin den Supervisor kategorisch ablehnt" (KT 13).

Gegenseitiges Hospitieren in den Gruppen wurde nirgends erwähnt.

Um eine teamübergreifende Kooperation herzustellen, gehen Einrichtungen zunehmend dazu über, Teamfortbildungen zu organisieren, die über mehrere Tage dauern.

„Einmal im Jahr, in den Ferien, wenn nur ein Notdienst im Hause besteht, findet eine Planungswoche für die Vorschulerzieherinnen statt – ganztägig von 8.30 Uhr bis 15.00 Uhr" (KT 10).

„Während der Ferienzeiten bietet die KTH immer einen ‚Notdienst' für Kinder an. Gleichzeitig werden in allen Ferien jeweils zwei bis drei Planungstage durchgeführt, an denen das Gesamtteam sich Zeit nimmt, inhaltlich zu diskutieren und zu planen. Diese Planungstage werden beispielsweise immer dafür genutzt, die ‚Grobplanung' der Projekte zu erarbeiten" (KT 8).

„Anspruch auf Fortbildung besteht von Seiten des Trägers und zwar zwei Tage Teamfortbildung pro Jahr; in diesen beiden Tagen ist das Haus geschlossen" (KT 15).

Im Zusammenhang der weiter oben erwähnten Teamkonflikte wurde die Superversion als Bearbeitungsmethode von Problemen ins Spiel gebracht. Mehrere Einrichtungen hoben hervor, daß sie ebenfalls Supervisionen erhalten (KT 33, KT 28, KT 7, KT 8).

In zwei der besuchten Einrichtungen sind Psychologinnen tätig, die die Teams u.a. bei ihren Gruppenprozessen begleiten und beraten (KT 31, KT 10).

Ein entscheidendes Moment gelingender Teamarbeit liegt bei der Leitung eines Hauses. Im Zuge des Erprobungsprogrammes gerieten – bedingt auch durch gesellschaftliche Diskussionsprozesse um Autorität und Hierarchie – bis dahin existierende Strukturen in Bewegung. Modelle von Teamleitungen wurden eingeführt:

„Ich glaube, daß es damals wichtig war, das herrschende Leitungsverständnis zu kritisieren und finde das aus meiner eigenen Geschichte her auch richtig.

Als ich in meinen ersten Kindergartenjahren als Leiterin tätig war, habe ich gesagt, wo es lang geht und keiner hat dem widersprochen.
Wir in der Leitungsfunktion haben uns später heftig mit dem eigenen Verhalten auseinandersetzen müssen, anders mit den Kolleginnen umzugehen und sie als Fachfrauen zu entdecken und anzuerkennen, daß sie ganz viele Kompetenzen haben. Außerdem steckte auch viel an Überforderung in diesem Leitungsverständnis, indem ich alles auf meine Schultern nahm. Es mußte dieses offene Feld geben – und es gibt auch heute noch fantastische Teamleitungen, die es auch geschafft haben, Verantwortung zu verteilen und wo der Träger auch weiß, wer wofür verantwortlich ist und sich auch verantwortlich fühlt.
In den letzten Jahren hat sich einiges verändert: heute gibt es spezielle Fortbildungen für Leitungsaufgaben, denn die Kindertagesstätten werden immer größer mit mehr Mitarbeiterinnen – wir werden die kleinen beschaulichen Einrichtungen nicht mehr haben –, also brauchen wir auch andere Formen, damit umzugehen." (Fachberaterin, RH Hessen)

Das Modell der Leitungsteams hat sich nicht breit umgesetzt, in den besuchten Einrichtungen war es nur einmal zu finden (KT 34), deutlich wurde jedoch, daß ein anderes, kollegialeres, inhaltlich bestimmtes Bild von der Leitung zunehmend Raum gewinnt.

„Hier liegt eine Entwicklung, die ich auch an mir selbst und überall im sozialpädagogischen Bereich feststellen kann: die Vorstellung, wir können doch als Team die Hierarchie vermeiden, war eine der Triebfedern, es war unanständig, eine Hierarchie zu haben, weil damit immer auch die Vorstellung eines sehr autoritären Führungsstils verbunden war. Mir geht es inzwischen so, daß ich Leitung jetzt sehr viel aufbürde an Arbeit für die Rahmenbedingungen und auch an Verantwortung. Für mich ist Leitung sehr viel zentraler geworden, aber in einer ganz anderen Weise. Sie hat für mich den Freiraum für die inhaltliche Arbeit in den Einrichtungen zu schaffen und damit eine Gesamtverantwortung. Sie wird für mich wichtiger, sie hat aber auch mehr zu leisten als früher, was für viele Leiterinnen zunächst einmal schwer ist, weil es sie entfernt von der täglichen praktischen Arbeit" (Fachberaterin, RH Hessen).

Fazit

Die während des Erprobungsprogramms vorhandenen Verfügungszeiten und Besprechungstermine – notwendige Voraussetzung für eine fruchtbare Kooperation und gemeinsame pädagogische Planung im Team – haben sich bundesweit nicht umsetzen lassen und gehören auch für die damals beteiligten Einrichtungen inzwischen der Vergangenheit an. Ihre Wichtigkeit wird von allen Befragten jedoch nach wie vor gesehen und eingefordert. In großstädtischen Einrichtungen werden Besprechungs- und Verfügungszeiten oft unter Belastungen weitgehend außerhalb der Öffnungszeiten angesetzt, so daß gemeinsame Planung und Reflektion nur in größeren Abständen und mit Beschränkungen realisierbar ist. Häuser, die nur bedingt Tagesbetrieb oder nicht die langen Öffnungszeiten großstädtischer Einrichtungen aufweisen, zeigen sich in der Regelung ihrer Besprechungstermine flexibler und entwickeln ganz unterschiedliche, auf die eigene Situation und ihre Möglichkeiten zugeschnittene Lösungen. Die teamübergreifende Planung und Gestaltung der pädagogischen Arbeit steht dabei noch am Anfang der Realisierung. Die im Rahmen des Erprobungsprogramms diskutierte Frage von Leitungsteams hat sich auf breiterer Ebene nicht umgesetzt.

6.12 Fachberatung und Fortbildung

Während des Erprobungsprogramms übernahmen die Moderatorinnen eine wichtige Funktion: die Vermittlung neuer pädagogischer Impulse durch verschiedene curriculare Materialien, die Beratung der Kolleginnen in den Einrichtungen zur gemeinsamen Reflexion und Auswertung der pädagogischen Arbeit und die Koordination des regionalen Erfahrungsaustausches wurden als außerordentlich qualifikationsstützend und motivierend erlebt. Um so schmerzlicher vermißten die beteiligten Erzieherinnen den plötzlichen Wegfall der fachlichen Begleitung mit Beendigung des Erprobungsprogramms.

„Durch die Fragen der Moderatorin hatten sie ihre Arbeit besser überdenken können und sie waren aufmerksam geworden, und nicht in der alltäglichen Routine erstickt. Durch das Erprobungsprogramm ist die Vorbereitungszeit eingeführt worden, so daß sie mit Kolleginnen im Haus und einrichtungsübergreifend ihre Vorgehensweisen bewußter reflektieren konnten. Beide schwärmen davon, daß die Arbeitsgruppen immer auch ein Stück Fortbildung bedeutet hatten. Und da alle Kolleginnen mit einbezogen waren, waren Veränderungen im Haus leichter möglich. (...) Beide Erzieherinnen beklagen, daß nach dem Erprobungsprogramm ganz plötzlich der einrichtungsübergreifende Austausch abgebrochen war. Da sie im Haus noch mehrere Erzieherinnen waren – die Leiterin war auch noch anwesend – konnten sie sich gegenseitig unterstützen. Schwierig ist es geworden, als neue Kolleginnen ins Haus gekommen sind, denen der Situationsansatz fremd war. Sie haben sehr gekämpft und die Leiterin hat mit großer Mühe ‚Nachhilfe' gegeben. Durch sie haben sie immer Rückendeckung gehabt, obwohl die Vorbereitungszeit gekürzt wurde" (KT 20).
„Fortbildung und Fachberatung spielen eine wichtige Rolle. Denn um einen Perspektivenwechsel zu erreichen, muß man die Möglichkeit haben, die eigene Arbeit durch Beratung und Supervision zu reflektieren. Das war damals im Erprobungsprogramm sichergestellt und deshalb hat es auch so viel Spaß gemacht, obwohl die Arbeitsbelastungen sehr groß gewesen waren" (KT 11).

Im folgenden werden die Auswertungsergebnisse der Besuchsprotokolle, Interviews und Dokumentationen aus den besuchten Kindergärten hinsichtlich der qualifikationsstützenden Maßnahmen durch Beratung und Fortbildung dargestellt. Dabei wird ins Auge gefaßt und bewertet:
* In welcher Form und Dichte hat sich ein Beratungssystem ‚rund um die Kindertageseinrichtung' entwickelt?

* Welche Aufgaben und Funktionen nehmen die Beraterinnen gegenüber den Einrichtungen wahr?
* Welche anderen kollegialen Beratungs- und Unterstützungsformen haben sich etabliert?
* Welche Bedeutung erhalten Angebote von Fort- und Weiterbildung?

Ein Drittel (zwölf von 39) der besuchten Kindertageseinrichtungen kann auf eine kontinuierliche Fachberatung zurückgreifen. In einigen dieser Einrichtungen bestehen die fachlichen Kontakte seit der Zeit des Erprobungsprogramms, in zwei Einrichtungen dieser Kategorie sind ehemalige Erzieherinnen aus jener Zeit über Weiterbildungen bzw. Studium aufgestiegen zur Fachberaterin.

„Zur Fachberaterin beim Bezirksverband bestehen sehr gute Kontakte. Während des Erprobungsprogramm war die jetzige Fachberaterin, Jahrespraktikantin und danach Gruppenerzieherin in der Einrichtung. Drei Jahre nach Beendigung des Erprobungsprogramm absolvierte sie ein Studium der Sozialpädagogik, anschließend leitete sie eine Kita, vor sieben Jahren wechselte sie auf die Stelle als Fachberaterin. Sie organisiert den Arbeitskreis der Leiterinnen. Soweit es ihre Zeit erlaubt, kommt sie regelmäßig zu Dienstbesprechungen in die Einrichtung, um vor Ort die Veränderungen und Anforderungen an die Kindergartenarbeit zu sehen" (KT 19).

„Zur pädagogischen Beratung können sich die Mitarbeiterinnen an die Fachberaterin des Fachverbandes wenden. Die zuständige Fachberaterin hat die Einrichtung bereits während des Erprobungsprogramm begleitet; sie kommt regelmäßig zu Gesprächen vorbei. Sie leitet den Arbeitskreis der Leiterinnen" (KT 22).

„Die Fachberaterin des Caritas-Verbandes der Region besucht häufig den Kindergarten. Dafür ausschlaggebend mag auch die offensichtlich freundschaftliche Beziehung zwischen ihr und der Leiterin sein" (KT 29).

Das Aufgabenspektrum der Beraterinnen beinhaltet dabei die konzeptionelle Weiterentwicklung der pädagogischen Arbeit in den Einrichtungen, regelmäßige gruppenbezogene Fallgespräche und die Supervision der kollegialen Arbeitsbeziehungen. Einige wenige Einrichtungen – insbesondere Kindertagesstätten von kirchlichen Trägern (in Berlin) – können dabei auf ein zweistufiges System zurückgreifen: problemorientierte Einzelfallberatung durch Fachberaterinnen mit psychologisch-pädagogischen Qualifikationen vor Ort und Beratung zur konzeptionellen Weiterentwicklung der pädagogischen Arbeit und der Einrichtung durch ein überörtliches Beratungsteam.

Im Aufgabenbereich liegt außerdem die Beratung zur strukturellen, organisatorischen und fachpolitischen Profilierung der Kindereinrichtungen mit Methoden, die eher an Konzepte der Organisationsentwicklung orientiert sind. In einem Fall wird hier besonders auf die Aufgabendifferenzierung zwischen Fachberatung und Leitung der Einrichtung hingewiesen.

„Es gibt eine Fachkraft (Diplom-Pädagogin) im Kirchenkreis, die die Einrichtung bei Problemfällen mit Kindern oder bei Problemen innerhalb der Kinder-

tagesstätte berät. Die Beraterinnen des Amtes sind für die Teamberatung und die Beratung bei konzeptionellen Problemen für die Einrichtung zuständig. Sie besuchen die Einrichtung, je nachdem, welche Kapazitäten sie frei haben" (KT 5).
"Für die Beratung bei verhaltensauffälligen Kindern können die Erzieherinnen auf die Psychologin des Kirchenkreises zurückgreifen. Für pädagogisch umfassendere Beratungen ist das überbezirkliche Amt für Kindertagesstätten zuständig" (KT 3).
"Die Fachberaterin berät den Kindergarten in organisatorischen, strukturellen, finanziellen und politischen Fragen. Auch auf mehrmaliges Nachfragen wird der Fachberaterin von der Leitung keine pädagogische Funktion zugewiesen" (KT 29).

Fachberatung gewinnt hinsichtlich innovatorischer Entwicklungen, insbesondere bei der Etablierung integrativer Kindergruppen, eine wesentliche Bedeutung.
So ist zu erkennen, daß die Kindertagesstätten, die sich durch umfangreiche strukturelle, personelle und konzeptionelle Veränderungen für die gemeinsame Erziehung von nichtbehinderten und behinderten Kindern entschieden haben, sich mit Hilfe längerfristiger Fortbildungen und Beratung profiliert haben.

"Es gibt in der Gemeinde zwei Fachberaterinnen, die sowohl für die Integrationsgruppen direkt zuständig sind, als auch für die Fortbildung aller Mitarbeiterinnen und deren Beratung. (...) Im Rahmen der Umstellung auf Integrationsarbeit in den Jahren 1987/88 gab es von der Gemeinde ein differenziertes Fort- und Weiterbildungsprogramm für alle Erzieherinnen der Einrichtungen sowohl kompakt als auch berufsbegleitend und mit begleitender Beratung und Supervision" (KT 17).
"Das Leitungsteam für Integrationsarbeit des Landesverbandes leistete die intensive Begleitung während der Umstellungsphase auf Integrationsarbeit. Es besteht die Möglichkeit, dieses Team bei Bedarf ins Haus zu bestellen" (KT 9).

In allen Einrichtungen dieser Art übernehmen die Fachberaterinnen immer auch Aufgaben der Fort- und Weiterbildung. Sie nutzen die intensiven Kontakte zu den Einrichtungen, um veränderte Anforderungen an die Arbeit im Kindergarten frühzeitig aufzugreifen, mit entsprechenden Fortbildungsangeboten die Qualifikation der pädagogischen Fachkräfte zu sichern und über den Arbeitskreis der Leiterinnen die organisatorischen und rechtlichen Rahmenbedingungen zu klären.

"Aus den Gesprächen mit den Erzieherinnen kommen die Themen für die (zu wenigen) Fortbildungsangebote zustande" (KT 20).
"Seit ca. zwei Jahren bietet die Fachberaterin der Stadt verschiedene Fortbildungsseminare zum Thema ‚Situationsansatz' an. Die Einrichtungsleiterin hat organisiert, daß in der kommenden Woche alle Leiterinnen zusammen mit je einer Erzieherin eine dreitägige Arbeitstagung zum Situationsansatz unter Hinzuziehung von Fachreferenten machen" (KT 18).
"Die Fachberaterin leitet die Leiterinnenkonferenzen der regionalen Caritas-Einrichtungen. Dort vermittelt sie Informationen, klärt arbeitsrechtliche und

organisatorische Fragen und gibt Hilfestellung bei Aufsichtspflichtproblemen" (KT 29).

Die persönliche und fachliche Qualifizierung der sozialpädagogischen Fachkräfte erfolgt sowohl durch die regelmäßige Teilnahme an regionalen und überregionalen Fortbildungsangeboten, als auch durch zunehmende einrichtungsinterne Teamwochen, wobei die Organisationsform ‚Kita-zentrierte Fortbildungswoche' bei zwei Einrichtungen zu Interessenkonflikten mit dem Träger geführt hat.

*„Die Leiterin berichtet, daß Fortbildungen grundsätzlich immer möglich sind und sie dies sehr begrüßt. Wenn es die personelle Situation erlaubt, können die Erzieherinnen soviele Fortbildungstage in Anspruch nehmen, wie sie für ihre Qualifizierung für nötig halten. Die Leiterin berichtet, daß die Erzieherinnen durchschnittlich zweimal im Jahr Fortbildungen besuchen. (...) Als Fortbildungsveranstalter können alle Fortbildungsinstitutionen genutzt werden. Bevorzugte Themen sind zur Zeit praxisbezogene kreative Seminare. (...)
Jedes Jahr findet außerdem eine kitazentrierte Fortbildung statt: entweder in Form eines Wochenseminars oder an zwei Wochenenden. An diesen Seminaren nehmen alle Mitarbeiterinnen im Haus teil. Die Themen werden auf Teamsitzungen festgelegt. Bisher bearbeitet wurden: Elternarbeit, Kommunikation und Gesprächsführung, Sexualerziehung und Altersmischung. Manche Seminare werden von der Kita-Beraterin des Dachverbandes geleitet"* (KT 6).
„Im Abstand von 1 bis 1,5 Jahren findet eine kitazentrierte Fortbildung statt (eine Woche lang). Diese Teamfortbildung wurde bislang vom Beraterteam (= 2 Beraterinnen) des Trägers angeleitet. Erzieherinnen und auch Leiterin kritisieren in diesem Zusammenhang die ‚Familien-Abgeschlossenheit' des Trägers: Da man sich (zu) gut kenne, wäre es auf der Fortbildung ein ‚Stochern im eigenen Sumpf'. Sie wünschen sich, für die nächste Fortbildung DozentInnen ‚von außen' hinzuziehen zu können. Es zeichnen sich jedoch Finanzierungsschwierigkeiten ab" (KT 7).
„Es gibt einen jährlichen Fortbildungsetat über 5.000,- DM, den das Haus selbst verwalten kann. Einmal im Jahr wird das Haus für eine Woche geschlossen, dann nehmen die MitarbeiterInnen an einer Teamfortbildung teil, zu der u.U. auch Referenten von außerhalb eingeladen werden" (KT 34).
„Mindestens einmal im Jahr findet eine ‚kita-zentrierte Fortbildung' statt – ebenfalls während der Ferienzeiten. Die Organisation wird in der Regel von den Stützpädagoginnen übernommen; je nach Thema gestalten sie die Fortbildung inhaltlich oder laden Referentinnen ein. Die Themen orientieren sich in letzter Zeit vor allem an der Integrationsarbeit" (KT 9).
*„Pro Jahr findet eine kitazentrierte Fortbildung statt: für die Zeit der letzten Fortbildung mußte ein Notdienst eingerichtet werden und die Einrichtung mußte darum kämpfen, daß der Träger sie genehmigt.
Teamfortbildungen wurden bislang nicht genehmigt, mit dem Hinweis darauf, daß Eltern in Bedrängnis kommen, wenn die Einrichtung geschlossen wird"* (KT 22).

Die Teilnahme an den Fortbildungen ist in der Mehrheit der Einrichtungen dieser Kategorie arbeitsvertraglich geregelt. So stehen den Erzieherinnen fünf Fortbildungstage jährlich bzw. zehn Tage pro zwei Jahre zu.

„Alle Mitarbeiterinnen schöpfen die ihnen zur Verfügung stehenden fünf Tage für Fortbildung aus. Sie müssen nicht von der Leiterin dazu aufgefordert werden, sondern sehen für sich selbst die Notwendigkeit der regelmäßigen Teilnahme und die Chance, über den Tellerrand hinauszuschauen" (KT 29).
„Jeder Kollegin steht eine Woche Fortbildung pro Jahr zu, die von den meisten in Anspruch genommen wird. Es besteht eher das Problem, in die Fortbildungen reinzukommen, da ein Teil sehr beliebt ist" (KT 22).
„Die Kolleginnen bemühen sich, jährlich mindestens fünf Seminartage zu besuchen, sofern die Vertretung den Ausfall abdecken kann. Häufig finden sie jedoch nicht das richtige Angebot oder die Seminare sind ausgebucht" (KT 3).
„Alle Kolleginnen legen großen Wert auf regelmäßige Fortbildung. Es wird darauf geachtet, daß jede Erzieherin pro Jahr eine Woche Fortbildung zu einem selbstgewählten Thema machen kann. Darüber hinaus gibt es halbjährlich einen Studientag für alle Mitarbeiterinnen gemeinsam, die sie mit den Mitarbeiterinnen einer benachbarten Einrichtung planen" (KT 21).
„Laut Dienstanweisung gehört es zur Pflicht der Kolleginnen, an Fortbildungen teilzunehmen" (KT 17).
„Die Erzieherinnen haben laut Vertrag Fortbildungspflicht. Nach Auskunft der Leiterin nimmt jede Erzieherin im Durchschnitt an einer Fortbildung im Jahr teil. Der Träger schießt pro Jahr/Person 100,– DM für Fortbildungen zu" (KT 9).

Ins Auge fällt, daß die Absicherung der Teilnahme an Fortbildungsangeboten durch eine langfristige Planung erfolgt. Dabei werden sowohl Angebote der bundesweiten wie auch landesweiten Träger zur Auswahl herangezogen. Kritisch vermerkt wird in einigen Praxisprotokollen, daß es sehr schwierig ist, überhaupt einen Platz zu erhalten.

„Zum Jahresbeginn, wenn die Programme der unterschiedlichen Fortbildungsträger ins Haus kommen, setzt sich das Team zusammen und jeder äußert seine Wünsche an Tagesveranstaltungen oder Halbtagsveranstaltungen. Am häufigsten werden die Veranstaltungen besucht, die der Caritas-Verband regional oder überregional organisiert oder Veranstaltungen des landeseigenen Instituts für Lehrerfortbildungen. Hier wird nur von allen bedauert, daß es sehr schwer ist, einen Platz für angebotene Veranstaltungen zu bekommen" (KT 29).
„Alle Mitarbeiterinnen des Hauses schöpfen die ihnen zur Verfügung stehenden Möglichkeiten zur Fortbildung aus. Die Fortbildungsangebote (hauptsächlich vom regionalen Caritas-Verband, aber auch vom Institut für Lehrerfortbildung) werden zum Jahresbeginn von den Mitarbeiterinnen durchgesehen und jede entscheidet sich für die Veranstaltung, die ihr am interessantesten erscheint. Es wird darauf geachtet, daß es keine Überschneidungen gibt, da

die Personaldecke bei vier Mitarbeiterinnen zu eng ist, um mehrere gleichzeitig zur Fortbildung zu schicken. In früheren Zeiten gab es eine Fortbildungsverpflichtung vom Träger aus, die auch per Nachweis überprüft wurde. Dies wurde inzwischen abgeschafft" (KT 27).
„Die Erzieherinnen bemühen sich sehr, an den Fortbildungen des landeseigenen Fortbildungsinstitutes teilnehmen zu können, ‚da diese eine Woche dauern und viele neue Gesichtspunkte aufzeigen und einen zum Nachdenken bringen'. Leider macht die Stadt Schwierigkeiten bei so langer Freistellung und oft gibt es keine freien Plätze mehr. Ihrer Meinung nach sollten mehr regionale Angebote sein, damit die Anreise nicht zu weit sei" (KT 28).

Neben den Fortbildungsangeboten regionaler und überregionaler Träger spielt der kollegiale Erfahrungsaustausch eine besondere Rolle in den Kindergärten dieser Bewertungskategorie. Die Mehrzahl der Leiterinnen ist in regionalen Arbeitskreisen organisiert, wobei der fachliche Erfahrungsaustausch und die Weiterentwicklung pädagogischer Themen im Vordergrund stehen. In einigen Regionen konnten sich die Arbeitsgemeinschaften aus der Zeit des Erprobungsprogramms erhalten. Dabei weisen die befragten Leiterinnen darauf hin, daß diese zwangsläufig von ihnen selbst organisiert werden mußten, da keine Beraterin für diese Aufgabe beschäftigt war.

„Seit der Zeit des Erprobungsprogramms gibt es auf Stadt- und Landkreisebene Arbeitskreise, die von den Leiterinnen aus drei städtischen Einrichtungen ‚am Laufen gehalten' werden. (Alle drei Leiterinnen waren ehemals Gruppenerzieherinnen im Erprobungskindergarten.) Sie arbeiten immer ein Themenprogramm für ein halbes Jahr aus und treffen sich alle vier Wochen zu einem pädagogischen Thema. Hin und wieder nimmt auch die Fachberaterin des Jugendamtes teil. Vor wenigen Jahren haben Erzieherinnen für sich auch solche ‚Arbeitskreise' gefordert. Die Leiterinnen haben abwechselnd den entstehenden Arbeitskreis eingeladen. Jetzt machen es die Erzieherinnen selbst: reihum treffen sie sich dann zu einer vorher festgelegten Themenreihe. Zur Zeit existieren zwei Arbeitskreise, einer zum Thema ‚Vorschule'. Dort treffen sich Erzieherinnen (4–5mal), um sich gegenseitig zu informieren, wie sie die Fünfjährigen auf die Schule vorbereiten. Ein zweiter Arbeitskreis fängt neu an zum Thema ‚Verhaltensauffällige Kinder'" (KT 28).
„Die Leiterin nimmt regelmäßig – fast jeden Monat – an einem Leiterinnen-Arbeitskreis teil, in dem sich alle AWO-Leiterinnen der Region treffen. Hier werden in erster Linie pädagogische Themen erörtert. Z.Zt. sind sie in der Vorbereitung für sogenannte ‚Pädagogische Tage'.
Einige Erzieherinnen des Hauses sind in einem Arbeitskreis ‚Giftfreie Kindergärten' integriert, den die Umweltberatung des Kreises ins Leben gerufen hat. In diesem Arbeitskreis treffen sie mit Kolleginnen aus Einrichtungen ganz unterschiedlicher Trägerschaften zusammen.
Eine der Erzieherinnen nimmt regelmäßig an einer Arbeitsgruppe der Arbeitsstelle für Integration (AFI) teil. Hier sind Erzieherinnen aus verschiedenen Einrichtungen zusammengefaßt, in denen behinderte Kinder betreut werden

oder Einrichtungen, die sich mit der Absicht tragen, dies zu tun. Dieser Arbeitskreis wird von der Leiterin als gute Basis für einen Erfahrungsaustausch angesehen" (KT 32).

"Darüber hinaus gibt es regelmäßige Arbeitskreise für die Erzieherinnen der sechs katholischen Einrichtungen der Region. Diese finden in den unterschiedlichen Kindergärten statt. Die Planung dieser Nachmittage wird zum Jahresbeginn gemeinsam von der ganzen Gruppe (das sind etwa 30 bis 40 MitarbeiterInnen) gemacht. Sie stellen die Schwerpunktthemen zusammen und Mitarbeiterinnen der Runde bereiten das jeweilige Thema dann vor. Themen waren u.a. Kinderausflüge, handwerkliche Angebote, ein Erste-Hilfe-Kurs, Zusammenarbeit zwischen der Grundschule und dem Kindergarten oder die Frage von zweiten Ebenen im Gruppenraum. Bei konzeptionellen Fragen halten sich die Kolleginnen bedeckt" (KT 29).

"Die Erzieherinnen im Haus nehmen abwechselnd teil. Eine Kollegin besucht eine Arbeitsgruppe zur Situation der Kinder der ‚Neuen Staatsbürger'; eine Kollegin besucht die Hort-AG, eine Erzieherin möchte eine Arbeitsgemeinschaft gründen zum Thema ‚Religionspädagogik'" (KT 20).

Neben den Arbeitskreisen für die Leiterinnen gewinnen in den Kindertageseinrichtungen, die sich explizit konzeptionell am Situationsansatz orientieren, die selbstorganisierten Arbeitskreise für Erzieherinnen eine zunehmende Rolle.

Kritisch vermerkt wird jedoch auch, daß ein regelmäßiges Treffen auf Leitungsebene nicht unbedingt den fachlichen Austausch fördert. Insbesondere Einrichtungen mit einer starken Orientierung am Situationsansatz bemängeln das Fehlen der inhaltlichen Diskussion.

"Einmal im Monat findet ein Arbeitskreis mit den vier anderen evangelischen Kindergärten statt. Diese sind themenbezogen und laufen gut. Ebenfalls einmal im Monat treffen sich die Leiterinnen der evangelischen Kindergärten des Dekanats (24 Kindergärten). Hier geht es weniger offen zu, lediglich wenn die Fachberaterin anwesend ist, wird inhaltlicher diskutiert. Nach Einschätzung der Leiterin sind diese Leitungsarbeitskreise kein probates Mittel zum Erfahrungsaustausch" (KT 14).

Ein besonderes System der fachlichen Unterstützung wurde mit dem System der ‚Kollegialen Praxisberatung' geschaffen als Reaktion auf fehlende Fachberatung. Die befragten Erzieherinnen betonen jedoch, daß es die Fachberatung nicht ersetzen kann, da es „tiefer angesiedelt" sei.

"Für die pädagogische Beratung können die Kolleginnen die Fachberaterin anfordern. Aufgrund des großen Einzugsgebietes und einem schlechten Zahlenverhältnis von Beraterin zu Kindereinrichtungen kommt es zu einer langen Wartezeit. Außerdem ist die für den Kirchenkreis zuständige Fachberaterin auch für Fortbildungen und für fachpolitische Stellungnahmen zuständig, so daß der Kontakt nur selten zustande kommen kann.

Um diese schlechten Situation zu verändern, hat der Landesverband eine Fortbildungsreihe zur ‚Kollegialen Praxisberaterin' entwickelt. Leiterinnen und berufserfahrene Erzieherinnen können sich hier in einer eineinhalbjährigen Zusatzausbildung zur Beraterin schulen. (...) Kollegiale Praxisberaterin laden zu themenbezogenen Gesprächskreisen ein. Dazu treffen sich Erzieherinnen reihum einmal wöchentlich für ca. zwei Stunden zum Fachgespräch in ihren Einrichtungen. Jede Praxisberaterin erhält dafür eine Stundenreduzierung in der Kinderarbeit von ca. drei bis zehn Stunden pro Woche, je nachdem, ob sie Problemberatung macht oder zum Arbeitskreis einlädt. In den Einrichtungen kann über eine Liste nachgesehen werden, welche Kollegin im Kreis zu welchem Schwerpunkt oder Problem um Rat gefragt werden kann. So gibt es Leiterinnen, die sich besonders für ‚Elternberatung' spezialisiert haben; es gibt Erzieherinnen, die als ‚Expertinnen im Umgang mit verhaltensauffälligen Kindern' gelten. Aus aktuellen Fragestellungen der Einrichtungen ermittelt die kollegiale Praxisberaterin das Thema zu den Gesprächsreihen (von ca. fünf bis zehn Treffen)" (KT 20).

In zwei Einrichtungen der am Evaluationsprojekt beteiligten Kindertagesstätten wird die Hospitation in Einrichtungen der näheren Umgebung und der einwöchige kollegiale Arbeitsplatztausch mit anderen Einrichtungen als impulsgebend für die Weiterentwicklung der pädagogischen Arbeit gesehen.

„Regelmäßige Hospitationen in anderen Einrichtungen des Landesverbandes und in der näheren Umgebung geben den Erzieherinnen Impulse für ihre Arbeit" (KT 20).

In Einrichtungen mit Integrationsgruppen für behinderte und nichtbehinderte Kinder wird auf eine weitere Form der Qualifizierung Wert gelegt: die berufsbegleitende Weiterbildung bzw. Zusatzausbildung, die für die Förderung der behinderten Kinder die entsprechenden Fachkenntnisse vermittelt.

In knapp der Hälfte der evaluierten 39 Kindertagesstätten ist eine kontinuierliche Fachberatung nicht gewährleistet. Die Erzieherinnen, die schon länger in den Einrichtungen tätig sind, kennen die zuständigen Fachkräfte, sehen jedoch, daß das Verhältnis Beraterin zu Einrichtungen so ungünstig ist, daß bei Beratungsnachfrage eine lange Wartezeit einkalkuliert werden muß.

„Die Fachberaterin ist mit einer halben Stelle zuständig für zehn kommunale Einrichtungen. Sie hält losen Kontakt zu allen. Erzieherinnen können sich bei Beratungsbedarf an die Fachberaterin wenden, meistens geht der Weg über die Leiterin und eine Wartezeit muß eingerechnet werden" (KT 18).
„Eine Fachberaterin im Landesverband ist für sie zuständig, sie hat jedoch zu viele Einrichtungen zu betreuen und kommt kaum vorbei" (KT 33).
„Die 60 Einrichtungen des Landkreises teilen sich eine Fachberaterin mit einer halben Stelle. Die Beratung kommt dabei viel zu kurz, weil sie gar nicht rumkommt. Die jungen Kolleginnen kennen die Fachberaterin nicht" (KT 28).
„Ca. einmal im Jahr kommt die Fachberaterin vorbei oder als ‚Feuerwehr in brennenden Fällen'. Bei auffälligen Kindern schalten sie eher den psycholo-

gischen Dienst der Stadt ein. Zwei junge Kolleginnen wissen gar nicht, daß es Fachberatung gibt" (KT 11).
„Im Aufbau befindlich ist gerade eine Fachberatung für die kommunalen Einrichtungen beim Kreisjugendamt. Hier werden Fortbildungen angeboten, an denen die AWO-Erzieherinnen ebenso teilnehmen können wie an den Fortbildungen des Landesjugendamtes" (KT 32).

Die jungen Erzieherinnen haben die Beraterinnen meistens noch nicht kennengelernt. Bei speziellem Beratungsbedarf wird häufig eine andere Dienststelle gefragt, wobei die Erzieherinnen bedauern, daß die Wartezeit auch hier sehr lang ist.
Hinsichtlich der persönlichen Qualifizierung durch die Teilnahme an Fortbildungen wird in der Mehrzahl darauf hingewiesen, daß die Angebotsstruktur zu ungünstig ist und deshalb die Erzieherinnen – trotz arbeitsvertraglicher Freistellung – die Seminare nicht besuchen. Als hinderlich werden angeführt, daß die (wöchentlichen) Fortbildungen zu lange dauern, die (überregionalen) Angebote zu weit entfernt sind, die attraktiven Themen sofort ausgebucht sind oder kein passendes Thema zu finden ist. Durchschnittlich werden zwei bis drei Tage pro Jahr belegt.

„Das Angebot anderer Fortbildungsinstitutionen kann von den Erzieherinnen in Anspruch genommen werden, wird aber nach Angaben des Leiters nicht genutzt. Den Erzieherinnen stehen innerhalb von zwei Jahren 10 Tage Fortbildungsurlaub zu, die nicht voll ausgeschöpft werden" (KT 5).
„Die 5 Tage Fortbildungszeit, die den Erzieherinnen per Arbeitsvertrag zustehen, werden von den einzelnen Mitarbeiterinnen unterschiedlich genutzt. Die Leiterin bedauert es, daß die Kapazitäten mangels Interesse nicht voll ausgeschöpft werden" (KT 7).
„Eine Zeitlang gab es wenig Interesse an Fortbildungsmaßnahmen, was auch damit begründet wird, daß das Team so lange zusammengearbeitet hat und eingespielt war. Außerdem waren sehr viele interessante Angebot nur weit weg, meist auch über einen längeren Zeitraum, was für Frauen mit Familie nur schwer machbar ist. Inzwischen hat sich das Angebot verändert: es gibt Wochenendveranstaltungen, kürzere Fortbildungen, z.T. auch vor Ort in den Häusern. Dies wird auch von den jüngeren Kolleginnen jetzt wahrgenommen" (KT 17).
„Überregionale Angebote werden weniger besucht, Hauptanbieter ist das Diakonische Werk und wenn Plätze frei sind, machen die Kolleginnen bei der Stadt mit" (KT 22).
„Der Bundesverband bietet Fortbildungen für die Mitarbeiterinnen seiner Einrichtungen an. Diese Fortbildungen, die in der Regel eine Woche dauern, werden von den Erzieherinnen des Hauses – meistens aus persönlichen Gründen (Familie, Kinder) – nicht genutzt. Die Leiterin findet es zwar wünschenswert, kann aber die Mitarbeiterinnen nicht motivieren, eine oftmals weite Reise zu machen und über einen längeren Zeitraum von zu Hause fernzubleiben. Bekannt sind im Haus auch die Fortbildungsprogramme des Deutschen Vereins und des Caritas-Verbandes. Die Veranstaltungen des Deutschen Vereins

entfallen für die Erzieherinnen des Kindergartens aus dem gleichen Grund wie die des Bundesverbandes der AWO: Sie sind zu lang und zu weit von der Heimat entfernt" (KT 32).

„Jede Erzieherin besucht jährlich eine Fortbildung über zwei bis drei Tage. Sie nutzen hauptsächlich die regionalen Angebote des Bezirksverbandes oder der Stadt" (KT 19).

„Das Kollegium achtet darauf, daß jede wenigstens zwei bis drei Tage pro Jahr zur Fortbildung oder zum Arbeitskreis gehen kann" (KT 33).

„Anspruch auf Fortbildung besteht von Seiten des Trägers und zwar zwei Tage Teamfortbildung pro Jahr; in diesen beiden Tagen ist das Haus geschlossen. Darüber hinaus hat jede Mitarbeiterin alle zwei Jahre zehn Tage Anspruch auf individuelle Fortbildung. Dieser Anspruch kann oft nicht eingelöst werden, da die Fortbildungsveranstaltungen überfüllt sind" (KT 15).

Die berufliche Qualifizierung in kollegialen Arbeitskreisen ist zum Teil begrenzt aufgrund des geringen Interesses, oder der geringen Dichte von Einrichtungen eines Trägers. Sehr oft verhindern organisatorische und verwaltungstechnische Themen die pädagogische Diskussion, so daß der Gewinn aus den selbstorganisierten Treffen geringer eingeschätzt wird.

„Das Angebot an Arbeitskreisen sowohl für die pädagogischen MitarbeiterInnen als auch für die Leiterinnen ist sehr begrenzt. Die Leiterin selbst kann sich mit den fünf Leiterinnen der anderen AWO-Einrichtungen in größeren Abständen treffen. Sie bedauert aber, daß dies nicht so inhaltlich konzipiert ist, wie sie es aus ihrer früheren Arbeitsstelle kennt" (KT 34).

„Es existiert eine Arbeitsgruppe für Leiterinnen. In diesem Leiterinnenarbeitskreis werden überwiegend organisatorische Dinge besprochen, weniger pädagogische. Seit September 1992 hat dieser Arbeitskreis eine Supervision" (KT 15).

„Zwei- bis dreimal im Jahr bietet die Fachberatung des Caritas-Verbandes Fortbildungsmaßnahmen für die Leiterinnen der katholischen Einrichtungen an, bei denen es in erster Linie um Rechtsfragen und Fragen der Aufsichtspflicht geht. Hier besteht keine Teilnahmeverpflichtung von seiten des Trägers. Die regionalen Leiterinnen treffen sich alle sechs- bis acht Wochen. Von ihnen kommen thematische Vorschläge für eine Jahresplanung und eine Planungsgruppe arbeitet sie dann genauer aus. Dies ist wohl eine Runde, in der große Offenheit besteht. Eine ins Auge gefaßte und gewünschte Supervision ist leider aus Kostengründen gescheitert" (KT 27).

„Für die Erzieherinnen ist z.Zt. eine regelmäßige Arbeitsgruppe im Aufbau. Diese hat bisher jedoch erst einmal stattgefunden. Geplant ist hier eine inhaltliche Kleingruppenarbeit. Es gibt für alle Mitarbeiterinnen der AWO-Kinderhäuser die Möglichkeit der Rotation innerhalb der verschiedenen Einrichtungen. Konkret sieht das so aus, daß man den Arbeitsplatz für ein oder zwei Wochen wechseln kann, um andere Häuser kennenzulernen und Einblick in die dortige Arbeitsweise und inhaltliche Planung nehmen zu können. Das ist eine Anregung, wird aber nicht sehr oft angenommen. Die mangelnde Resonanz auf dieses Angebot wird allgemein bedauert" (KT 34).

Auf Nachfrage, wie das geringe Interesse begründet werden kann, wird auf die geringen Vertretungsmittel hingewiesen. Erzieherinnen verzichten auf die Teilnahme an Fortbildungen, da sie den Kolleginnen nicht noch mehr Arbeit aufbürden wollen. Sie nehmen Angebote nur zögerlich wahr, da eine Vertretung der Gruppen oft nicht möglich ist. Regelmäßige Teilnahme an Fortbildungen und Arbeitskreisen sind dienstplanmäßig schwer einzuarbeiten.

Knapp 20 % der besuchten Kindertagesstätten hatten keine Unterstützung durch eine Fachberatung. Begründet wird dies mit fehlenden oder nichtbesetzten Planstellen. In einer (hauptsächlich großstädtischen) Region unterliegt die Beratung erdrückenden bürokratischen Regelungen, so daß die Einrichtungen darauf verzichten, Beratung als Professionalisierungs- und Qualifizierungshilfe anzufordern.

In einigen Fällen ist der Schlüssel Beraterinnen zu Einrichtungen immens ungünstig (2x0,5 Personalstellen: 200 Kindertagesstätten) und die regionale Streuung der Kindertagesstätten über einige hundert Kilometer, so daß sich Beratung ausschließlich als Koordination von Fortbildung verstehen kann.

„Im Kirchenkreis gibt es zwar eine Planstelle für eine Beraterin, diese ist jedoch seit langem vakant" (KT 35).

„Es gibt eine einzige Fachberaterin, die im Moment noch nicht einmal auf einer Planstelle sitzt. Die Fachberaterin organisiert und leitet auch vor allem die Fortbildungen des Amtes. Seitdem diese Beraterin eingestellt ist (noch nicht lange), ist das Fortbildungsangebot zwar nicht umfangreicher, jedoch entschieden qualifizierter geworden. Die Beraterin kommt aus der Praxis und kennt als langjährige Kita-Leiterin die Probleme und Themen der Erzieherinnen. Beratungsmöglichkeiten vor Ort, d.h. in der Kindertagesstätte in ‚akuten Fällen' gibt es nicht, auch keine einrichtungszentrierten Beratungen und Teamfortbildungen" (KT 8).

Betrachtet man das Beratungssystem, die Fortbildungsmöglichkeiten und die kollegialen Angebote zum Erfahrungsaustausch in den Arbeitskreisen im Gesamtzusammenhang, so läßt sich erkennen, daß eine fehlende Dichte im Beratungsnetz unmittelbar geringere Möglichkeiten der Fortbildungen vor Ort bewirken. Kollegialer Erfahrungsaustausch muß dann außerhalb der Dienstzeit von engagierten Erzieherinnen selbst organisiert werden.

„Derzeit gibt es keine Fachberatung für die Mitarbeiterinnen des Kindergartens. Geplant ist für das nächste Jahr eine Teamfortbildung mit der ehemaligen Beraterin. Diese Teamfortbildung wird nochmals über Stiftungsgelder finanziert werden. Sonstige Fortbildungsmöglichkeiten sind im Raum kaum vorhanden. Die wenigen vorhandenen Angebote des Landesverbandes der Ev. Kindergärten sind meistens ausgebucht. Die Leiterin berichtet, daß sie in ihrer 19jährigen Arbeitszeit lediglich dreimal für eine Woche zu einer Fortbildung war. Zwar habe es Tagesveranstaltungen oder auch zweitägige Veranstaltungen gegeben, an denen sie auch teilgenommen hat, sie schätzt jedoch den Wert einer einwöchigen Fortbildung bedeutend höher ein und wünscht sich hier mehr Möglichkeiten.

Es existieren einige regelmäßige Arbeitskontakte: Einmal zu dem kath. Kindergarten am Ort. Hier gibt es regelmäßige Absprachen wegen der Aufnahme von Kindern, in der letzten Zeit auch Austausch über pädagogische Fragen. (...) Zwei- bis dreimal im Jahr gibt es Leiterinnentreffen in Kempten. Hier treffen sich die Leiterinnen von ca. 30 bis 50 ev. Kindergärten im Landkreis. Zusätzlich gibt es zwei- bis dreimal im Jahr Leiterinnentreffen im unteren Landkreis. Dieses betrifft ca. 12 ev. Kindergärten in der Region.

Darüber hinaus finden viermal Treffen für alle Mitarbeiterinnen aus ca. vier bis fünf Kindergärten im Umkreis statt. Diese finden jeweils rotierend in einem der Kindergärten statt. Die Mitarbeiterinnen organisieren diese Treffen nach Dienstschluß" (KT 2).

Als tiefgreifenden Einschnitt erleben die Erzieherinnen die Streichung von Fortbildungsmaßnahmen aufgrund finanzieller Kürzungen. Die Konsequenzen hinsichtlich der Berufsmotivation und der qualitativen Standardsicherung sind demotivierend.

„Die Erzieherinnen beurteilen die Fortbildungsangebote als ganz wichtig. Aber aufgrund des Geldmangels der Stadt sind die Arbeitsgemeinschaften für Erzieherinnen und die fünf Tage Bildungsurlaub pro Jahr gestrichen. Es gibt keine Vertretungsmittel. Nur noch zwei Tage pro Jahr kann die Einrichtung schließen und eine Konzeption entwickeln. Da zu wenig Beraterinnen da sind, machen sie ihre Konzeptionsfortbildung mit der Leiterin. (...) Heute haben sich die Bedingungen noch weiter verschlechtert. Z.B. hat die Stadt wegen Geldmangels die Fortbildung gestrichen. Es war üblich, daß jede Kollegin alle zwei Jahre fünf bezahlte Fortbildungstage besuchen konnte.

Das gute, der Aufbruch, der im Erprobungsprogramm entstanden sei, ist schnell zusammengebrochen, da keine Unterstützung mehr zustande kam. Es hat niemanden mehr gegeben, der den Reflexionsprozeß gestützt hat. Die Pädagogik ist wieder zur Jahreszeitenpädagogik zusammengesackt. Ganze Teams sind auseinandergebrochen, da motivierte Erzieherinnen – so auch sie selbst – nach einem Ausweg gesucht hatten und z.B. zum Studium an die Fachhochschule wechselten.

Damit können die neuen Anfänge und Aufbrüche nicht weitergegeben werden, der Stellenwert der Arbeit im Kindergarten ist zurückgegangen, das Selbstbewußtsein der Erzieherinnen zusammengebrochen" (KT 11).

Der Motivationsverlust bewirkt u.a., daß konstruktive Konfliktlösungen in Teams kaum gesucht werden können und die Verschlechterung der pädagogischen Betreuung im Kindergarten zu befürchten ist.

„Auf die Frage, ob sie selbst sich schon einmal um eine Beratung bemüht hätten, kommt eine abwinkende Antwort: ‚Dies sei aufgrund der Überbelastung der Erziehungsberatungsstelle gar nicht möglich.' Die Erzieherin ist sichtlich überfordert. Obwohl sie die enormen Schwierigkeiten, die dieser Junge haben

muß, zumindest erahnt, ist sie nicht in der Lage, angemessen mit solchen Situationen umzugehen. Auf meine Nachfrage, ob sie im Kolleginnenkreis darüber schon gesprochen habe, antwortet sie wiederum abwehrend. Sie vermittelt mir den Eindruck, als würde sie von diesen Gesprächen keine Hilfe erwarten. Die anderen stünden dem Problem ebenso hilflos gegenüber, wie sie selbst. Sie beklagt sich darüber, daß sie in den Kindergärten bei solchen Problemen allein gelassen würden und keine psychologische Beratung in Anspruch nehmen könnten" (KT 13).

Fazit

Aus Praxissicht stehen Fortbildungs-/Beratungsbedarf und die tatsächlichen Möglichkeiten Fortbildung und Beratung in Anspruch nehmen zu können, häufig im Mißverhältnis. Bedarf und Angebot passen nicht zueinander.
Ursachen sind:

* Die Beratungskapazitäten sind überall zu gering. Erzieherinnen formulieren durchweg einen auf die aktuellen und einrichtungsbezogenen Fragen begründeten Beratungsbedarf. In keiner der von uns besuchten Einrichtungen kann das Angebot an Beratung den Bedarf decken. Dabei wird von Erzieherinnen vor allem ein quantitatives Defizit festgestellt. Ein qualitatives Defizit wird hingegen von Erzieherinnen nicht beklagt. Dies kann bedeuten, daß die vorhandene Fachberatung mit ihrem fachlichen Angebot die Fragen der Praxis trifft. Es kann jedoch ebenso bedeuten, daß eine qualitative Differenzierung in der Beurteilung des vorhandenen Angebots deshalb nicht erfolgen kann, weil die Quantität so gering ist. Erzieherinnen sind im Perspektivenwechsel geübt. Sie fordern von Fachberatung qualitativ nicht mehr als die vorhandenen Beratungskapazitäten leisten können. Aufgrund der Mangelsituation herrscht ein solidarisches Verhältnis zwischen Praxis und Fachberatung. Beide Seiten bekräftigen sich gegenseitig in dem Beklagen des Mangels und lassen sich aus demselben Grund auch gegenseitig in Ruhe. Kritische Nachfragen an die Qualität von Beratung wie an die Qualität von Praxis werden erst möglich, wenn der Grundbedarf quantitativ gedeckt ist.
* Bei Fortbildung ist die Bewertung des Verhältnisses zwischen Angebot und Nachfrage komplizierter. Aber auch hier ist das quantitative Defizit ein entscheidender Faktor.
  Erzieherinnen äußern durchweg Fortbildungsbedarf. Das vorhandene Angebot ist zu gering. Oft kann das vorhandene Angebot aber auch nicht in Anspruch genommen werden, weil Bedarf und Angebotsstruktur nicht zueinander passen.
  Aus erwachsenenbildnerischen Gründen sind Fortbildungsangebote oft mehrtägig angelegt. Für Flächenstaaten bedeutet das eine Organisation in Form von Internatskursen. Die Teilnehmerinnen sind dann für mehrere Tage von ihrer Familie und ihren Arbeitsstätten getrennt. Für viele Erzieherinnen stellt dies eine hohe Hürde dar.

Da in der Personalschlüsselbemessung Fortbildungszeiten nicht oder unzureichend berücksichtigt sind, heißt die Inanspruchnahme von Fortbildung in der Regel Mehrbelastung für die Kolleginnen. Aus diesen Gründen bevorzugen Erzieherinnen Fortbildungsangebote, die sich verhältnismäßig problemlos in den privaten und beruflichen Alltag integrieren lassen.

Erzieherinnen, die den erwachsenenbildnerischen Argumenten folgen und mehrtägige Kurse besuchen wollen, müssen ihren Fortbildungsanspruch im eigenen Team und gegenüber dem Träger oft vehement durchsetzen.

Das Fortbildungsangebot steht hier in einem beständigen Widerstreit zwischen erwachsenenbildnerischen Qualitätsstandards, Praxisbedarf und Möglichkeiten der Praxis.

Die Erweiterung der Sach- und Handlungskompetenzen durch kontinuierliche Beratung und Fortbildung stellt eine notwendige Rahmenbedingung dar, um das pädagogische Konzept der Arbeit nach dem Situationsansatz lebendig zu gestalten.

In den Praxiseinrichtungen konnten wir einen direkten Zusammenhang zwischen der Weiterentwicklung der pädagogischen Arbeit und Intensität der persönlichen Entwicklung und Kompetenzerweiterung feststellen, die durch eine stützende Fachberatung gekennzeichnet ist.

Fehlende Beratungsmöglichkeiten korrespondieren in hohem Maße mit einer geringeren Fortbildungsbeteiligung und einer Pädagogik, die sich eher an traditionellen Konzepten orientiert.

6.13 Ausbildung des pädagogischen Fachpersonals

Im Abschlußbericht der wissenschaftlichen Begleitung zum Erprobungsprogamm wird auf (vereinzelte) Kontakte zwischen beteiligten Einrichtungen und Ausbildungsstätten hingewiesen.

> *„Dabei stellten Erzieher Anforderungen an die Veränderung der Ausbildung in Richtung auf derzeitige Praxiserfordernisse und erkannten darin einen wichtigen Punkt zur Verbreitung der situationsbezogenen Arbeitsweise im Kindergarten"* (DJI 1979, S. 226 f.).

Neben der Frage nach dem Erwerb der Kenntnisse zum Situationsansatz während der Ausbildung wurde im Evaluationsprojekt auch die Kooperation zwischen Kindertageseinrichtungen und Ausbildungsstätten ins Auge gefaßt.

In der Befragung der Leiterinnen, Erzieherinnen und – falls anwesend – Praktikantinnen war uns wichtig zu erforschen, wie die Qualifikation zur pädagogischen Gruppenarbeit nach dem Situationsansatz erworben wurde, welche Theorie-Praxis-Verbindungen die Fachschulausbildung stützen, wie Praxiserfahrungen in die schulische Ausbildung aufgenommen werden.

Die Auswertung der Gesprächsprotokolle zeigt ein wenig ermutigendes Ergebnis:

In einer einzigen Einrichtung (von 39) bewerten die befragten Erzieherinnen ihre Ausbildung als ‚situationsorientiert'. Dabei haben sie die Kenntnisse nicht nur theoretisch gelernt, sondern die Prinzipien im erfahrungsorientierten Projektunterricht – ausgehend von ihrer persönlichen Lebens- und Lernsituation – entwickelt.

„Die Mehrheit der Erzieherinnen hat das Konzept des Situationsansatzes in der Ausbildung kennengelernt. Die Kolleginnen kommen aus einer Schule und sie betonen, daß ‚das Konzept dieser Schule sozusagen auf dem situationsorientierten Ansatz basiert'. Über die ganzen drei Ausbildungsjahre haben sie nach diesem Prinzip gelernt. ‚Das ist auch das, womit die Schule ziemliche Schwierigkeiten hat, weil ihnen da so ein Lustprinzip nachgesagt wird, daß sie den Schülern ihre Situation gibt und sie dann selber ihren Weg finden' sollen. ‚Es gibt natürlich Leute, die das schaffen und andere, die es dann nicht packen'. Sie haben zuerst die ‚Berliner Schule' gelernt: ‚Das ist ein umfassendes Konzept, das nicht nur mit dem situationsorientierten Ansatz zu tun' hat. ‚Auf jeden Fall hatten wir die Berliner Schule als Einführung gemacht und sind dann zu dem situationsorientierten Ansatz übergegangen und mußten dann als Auftrag im Praktikum in der Oberstufe eine offene pädagogische Planung machen, wobei wir darüber auch unsere Prüfung abgelegt haben'.
Eine Erzieherin berichtet auch, daß sie drei Jahre lang mit dem Situationsansatz bekannt gemacht wurde, aber für die Prüfung dann in einem unbekannten Kindergarten ein Thema ‚ziehen' und durchführen mußte. ‚Die wußten aber auch, daß das irgendwie Quatsch ist'. Deswegen wurde es im darauffolgenden Jahr verändert, d.h. die Praxisprüfungen werden in der Kindergruppe gemacht, in der das Anerkennungsjahr absolviert wurde. Die Veränderung hat auch bewirkt, daß nicht mehr nach der zweijährigen Schulzeit oder nach vier oder fünf Wochen in der Einrichtung ‚so eine blöde Prüfung mit vier oder sechs Leuten, die dann so doof neben den Kindern sitzen und dich anstarren' abgelegt wird, sondern daß die gesamten Aktivitäten im Anerkennungsjahr bewertet werden" (KT 22).

Die Ausbildung ‚situationsorientiert' zu verändern, bewirkt somit auch eine grundlegende Neubewertung der Abschlußphase. Ein wichtiges Innovationselement ist dabei in der Praxis zu sehen. Leiterinnen (und Erzieherinnen) müssen den Mut entwickeln, in die Gestaltung der Praxisphase einzugreifen.

In einer Einrichtung wird seitens der Fachkräfte in der Praxis Wert darauf gelegt, daß die Erzieherinnen die Praxisphase (Praxistage während der schulischen Ausbildung, Gestaltung des Blockpraktikums, Schwerpunkte des Anerkennungsjahres) aktiv mitgestalten. Dabei betonen sie, daß die Zusammenarbeit immer wieder auf's neue eine große Kraftanstrengung bedeutet und sie auf kooperationswillige Lehrkräfte angewiesen sind. Durch die Veränderungen der Fachschulkollegien durch das Ausscheiden der älter werdenden Lehrerinnen wird die Zusammenarbeit erschwert. Eine Erklärung dafür leiten sie aus der veränderten Lehrerausbildung ab, d.h. die akademische Ausbildung beinhaltet zuwenig Praxiserfahrung der jüngeren Lehrenden, erfahrenen Praxiskräften wurde der Zugang verbaut.

„Zur örtlichen Fachschule besteht ein sehr guter Kontakt. Die Leiterin betont jedoch, daß sie dafür Bedingungen gesetzt hat, d.h. in den Ausbildungsabschnit-

ten mit einem Praxistag pro Woche sind bis zu zehn Schülerinnen in der Einrichtung auf die Gruppen verteilt. Die Schülerinnen werden von einer Lehrerin begleitet, auf ihre Anwesenheit legt die Leiterin besonderen Wert! Will eine Lehrerin ihre Auszubildenden nicht begleiten, dann sind die Praxistage nicht möglich. Die Leiterin, die Erzieherin und die begleitende Fachlehrerin haben zusammen einen Plan ausgearbeitet: Jede Schülerin beobachtet über drei Besuche die Kindergruppe, der sie zugeordnet wurde. Danach kann sie im Auftrag der Gruppenerzieherin ein Angebot für eine Kleingruppe übernehmen.'In der letzten Phase bereiten die Schülerinnen ein kleines Angebot vor. Einen Tag vor ihrem Praxisbesuch informieren sie die Gruppenerzieherinnen und fragen nach der Situation in der Gruppe. Dabei kann es passieren, daß das vorbereitete Spiel nicht (mehr) paßt. Die Erzieherin bespricht zu Beginn des Tages, ob die Schülerin ihr Angebot umsetzen kann, nachdem sie sie über den Stand in der Gruppe informiert hat. Sie erklärt ihr auch, warum das vorbereitete Spiel unpassend wäre. Alle fünf Wochen erfolgt die Praxisauswertung in der Schule. Die Leiterin oder einzelne Erzieherinnen werden zum Gespräch in die Schule eingeladen. Da immer weniger Praxiseinrichtungen bereit sind, will die Leiterin in Zukunft keine Schülerinnen mehr als Tagespraktikantinnen aufnehmen. Die kooperationsbereiten Lehrkräfte würden nach ihrer Meinung sowieso pensioniert" (KT 18).

Die jungen Erzieherinnen, die diese Ausbildung durchlaufen haben, bewerten ihre Kenntnisse zum situationsorientierten Arbeiten als gut, obwohl die Anforderungen zur persönlichen Profilierung nicht aufhören.

„Eine junge Kollegin hat auf diese Weise ihre Ausbildung absolviert. Sie war in dieser Einrichtung Tagespraktikantin, dann Dreimonatspraktikantin und nach dem Jahrespraktikum wurde sie nun als Gruppenerzieherin eingestellt. Ich traf sie in ihrer Vorbereitungszeit beim Studium der Didaktischen Einheit ‚Kinder im Kindergarten'. Im Gespräch vermittelt die junge Erzieherin, daß sie durch die Leiterin für das situationsorientierte Arbeiten gewonnen wurde. Zuerst habe die Leiterin in ihrer Klasse einen Vortrag gehalten und alle waren begeistert, weil es so einfach ausgesehen hat.
Im Tagespraktikum habe sie dann erlebt, wie schwierig es sei, Beobachtungen zu machen. Die Gruppenerzieherin und die Leiterin hätten sie sehr unterstützt und heute gefällt ihr das themenbezogene Arbeiten gut" (KT 18).

Einige Erzieherinnen haben sich von ‚besessenen' Lehrern ‚begeistern' lassen, die Machbarkeit und Umsetzung im Kindergarten jedoch erst durch die Praktika und die Erfahrungsberichte der eingeladenen Leiterinnen/Erzieherinnen erfaßt.

„Die Leiterin des Kindergartens, in dem sie ihr Praktikum gemacht hatte, sei mit Fotos, Plänen und Wandzeitungen gekommen und hätte mit ihnen und dem Lehrer praxisnah gearbeitet, so daß es bei allen Schülerinnen ‚geklingelt' hätte" (KT 1).
„Ferner gibt es eine enge Verbindung zur Fachschule. Hier bietet die Leiterin hin und wieder Veranstaltungen an und steht mit ihrer Einrichtung auch für

Hospitationen zur Verfügung. Dies alles geschieht unter dem Stichwort 'situationsorientierter Ansatz'," (KT 29).

In fünf der besuchten Einrichtungen berichten die befragten Erzieherinnen und Praktikantinnen explizit, daß sie das Konzept des Situationsansatzes während ihrer Ausbildung bearbeitet haben. Sie beziehen sich dabei auf die länderspezifischen Materialien, auf die Erstellung von Situationsanalysen der eigenen Lernsituation oder der Erschließung der Lern- und Lebensbedingungen von Kindern außerhalb der Fachschule. In der Bewertung ihrer eigenen Ausbildung bemängeln sie jedoch, daß keine oder selten Schlußfolgerungen daraus gezogen wurden zur Entwicklung thematischer Angebote und der Bestimmung möglicher Entwicklungs- und Lernziele. Das Verständnis der Prinzipien des Situationsansatzes bleibt somit im Ansatz stecken und theoretisch abgehoben. In der pädagogischen Arbeit mit Kindern greifen die Erzieherinnen dann eher rezepthaft auf traditionelle Muster zurück.

In einer Einrichtung üben die Erzieherinnen heftig Kritik an der Zersplitterung des Unterrichts durch Aufspaltung in Fächer, da sich die Lehrenden nicht auf kooperative und teamorientierte Lehrformen einigen.

„Während ihrer Ausbildung an der Fachschule habe sie anhand des Buches von Oertel zur 'Elementaren Sozialerziehung' den Situationsansatz ausführlich lernen können. Die Fachlehrer hätten mit ihnen Situationsanalysen über ihre eigene Klasse erstellt und daraus mögliche Themen zur Vertiefung abgeleitet. Nachteilig bewertet die Jahrespraktikantin die schlechte Zusammenarbeit der Lehrkräfte, so daß Themen in den anderen Fächern nicht aufgegriffen und ergänzt wurden.
In der Einrichtung habe sie nun eine gute Anleitung erhalten, um über die Beobachtung der Gruppe die unterschiedlichen Bedürfnisse von Kindern zu sehen. Es falle ihr jedoch schwer, daraus ein Thema zu entwickeln, da sie nicht immer genau sagen könne, welches Ziel denn darin stecke" (KT 19).
„Während der schulischen Ausbildung habe sie den Situationsansatz kennengelernt. Anhand des Buches 'Arbeitshilfen ...' haben sie in der Klasse verschiedene Themen bearbeitet und ausprobiert, wie das am besten mit Kindern zu machen wäre. Dazu hätten sie in Einrichtungen (in ihrer Schulklasse, auf Spielplätzen) viele Übungen gemacht, um 'beobachten' zu lernen.
In der Jahresarbeit wird sie ein Thema 'situativ' aufarbeiten: dazu habe sie über vier Wochen die Kinder ihrer Gruppe im Freispiel beobachtet, wie sie ihre Rollen verteilen, weil ihr aufgefallen sei, daß immer nur Mädchen in der Puppenspielecke spielen würden und sie sich Gedanken machte, ob und warum es Unterschiede zwischen Mädchen und Jungen gibt.
Für die Jahresarbeit will sie nun eine Grobplanung mit Spiel- und Liedvorschlägen ausarbeiten – und wenn's paßt, dann als Thema vor den Ferien anbieten. Ihre Gruppenerzieherin unterstützt sie dabei sehr" (KT 24).
„In jeder Gruppe steht das blaue Buch ('die Arbeitshilfen') bei uns. Jede Gruppe hat es. Diese 'MAGS' hatte unsere Praktikantin schon mit in der Schule, weil die im Unterricht darüber gesprochen haben. Und da sie ja unsere Grund-

lage der Erziehung ist, ist sie natürlich eine Verpflichtung. Ich sehe schon, daß sie auch besprochen werden muß" (KT 24).
"Seit zehn Tagen ist eine Blockpraktikantin (im 1. Ausbildungsjahr) im Kindergarten. Sie hat in den vergangenen drei Monaten in der Fachschule zum Situationsansatz gearbeitet. Ihr erschien dieser Ansatz nach der Behandlung im Unterricht sehr kompliziert und schwierig. Sie berichtet, daß sie bereits nach fünf Tagen in diesem Kindergarten völlig von der Art zu arbeiten überzeugt ist. Sie meint, daß sie in den fünf Tagen in der Praxis mehr gelernt habe als in den drei Monaten Unterricht in der Schule" (KT 15).

Die Mehrheit der interviewten Erzieherinnen ‚haben schon mal 'was gehört', beanspruchen aber nicht, ihre pädagogische Arbeit dem Situationsansatz zuzuordnen. Ihre Kenntnisse bewerten sie überwiegend als ‚oberflächliches Wissen', als ‚oberflächliche Begriffe, von denen sie jedoch nicht viel in Erinnerung behalten hätten'.
Immer wieder bemerken die befragten Erzieherinnen, daß sie

"Schwierigkeiten in der praktischen Umsetzung des Situationsansatzes haben, obwohl sie das Konzept für überzeugend halten" (KT 30).

Insgesamt fällt auf, daß Erzieherinnen häufig ein sehr verkürztes Verständnis von der Arbeitsweise haben und sich auf einen ‚situativen Kontext' beziehen, d.h. sie reagieren auf einzelne Wünsche von Kindern und schließen im Gespräch Aspekte der Planung ausdrücklich aus.

"Nach der Ankündigung unseres Besuches hat eine Erzieherin nochmals in ihrem Ausbildungsordner nachgelesen, was das Wort bedeuten würde. Sie hat während der Ausbildung nur wenig davon gehört. Es gab ein Tafelbild, und wenn sie ihre Arbeit genau nimmt, dann würde sie sich wohl daran am ehesten halten. Sie beobachte, wie sich die Kinder verhalten und schließe daraus, was sie am ehesten gebrauchen würden. So wäre es richtig, daß nach einem Wochenende, an dem viele Kinder zu lange ferngesehen hätten, ein Bewegungsangebot Platz habe. Beide sind deshalb sehr froh, daß einmal pro Woche die Bewegungserzieherin kommt" (KT 3).
*"Die Praktikantin ist in ihrem Anerkennungsjahr. Der Situationsansatz ist ihr aus der Ausbildung bekannt: Ein knappes Jahr war es Hauptthema im Didaktik-Unterricht. Aus ihrer Schilderung ist Verdruß über die für sie unfruchtbare Auseinandersetzung damit herauszuhören: der Situationsansatz blieb ihr im großen und ganzen unverständlich, sie hatte Schwierigkeiten mit den Begrifflichkeiten.
In der Praktikumseinrichtung sah sie keine Möglichkeit, den Situationsansatz zu praktizieren. Sie führte dies auf das grundsätzliche Problem des Theorie-Praxis-Verhältnisses zurück.
Im Gespräch mit der Leiterin stellte sich heraus, daß sie keine Kenntnis davon hatte, daß ihre Praktikantin (zumindest theoretisch) zum Situationsansatz ausgebildet ist"* (KT 12).
"Die jüngeren Kolleginnen haben während der Ausbildung ‚mal etwas gehört'. Ob sie nach dem Situationsansatz arbeiten, könnten sie so genau

nicht sagen. Situativ ja, denn sie beobachten ja, was die Kinder brauchen" (KT 33).

Die Aussagen der Erzieherinnen und Praktikantinnen zu ihren Kenntnissen zum situationsorientierten Ansatz lassen erkennen, daß eine Vermittlung zwischen schulischer und praktischer Ausbildung, eine erfahrungsbezogene Aufarbeitung im Theorie-Praxis-Verbund nicht stattfindet.

Kritische Anmerkungen zum Praxistag von Fachschülerinnen erlaubt sich eine Gruppenerzieherin in einer Einrichtung – in Erinnerung an die Ausbildung zur Zeit des Erprobungsprogramms.

„Die Gruppenerzieherin stellt einen Bezug zum Besuch der Fachschülerinnen her und fragt mich, ob ‚das denn so richtig wäre, daß die sich immer nach unten verziehen und wir dann mit einer Kindergruppe hinterhergehen. Dann machen die ein paar geplante Spiele und Lieder und am liebsten wäre ihnen, wir Erzieher würden draußen vor der Tür warten'. Ob man das nicht ändern könnte. Sie fragt: ‚Gibt denn der Situationsansatz ein Argument her, damit wir es wie früher machen: die Schülerinnen kommen in die Gruppen und bleiben einen ganzen Tag. Dann könnte man mit ihnen sprechen und ihnen zeigen, wie die Arbeit geht'.
Einige (jüngere) Kolleginnen sind der Meinung, das ginge nicht, da die Lehrerin ja die Planung, Durchführung und Auswertung besprechen muß" (KT 33).

Befragt nach der Planung der Praxisphasen und Anleitung der Jahrespraktikantinnen zieht sich die Mehrheit der Erzieherinnen auf den Standpunkt zurück, daß das Sache der Fachschulen sei.

In einer Einrichtung fällt besonders kraß ins Auge, wie wenig Erzieherinnen die Ausbildung von Jahrespraktikantinnen zu ihren Aufgaben zählen:

„Die Erzieherin begründet mir ihre Zurückhaltung: heute solle die Praktikantin den Vormittag gestalten. Sie sei jetzt im zweiten Halbjahr des Praktikums und müsse lernen, die Gruppe alleine zu führen. Es hat zwar eine Absprache, aber keine gemeinsame Vorbereitung gegeben. Die Praktikantin hat lediglich mitgeteilt, daß sie in der ersten Vormittagshälfte die Dinosaurier basteln und in der zweiten Hälfte eine Malaktion mit einer Kleingruppe durchführen wolle. Es findet offensichtlich keine aktive Praktikantenanleitung statt, obwohl die Erzieherin mit der Praktikantin unzufrieden ist und man ihr wohl bereits mitgeteilt hat, daß sie das Praktikum nicht bestehen würde. Aus Sicht der Erzieherin scheint die Fortführung des Praktikums nur noch der Bestätigung des bereits gefällten Urteils zu dienen" (KT 26).

Das ‚Hinterherhinken', die geringe Kenntnis der Praxis seitens der Lehrenden und die Theorielastigkeit der in Fachdisziplinen aufgespaltenen ‚verschulten' Ausbildung sind nach Aussagen eines Kindergartenteams mitverantwortlich für die geringe Vorbereitung der Fachschülerinnen auf die Praxis, um mit einem anspruchsvollen, lebensorientierten Konzept zu arbeiten.

„Die Fachschulen hinken nach Einschätzung der Mitarbeiterinnen weit hinter der Praxis her, sind auf keinen Fall Träger von Reform gewesen und haben nicht das nötige Handwerkszeug ihren Studentinnen geliefert, um den Situationsansatz tatsächlich in den Kindergartenalltag zu übertragen: ‚Der nächste Modellversuch müßte in der Schule stattfinden'. Die meisten Lehrenden kennen den Situationsansatz auch nur aus der Literatur. Die mangelnde Verknüpfung von Theorie und Praxis wird allgemein konstatiert, ebenso die fehlende interdisziplinäre Arbeit. Der Situationsansatz – so die Einschätzung der Mitarbeiterinnen – läßt sich nicht über den Kauf von Mappen umsetzen" (KT 15).

Fazit

Hinsichtlich der Rolle und Bedeutung des Situationsansatzes und seiner Vermittlung in der fachschulischen Ausbildung ergibt sich ein wenig ermutigendes Bild: die befragten Erzieherinnen bewerten mehrheitlich, zwar „etwas gehört zu haben", aber die methodische Umsetzung der Dimensionen und Prinzipien des Situationsansatzes nicht zu kennen.

Die damit vorhersehbaren Mißverständnisse des Situationsansatzes zum „Reagieren in einer konkreten Situation" liegen in der Vermittlung begründet. Ohne Bezug auf konkrete Lebenssituationen – entweder auf die von Kindern in einer bestimmten Gruppe, der die Auszubildende zugeordnet ist, oder auf die eigene Situation als Lernende – kann der Planungsdreischritt nicht erarbeitet werden.

Aufgrund der praxisfernen universitären Ausbildung der Lehrenden, den starren Prüfungsregelungen und -vorgaben durch die zuständigen Kultusbehörden und einem überholten Rahmenplan, der sich im Stundentakt den verschiedenen wissenschaftlichen Bezugsdisziplinen unterordnen soll, ist es unwahrscheinlich, daß die situationsgerechte praxisrelevante Erarbeitung des Grundwissens zum Situationsansatz gewährleistet werden kann.

Eine umfassende Reform der Ausbildung unter Einbezug der Praxis (Kindertageseinrichtungen, Fachberatung, Fortbildung) ist dringend geboten.

6.14 Zusammenfassung der Ergebnisse

Die Auswertung der dokumentierten Evaluationsergebnisse hinsichtlich der Dimension „Bezug" zu den Lebenssituationen" zeigt zwei Richtungen:

In nur wenigen Einrichtungen verfügen die Erzieherinnen über ein fundiertes Fachwissen zur Umsetzung des Situationsansatzes. Ausgehend von der je spezifischen Lebenslage der einzelnen Kinder ermitteln sie mit Hilfe eines Analyse- und Planungsbogens die „Schlüsselsituationen", um daraus über die Kompetenzbestimmung den Themenschwerpunkt für die pädagogische Gruppenarbeit abzuleiten und mit den Kindern und Eltern abzustimmen.

Die meisten befragten Erzieherinnen behaupten zwar, ihre pädagogischen Angebote richteten sie nach den Interessen und Bedürfnissen der Kinder. Beim genaueren Nachfragen, nach welchen Kriterien sie das Thema und die verschiedenen Angebotsformen ableiten, zeigt sich, daß den Erzieherinnen ganz offensichtlich die Vorgehensweise zum 1. Schritt: zur Situationsanalyse unbekannt bzw. ungewohnt ist und sie über keinerlei Hilfsmittel und Hilfestellungen verfügen, wie sie aus der Analyse die Themenschwerpunkte entwickeln können. Die pädagogischen Themen – auch als Projekt aufgebaut – spiegeln eher die Schwerpunkte bei Fortbildungen und der Fachliteratur wieder.

Eine andere Gruppe von Erzieherinnen sieht im Bezug zu den Lebenssituationen der Kinder die Aufforderung, auf jegliche Planung zu verzichten und „situativ" darauf zu warten, was Kinder spontan äußern, um unmittelbar – und ohne genaue Vorbereitung – darauf zu reagieren. Und da es anstrengend ist, die verschiedenen Äußerungen von Kindern unter einen Hut zu bringen, setzt sich dann doch die altbewährte „Jahreszeitenpädagogik" durch. Solchen Erzieherinnen scheint jegliches Ziel ihrer Arbeit abhanden gekommen zu sein, es geht ihnen nur noch darum, den Tag einigermaßen über die Runden zu bringen.

Vor diesem Hintergrund ist es nachvollziehbar, daß die im Situationsansatz angestrebte enge Verbindung von sozialem und sachbezogenem Lernen nur sehr bedingt eingelöst wird.

Es scheint, als habe die mit der Kindergartenreform intendierte Abkehr vom isolierten Training kognitiver Fähigkeiten und funktionaler Fertigkeiten in der überwiegenden Anzahl von Kindergärten zu einer Abwehr von sachbezogenem Lernen überhaupt geführt. Neben ideologischen Gründen – der Abgrenzung gegenüber allem, was nach schulischen Lernen aussehen könnte, liegt eine der Hauptursachen dafür wiederum in dem Fehlen gründlicher Situationsanalysen. Ein solches Vorgehen wie es idealtypisch der Curriculumtheorie des Situationsansatzes entspricht, scheint weder in der Ausbildung noch in Fortbildung und Beratung vermittelt zu werden.

Hinsichtlich der Rolle und Bedeutung des Situationsansatzes als pädagogische Konzeption und seiner Vermittlung in der fachschulischen Ausbildung ergibt sich ein trauriges Bild: Die Mehrheit der Erzieherinnen hat zwar „schon mal was vom Situationsansatz gehört", bei der Nachfrage hinsichtlich der methodischen Vorgehensweise bleibt ein Schulterzucken und das Mißverständnis wird deutlich: Situation wird zumeist begriffen als das, was gerade los ist und die Aufgabe der Erzieherin wird darin gesehen, spontan darauf zu reagieren.

Eine wesentliche Ursache der praxisfernen und untauglichen Vermittlung sehen die befragten Erzieherinnen in der unzureichenden Zusammenarbeit der Lehrenden mit den in der Praxis arbeitenden Personen. So erwarten die meisten Leiterinnen und Erzieherinnen, daß die Lehrenden ihre „Schülerinnen" in der Praxis begleiten und gemeinsam ihre Anleitung aufeinander abstimmen. Dies geschieht jedoch nur in seltenen Fällen.

Nur wenige Erzieherinnen haben positive Erinnerungen an ihre Ausbildungszeit. Ihre eigene Lebenssituation als Lernende war Inhalt, um daran die methodischen Grundlagen einer Situationsanalyse zu erarbeiten. Einige befragte Erzieherinnen konnten die wenigen theoretischen Kenntnisse durch eine gute Praxisanleitung anreichern, der überwiegenden Mehrheit der am Evaluationsprojekt beteiligten Erzieherinnen war die erfahrungsbezogene Aneignung nicht möglich.

In diesem Zusammenhang nimmt die Fachberatung eine wichtige Funktion ein: als Fachkraft, die von außen kommt, wird sie als „Hilfe zur Reflexion" erlebt und wahrgenommen. Den Erzieherinnen ist dabei wichtig, daß die Regelmäßigkeit und Kontinuität sichergestellt ist, so daß sie sich in der Weiterentwicklung ihrer pädagogischen Arbeit gestützt fühlen. Ein Viertel der in die Evaluation einbezogenen Einrichtungen kann sich darauf beziehen. Hier sind Impulse zur Weiterentwicklung der pädagogischen Arbeit sichtbar. Die regelmäßige Teilnahme an Fortbildungen und Arbeitsweisen ist für sie selbstverständlich. Befragt nach Themen und Wünschen an Beratung stehen im Vordergrund: die Unterstützung bei der pädagogischen Gruppenarbeit und die Abstimmung unter den Teamkolleginnen.

In diesem Zusammenhang gerät die Frage der zeitlichen Ressourcen und die Bedeutung der Teamarbeit in den Blick.

Die während des Erprobungsprogramms vorhandenen Verfügungszeiten und Besprechungstermine haben sich bundesweit nicht umsetzen lassen und gehören auch für die damals beteiligten Einrichtungen inzwischen der Vergangenheit an. Ihre Wichtigkeit wird von allen Befragten jedoch nach wie vor gesehen und eingefordert. In großstädtischen Einrichtungen werden Besprechungs- und Verfügungszeiten oft unter Belastung weitgehend außerhalb der Öffnungszeiten angesetzt. In weniger belasteten Häusern, die nur teilweisen Tagesbetrieb und/oder geringere als zehnstündige Öffnungszeiten aufweisen, werden Besprechungstermine flexibler und ganz auf die eigene Situation und ihre Möglichkeiten zugeschnitten praktiziert. Teamübergreifende Planung und offene Gestaltung der pädagogischen Arbeit sind dann eher Gegenstand der Besprechungen.

Großes Gewicht legt der Situationsansatz auf die Mitwirkung von Eltern und anderen Erwachsenen. Was haben wir vorgefunden?

Vornehmlich in den großstädtischen Einrichtungen mit einem eher schwierigen sozialen Umfeld und erschwerten Rahmenbedingungen (lange Öffnungszeiten, große, fast unüberschaubare Einrichtungen) werden noch überwiegend die klassischen Elternabende – mit unbefriedigender Beteiligung – praktiziert. Die Mitwirkung an der Gestaltung der pädagogischen Gruppenarbeit bleibt marginal. Innovative Tendenzen sind eher in den kleineren Einrichtungen feststellbar, d.h. durch die Veränderung der Formen (Elternnachmittage, Hausbesuche, Elterncafé, usw.) können sich Eltern eher an der inhaltlichen Planung und Gestaltung des Alltags beteiligen. Die Transparenz der Planung ermöglicht es den Erzieherinnen, die Eltern als kompetente Akteure anzusprechen und den Kindergarten als Ort der Begegnung und Kommunikation zu öffnen.

Die Öffnung des Kindergartens in das Gemeinwesen gelingt nicht in gleicher Weise. Die schon nach Beendigung des Erprobungsprogramms im Abschlußbericht geäußerte Zurückhaltung in der Beurteilung dieser Dimension des Situationsansatzes kann hier nur wieder bestätigt werden. Zwar wird bei den Befragungen und Hearings die Öffnung des Kindergartens zur politischen, kommunalen oder zur Kirchengemeinde als wichtiges Ziel der pädagogischen Arbeit gesehen, um Kindern neue Erfahrungsfelder zu eröffnen, die Umsetzung jedoch eher zögernd angegangen. Hierzu ließen sich allenfalls Ansätze finden. Um ehesten werden in diesem Zusammenhang Besuch und Kontakte zu Institutionen im nahen Umfeld der Einrichtung oder die Teilnahme an Festen und Feierlichkeiten benannt.

Die Umgangsweise der Erzieherinnen mit den Kindern wird über die Dimension „Balancierte Kommunikation" beschrieben. Die Auswertung der Praxisprotokolle zeigt uns in einem Viertel der Einrichtungen einen Zusammenhang zwischen den kindorientierten zugewandten Verhaltensweisen der Erzieherinnen und dem offenen Klima des Hauses, das auf gegenseitige Akzeptanz und Unterstützung hinweist.

In der Hälfte der Einrichtungen konnten wir eher erwachsenenorientierte Umgangsformen beobachten, wobei Kinder nicht übergangen wurden, es wurde eher „für sie" gehandelt. In immerhin noch gut einem Viertel der besuchten Einrichtungen fiel uns der rigide und stark reglementierende Umgang mit den Kindern auf.

Die Dimensionen „Altersmischung" und „Raumgestaltung" weisen auf die Binnenstruktur der Einrichtungen hin.

Die altersgemischte Gruppenzusammensetzung innerhalb des Kindergartens ist mittlerweile selbstverständlich geworden – mit Ausnahme der Länder Berlin und Bremen, in denen in fachöffentlicher Diskussion, im Rahmen von Fortbildungen und Beratung das Pro und Kontra erörtert wird und Umstellungsprozesse jetzt erst eingeleitet wurden. Da wir kaum Vergleichsmöglichkeiten zwischen altersgemischten und altershomogenen Gruppen hatten, können wir keine generalisierenden Aussagen zu den Unterschieden machen.

Eine offene und differenzierte Raumgestaltung, die Einbeziehung des gesamten Hauses und all seiner Verkehrsflächen als Erlebnis- und Erfahrungsraum für Kinder (der Raum als dritter Erzieher) hat sich in nahezu allen besuchten Einrichtungen umgesetzt. Nicht nur in Neubauten, sondern auch in älteren, von ihrer baulichen Grundstruktur eher beengten Häusern, konnte die Umsetzung des pädagogischen Prinzips der Öffnung, verbunden mit differenzierten Angeboten und Funktionsbereichen aufgefunden werden, ebenso ein variationsreiches, frei zugängliches Materialangebot.

Der Blick auf den Übergang zur Schule war bereits im Erprobungsprogramm von zentraler Bedeutung. Die damals konstatierte eigenständige Position des Kindergartens mit einer sozialpädagogisch orientierten Perspektive der Arbeit und die Ansätze einer ausgewogenen Kooperation sind wieder ins Hintertreffen geraten. Die Schule mit ihren leistungs- und funktionsorientierten Anforderungen hat an Gewicht zugelegt und die Kooperation beider Institutionen wird in der Rückschau der Befragten als „früher besser" eingeschätzt. Sie beschränkt sich in vielen Fällen auf einmalige Besuche des Kindergartens zum Kennenlernen der neuen Institution. Durchweg enttäuschend wird es von seiten der Erzieherinnen erlebt, daß entsprechend Initiativen zur Kooperation meist von ihnen ausgehen müssen. Positive Reaktionen der Schule sind zögerlich und stark personenabhängig. Nur etwa ein Drittel der besuchten Einrichtungen kann über zufriedenstellende, kontinuierliche und gleichberechtigte Kooperationsformen berichten.

Zwei Dimensionen, die die Arbeit nach dem Situationsansatz bereichern, waren nicht originär im Erprobungsprogramm enthalten: die Integration behinderter Kinder und die interkulturelle Erziehung. Beide Aspekte wurden in nachfolgenden Modellversuchen ausführlicher bearbeitet.

Hinsichtlich der integrativen Erziehung konnten wir feststellen, daß in einem Viertel der besuchten Praxiseinrichtungen die Aufnahme von behinderten Kindern

Anlaß zur Weiterentwicklung der pädagogischen Arbeit war. Neben den konzeptionellen Fragestellungen wurden auch personelle und bauliche Veränderungen möglich, wobei der Fachberatung und der begleitenden Fortbildung eine große Unterstützungsfunktion zugewiesen wird.

In der Mehrheit der großstädtischen Einrichtungen machen die Erzieherinnen die Aufnahme von behinderten Kindern von den Vorleistungen der Träger zur Verbesserung der Rahmenbedingungen abhängig, d. h. sie erwarten eine Reduzierung der Gruppengröße, die tarifliche Absicherung ausreichender Vor- und Nachbereitungszeit, die Unterstützung durch Fortbildungsangebote und die kontinuierliche Begleitung durch Fachberatung, die ihnen bisher fehlen.

Interkulturelle Erziehung im Kindergarten ist mittlerweile nicht nur ein Thema für großstädtische Einrichtungen. Kinder anderer Nationalitäten gehören inzwischen ganz selbstverständlich zum Gruppenbild auch ländlicher Kindergärten. In den Befragungen und Hearings wurde deutlich, daß interkulturelle Erziehung im Alltag der Einrichtungen Fuß gefaßt hat, kulturelle Unterschiede als Bereicherung aufgegriffen und zum Thema der pädagogischen Planung gemacht werden. Beklagt wird jedoch, daß es zu wenig ausländische Erzieherinnen gibt.

7. Desiderata des Situationsansatzes

Die im folgenden skizzierten Desiderata des Situationsansatzes, wie er sich – in pragmatisierter Fassung – Ende des Erprobungsprogramms und in Adaptationsversuchen danach darstellte (Zimmer 1984, S. 22 f.), Desiderata, die bis heute fortbestehen, erheben keinen Anspruch auf Systematik oder Vollständigkeit, sondern sind eher als Anregungen zu verstehen, solche offenen Fragen genauer aufzuspüren und ihnen künftig nachzugehen.

7.1 Zum Bildungsbegriff

Die frühe Kritik Robinsohns an nur fachdidaktischen Zugängen zur Revision des Bildungskanons, die Beobachtung, daß sich die Fachdidaktiken einseitig an ihren Wissenschaftsdisziplinen orientieren und den Bezug zu Lebens- und Verwendungssituationen vernachlässigen würden, hat an Prägnanz bis heute nichts verloren. Die Curriculumrevision im schulischen Bereich ist – gemessen am ‚Strukturkonzept der Curriculumrevision' – nicht eo ipso darum gescheitert, weil sich das Strukturkonzept grundsätzlich als uneinlösbar erwiesen hätte, sondern eher deshalb, weil seine Protagonisten das berufsständische Kartell der Fachdidaktiken nicht aufzulösen vermochten; der Fächerkanon, auch durch Verdinglichung und berufspolitisch festgezurrte Interessen geprägt, erwies sich als weitgehend resistent gegenüber jenem anderen Legitimationsprozeß der Curriculumentwicklung.

Der im Strukturkonzept in seinen Grundzügen bereits beschriebene Zugang von Situationsbereichen her – dies sei hier in einem kleinen curriculumtheoretischen Exkurs erläutert – mündet in einem Curriculum, bei dem nicht mehr die Fächer mit ihrer Trennung nach *humaniora* und *realia*, sondern die in unterschiedlichen Lebensbereichen identifizierten generativen Themen zum strukturierenden Element werden. In einem Curriculum, das sich nicht mehr nach Fächern und den strukturierenden Prinzipien hinter ihnen stehender Bezugsdisziplinen organisiert, sondern nach Schlüsselproblemen und -situationen, wird sowohl wissenschaftliches Wissen als auch Erfahrungswissen auf generative Themen hin fokussiert; beide Wissensbestände dienen dann der Erhellung und dem Verständnis von Situationen und dem Ziel, in ihnen handlungsfähig zu werden.

Versuche einer Curriculumrevision dieser Art sind in jüngerer und jüngster Zeit in einigen Ländern unternommen oder eingeleitet worden, in denen politische Demokratisierungsprozesse und/oder gesellschaftliche Transformationsbewegungen Bildungsforscher beflügelt haben, die Curriculumentwicklung an national relevanten generativen Themen zu orientieren und sie dann auch auf regionale und lokale Besonderheit hin zu differenzieren (Badagry Local Government 1993, Castañeda u.a. 1993, Ghana Education Service 1994, Ghawami u.a. 1992, Gutierrez 1993, Puntasen 1993, Republica de Nicaragua 1986).

Nimmt man als Beispiel das auf nationaler Ebene relevante generative Thema eines mittelamerikanischen Landes, *falta de energia*, dann kann unter Gesichtspunkten regionalisierter Curriculumentwicklung dieser Mangel an Energie in einer Bergregion einen anderen Ausdruck finden als in einer sumpfigen Tiefebene oder in einem Gebiet mit steppenähnlicher Vegetation. Auch auf lokaler Ebene wiederum kann die Suche nach (umweltverträglichen) Energieformen – durch regionale Verhältnisse mitbestimmt – unterschiedlich verlaufen. Aufgabe einer Schule vor Ort wäre es dann, im Rahmen von *community development* und in engem Theorie/Praxis-Zusammenhang mit dem Problem möglichst konstruktiv umzugehen und dabei sowohl Wissensbestände aus einschlägigen Fächern (wie Physik, Mathematik, Biologie, Ökonomie) als auch Erfahrungswissen (zur Konstruktion beispielsweise von Biogas-Anlagen mit lokalen Mitteln und unter lokalen Bedingungen) zu mobilisieren, bei Schülern wie Nachbarn Erfindungsgeist freizusetzen und ihr Durchhaltevermögen während des Erfindungs- und Umsetzungsprozesses zu stützen. Curriculumentwicklung bestünde dann zu einem nicht geringen Teil in der systematisierten Aufarbeitung und Evaluation solcher Erfahrungen.

Nun unterliegt auch eine Curriculumrevision, die von Schlüsselproblemen und -situationen und der Bestimmung qualifikationsrelevanter Sachverhalten ihren Ausgang nimmt, der steten Gefahr, auf der Ebene der Konstruktion von Curriculum-Elementen erneut einer scheinbar sachimmanenten Logik von Fächern oder Wissenschaftsdisziplinen zu verfallen, statt die für die Situationsaufklärung und -bewältigung notwendigen Wissensbestände aus den *structures of disciplines* herauszulösen und auf die generativen Themen zu beziehen. Denn entgegen einigen didaktischen Auffassungen, die die fachimmanente Anordnung von Inhalten mit einer sachlogisch aufgebauten Lernsequenz gleichsetzen, zeigen zahlreiche Beispiele, daß sich wissenschaftliches Wissen auf ein Schlüsselproblem beziehen läßt, auch ohne das gesamte disziplinspezifische ‚Davor' und ‚Danach' zu kennen und einzubeziehen. Anders ausgedrückt: Um wissenschaftliches Wissen in Situationen verwenden zu können, ist man auf die Berücksichtigung jener *structures of disciplines* nur bedingt angewiesen.

Generative Themen von gesellschaftlicher Relevanz lassen sich im Prozeß der Curriculumentwicklung schwer fassen, wenn nicht zugleich ihre Widerspiegelung auf der Ebene innersituativ Betroffener ermittelt wird. Die Erfahrung, daß in der Konfrontation deduktiver und induktiver Herangehensweisen bei der Situationsanalyse überraschende Erkenntnisse zustandekommen können, hat die mit Umsetzungsproblemen des Strukturkonzepts befaßte Projektgruppe des Max-Planck-Instituts für Bildungsforschung bei der Untersuchung zweier Industrieunternehmen – Schering, AEG-Telefunken – im westlichen Berlin gemacht (Damerow u.a. 1974). Generatives Thema war der in Sachen Ökonomie mitbestimmungsfähige Bürger. Übersetzt wurde dieses Thema in die konkretere Frage, welche Kenntnisse und Fähigkeiten benötigt werden, um betriebliche Abläufe verstehen und interpretieren zu können. Im noch einmal spezielleren Zuschnitt wurde die Frage nach dazu notwendigen mathematikbezogenen Qualifikationen formuliert.

Für die Untersuchung wurde der Betrieb – in ihm insbesondere das Kalkulations- und Rechnungswesen – als mathematisches Modell gefaßt und als zweckgerichtetes Zusammenwirken verschiedener Funktionsträger interpretiert. Bei den Befragungen unterschiedlicher Personengruppen stellt sich nun jedoch heraus, daß die jeweilige Zweckrichtung des Zusammenwirkens ganz unterschiedlich interpretiert wurde, daß – je nach Position im Betrieb – dabei unterschiedliche ‚Mathematiken' formuliert wurden. Im Hinblick auf eine ‚funktionale Mathematik' war die Sichtweise der an unternehmensstrategischen Fragen orientierten *operation research*-Abteilung anders als die des Betriebsrates mit seiner Vermutung, die

Bilanzen seien manipuliert, oder die von Arbeitern auf der Betriebsversammlung mit ihrer Forderung nach Weihnachtsgeld (und einer bewußten Negierung von rechnerischen Darstellungskünsten der Unternehmensleitung, die den Betrieb in den roten Zahlen ansiedeln und das Weihnachtsgeld streichen wollte).

Im Ergebnis lag es nahe, qualifikationsrelevante Sachverhalte nicht einfach auf deduktivem Wege – im Blick auf den als mathematisches Modell gefaßten Betrieb – zu identifizieren, sondern auch auf induktivem Weg, unter Berücksichtigung von Sinndeutungen Beteiligter, zu bestimmen. Das induktive Vorgehen führte zudem auf die Spur spezifischer Verkürzungen in der Sichtweise der unterschiedlichen Funktionsgruppen: Wurde beispielsweise mit dem Betriebsrat gemeinsam die Bilanzen nachkontrolliert und rechnerisch als korrekt ausgewiesen, so fielen dabei doch Besonderheiten auf, die der Betriebsrat durch den rein rechnerischen Nachvollzug nicht interpretieren konnte. Einfach war dabei noch die Entschlüsselung der in einer Position zusammengelegten Vorstands- und Ruhestandsgehälter; als wesentlich komplexer stellt sich die Interpretation der unterschiedlichen Bewertung ein- und desselben Grundstücks in der Steuer- und in der Handelsbilanz dar.

Im Verlauf der Untersuchung gerieten zunehmend die Vorgänge vormathematischer Wertsetzungen, die Quantifizierungsprozesse in den Mittelpunkt. Nicht die mathematische Operation selbst wurde zum entscheidenden Schlüssel des Verständnisses betrieblicher Vorgänge (des Kalkulations- und Rechnungswesens), sondern ihr unaufgeklärter sozialer Kontext, in dem sich das unternehmerische Kalkül verbarg. Das für die Mathematik konstitutive Merkmal der Realabstraktion erwies sich unter dem Gesichtspunkt der Bestimmung qualifikationsrelevanter Sachverhalte als zwiespältig. In beiden untersuchten Betrieben schien dieser soziale Kontext einem Akt kollektiven Vergessens anheimgefallen zu sein. In Konsequenz dieser Erkenntnis wurden durch die Forschergruppe qualifikationsrelevante Sachverhalte beschrieben und Qualifikationen definiert, die vor allem der Rekonstruktion sozialer Kontexte und damit dem Ziel dienten, zu aufgeklärtem technisch-instrumentellem Handeln zu verhelfen.

Diese Untersuchung, die grundlagentheoretische Erkenntnisse zum Situationsansatz beisteuerte, zeigte auch, daß die im Strukturkonzept enthaltene Expertenorientierung (im Sinne beispielsweise von für Situationsanalysen zuständigen Disziplinvertretern) zu Einseitigkeiten führen würde. Die Untersuchung sprengte durch ihre Vorgehensweise nicht nur den disziplinären Rahmen (durch Einbezug von Ökonomie, Soziologie, Mathematik und Bildungsforschung), sondern brachte auch vielfältige Hinweise darauf, daß innersituativ betroffene ‚Laien‘ im Curriculumentwicklungsprozeß durchaus die Rolle von Sachverständigen übernehmen können. Eher als Beiprodukt erbrachte die Untersuchung auch Hinweise auf zahlreiche Schwächen in der bisherigen didaktischen Gestaltung des Verhältnisses von Mathematik und Realität in Form angewandter Elementarmathematik, die sich nun ein *mauvais fois* (anstelle eines situationsaufklärenden Potentials) vorhalten lassen mußte (Keitel 1985 und 1986).

Die Untersuchung der Berliner Bildungsforscher enthält unmittelbare Bezüge zu den Kennzeichen des Situationsansatzes im vorschulischen Bereich. Denn hier wie dort wurde soziales Lernen nicht – wie in späteren Verkürzungen – primär als Regelung von sozialen Beziehungen gefaßt, sondern als eine ständige Rekonstruktion sozialer Kontexte: Kinder wie Erwachsene haben, so die Prämisse des Situationsansatzes, das Recht auf Lernprozesse, in denen der Qualifikationserwerb nicht losgelöst von sozialen, sinnstiftenden Kontexten, sondern in ihnen und in ihrer Kenntnis erfolgt. Verantwortliches Verhalten ist dann möglich, wenn die sozialen Voraussetzungen und Folgen technisch-instrumentellen Handelns deutlich sind oder werden. Dies gilt entsprechend auch für ein Handeln in ökologischen Kontexten. Atomisiertes Lernen blendet diese Zusammenhänge aus, verhindert Weltverständnis und befördert die Spaltung von normativem Bewußtsein und technisch-instrumenteller Kompetenz.

Nun sind die curriculumtheoretischen Desiderata von 1974 und 1978 weitgehend auch die von 1994, zum Teil sind sie deutlicher sichtbar geworden:

* Es mangelt an der Kontinuität grundlagenorientierter Studien zum Strukturkonzept (wie später auch zum Situationsansatz). Mit dem Tod Robinsohns (1972) stornierten Curriculumforschung und -theoriebildung am Max-Planck-Institut für Bildungsforschung, so daß die frühen konzeptionellen Impulse zwar zu einer Diskussionswelle führten und in Teilen von der Fachdidaktik aufgriffen wurden, ihnen aber keine neuen Impulse folgten. Eine Reihe wichtiger Fragen, die das Strukturkonzept aufgeworfen hatte, wurden nicht weiterbehandelt, so daß sie der Situationsansatz – ohne Stützung durch eine sich am Strukturkonzept orientierende Forschung – gleichsam erbte. Die allgemeine Curriculumtheorie, die nach kurzer Blüte im unaufgeklärten Pragmatismus der Diskussion um Rahmenrichtlinien endete, entwickelte jene Wege und Instrumentarien nicht weiter, deren Adaptation die Curriculumentwicklung im Elementarbereich erleichtert hätte: Wie identifiziert man Situationen? Wie bestimmt man die zu ihrer Bewältigung erforderlichen Kompetenzen konkret und zugleich unter Bezug auf allgemeine Bildungsziele? Welche Rolle spielen Expertenurteile? Beruhen Curriculumentscheidungen auf dem Konsens aufgeklärter Personen? Was ist, wenn dieser Konsens von anderen nicht mitgetragen wird?
* Es fehlt eine Fortschreibung von – für die vorschulische Erziehung relevanten – wissenschaftlich gestützten Situationsanalysen nach dem Ende des Erprobungsprogramms, mithin die weitere Bearbeitung der nicht nur induktiv und pädagogisch-praktisch zu behandelnden Frage nach Schlüsselsituationen, nach generativen Themen von Kindheit in den achtziger und neunziger Jahren (an zwei Beispielen illustriert: es fehlt eine nicht nur defizittheoretisch angelegte, sondern pädagogisch gewendete Analyse des Phänomens, daß eine wachsende Zahl von Kindern in sich verändernde ‚Familien'-Konstellationen hineingeboren werden; es fehlt eine – auf pädagogische Konsequenzen hin ausgelegte – Analyse der jahrzehntelangen Aberkennung unternehmerischer Grundqualifikationen in der ostdeutschen und eines möglicherweise – durch die ‚Festung Europa' bewirkten – schleichenden Verlustes dieser Fähigkeiten bei der westdeutschen Bevölkerung). Es fehlt in diesem Zusammenhang auch die Erarbeitung von Vermittlungsschritten zwischen wissenschaftlich gestützter und alltäglicher Situationsanalyse. Es fehlt eine Handreichung für Situationsanalysen im Alltag und unter den Rahmenbedingungen der Kindergartenarbeit.

* Es fehlen stärker auf den Elementarbereich beziehbare Studien über die Rekonstruktion sozialer Kontexte in anderen, nicht nur mathematisch-ökonomischen Lern- und Handlungsfeldern sowie über mögliche Verknüpfungen zwischen lernbereichsdidaktischen Ansätzen, die entdeckende, handlungsorientierte Bildungsprozesse befördern, und dem Situationsansatz.
* Zu untersuchen wäre das Verhältnis des Situationsansatzes zur übrigen curricular faßbaren (beispielsweise der Bewegungserziehung) oder extracurricularen Praxis des Kindergartens. Interessant sind hierbei sowohl Konstellationen der Verträglichkeit und wechselseitigen Durchdringung als auch Unverträglichkeiten und Denaturierungen, in denen der Situationsansatz in Form gelegentlicher Highlights die kontraproduktive Alltagssubstanz überlagert.
* Der Situationsansatz ist mit seinem Bildungsanspruch in sozialpädagogischer Einseitigkeit streckenweise so umfunktioniert worden, daß das soziale Lernen (im umgangssprachlichen Verständnis) übrigblieb und das sachbezogene Lernen nicht mehr mit ihm verbunden, sondern als beschäftigungspädagogisches Substrat abgespalten wurde. Beigetragen hat dazu möglicherweise, daß der Situationsansatz auch als Abwehrkonzept gegen eine nichtreformierte, fächerbezogene Grundschulpädagogik genommen und der Kindergarten als temporärer Schonraum gegenüber schulischer Unbill verstanden wurde. Hier paßte der Situationsansatz – ungewollt – in eine verbreitete Vorurteilsstruktur, die nicht wahrhaben wollte, daß kognitive Fördermöglichkeiten auch jenseits behavioristischer Verengungen möglich sind, in einer spielerischen, an Situationen und Interessen von Kindern orientierten Weise mit dem Ziel, effektive kognitive Strategien zu entwickeln und Kindern ein breites Experimentierfeld zu bieten, in dem sie solche Fähigkeiten in unterschiedlichen Konstellationen anwenden lernen (Seifert 1993).
Betrachtet man in diesem Zusammenhang die Erprobungsfassungen der Didaktischen Einheiten des Curriculum Soziales Lernen, wird deutlich, daß Positionsunterschiede bereits innerhalb der Arbeitsgruppe Vorschulerziehung manifest wurden, insofern sich einige Didaktische Einheiten in Form ‚didaktischer Schleifen' der Mühe auch lernbereichsdidaktischer Überlegungen unterzogen, während andere aus Scheu vor Verschulung darauf verzichteten, dem Bildungsanspruch des Situationsansatzes explizit Ausdruck zu verschaffen.

Möglicherweise hat auch im Anschluß an das Erprobungsprogramm eine nicht zureichende curriculumtheoretische Ausbildung von Fachberatern und Dozenten der Aus- und Fortbildung dazu beigetragen, daß die schleichende Aushöhlung eines zentralen Kennzeichens des Situationsansatzes, die Verbindung von sozialem und sachbezogenem Lernen, eigentlich niemandem auffiel.

Die Folgen dieser Vernachlässigung des Bildungsanspruches werden an anderer Stelle in diesem Bericht skizziert (vgl. insbesondere Kap. 5 und 6), hier möge zur Illustration ein Beispiel genügen: Während die Giftgaswolke eines nahen Chemiewerkes über zwei städtische Kindertagesstätten zieht und die eine Einrichtung intensiv mit diesem Schlüsselerlebnis befaßt ist, sind in der anderen Einrichtung – deren Team sich um die Außenwelt und auch die Luft draußen nicht kümmert – folgende drei Szenen eines Vormittags zu beobachten:

In der *ersten Szene* blättert eine Erzieherin in einem Bastelbuch, bleibt auf einer Seite hängen, sieht dort, wie Frösche gebastelt werden, assoziiert, daß im Flur eine neue Sandkiste steht, und beschließt, mit den Kindern Frösche für diesen Kasten zu basteln.

In der *zweiten Szene* – unter der Rubrik ‚Beschäftigungsphase' geht es ähnlich zu wie in der Spielzeugabteilung eines Kaufhauses unter Wegfall von Elektronik. Während die Kinder zwischen Lego, Puzzles und Malstiften wechseln, bereiten zwei Erzieherinnen, am Tisch sitzend, Ostern vor:

„*09.00 Uhr: Vier Kinder sitzen malend am Tisch. Drei Erzieherinnen sitzen an einem anderen Tisch und unterhalten sich.*

09.30 Uhr: Die Kinder malen immer noch, ein Kind hat sich in eine andere Ecke begeben und wühlt in Lego-Steinen herum.
Die Erzieherinnen planen Österliches. Es geht darum, wie man Osterhasen herstellt: ‚Osterhasen drucken, das haben wir früher auch schon mal gemacht'.

09.35 Uhr: Der Kindertisch hat sich etwas aufgelöst. Papierblätter werden herumgestreut und wieder aufgesammelt.
Die Erzieherinnen unterhalten sich darüber, ob man Ostern und das Lied ‚Wer hat die Kokosnuß geklaut' irgendwie zusammenbekommen kann.

09.40 Uhr: Vier Kinder malen wieder. Drei andere Kinder, die die Nachbargruppe besucht hatten, sind wieder da und wühlen ebenfalls in Lego-Bausteinen.
Die Erzieherinnen führen ein Gespräch darüber, wie man Osterhasen kleben kann. Das Lied ‚Der Hase und der Igel' wird abgestimmt.

09.45 Uhr: Zwei Jungen kommen zu mir und berichten, daß sie Batman spielen würden. Erkennbar sind sie daran, daß sie zusammengefaltetes Papier im Gürtel tragen. Was das Papier mit Batman zu tun habe? Es ist kleingedrucktes Computerpapier, ‚eine Geheimschrift', sagen sie.
Die Erzieherinnen diskutieren darüber, ob man Osternester aus geflochtenen Weiden bauen könne.

09.47 Uhr: Ein Mädchen erzählt mir, daß es in der Nachbarschaft einen Mann gäbe, der einer Freundin von ihr einen Stein an den Hals geworfen habe. Aber jetzt sei er lieb.
Die Erzieherinnen gehen raus und setzen sich an einen Tisch auf dem Gang vor dem Gruppenraum zum Frühstücken.

09.50 Uhr: Die Kinder am Tisch spielen ‚Kleister trinken'. Ein schwarzer Junge kommt in den Raum, guckt herum und geht wieder.
Eine Erzieherin kommt in den Raum zurück. Zu den Kindern: ‚Denkt Ihr mal an Eurer Frühstück?'

09.59 Uhr: Die Kinder sind weiter mit dem ‚Kleistertrinken' befaßt. Eine zweite Erzieherin schaut herein: ‚Kommt Ihr jetzt bitte frühstücken!?'

10.00 Uhr: Die Kinder gehen raus.

10.05 Uhr: Draußen auf dem Gang sagt ein Junge zu mir: ‚Guck mal, was ich in der Tasche habe.' Er zieht Papierservietten von McDonalds heraus und steckt sie danach schnell wieder weg.
Die Erzieherinnen beider Gruppen sitzen an einem Tisch beim Frühstück, die Kinder versammeln sich nach und nach an eigenen Tischen.

10.16 Uhr: In der Halle ist es jetzt ziemlich lebhaft. Kinder sausen herum. Es hört sich an wie in einem Hallenbad.
Eine Erzieherin: ‚Wenn ihr fertig seid, geht mal auf die Toilette.'

In der *dritten Szene* wird das soziale Lernen von den Kolleginnen so verstanden, den Kindern beim Essen des von den Erwachsenen zubereiteten und ihnen nicht weiter erklärten Quarks die Benimm-Leviten zu lesen:

10.30 Uhr: Bisher haben die Kinder mit zwei Erzieherinnen am Tisch Frösche gebastelt (aus übereinandergeklebten ovalen Holzplättchen und Holzkugeln als Augen).
Eine Erzieherin deckt den Tisch: Kartoffeln, Quark, Teller, Besteck. ‚Wer hilft mir mal?' Einige tun es. Das Essen ist in der Küche vom Personal (ohne Kinder) hergerichtet worden.

10.35 Uhr: Alle sitzen am Tisch und sagen: ‚Morgens früh um sechs kommt die kleine Hex'...' Die Erzieherinnen schälen Kartoffeln. ‚Hier nimm dir mal den Quark, Melanie.' Wiederholte Hinweise, wer sich was nehmen soll: ‚Iß doch erst mal was.' – ‚Kannst den Hals nicht voll genug kriegen?' – Toll Nicole!' – ‚Super – nach anfänglichen Schwierigkeiten.' Die Kinder essen, es wird nicht viel geredet, sie sind mit dem Zerquetschen der Kartoffeln und dem Kartoffel-Quark-Mixen beschäftigt. ‚Der Quark steht vor Deiner Nase.' – ‚Johannes, so macht man das nicht.' – ‚Äh, kann man ja kaum anfassen, Eure Gabeln.' – ‚Jetzt iß erstmal Deine Kartoffeln.' – ‚Bleib sitzen, Daniel bitte mal, fünf Minuten auf deinem Stuhl.' – ‚Kannst Du vielleicht mal essen, ohne daß alles auf Deinem Pullover rumhängt?' – ‚Daniel!' – ‚Würdet Ihr bitte mal essen!?' – ‚Jakob, setz' dich bitte mal richtig hin. Huch, jetzt hab ich mich endlich auch bekleckert!' – Mein Gott, die stellen sich an, haben die Finger voll Quark...' – ‚Erst mal essen jetzt.'

10.48 Uhr: ‚Kannst ja mal das Fenster zumachen.' – ‚Mir ist kalt.' – ‚Mir auch.' – ‚Daniel!' – ‚Loni, setzt du dich bitte mal wieder hin.' – ‚Na Melanie, hat die Kartoffel geschmeckt?' – ‚Daniel!' – ‚Nein, du sollst mal bitte fünf Minuten auf deinem Po sitzenbleiben!' – ‚Nadine!?' – ‚Nadine!?' – Kannst du bitte mal sitzen bleiben, es ist sowas von ungemütlich, wenn jeder aufsteht und rumrennt.'

10.55 Uhr: ‚Es reicht jetzt!' – Kind: ‚Wann hat' die Nadine Geburtstag?' – ‚Am 26. März.' – Kind: ‚Wann is‛n das?' – Keine Antwort. ‚Nadine!? Seid ihr fertig?' – ‚Ach so, da wollte doch noch jemand seine Bonbons verteilen.' – Kind (seufzend): ‚Bonnbonn...' – ‚Du sollst doch keine Bonbons mitbringen, wenn keiner Geburtstag hat.' – Kind: ‚Das reicht doch gar net.' – ‚Ach, mal sehen.' Die Bonbons werden verteilt. Erzieherin, Kind nachmachend: ‚Krisch ich nacha auch noch eins?' – ‚Geh' dir deinen Mund waschen, Johannes.' – ‚Hast du dir jetzt genug die Finger abgeschleckt?'

11.05 Uhr: ‚Wir machen's jetzt so: Die Kinder, die rausgehen wollen, können rausgehen, und die Kinder, die drin bleiben wollen, können mit uns basteln.' – ‚Wir räumen jetzt ab.' Die Szene löst sich auf. Drei Kinder helfen, zwei sind schon am Tisch bei den Fröschen. Das Geschirr wird auf einen Teewagen gestellt und hinausgeschoben" (KT 11).

Will man im Elementarbereich eine neue Debatte um die intellektuelle Unterforderung von Kindern vermeiden, dann wäre erforderlich, den Bildungsanspruch des Situationsansatzes und mit ihm die Notwendigkeit der Verbindung von sozialem und sachbezogenem Lernen künftig sehr viel deutlicher zu betonen und genauer und systematischer auf die Einlösung dieses Anspruchs und seines wichtigsten Kennzeichens zu achten. Dabei wäre die Erarbeitung curricularer Materialien wünschenswert, die die Entwicklung einer entsprechend akzentuierten Praxis erleichtern.

7.2.   Verdeutlichung normativer Aspekte

Die Rekonstruktion sozialer Kontexte kann als eine der entscheidenden Voraussetzungen für die Explikation und Rückbindung von Normen an situatives Handeln verstanden werden. Die Chance des Situationsansatzes liegt darin, die Wertedebatte nicht abgehoben zu führen oder dem Versuch zu erliegen, Normen ‚an sich' zu vermitteln, sondern Normen, soziale Kontexte und technisch-instrumentelle Kompetenz auf situativer Ebene in Beziehung zu setzen.

Warum dies wichtig ist, sei an einem, in der Erwachsenenbildung Costa Ricas behandeltem Schlüsselproblem *Die Fallen gutmeinender Europäer*, also an einem nicht-vorschulischen Beispiel verdeutlicht: Mildtätigkeit ist nicht eo ipso gut. Das Spendenverhalten einer deutschen Kirchengemeinde – man nehme die überhöhten Transfair-Kaffeepreise mit den versteckten Spendengroschen des Jahres 1993 – kann auf der Seite kleiner Kaffeeproduzenten (in Ländern der südlichen Hemisphäre) zu unmittelbarer finanzieller Drogenabhängigkeit führen – deren Lernprozeß besteht in der mittelfristig verhängnisvollen Einschätzung, man könne am Markt vorbei operieren –, sie in ihrer Wettbewerbsfähigkeit dequalifizieren und möglicherweise in den Zusammenbruch treiben, wenn die einem Infusionstropf ähnelnde *solidarity line* einmal unterbrochen wird. Mildtätigkeit ist in diesem Zusammenhang auch ökonomisch und ökologisch unsinnig, weil sie, bei bereits übersättigtem Weltmarkt, zur Produktion von noch mehr Kaffee anregt und – in größerem Stil betrieben – zum weiteren Fallen des Weltmarktpreises beiträgt.

Normen zu übermitteln, ohne soziale Kontexte – hier: die mittelfristigen Folgen guten Tuns – aufzuklären, kann zu Konsequenzen führen, die nicht gewollt sind und oft auch später nicht einmal wahrgenommen werden. Der Situationsansatz verhält sich Normen gegenüber keinesfalls gleichgültig – dem steht schon das Solidaritätspostulat entgegen –, wohl aber ist er von Skepsis gegenüber allen Versuchen mechanischer Deduktion und kontextloser Anwendung geprägt. Selbst der Solidaritätsbegriff ist hierbei zu befragen. Noch einmal am nicht-vorschulischen Beispiel (und in Reminiszenz an die in Nicaragua benannte Schlüsselsituation *die sterbende kleine Kooperative*) verdeutlicht: Der gutgemeinte Export des Konstrukts ‚solidarisch produzierende Kooperative' durch die deutsche und europäische Entwicklungshilfe hat in Partnerländern nicht nur zu hohen Todesraten neu gegründeter Kooperativen geführt (in den Philippinen: etwa 80 Prozent), sondern auch zur Zerstörung lokaler, funktionierender ökonomischer Modelle – wie dem *family business* – beigetragen; dieser Export hätte vermieden werden können, wenn die Exporteure zuvor einen hinreichend differenzierten Blick in die leidvolle Geschichte der europäischen Kooperativenbewegung geworfen und insbesondere die so sorgfältige wie vernichtende Evaluation dieser Bewegung durch Franz Oppenheimer (1910) zur Kenntnis genommen hätten. So gesehen verhelfen Situationsanalyse und Kontextaufklärung dazu, gutgemeinte Taten vor bösen Folgen zu schützen.

Die Wertedebatte ist während der Kindergartenreform im Zusammenhang mit dem Situationsansatz vor allem dort geführt worden, wo es um Kriterien für die Situationsanalyse und um die Bestimmung von Zielen pädagogischen Handelns ging. Sie wurde dann lebhaft, wenn kontroverse Deutungsmuster aufkamen (bei Themen wie *Junge und Mädchen* oder *Tod*). Sie fand ihre Vertiefung in religionspädagogischen Beiträgen zum Verständnis von Situationen.

Die Vermittlung eines Fundaments sozialer Tugenden wurde den Erzieherinnen weitgehend undiskutiert überlassen. Die Frage, ob es unterhalb jener Ebene situationsbezogener Ziele ein solches Fundament geben kann, das sich auf gegenwärtig aktuelle Entwicklungen weder beziehen, noch aus ihnen ableiten läßt, blieb unbehandelt. Auch der Frage, wie Normen in aufzuklärenden Kontexten Kindern verdeutlicht und von ihnen selbst mit erarbeitet (und ihnen nicht nur einfach angetragen) werden können, wurde in extenso nicht nachgegangen.

Situationsansatz und Symbolischer Interaktionismus treffen sich, das war damals bereits deutlich, in der Einschätzung, daß Normen in situativen Zusammenhängen interpretationsbedürftig sind, daß ethisches Verhalten der auf die Situation bezogenen Reflexion bedarf, und daß eine Erziehung nach autoritärem Muster Kinder zwar veranlassen kann, Normen vorbehaltlos zu internalisieren, daß Kinder aber damit nicht die Fähigkeit erwerben, Rollen zu deuten und über die situative Anwendung von Normen zu reflektieren. Übrig bleiben dann ‚einfache' stereotype Interpretationen, die die Bildung von Vorurteilen und die Abwehr von Ungewohntem und Fremdem fördern.

Wie dies nun aber konkret und mit Kindern im vorschulischen Alter möglich ist, diese Frage der Normenexplikation und -vermittlung innerhalb des Situationsansatzes bedarf der weiteren Behandlung – nicht nur in pragmatischer, sondern vor allem in grundlagentheoretischer Hinsicht. Zu prüfen wäre auch, welches Gegengewicht zum Dialog an der Basis geschaffen werden müßte, damit er der Gefahr willfähriger Beliebigkeit entkommt, wie also der Dialog auch mit jenen gesellschaftlichen Kräften aufgenommen werden kann, die sinnstiftende Traditionen fortführen und Ziele entwerfen:

„Konkret bedeutet dies, daß ein den einzelnen Kindergarten überschreitender Gesprächskreis bestehen sollte, der politisch Verantwortliche, Träger und gesellschaftlich Betroffene einbeziehen müßte, wie es im Erprobungsprogramm in mehreren Ländern die Beratungs- und Koordinationsgremien versucht haben. Voraussetzung wäre allerdings, daß sie sich tatsächlich pädagogischen Fragen widmen. Angesichts der vielfältigen Trägerschaft der Kindergärten müßte eine breitgestreute, sachverständige Mitgliedschaft in einem derartigen Gremium erreichbar sein. Daneben hätte der Austausch der Erzieherinnen untereinander eine wichtige Aufgabe" (BLK 1973, S. 221).

7.3 Über Kindheit

Die Adaptation des Situationsansatzes in anderen Kulturen und in marginalisierten Regionen hat neue Hinweise für das Verständnis und die Anthropologie des Kindes innerhalb dieses Konzepts erbracht, die komparativ noch nicht aufgearbeitet und nutzbar gemacht wurden. Immerhin hat sich dabei die Vermutung verstärkt, daß die mitteleuropäische Inszenierung von Kindheit eine – was die Mehrzahl der Kinder dieser Welt angeht – Minderheitenposition einnimmt, und zwar nicht etwa nur in philanthropischer Hinsicht, sondern auch, was das Ausmaß an Überbehütung, Domestizierung und Verwöhnung anbelangt. An die Stelle von *extended family* (die sich übrigens – siehe das technologisch und ökonomisch rasch aufsteigende Asien – durchaus auch unter den Bedingungen von Industrialisierung als sozio-ökonomisch funktional erweisen könnte) treten professionelle Angehörige der pädagogischen Zunft; die pädagogischen Einrichtungen zeichnen sich durch relative Absonderung von der *community* aus; je mehr Kindheit von pädagogischen Institutionen verstellt, Kindheit und Jugend zeitlich verlängert werden, desto ausgeprägter mag sich ein neuer Institutionstyp entwickeln, der aus dem langen Marsch durch die pädagogischen Institutionen oft nur schwer wieder herausfindet.

Zu den besonders interessanten Varianten der Adaptation des Situationsansatzes gehören solche, die, im informellen ökonomischen Sektor als Teil von *community education* angesiedelt, weitgehend ohne institutionelle Verortung auskommen. Die Schlüsselsituation *cheated by middlemen* von Kindern an Manilas Smokey Mountain, die dort bei der Ablieferung der oben am Müllberg gesammelten und sortierten Plastik-, Metall- oder Knochenreste von Zwischenhändlern mit manipulierten Waagen übers Ohr gehauen werden, Situationen wie *surviving on a sinking boat, surviving during fire, taiphoon, getting lost in the bush* verweisen auf Ernstfälle anderer Qualität als bei uns, aber auch auf Vorerfahrungen und Qualifikationsprofile von Kindern, die, was ernsthafte Überlebensfähigkeiten, Autonomie und lebenspraktische Kompetenz anbelangt, europäisch ‚verkindlichten' Kindern deutlich überlegen sein dürften. Wenn Kinder, die gerade dem Vorschulalter entwachsen sind, auf der südphilippinischen Insel Mindanao als Schlüsselsituation competition during harvesting season benennen und wissen wollen, wie sie erfolgreicher mit Erwachsenen in einer akkordbezahlten Baumwollernte konkurrieren können und dazu tragfähige Strategien entwickeln, wenn es Beispiele dieser Art nicht vereinzelt, sondern massenhaft gibt und sie die Fähigkeiten der Mehrzahl von Kinder der südlichen Hemisphäre kennzeichnen mögen, dann stellt sich doch die Frage, ob – bei aller Berücksichtigung auch der gravierenden und brutalen Aspekte einer solchen Kindheit des Südens – jenes mitteleuropäische Konstrukt von Kindheit, gestützt durch eine auf den look West verengte Entwicklungspsychologie, das Qualifikationspotential von Kindern nicht erheblich unterschätzt.

Eine für diese Frage bedeutsame Studie, *El otro Sendero* von Hernando de Soto (1986, 1992), enthält eine Theorie der sozio-ökonomischen Rehabilitation des bislang verkannten informellen Sektors. Zu den Thesen de Sotos gehört, daß der informelle Sektor, der in seiner Mehrzahl aus Kindern und Jugendlichen besteht, eine exzellente ökonomische Schule der Nation sei, weil hier *risk takers* mit – im weitesten Sinne – unternehmerischen Grundqualifikationen ausgerüstet und oft in frühen Jahren ökonomisch bereits selbständig würden.[1]

Nun könnte man sich einen nur bedauernden Blick auf Kindheiten jenseits westlicher Industrienationen auch weiterhin leisten, wenn denn die ‚Festung Europa' langfristig hielte, wenn nicht die Entwicklung in Richtung einer Ein-Drittel-Gesellschaft liefe mit noch extremeren Verwerfungen auf dem Arbeitsmarkt, die von den – ihren Hochsitz und das soziale Netz gewohnten – Menschen mehr als bisher verlangen werden, mit Knappheit zu wirtschaften und nicht in die Arbeitslosigkeit zu fallen, sondern – im Zweifelsfall auch im informellen Sektor – selbständig zu werden.

Im Blick auf eine genauere Klärung des Verständnisses von Kindheit im Situationsansatz wäre es jenseits anthropologischer Genremalerei wichtig, die domestizierenden, unterfordernden Momente einer institutionell und medial verstellten Kinderwelt herauszuarbeiten, jenes Kinderlebens, dem die Realsituationen zunehmend abhanden gekommen sind – mit dem Ziel, das Leben mit und von Kindern gegen diese Vermauerung neu zu inszenieren und ihnen von früh auf beizubringen,

---

[1] De Soto schlägt vor allem im Blick auf latainamerikanische Länder vor, die Barrieren zwischen dem informellen und dem formellen Sektor abzuräumen, die Binnenmärkte zu öffnen und Unternehmern von unten den Zugang zum Weltmarkt zu erleichtern. Daß dies nicht Theorie, sondern in einem anderen Erdteil als culture of entrepreneurship längst Praxis ist, zeigen nicht nur die Prognosen der Weltbank (nach denen 400 Millionen Menschen in Asien bis zum Jahr 2000 den bisherigen Lebensstandard der Europäer erreicht haben werden), sondern auch die auf einen langfristigen Abstieg hinweisenden Erschütterungen der ‚Festung Europa', die gegenüber den Standards der Schwellenländer (,Niedriglohn' und hohe Qualität der Produkte bei mobiler bedienungsleichter, moderner Technologie) nicht mehr wettbewerbsfähig ist und sich nur mehr durch Schutzzölle und Quotenregelungen vor dem raschen Fall rettet. Trotz konjunktureller Zyklen stagniert die europäische Entwicklungslinie, und diese Entwicklung dürfte mit dem nächsten Konjunkturabschwung zum weiteren Wegbrechen von Schlüsselindustrien und zur Erhöhung der Sockelarbeitslosigkeit führen (Faltin/Zimmer 1995).

auf die eigenen Füße zu fallen; Kinder also behutsam und nachhaltig zu fordern, statt ihnen über eine Angebotspädagogik zu rascher Bedürfnisbefriedigung ohne adäquate Vorleistung zu verhelfen und sie zu verwöhnen.

7.4 Vom Lernen und von der Entwicklung

Lernprozesse innerhalb didaktischer Arrangements verlaufen in der Regel anders als solche in komplexeren Realsituationen. Dem Lernen in Parametern der Scheinsicherheit (Aufgabenstellung, Lösungsweg und Lösung sind bekannt) steht ein Lernen in Unsicherheit, ein forschendes Lernen mit ungewissem Ausgang gegenüber. Lernen im Situationsansatz wird als aktive Teilhabe an Situationsaufklärung und oft auch -beeinflussung gefaßt. Er setzt auf die Grundqualifikation eines – im allgemeinen Sinn – sozial-unternehmerischen Handelns, auf Menschen, die, mit Kompetenzen ausgerüstet, die Dinge selbst in die Hand nehmen und dabei in Rücksicht auf andere und in Verantwortung gegenüber natürlichen Ressourcen handeln.

Daß ein Lernen in Situationen, das Wahlmöglichkeiten ebenso wie Risiken enthält und oft die Anstrengung des *deferred gratification pattern* auf sich nehmen muß, anders beschaffen ist als ein Lernen unter den Bedingungen didaktischer Reduktion, ist naheliegend; wünschenswert wäre es hierbei, existierende Lerntheorien auf ihre für den Situationsansatz passenden Anteile zu befragen und diese stärker nutzbar zu machen. Die Bemühung um eine differenzierte Erschließung solcher Lerntheorien durch den Situationsansatz war in der Phase seiner Entstehung deshalb wenig ausgeprägt, weil die seinerzeit vorherrschende, von Skinner wesentlich beeinflußte Theorie in ihrer didaktischen Umsetzung jene Atomisierung von Lernschritten beförderte, die den sozialen Kontext und Sinnzusammenhang zerstörte und damit einem auf Sinnstiftung bedachten Lernkonzept zuwiderlief.

Ein Brückenschlag bietet sich zwischen dem Situationsansatz und der Aneignungstheorie an, wie sie von der Kulturhistorischen Schule begründet und später von Autoren in Ost und West aufgegriffen und weiterentwickelt wurde (Fichtner 1992). Die Aneignungstheorie kann – wie die vorschulische und schulische DDR-Vergangenheit zum Teil gezeigt hat – rigide und entgegen ihrer ursprünglichen Zielrichtung angewendet werden. Statt Wissensbestände und Interpretationsmuster als Repräsentationen und Modelle menschlicher Kultur zu fassen und sie als Tätigkeitssysteme zu begreifen, sie also in der Praxis aufzuspüren und auszuprobieren, wird (Schul-)Wissen nicht als Mittel zur Aufklärung von Realität genommen, sondern zum Gegenstand und Selbstzweck gemacht. ‚Aneignung' mißrät dann zum Typus repetetiven Lernens.

Der Situationsansatz und eine von verdinglichten Deutungen befreite Aneignungstheorie treffen sich darin, daß Lerntätigkeit im situativen Rahmen vor allem die Wiedergewinnung der Mittel bedeutet: Lernen geschieht durch produktives Handeln, setzt auf die Generierung realer Erfahrungen, widersetzt sich dem Bankiers-Konzept (Freire 1992, Bendit/Heimbucher 1977) und mithin einer Aneignung fertigen Wissens von oben. Damit sind Kinder und Erwachsene Teil eines Erkenntnisprozesses, der aus Lehrenden und Lernenden der Tendenz nach ‚Forschende' in einem engen ‚Theorie/Praxis'-Zusammenhang macht. Dies gilt im

Prinzip für fast alle Altersstufen, also nicht nur für ältere Kinder, Jugendliche oder Erwachsene. Ein für ein solches Lernen günstiges Umfeld hat bisher weniger die Schule, eher schon die Praxis von Community Education geschaffen.

In seinem Anliegen, Kinder innerhalb komplexer Realsituationen handlungsfähig zu machen, korrespondiert der Situationsansatz auch mit dem sozialsationstheoretischen Entwurf des Symbolischen Interaktionismus (Krappmann 1971). Die Grundfrage hierbei lautet, wie Menschen auch bei divergierenden normativen Anforderungen in Situationen Identität entwickeln und immer wieder neu behaupten können. Ich-Identität wird nicht als stabile Persönlichkeitsvariable, sondern als eine für das Gelingen von Interaktionen immer wieder neu zu erbringende Leistung verstanden. Voraussetzungen auf individueller Seite sind die Grundqualifikationen des Rollenhandelns – insbesondere Rollendistanz (als Fähigkeit, sich über die Anforderungen von Rollen zu erheben und angeeignete Normen situativ anzuwenden und zu reflektieren), Empathie (als Fähigkeit, Erwartungen von Interaktionspartnern zu antizipieren), Ambiguitätstoleranz (als Fähigkeit, divergierende Erwartungen verarbeiten zu können, ohne die Konsistenz und Kontinuität der Position preisgeben zu müssen) und Identitätsdarstellung (als Fähigkeit, sich möglichst umfassend mitzuteilen und damit Ich-Identität herstellen zu können).

Nun ist zur Zeit der Modellversuche, im Erprobungsprogramm und auch danach nicht versucht worden, die detaillierten entwicklungspsychologischen Forschungen beispielsweise zur Empathie, zur Ambiguitätstoleranz, zum *pro-social behavior* oder zu anderen grundlegenden Qualifikationen in differenzierter Weise daraufhin zu befragen, wie ein kindgemäßes, die Entwicklungsschritte berücksichtigendes Lernen im Situationsansatz unter Einbezug vor allem auch kognitiver Aspekte gestaltet werden kann. Die im zweiten Gutachten zum Erprobungsprogramm aufgestellte Forderung, den gesamten Tagesverlauf über

> *„den verschiedenen Sozialisationshintergrund der Kinder überall zu beachten und ihre unterschiedlichen Fähigkeiten bei allen Unternehmungen zu berücksichtigen"* (BLK 1983, S. 321),

wirkt zwar (stellt man sich die Erzieherin vor, die, mit dem entwicklungspsychologischen Kompendium unter dem Arm, bei 24 Biographien täglich und jederzeit überlegt, welcher Lernschritt für welches Kind gerade angebracht sei) in seiner Überzogenheit eher hinderlich. Dennoch wären natürlich konkrete und praktikable Überlegungen weiterführend, wie eine *pädagogische* Entwicklungspsychologie für die Arbeit mit altersgemischten Gruppen so fruchtbar gemacht werden kann, daß das intellektuelle, soziale, emotionale und körperliche Anspruchsniveau stimmt und Kinder zwar gefordert, aber nicht über- oder unterfordert werden. Es ist unstrittig, daß sich die Art der Verarbeitung von Informationen, die Art des Umgangs mit Problemen, die Strategien des Wissenserwerbs mit zunehmenden Alter verändern, weil sich die zugrundeliegenden Fähigkeiten entwickeln. Hier müßte – ähnlich, wie es eine spezifische Didaktik des Primarbereichs gibt – vom Situationsansatz aus eine entwicklungsorientierte Didaktik des Elementarbereichs ausformuliert werden, die die Kinder in ihren entwicklungsoffenen mentalen Zonen erreicht und nicht nur kognitive Fähigkeiten fördert, sondern auch die Ziele und

Vermittlungsweisen sozialen Lernens systematischer in den Blick nimmt (Beller 1984). Dabei ist allerdings vor einem phantasielosen Kotau von entwicklungspsychologischen Aussagen zu warnen, der Ende der sechziger Jahre zu jenen Lernprogrammen führte, die im wesentlichen auf ein test *coaching* hinausliefen und sich in zirkulären Akten selbst bestätigten.

Im Hinblick auf die kognitive Förderung von Kindern innerhalb des Situationsansatzes ist ein sorgfältiger, im Zweifelsfall durch Respekt geprägter Umgang mit ihren alltagstheoretischen Deutungen angebracht. Die Lernbereichsdidaktik hat verschiedentlich auf die Relevanz solcher Alltagstheorien verwiesen. Die psychoanalytischen Aspekte der Situation *Kinder im Krankenhaus* könnten ohne Kinderaussagen und -deutungen, wie sie in der entsprechenden Didaktischen Einheit des Curriculum Soziales Lernen dokumentiert wurden, zureichend nicht aufgehellt werden. Bei Analysen zur Schlüsselsituation *flying connections* (gemeint ist illegal gezapfter Strom) mit philippinischen Kindern eines großstädtischen Slumgebietes, bei der es um ein Leben mit und zwischen einem kompliziert geknüpften Gestrüpp meist unisolierter Leitungen in Barrio geht und ein hohes Unfallrisiko besteht, haben Kinder eine letztendlich durchaus stimmige und funktionale Theorie (nicht naturwissenschaftlicher Art) darüber entwickelt, welche Stromdrähte nicht zusammengebracht werden dürfen und wann es, beispielsweise bei Wolkenbrüchen, besonders gefährlich ist, das Umfeld von Drähten zu berühren. Es wäre riskant, diese Theorie abrupt zu zerstören, statt sie behutsam und unter Nutzung ihrer funktionalen Anteile zu erweitern.

Wünschenswert ist eine lerntheoretische und entwicklungspsychologische Weiterarbeit am Situationsansatz sowohl in grundlagentheoretischer Absicht wie in Richtung seiner verbesserten Anwendung. Dies ist schon deshalb naheliegend, weil sich in der Bundesrepublik (vor allem durch die Wiedervereinigung) deutliche Veränderungen im Feld ergeben haben – dazu zählen Altersmischungen mit einem stärkeren Einbezug der unter dreijährigen Kinder und der Kinder im Hortalter.

7.5 Berufsbiographische Verankerung

Das Gutachten zum Erprobungsprogramm von Lothar Krappmann verweist unter Bezug auf den niedersächsischen Abschlußbericht auf

> „*drei Phasen der Auseinandersetzung mit den didaktischen Anregungen und dem in ihm enthaltenen Ansatz: die Informations- und Orientierungsphase; die Erprobungsphase, in der die Erzieherinnen neue Handlungskompetenzen erworben haben; schließlich die Verselbständigungsphase, in der die Fähigkeiten entstanden, curriculare Materialien selbständig und eigenverantwortlich einzusetzen, die bisherige Praxis insgesamt zugunsten einer Situationsorientierung zu verändern und erworbene Qualifikationen an bisher nicht Beteiligte weiterzuvermitteln*" (BLK 1983, S. 215f.).

In der dritten Phase beginnt die eigene Erfindung und damit die Ablösung von unmittelbaren Vorgaben. Wenn man so will, kommt der Situationsansatz von nun an seinen Erfindern und ihrem *monitoring* ein Stück weit abhanden. Dies ist zunächst positiv zu sehen, der Akt eigenschöpferischen Umgangs mit der Realität ist gewollt. Wenn man den Situationsansatz als eine Einladung an praktizierende Pädagogen nimmt, sich stärker auf Wirklichkeit zu beziehen und den Schonraum artifizieller didaktischer Arrangements ein Stück weit zu verlassen, dann kann Erziehungswissenschaft diese Praxis zwar anregen, sich der Wirklichkeit auf strukturierte Weise zu nähern; die Praxis – aus der Enge eines *teacher proof curriculum* entlassen – hat dann aber auch das Recht, diese Einladung eigenständig zu interpretieren und neue Amalgame zu bilden. Daß es dabei auch zu Aberrationen kommen kann, liegt auf der Hand. Dieses Moment einer von den Subjekten wesentlich mitbestimmten *educación popular* ist in der deutschen Auseinandersetzung um den Situationsansatz bisher zureichend nicht gesehen worden – möglicherweise in Unkenntnis der Diskussion vor allem im lateinamerikanischen Raum (Barreiro 1974, Bustillos/Vargos 1988, Freire/Faundez 1985, Gadotti/Torres 1994, Gutierrez 1973 und 1993, Jara 1985, Morales 1990, Padilla 1975, Parra 1984, Poster/Zimmer 1992). Vielmehr sind dem Situationsansatz in Verkennung dieses Prozesses (der im Erprobungsprogramm über Teilstrecken rückgemeldet wurde) Veränderung seiner selbst vorgehalten worden (BLK 1983, S. 275ff.); übersehen wurde dabei, daß es sich mit um die Folgen des in die Breite wirkenden curricularen Prozesses, um seine Pragmatisierung handelte.

Während der Phase der Modellversuche und des Erprobungsprogramms war der Diskurs als eine Auseinandersetzung zu sehen,

„in die die Beteiligten ihre verschiedenen lebensgeschichtlich entstandenen Erwartungen, Verpflichtungen und Sehnsüchte, einbringen, um auf dieser Grundlage Normen, die angesichts von Situationen, Beziehungsproblemen oder gesellschaftlichen Entwicklungen nicht mehr selbstverständlich sind, neu zu begründen" (BLK 1983, S. 218).

Mit Auflösung der Reform-Infrastruktur brach dieser Diskurs in wissenschaftlich gestützter Form ab, ohne daß die dritte Phase, die Verselbständigungsphase, in allen Erprobungskindergärten erreicht worden war.

Wichtig in diesem Zusammenhang wäre nun die Untersuchung der Frage, unter welchen Bedingungen und thematischen wie perspektivischen Schwerpunktsetzungen (*input, monitoring, incentives*) eines Regelsystems von Fachberatung, von Aus-, Fort- und Weiterbildung Erzieherinnen in die Lage versetzt werden können, die dritte Phase zu erreichen und auch unter eingeschränkten Praxisbedingungen aufrechtzuerhalten.

Es geht mithin um die Frage einer berufsbiographischen Verankerung situationsbezogenen Arbeitens. Man könnte dabei zunächst – und überspitzt – die Vermutung hegen, daß viele Vertreter der pädagogischen Zunft deshalb für die Realisierung des Situationsansatzes nicht sonderlich geeignet sind, weil sie aus dem Marsch durch die pädagogischen Institutionen selbst nicht ausscheren und mithin an Erfahrungen aus anderen gesellschaftlichen Handlungsfeldern arm sind, weil sie durch die Wahl eben dieses Berufs an einer defensiven Biographie festhalten und sich auf risikoreichere Wirklichkeiten jenseits pädagogischer Einrichtungen ungern einlassen. Diese Annahme gewinnt, nimmt man den Lehrerstand, an Plausibilität, wenn man als Beispiel die – trotz ministeriellen und schuladministrativen Zuspruchs und gravierender Jugendprobleme – nur verhaltenen und meist von kurzem Atem geprägten Ansätze zur Entwicklung von Community Schools in der Bundesrepublik nimmt: Wie vom Mahlstrom angezogen verschwinden solche Öffnungsversuche oft schon nach einer kurzen Phase des Aufleuchtens. Berufsbiographische Studien enthalten Hinweise darauf, daß jenes sozial–unternehmerische Potential, jener Hang zur Selbständigkeit (‚lieber kleiner Herr als großer Knecht') die Entwicklung von auf Autonomie zielenden Ideen, das Tüfteln an diesen Ideen, den ‚Fimmel', die Besessenheit in der Verfolgung ihrer Realisierung voraussetzt, und daß sich vor allem jener Hang schon früh ausprägt. Die Aberziehung dieses Motivbündels, die Aberziehung von *risk taking* durch Pädagogen mit defensiven Biographien wäre und ist verhängnisvoll (Faltin/Zimmer 1995).

Nun ist unstrittig, daß es in nicht geringer Zahl andere Erzieherinnen und andere Lehrer gibt. Möglicherweise war das Potential ‚aktiver' Biographien zu Beginn der Reformphase unter Erzieherinnen größer, weil es eine durch pädagogische und gesellschaftliche Aufbruchsszenarien bestimmt Zeit war, weil andere Berufe von Frauen noch nicht in dem Ausmaß erobert worden waren wie heute, und weil die relative Verelendung des Erzieherberufes noch nicht deutlich wurde.

Dies alles sind arbeitshypothetisch gedachte erste Vermutungen. Sie verweisen unter anderem auf die Notwendigkeit, zwischen Forschungen über Erzieherin-Kind-Beziehungen und dem Situationsansatz stärkere Verbindungen herzustellen. Wenn man davon ausgeht, daß eine gute Arbeit nach diesem Ansatz wesentlich von der persönlichen Entwicklung der Erzieherin und ihrem unbelasteten Verhältnis zu Kindern abhängt, dann wären daraus genauer und nachhaltiger als bisher Konsequenzen für die Aus- und Fortbildung zu ziehen. Es war innerhalb dieser Studie nicht möglich, Lebensläufe und Motivhintergründe jener Erzieherinnen weiterzuverfolgen, die den Kindergarten verlassen haben. Immerhin liegen viele Äußerungen von Erzieherinnen der ‚dritten Phase' vor, daß es bei ihnen irgendwann ‚geklickt' habe, so daß aus theoretischer Kenntnis und nach ersten Gehversuchen eine eigenständige Praxis werden konnte. Und es liegen Hinweise auf Fälle vor, in denen dieser Klick von sozial besonders aktiven Erzieherinnen erlebt wurde, sondern in denen bisher eher zurückhaltende Erzieherinnen sich durch die Arbeit mit dem Situationsansatz ein Stück weit öffneten und beruflich emanzipierten. Es ist die Frage nach der ‚guten Erzieherin' und dem ‚guten Lehrer', die Frage nach den Voraussetzungen und Begleitumständen, die pädagogische Kunst zu lernen und sich ihr biographisch aufzuschließen. Auch die in der Studie in Ansätzen aufgespürten ‚Infektionsketten' können dazugehören, die Impulse von Dozenten, Fachberatern, Praxisanleiterinnen, Leiterinnen, von erfahrenen Erzieherinnen.

7.6 Forschungspolitik

Eine grundlagenorientierte Forschung zum Situationsansatz hat es in der Bundesrepublik seit 1974 nicht mehr gegeben. Nach 1979 gab es auch keine anwendungsorientierte Forschung mehr, die sich mit offenen Fragen des Erprobungsprogramms befaßt hätte. Dies zeigt eine kursorische Auswertung von Veröffentlichungen wichtiger Landesinstitute (mittelbare Ausnahme: Deutsches Jugendinstitut) sowie der Deutschen Gesellschaft für Erziehungswissenschaft[2]. Die Schwerpunkte der insgesamt schmalen universitären und außeruniversitären frühpädagogischen Forschungen lagen nicht auf den Desiderata des Erprobungsprogramms. Mittelbar in Bezug setzen lassen sich jedoch anwendungsorientierte Arbeiten zu Themen wie Umwelterziehung, Medienerziehung oder zur Integration behinderter Kinder. Nur wenige Modellversuche – zur interkulturellen Erziehung, zur Landkindergärten, zu Orten für Kinder – können als unmittelbarere Fortsetzung des Reformgeschehens der siebziger Jahre verstanden werden.

Zur Entwicklung und Diskussion des Situationsansatzes sind im deutschsprachigen Raum bis etwa 1984 zwar zahlreiche Veröffentlichungen erschienen, darunter auch Dissertationen und Habilitationen, sie haben aber (wenn es nicht Praxisberichte waren) im wesentlichen nur analytisch und historisch aufgearbeitet, was vorher schon entwickelt worden war.[3] Anders verhält es sich mit den bereits genannten, stärker entwicklungsorientierten internationalen Arbeiten, unter denen die von Pries (1992) eine curriculumtheoretisch interessante Variante im mexikanischen Sekundarschulwesen vorstellt.

Die Modellversuche der siebziger Jahre und das Erprobungsprogramm waren von Atemlosigkeit gezeichnet. Meist enthielten sie nur in der Anfangsphase die Chance konzeptioneller Fundierung; je mehr sie dann mit Entwicklungs- oder Erprobungsarbeiten befaßt waren, desto weniger Zeit blieb den involvierten Wissenschaftlern, an Grundlagen weiterzuarbeiten. Sowenig eine Implementationsstrategie und -phase zum Wesensmerkmal von Modellversuchen gehörte, sowenig bestand die Chance, sich im Anschluß an die Modellversuche oder das Erprobungsprogramm auf finanzierter Grundlage noch offenen Fragen zuzuwenden. Die Praxis ist mit dem Ende des Erprobungsprogramms nicht nur von den Moderatoren, sondern weitgehend auch von ihren wissenschaftlichen Begleitern verlassen worden.

---

2) Die Auswertung wurde von Ursula Trüper vorgenommen.
3) Vgl. dazu die Literaturhinweise im Band 6 der Enzyklopädie Erziehungswissenschaft (Stuttgart 1984), der die Reformphase insgesamt noch einmal aufarbeitet.

Literatur

Akpinar, Ünal/Zimmer, Jürgen: Von wo kommst'n du? Interkulturelle Erziehung im Kindergarten. 4 Bde., München 1984.
Albert, Marie Theres/Krüger, Angelika: Lernen für Lebenssituationen in Nicaragua. In: Bildung und Erziehung, Jg. 35, 1982, S. 303 ff.
Almstedt, Lena/Kammhöfer, Klaus-Dieter: Situationsorientiertes Arbeiten im Kindergarten. München 1980
Arbeitsgruppe Vorschulerziehung: Vorschulische Erziehung in der Bundesrepublik. Eine Bestandsaufnahme zur Curriculumentwicklung. München 1974.
Arbeitsgruppe Vorschulerziehung: Anregungen I: Zur pädagogischen Arbeit im Kindergarten. München 1979.
Arbeitsgruppe Vorschulerziehung: Kindheit Kindergarten – offene Fragen in Forschung und Praxis. München 1980.
Badagry Local Government (Hrsg.): Community Based Effective Primary Education in Nigeria. Lagos 1992.
Barreiro, Julio: Educación popular y proceso de concientización. Mexico City 1974.
Beller, E. Kuno: Untersuchungen zur familialen und familienergänzenden Erziehung von Kleinstkindern. In: Zimmer, Jürgen (Hrsg.): Erziehung in früher Kindheit, Enzyklopädie Erziehungswissenschaft (Hrsg.: Dieter Lenzen), Bd. 6, Stuttgart 1984, S. 207 ff.
Bendit, René/Heimbucher, Achim: Von Paulo Freire lernen. München 1977.
Buhren, Claus G.: Community Education als innere Schulreform. Dortmund 1994.
Bund-Länder-Kommission für Bildungsplanung und Forschungsförderung: Bildungsgesamtplan. Stuttgart 1973.
Bund-Länder-Kommission für Bildungsplanung und Forschungsförderung: Fünfjährige in Kindergärten, Vorklassen und Eingangsstufen. Bericht über eine Auswertung von Modellversuchen. Stuttgart 1976.
Bund-Länder-Kommission für Bildungsplanung und Forschungsförderung: Erprobungsprogramm im Elementarbereich. Kurzfassung; Bühl/Baden 1982.
Bund-Länder-Kommission für Bildungsplanung und Forschungsförderung/Krappmann, Lothar/Wagner, Johanna: Erprobungsprogramm im Elementarbereich – Bericht über eine Auswertung von Modellversuchen, Bonn 1983.
Bustillos, Graciella/Vargas, Laura: Tecnicas participativas para la educación popular, México 1988.
Castañeda, Imelda R./Intia, Perla S./Lim-Yuson, Christina/Zimmer, Jürgen: Learning through Life. Education through the Situation. Manila 1993.
Colberg-Schrader, Hedi/Krug, Marianne: Arbeitsfeld Kindergarten. München 1979.
Colberg-Schrader, Hedi/Krug, Marianne: Lebensnahes Lernen im Kindergarten. München 1986.
Colberg-Schrader, Hedi/Krug, Marianne/Pelzer, Susanne (Hrsg.): Soziales Lernen im Kindergarten. München 1992.
Damerow, P., Elwitz, U., Keitel, C., Zimmer, J.: Qualifikationen gegen den Sachzwang. Ein situationsanalytischer Versuch zur Bestimmung praxisorientierter Ziele für den Mathematikunterricht. Stuttgart 1974.

Damerow, Peter/Elwitz, Ulla/Keitel, Christine/Zimmer, Jürgen: Elementarmathematik: Lernen für die Praxis? Ein exemplarischer Versuch zur Bestimmung fachüberschreitender Curriculumziele. Mit Einführungen von Karl Peter Grotemeyer und Carl Friedrich von Weizsäcker. Stuttgart 1974.

de Soto, Hernando: El otro sendero. Lima 1986 (deutsch: Marktwirktschaft von unten, Zürich 1992).

Der Bundesminister für Bildung und Wissenschaft: Grund- und Strukturdaten 1979

Der Hessische Sozialminister: Situationsansatz im Kindergarten. Wiesbaden o. J.

Der Hessische Sozialminister: Vom Kindergarten zur Schule. Wiesbaden o. J.

Der Niedersächsische Kultusminister: Elementare Sozialerziehung, Sonderdruck Hannover 1975 (Erprobungsfassung).

Deutscher Bildungsrat: Empfehlungen der Bildungskommission. Zur Einrichtung eines Modellprogramms für Curriculumentwicklung im Elementarbereich. Bonn 1973.

Deutscher Bildungsrat: Strukturplan für das Bildungswesen. Bonn 1970.

Deutscher Bildungsrat: Zur Einrichtung eines Modellprogramms für Curriculum-Entwicklung im Elementarbereich. Empfehlungen der Bildungskommission, Bonn 1973.

Deutsches Jugendinstitut – Arbeitsgruppe Vorschulerziehung u.a.: Curriculum Soziales Lernen. 28 Didaktische Einheiten. München 1975/1976 (Erprobungsfassung).

Deutsches Jugendinstitut – Projektgruppe Erprobungsprogramm: Das Erprobungsprogramm im Elementarbereich, Teil I, II,III, München 1979.

Deutsches Jugendinstitut – Arbeitsgruppe Vorschulerziehung u.a.: Curriculum Soziales Lernen. 10 Textteile und 10 Bildteile. München 1980/1981.

Dichans, Wolfgang: Der Kindergarten als Lebensraum für behinderte und nichtbehinderte Kinder. Köln 1990.

Eisner, E. W.: The enlightened eye: Qualitative inquiry and the enhancement of educational practice. New York, 1991a.

Eisner, E. W.: Taking a second look: Educational connoisseurship revisited. In M. W. McLaughlin & D. C. Phillips (Hrsg.): Evaluation and education: At quarter century. Chicago 1991b, pp. 169–187.

Faltin, Günter/Zimmer, Jürgen: Reichtum von unten: Die neuen Chancen der Kleinen. Berlin 1995.

Fichtner, Bernd: Lernen durch Produktives Handeln. In: Böhm, Ingrid/Krüger, Angelika/Schneider, Jens/Zimmer, Jürgen (Hrsg.): Learning through Productive Action, Berlin 1992, S. 54 ff.

Flick, U.: Triangulation revisited: Strategy of validation or alternative? Journal for the Theory of Social Behavior. 1992, 22, pp. 175–198.

Freire, Paulo/Faundez Antonio: Por una pedagogía da pergunta, Rio de Janeiro 1985.

Freire, Paulo: Pedagogía da esperança. Rio de Janeiro 1992.

Gadotti, Moaçir/Torres, Carlos A. (Hrsg.): Educaçâo Popular: utopia Latino-Americana. Sâo Paulo 1994.

Geertz, C.: Thick descriptions: Toward an interpretive theory of culture. In C. Geertz (Hrsg.): The interpretation of cultures New York 1973, pp. 3–30.

Ghana Education Service: Handbook on the Situation Approach – Ghana. Accra 1994.
Ghawami, Kambiz/Karcher, Wolfgang/Kriger, Robert/Luswazi, Peggy/Zimmer, Jürgen (Hrsg.): Education in Transition. Education and Education Planning for a Post-Apartheid-Society in South Africa. Wiesbaden 1992.
Glaser, B. G., & Strauss, A. L.: Die Entdeckung der gegenstandsbezogenen Theorie. In C. Hopf & E. Weingarten (Hrsg.): Qualitative Sozialforschung. Stuttgart 1984, S. 91 ff.
Greene, J. C.): Qualitative program evaluation. Practice and promise. In N. Denzin & Y. Lincoln (Hrsg.): Handbook of qualitative research. Thousand Oaks 1994, pp. 530–544.
Guba, E. G., & Lincoln, Y. S.: The countenances of fourth generation evaluation: Description, judgement, and negotiation. In D. Palumbo (Hrsg.): The politics of program evaluation. Beverly Hills 1987.
Gutiérrez, Francisco: El lenguaje total. Una pedagogía de los medios de communicación. 2. Aufl., Buenos Aires 1973.
Gutiérrez, Francisco: Pedagogía de la communicación popular. Madrid 1993.
Gutiérrez Francisco/Prietro Castillo, Daniel: La mediación pedagogía para la educación popular. San José, C.R., 1994.
Haberkorn, Rita u.a.: Elternarbeit im Curriculum und Strategie der Gemeinwesenarbeit. In: Zimmer, Jürgen (Hrsg.): Curriculumentwicklung im Vorschulbereich. Bd 1, München 1973, S. 319 ff.
Haberkorn, Rita; Altersgemischte Gruppen – eine Organisationsform mit vielen Chancen und der Aufforderung zu neuen Antworten. In: DJI (Hrsg.): Orte für Kinder. München 1994.
Haucke, Karl: Chancen der Altersmischung im Kindergarten. Köln 1987.
Hemmer, Klaus-Peter: Bemerkungen zu Problemen einer Situationstheorie. In: Zimmer, Jürgen (Hrsg.): Curriculumentwicklung im Vorschulbereich, Bd. 1, München 1973, S. 61ff.
Höltershinken, Dieter: Grundsätzliche Fragen und Probleme situationsorientierter Konzepte und Materialien für die Arbeit im Kindergarten. In: Zentralverband katholischer Kindergärten und Kinderhorte Deutschlands e.V. (Hrsg.): Pädagogische Konzeptionen und Materialien für die pädagogische Arbeit im Kindergarten: Situationsorientierte Ansätze. Freiburg 1981, S. 2ff.
Howe, K. R.: Against the quantitative-qualitative incompatibility thesis or dogmas die hard. Educational Researcher, 1988, 17, pp. 10–16.
Irskens, Beate/Engler, Renate: Fachberatung zwischen Beratung und Politik. Eine kritische Bestandsaufnahme. Frankfurt/M. 1992.
Jara, Oscar: Los desafíos de la educación popular. Tarea 1985.
Karsten, Maria Eleonora: Der Beitrag von Modellversuchen und Erprobungsprogrammen zur Innovation der Elementarerziehung. In: Eßer, Helmut/Kaufmann Hans B.: Innovation im Elementarbereich: Modellversuche, Erprobungsprogramme und was dann? Münster 1979. S. 1 ff.
Keitel, Christine: Sachrechnen und Anwendungsorientierung im Mathematikunterricht. In: Mathematica Didactica 4, 95, 1985.

Keitel, Christine: Prejudices and Presuppositions in the Psychology of Maths Education. Plenary Lecture PME 10. In: Proceeding of PME 10, London University Institute of Education. London 1986.

Keitel, Christine: Maths Education & Technology. In: FLM 9,1,1989.

Klement, Christa: Gemeinwesenorientierte Bildung und Erziehung im Sinne von Community Education als Antwort auf gesellschaftspolitische Herausforderungen der Gegenwart. Frankfurt 1990.

Knab, Doris: Curriculumforschung und Lehrplanreform. In: Neue Sammlung, 9. Jg., 1969, S. 169 ff.

Kordes, H.: Evaluation in Curriculumprozessen. In U. Hameyer, K. Frey und H. Haft (Hrsg.): Handbuch der Curriculumforschung. Weinheim 1983, S. 267 ff.

Krappmann, Lothar: Soziologische Dimensionen der Identität. Stuttgart 1971.

Krappmann, Lothar: Das Erprobungsprogramm und seine Folgen. In: Zimmer, Jürgen (Hrsg.): Erziehung in früher Kindheit, Enzyklopädie Erziehungswissenschaft, Bd. 6, Stuttgart 1984. S. 39ff.

Krappmann, Lothar/Zimmer, Jürgen: „Zur Evaluation des Erprobungsprogramms" Projektantrag vom 17. Juli 1991.

Kraus, W.: Qualitative Evaluationsforschung. In U. Flick, E. v. Kardorff, H. Keupp, L. v. Rosenstiel, & S. Wolff (Hrsg.): Handbuch Qualitative Sozialforschung. München 1991, S. 412ff.

Krug, Marianne: Was sollen Leiterinnen können? In: Welt des Kindes, 1992, Heft 2, S. 6 ff.

Küchenhoff, Werner/Oertel, Frithjof (Hrsg.): Der niedersächsische Modellversuch zur Sozialerziehung in Kindergärten. Hannover 1976Lamnek, S.: Qualitative Sozialforschung. 2 Bde. München 1993.

Lincoln, Y. S., & Guba, E. G.: Naturalistic inquiry. Beverly Hills 1985.

Macholdt, Tina/Thiel, Thomas: Der Übergang vom Elementar- zum Primarbereich. In; Zimmer, Jürgen (Hrsg.): Erziehung in früher Kindheit, Enzyklopädie Erziehungswissenschaft, Bd. 6, Stuttgart 1984, S. 138 ff.

Midwinter, Eric: Patterns of Community Education. London 1973.

Miedaner, Lore: Gemeinsame Erziehung behinderter und nichtbehinderter Kinder. München 1983.

Minister für Arbeit, Gesundheit und Soziales des Landes Nordrhein-Westfalen: Arbeitshilfen zur Planung der Arbeit im Kindergarten. (Erprobungsfassung) Düsseldorf 1974.

Minister für Arbeit, Gesundheit und Soziales des Landes Nordrhein-Westfalen (Hrsg): Arbeitshilfen zur Planung der Arbeit im Kindergarten, Köln 1986.

Morales Jr., Horacio B.: A Call for People's Development. Manila 1990.

Mühlum, Sieglinde: Kinderkonferenz. In: Mühlum, Sieglinde/Lipp-Peetz, Christine (Hrsg.): Situationsansatz Konkret. TPS-Extra 18, Bielefeld 1994, S. 28ff.

Oertel, Frithjof u.a.: Konzept und Methoden elementarer Sozialerziehung. München 1983.

Oppenheimer, Franz: Theorie der reinen und politischen Ökonomie. Berlin 1910.

Padilla, Ramón: Hacia una pedagogía latinoamericana del lenguaje total, 2. Aufl., Bogota 1975.

Parra, Rodrigo u.a.: La educación popular en América Latina, Buenos Aires 1984.
Patton, M. Q.: Paradigm and pragmatism. In D. M. Fetterman (Hrsg.): Qualitative approaches to evaluation in education: The silent scientific revolution. New York 1988, pp. 116–137.
Patton, M. Q.: Qualitative evaluation and research methods. Newbury Park 1990.
Pestalozzi-Fröbel-Verband u.a. (Hrsg.): Fachtagung Elementarbereich '80. Der Kindergarten heute – was er kann, was er soll. Berlin 1980.
Petersen, Gisela: Kinder unter 3 Jahren in Tageseinrichtungen. Bank 1. Grundfragen der pädagogischen Arbeit in altersgemischten Gruppen. Köln 1989.
Pettinger, R., & Süßmuth, R.: Programme zur frühkindlichen Förderung in den USA. Ein Versuch ihrer Evaluation. Zeitschrift für Pädagogik, 29, 1983 S. 391 ff.
Poster, Cyril/Krüger, Angelika (Hrsg.): Community Education in the Western World. London 1990.
Poster, Cyril/Zimmer, Jürgen (Hrsg.): Community Education in the Third World. Foreword by Paulo Freire. London 1992.
Pries, Karin: Abseits der breiten Straßen Mexicos: Lernen in Lebenssituationen. Hamburg 1994.
Puiggros, Adriana: La educación popular en America Latina, México 1984.
Puntasen, Apichai: Productive Community School as Intellectual Input for Sustainable Development and Actual Reforms from Below. In: German Foundation for International Development (Hrsg.): Out-of-School Education, Work and Sustainability in the South-Experiences and Strategies. Bonn 1993.
Republica de Nicaragua – Ministerio de Educación: Sobre el desarollo del curriculum en el marco de la educación popular. Managua 1986.
Rist, R. C. (Hrsg.): Programm evaluation and the management of government: Patterns and prospects across eight nations. New Brunswik 1990.
Rist, R. C.: Program evaluation in the United States General Accounting Office: Reflections on question formulation and utilization. In R. Conner & et al. (Hrsg.): Advancing public policy evaluation. Amsterdam 1993.
Rist, R. C.: Influencing the policy process with qualitative research. In N. Denzin & Y. Lincoln (Hrsg.): Handbook of qualitative research. Thousand Oaks 1994, pp. 545–557.
Rizzo, T. A., Corsaro, W. A., & Bates, J. E.: Ethnographic methods and interpretive analysis: Expanding the methodological options of psychologists. Developmental Review, 12, 1992, pp.101–123.
Robinsohn, Saul B.: Ein Strukturkonzept für Curriculumentwicklung. In: Zeitschrift für Pädagogik, Jg. 15, 1969, S. 631 ff.
Robinsohn, Saul B.: Bildungsreform als Revision des Curriculum. Neuwied/Berlin 1971a.
Robinsohn, Saul B.: Ein Strukturkonzept für Curriculumentwicklung. Neuwied/Berlin 1971b.
Robinsohn, Saul B.: Comparative Education: A Basic Approach. Jerusalem 1992.
Roth, H. (Hrsg.): Begabung u. Lernen. Ergebnisse und Folgerungen neuerer Forschung. 5.Aufl. Stuttgart 1970.
Schwandt, T. A., & Halpern, E. S.: Linking auditing and metaevaluation: Enhancing quality in applied research. Newbury Park 1988.

Seifert, K.L.: Cognitive Development and Early Childhood Education. In: B. Spodek (Hrsg.): Handbook of Research on the Education of Young Children. New York 1993, S. 9 ff.

Strauss, A., & Corbin, J.: Qualitative analysis for social scientists. Newbury Park 1990.

Thiel, Thomas: Erziehung, interkulturelle. In: Zimmer, Jürgen (Hrsg.): Erziehung in früher Kindheit, Enzyklopädie Erziehungswissenschaft, Bd. 6, Stuttgart 1984, S. 295 ff.

United Nations Department of Public Information: For Third World Countries, Life-Situation Approach Makes More Sense. In: Development Forum, Jg. 16, No. 6, New York 1988.

Verband Katholischer Tageseinrichtungen für Kinder (Hrsg.): Welt des Kindes, 2/1992.

Wiedemann, P.: Gegenstandsnahe Theoriebildung. In U. Flick, E. v. Kardorff, H. Keupp, L. v. Rosenstiel, & S. Wolff (Hrsg.): Handbuch Qualitative Sozialforschung. München 1991, S. 440 ff.

Zimmer, Jürgen: Curriculumforschung: Chance zur Demokratisierung der Lehrpläne. In: didactica, Jg. 3, 1969, S. 32 ff.

Zimmer, Jürgen (Hrsg.): Curriculumentwicklung im Vorschulbereich, 2 Bde., München 1973.

Zimmer, Jürgen: Der Situationsansatz als Bezugsrahmen der Kindergartenreform. In: Zimmer, Jürgen (Hrsg.): Erziehung in früher Kindheit, Enzyklopädie Erziehungswissenschaft, (Hrsg.: Dieter Lenzen), Bd 6, Stuttgart 1984, S. 21 ff.

Zimmer, Jürgen/Niggemeyer, Elisabeth: Macht die Schule auf, laßt das Leben rein. Von der Schule zur Nachbarschaftsschule. Weinheim 1986.

Zimmer, Jürgen (Hrsg.): Interkulturelle Erziehung in der Grundschule, 11 Bde., Weinheim 1989/90.

Zimmer, Jürgen: Pädagogische Verwüstungen. Der schwierige Abschied von den Mythen der Weißen. Nürnberg 1992.